BÍBLICA
LOYOLA 71

BÍBLICA LOYOLA

Sob a orientação da Faculdade Jesuíta de Filosofia e Teologia
Belo Horizonte — MG

De Jesus
ao cristianismo

Mauro Pesce

Tradução
Silva Debetto C. Reis

Edições Loyola

Título original:
Da Gesù al cristianesimo
© Morcelliana, Brescia 2011
Editrice Morcelliana S.p.A
Via G. Rosa 71, Brescia, Itália
ISBN 978-88-372-2490-5

Dados Internacionais de Catalogação na Publicação (CIP)
(Câmara Brasileira do Livro, SP, Brasil)

Pesce, Mauro
   De Jesus ao cristianismo / Mauro Pesce ; tradução Silva Debetto C. Reis. -- São Paulo : Edições Loyola, 2016.
   Título original: Da Gesù al cristianesimo
   Bibliografia
   ISBN 978-85-15-04373-6
   1. Cristianismo - Origem 2. Jesus Cristo - Historicidade I. Título.

16-02061   CDD-230

Índices para catálogo sistemático:
   1. Teologia : Cristianismo   230

Assessoria científica: Johan Konings
Preparação: Maurício Balthazar Leal
Capa: Maria Clara Rezende Oliveira
Diagramação: Viviane Bueno Jeronimo
Revisão: Gabriel Frade e Maria de Fátima Cavallaro

Edições Loyola Jesuítas
Rua 1822, 341 – Ipiranga
04216-000 São Paulo, SP
T 55 11 3385 8500/8501 • 2063 4275
editorial@loyola.com.br
vendas@loyola.com.br
www.loyola.com.br

Todos os direitos reservados. Nenhuma parte desta obra pode ser reproduzida ou transmitida por qualquer forma e/ou quaisquer meios (eletrônico ou mecânico, incluindo fotocópia e gravação) ou arquivada em qualquer sistema ou banco de dados sem permissão escrita da Editora.

ISBN 978-85-15-04373-6
© EDIÇÕES LOYOLA, São Paulo, Brasil, 2017

Sumário

Apresentação 9

Primeira parte - Jesus

Capítulo I

Em busca da figura histórica de Jesus 19

    1. Momentos da pesquisa sobre o Jesus histórico como pano de fundo da atual situação na Itália... 19
    2. Por que são feitas pesquisas históricas sobre Jesus? 27
    3. Um historiador tem que ter fé se estuda Jesus?..................... 32
    4. Os critérios de historicidade 36

Capítulo II

A transmissão das palavras de Jesus 43

    1. A pesquisa sobre a transmissão das palavras de Jesus.......... 43
    2. A transmissão oral das palavras de Jesus.............................. 47
    3. A passagem da transmissão oral para a colocação por escrito ... 49
    4. Diferentes modos de transmitir as palavras de Jesus............ 51
    5. Palavras de Jesus transmitidas sem declarar a sua paternidade............ 54

Capítulo III

A remissão dos pecados na escatologia de Jesus 65

    1. A remissão dos pecados e a escatologia 65
    2. A remissão dos pecados sem expiação 68
    3. A concepção jesuana da remissão dos pecados 71
    4. O novo reino e a anistia 92

Capítulo IV

Jesus e o sacrifício judaico 97

    1. Premissa: religiões não sacrificais antes do cristianismo 97
    2. Não cristianizar o sacrifício judaico 98
    3. Os sacrifícios judaicos 100
    4. Jesus e o sistema sacrifical judaico 114

Capítulo V

A pesquisa histórica sobre Jesus e a fé – A partir das reflexões
de E. Käsemann e J. Dupont 135

    1. Dupont e a pesquisa sobre o Jesus histórico 135
    2. *Redaktionsgeschichte*, o exemplo da parábola do banquete 145
    3. A exegese de Dupont além do problema Jesus histórico/Cristo da fé 148

Segunda parte - Nascimento do cristianismo

Capítulo I

Como estudar o nascimento do cristianismo? 153

    I. Premissas 153

        1. Pressupostos acríticos 154
        2. A história retroativa e as origens da cristologia 157
        3. A diferença entre significado étnico, cultural e religioso dos termos
            "judaico", "gentio" e "cristão" 159
        4. Considerações sobre as relações entre grupos e sociedade 162
        5. Quando um sistema religioso se autonomiza de um outro? 164

    II. Observações sobre alguns casos concretos 166

        1. Ioudaismos 166
        2. Gálatas 2,12-14 168
        3. O conceito de novidade 172

Capítulo II

O tipo de vida de Jesus e o início da teologia "cristã" – De E. Käsemann
a D. C. Allison 175

    1. A apocalíptica é mãe da teologia cristã? 175
    2. Minha discordância sobre a tese de Käsemann 178
    3. Resposta a Dale C. Allison (2008) 180
    4. É ainda válida a proposta de E. Käsemann? 183

Capítulo III

O Evangelho de João e as fases judaicas do joanismo 191
    1. Reconstruir as fases judaicas do joanismo 191
    2. Aspectos do judaísmo joanino 194
    3. Observações finais 204

Capítulo IV

Judeu-cristianismo, um conceito equívoco 207
    1. As recentes pesquisas sobre o judeu-cristianismo 207
    2. Relatividade e uso dos conceitos historiográficos 209
    3. Um cristianismo normativo? 213

Capítulo V

Justino e a desjudaicização da mensagem de Jesus 217
    1. Como se chegou a separar Jesus da realidade judaica da qual fazia parte? 217
    2. Legitimar os cristãos no Império Romano 218
    3. Diferentes tipos de seguidores de Jesus segundo o Diálogo com Trifão 220
    4. Quando a mitologia de um povo é assumida por outro povo 223

Conclusão

Jesus, fundador do cristianismo? – Os problemas sobre os quais
Jesus não tinha falado 227
    1. O reino de Deus e a conversão final dos não judeus 228
    2. O quinto reino, Israel, e o Filho do homem 229
    3. Em lugar do reino de Deus veio a morte de Jesus 232
    4. Três respostas diferentes para a conversão dos não judeus 233
    5. Por que o reino de Deus não veio? 235
    6. Por que os seguidores de Jesus não se sentiram derrotados pela morte de Jesus e pelo fato de que o reino de Deus não veio? 239
    7. Como organizar as comunidades de seguidores. As primeiras comunidades: de movimento intersticial a *ekklêsia* 240
    8. Os diferentes cristianismos buscam em Jesus um fundamento 243

Bibliografia 245

Índice de nomes 275

Apresentação

1. Em minhas pesquisas históricas frequentemente argumentei que Jesus era um judeu que não tinha intenção de fundar uma nova religião. Se as coisas realmente são assim, então necessariamente é preciso perguntar-se como é possível ter nascido o cristianismo, uma religião que se apresenta separada do judaísmo.

Essa pergunta crucial domina a nossa história religiosa e os estudos sobre as origens do cristianismo. A elaboração de uma narrativa histórica convincente, que vai de Jesus até o momento em que o cristianismo subsiste como religião autônoma, exige, porém, que se reconstruam, de um lado, a face histórica de Jesus e, de outro, as várias formas religiosas criadas pelos diversos grupos de seguidores de Jesus após a sua morte. São dois processos de dimensões impressionantes. Somente pela colaboração entre os numerosos especialistas é que se pode obter uma nova resposta. Nos capítulos deste livro sempre procurei não tanto respostas, mas caminhos para soluções possíveis. Talvez essas tentativas convirjam para uma hipótese unitária.

2. Hoje a pesquisa sobre o Jesus histórico está em pleno desenvolvimento. No Newsletter do grupo italiano de pesquisa sobre o Jesus histórico publicado na revista *Annali di Storia dell'Exegesi*, Federico Adinolfi aponta aproximadamente 130 livros sobre a questão em apenas quatro anos, de 2007 a 2010[1]. Esse período

---

1. ADINOLFI 2010.

se caracteriza por uma atitude de maior reflexão sobre a história da pesquisa anterior – um testemunho disso é a multiplicação de ensaios de cunho historiográfico e dialógico (cf., por exemplo, o livro de C. S. KEENER, *The Historical Jesus of the Gospels*[2], e aquele organizado por K. BEILBY, P. R. EDDY, *The Historical Jesus. Five views*[3]) – e por uma diversidade de abordagens que, espero, saberão respeitar-se e fecundar-se mutuamente, sem a pretensão de reivindicar primazias dificilmente atingíveis. Conforme procurarei mostrar mais adiante, a divisão da história da pesquisa sobre Jesus em *Old*, *New* e *Third Quest* não corresponde a uma correta análise histórica porque, em primeiro lugar, se limita às faculdades teológicas alemãs e, além disso, sobretudo a uma parte, nem sequer predominante, do mundo anglo-saxão.

Diante da pergunta se as presumíveis "fases" anteriores da pesquisa já estejam superadas, penso que se poderia responder que uma pesquisa histórica séria e rigorosa (e em toda a fase moderna existem muitas) nunca é superada. Mesmo a denominada terceira pesquisa não está terminada (pessoalmente, considero pouco convincente a linha neoapologética e neoconservadora de estudiosos, por outro lado, sérios e ricos de resultados válidos como J. Dunn, R. Bauckham, I. Hurtado e outros), enquanto as pesquisas socioantropológicas continuam sob um novo modo, também após a geração mais velha do assim chamado *Context Group*. Precisamos manter um contato profundo com toda a história da pesquisa anterior. A exegese das gerações passadas é ainda imprescindível. Os problemas e as soluções "antigas" ainda estão sobre a nossa mesa. O perigo de hoje é perder o contato com uma tradição secular de estudos de extraordinária riqueza. Devemos educar as gerações jovens no estudo dos clássicos da exegese e da história do cristianismo primitivo do século XVI até hoje.

3. No livro *O homem Jesus*, que Adriana Destro escreveu juntamente comigo[4], colocamos aquela que consideramos a base mais segura da qual partir para uma pesquisa histórica sobre Jesus: o seu modo de viver. É uma perspectiva que, a meu ver, é mais promissora que outras. Jesus não era um pensador, mas um líder religioso imerso na vida do povo. Uma virada importante na pesquisa sobre o Jesus histórico aconteceu em 1985 por mérito de E. P. Sanders[5], sendo aprofundada até hoje, con-

---

2. KEENER 2009.
3. BEILBY, EDDY 2010.
4. DESTRO, PESCE 2008a.
5. SANDERS 1985.

forme indica o livro organizado por D. L. Bock e R. L. Webb[6]. Segundo a sua tese, a base mais certa para chegar a Jesus não seriam suas palavras, mas seus atos. Estamos convencidos de que a pesquisa deva operar uma posterior reviravolta metodológica. A base mais certa não são os atos isolados realizados por Jesus, e sim o seu jeito de viver. As palavras e as ações de Jesus somente possuem um significado se pronunciadas e realizadas por uma pessoa que assumiu um tipo de vida particular: o de um homem que abandonou trabalho, casa, família e posse de bens e se desloca continuamente sem criar um grupo religioso autônomo, mas penetra de modo intersticial no interior dos núcleos domésticos e dos lugares de trabalho. *O homem Jesus*, porém, é apenas a primeira parte de uma pesquisa mais ampla. Os estudos que aqui apresento são, de alguma forma, tentativas para estruturar essa pesquisa futura. A nossa pesquisa também se baseia, por outro lado, em uma outra virada decisiva para o estudo do cristianismo primitivo: aquela que abre espaço para a visão sociológica e antropológica[7].

4. Conforme o título sugere, este livro está dividido em duas partes. A primeira é dedicada à figura histórica de Jesus e tem em seu núcleo central algumas questões metodológicas discutidas. Em primeiro lugar, se o estilo de vida é o ponto de partida necessário, é impossível, porém, compreender Jesus ignorando aquilo que ele realmente disse. É por isso que um capítulo é dedicado à análise crítica da transmissão das palavras de Jesus[8]. Em segundo lugar, achei necessário dedicar dois capítulos à judaicidade de Jesus e à sua diferença em relação ao cristianismo primitivo (em particular no que se refere à remissão dos pecados e à função dos sacrifícios do templo de Jerusalém). Finalmente, pareceu-me imprescindível enfrentar o delicado problema da relação entre pesquisa histórica e pressupostos de fé. Entretanto, fiz isto de um ponto de vista mais histórico que teórico. Na metade do século passado, esse problema foi enfocado de modo bastante específico por Ernst Käsemann. A sua proposta teve uma repercussão importante sobre algumas correntes inovadoras da exegese católica, e Jacques Dupont, de quem fui aluno, deu-lhe especial atenção. Hoje, acredito que a pro-

---

6. *Key Events in the Life of the Historical Jesus. A Collaborative Exploration of Context and Coherence*, Tübingen, Mohr Siebeck, 2009.

7. Essa visão de pesquisa tem a sua origem na sociologia e na antropologia histórica francesas do século XX (a partir de E. Durkheim e M. Mauss), na assim chamada escola de Chicago, nos estudos antropológicos britânicos, nos estudos de G. Theissen dos anos 1970, na antropologia italiana do mundo antigo, até o *Context Group* americano com as suas ligações europeias. Para as nossas contribuições cf., sobretudo, DESTRO, PESCE 2000; 2008b; 2008c. Entre as últimas publicações desse tipo gostaria apenas de citar MOXNES 2003 e STEGEMANN 2010, fundamental sobre a judaicidade de Jesus (pp. 153-296). Para uma história da pesquisa cf. PESCE 1998.

8. Neste estudo aprofundo os resultados da minha antologia *Le parole dimenticate di Gesù* (PESCE 2004).

posta de Käsemann, embora tenha favorecido durante certo tempo uma maior liberdade de pesquisa na exegese católica, tenha influído, a longo prazo e de modo negativo, sobre uma serena pesquisa histórica, condicionando-a, de algum modo, com uma problemática principalmente teológica e, no fundo, apologética.

A segunda parte do livro trata de alguns aspectos da discussão sobre como nasceu o cristianismo. Nesses últimos anos, Adriana Destro e eu insistimos sobre alguns conceitos e em algumas teses exegéticas e historiográficas. Em primeiro lugar, não se pode compreender o movimento de Jesus e o nascimento do cristianismo se não se tem uma visão dinâmica da história e um aparato conceitual capaz de entender as lógicas sociais que determinam e guiam a mudança. A ideia central que sustentamos desde o nosso primeiro artigo exegético-antropológico de argumento protocristão ("Parentela, Discepolato e movimento nel Vangelho di Giovanni"[9]), é que Jesus pratica uma forma social, a do discipulado, que se relaciona dialeticamente com as formas sociais de base da sociedade da época, a partir da parentela. A dialética entre *oikos* e movimento cria uma dinâmica portadora de desenvolvimento. O artigo, de alguns anos depois, sobre "Padri e capi dei nuclei domestici nel movimento di Gesù"[10], analisava essa dialética procurando entender os desenvolvimentos provocados pelo contraste entre a associação voluntária do discipulado e a forma social não voluntária da parentela. Após os estudos de G. Theissen nos anos 1970 e os de W. A. Meeks nos anos seguintes sobre as comunidades paulinas, e após três décadas de atividades dos membros americanos e europeus do *Context Group*, tornou-se óbvio utilizar os conceitos de movimento, de associação voluntária, de *oikos* ou *household*. O fato é que não se trata de usar esses conceitos para classificações abstratas e estáticas. É preciso separar os fatores dinâmicos da mudança e as lógicas da evolução na dialética criada pelas formas sociais. Jesus quer mudar a sociedade, e se vale de meios dotados de extremo dinamismo. Na base de quase todos os ensaios publicados neste livro está, portanto, uma série de instrumentos conceituais de análise e uma constante interrogação sobre as lógicas da mudança e do porvir histórico. No que se refere aos instrumentos conceituais, reivindico a utilidade das análises que Adriana Destro e eu conduzimos, por exemplo, sobre o *oikos-household* (quero chamar a atenção para o fato de que não se deve confundir "casa" com *oikos*), sobre o discipulado como associação voluntária, sobre a relação entre movimento e patronato, sobre os processos dinâmicos dos conflitos (reelaborando a teoria dos conflitos, de Simmel à escola de Manchester e além), sobre a *intersticialidade*

---

9. DESTRO, PESCE 1995b.
10. DESTRO, PESCE 2003b.

na qual vimos insistindo há alguns anos (um instrumento de análise que parece ter atraído o interesse de outros), sobre a crítica ao conceito de religião e a sua substituição heurística pelo de sistema religioso.

A pluralidade dos cristianismos das origens, a separação das comunidades dos seguidores de Jesus das comunidades dos judeus, a descontinuidade entre os cristianismos dos séculos IV-VI com os das origens são os três temas principais da segunda parte.

Antes de tudo, insisto em sustentar que não se pode fazer a pergunta sobre quando, como e onde nasceu o cristianismo se antes não se esclareceu de qual cristianismo se fala e se não se definiu historicamente qual é o cristianismo do qual se quer rastrear o nascimento. Os estudos do século XX sobre a história do cristianismo primitivo sustentam que desde o início manifestou-se uma multiplicidade de grupos e de comunidades de seguidores de Jesus, de modo que não se pode falar de cristianismo, e sim de cristianismos, no plural. A solução que os heresiólogos da assim chamada grande Igreja deram ao fato da pluralidade dos cristianismos consistiu em definir uma ortodoxia com base na qual as outras formas cristãs eram definidas como heréticas. Somente o cristianismo ortodoxo, portanto, merecia o nome de cristianismo. Se o historiador reduz a pergunta sobre o nascimento do cristianismo à interrogação sobre a formação do cristianismo ortodoxo dos séculos IV-VI, faz, então, obra de apologeta e corre constantemente o risco do anacronismo, ou seja, supor para as origens aquilo que nas origens não existiu. O historiador tem de enfrentar a questão sem adotar as recíprocas condenações de heterodoxia que os grupos cristãos trocaram entre si ao longo dos séculos.

Uma segunda série de problemas gira em torno da questão da separação do cristianismo do judaísmo. Também aqui a minha contribuição está sobretudo na tentativa de esclarecer alguns dos pressupostos metodológicos e algumas das categorias historiográficas que usamos sem suficiente consciência. Exemplo: pode-se falar corretamente de "judeu-cristianismo" quando o cristianismo, como entidade separada e diferente do judaísmo, ainda não existe? À separação do cristianismo do judaísmo estão ligados numerosos pressupostos que parecem históricos, enquanto na realidade são apenas pressupostos interpretativos não necessários. Supõe-se, por exemplo, que é necessária a evolução do judaísmo para o cristianismo, como evolução religiosa providencial.

Um outro aspecto importante destas páginas está na convicção de que a história é feita não só de continuidade, mas também de descontinuidade. Não se pode pressupor como historicamente garantida a continuidade das diversas formas de cristianismo dos séculos II, III e IV com as comunidades de seguidores de Jesus das origens. Exatamente porque os cristianismos em geral foram muito diferentes entre si, não se pode presumir como certo, por exemplo, que aqueles seguidores que – segundo Atos dos Apóstolos 11,26 – foram chamados de *christianoi* em Antioquia fossem idênticos em doutrina, instituições e práticas religiosas aos grupos que, em diferentes partes do mundo antigo, se definiriam depois como *christianoi*.

5. A discussão sobre o nascimento do cristianismo é hoje ampla e inflamada. A tarefa do exegeta e do historiador não é apresentar aos fiéis uma explicação daquilo que sustentam as teologias (católicas, protestantes, ortodoxas e não calcedonianas), nem defender as teses dogmáticas da sua Igreja recorrendo aos instrumentos que a pesquisa histórica coloca à disposição. O historiador não pode aderir, por fé, desde o início da pesquisa (como, ao invés, faz o apologeta), a algumas afirmações que a sua Igreja propõe, e depois procurar demonstrar a sua verdade através de argumentações históricas, filosóficas, hermenêuticas ou outras. Uma coisa é pesquisar como e por que de Jesus se tenha chegado ao cristianismo, e outra coisa é procurar demonstrar que é historicamente verdade aquilo que as Igrejas de hoje afirmam sobre a sua continuidade com Jesus.

Pensei em concluir com um capítulo que enfrenta, de um ponto de vista particular, toda a questão subjacente ao livro: qual é o nexo que liga o nascimento do cristianismo a Jesus. Não se trata de uma análise exegética analítica, mas de uma proposta breve e sintética que espero seja capaz de suscitar pelo menos uma discussão.

6. Neste livro, o aspecto metodológico é às vezes predominante sobre o da reconstrução histórica propriamente dita. Talvez tivesse sido útil um subtítulo um tanto didático: "Aspectos metodológicos". Quando se quer construir um novo edifício deve-se derrubar os antigos existentes naquela área; é necessário fazer escavações para colocar os fundamentos, levantar novas paredes, servir-se de andaimes pesados e de equipamentos técnicos. Tudo isto desaparecerá quando o novo edifício ficar pronto para o uso. Mas sem os trabalhos de destruição e de reconstrução não teria sido edificado. A situação dos atuais editoriais obriga a preferir livros legíveis por um público culto o mais vasto possível. Acredito, todavia, que em um livro devam permanecer, ao menos em certa medida, as fases preparatórias e técnicas, geralmente colocadas em artigos publicados nas revistas especializadas. Por esse motivo, introduzi alguns ensaios meus referentes a teses exegéticas de J. Dupont, E. Käsemann e D. C. Allison, além de uma análise crítica do conceito de judeu-cristianismo. Por isso, insisto com frequência na

necessidade de submeter a crítica e deixar de lado uma série de pressupostos implícitos, como o método da história em retrospecto, como a ideia de uma necessária evolução do judaísmo rumo ao cristianismo, como o uso anacrônico do conceito de cristianismo ou de Novo Testamento. A história do cristianismo antigo não raro ainda é dependente de um aparato de conceitos provenientes de classes do cristianismo muito posteriores, às vezes projetadas anacronicamente nas origens. Sem uma reflexão crítica sobre o aparato conceitual do qual nos servimos não podemos realizar uma correta reconstrução histórica, e a minha não pretende ser uma abordagem completa e sistemática.

Este livro junta contribuições novas e outras já publicadas, redigidas à luz de minha atual consciência. Sou grato a Adriana pelo diálogo que acompanhou as várias fases de redação. Em muitos casos, não sei se apresento as minhas ou as suas convicções. Trata-se de um diálogo já antigo, iniciado há quarenta anos, quando aprendi com ela, que realizava pesquisas de campo nos povoados das montanhas ao norte de Ramallah, a continuidade ecológica contida nos profetas judeus que falavam da chuva de Nisan, no tratado *Taanit* da *Mishnah*, e na imaginação cultural palestina dos anos 70[11].

---

11. DESTRO 1977; PESCE, 1979.

Primeira parte
Jesus

Capítulo I
Em busca da figura histórica de Jesus

1. Momentos da pesquisa sobre o Jesus histórico como pano de fundo da atual situação na Itália

A pesquisa que visa a reconstruir a figura histórica de Jesus provavelmente teve o seu início na Europa, por volta do final do século XVI. Em seu *Rafforfamento della fede* (1593), Isaac ben Abraham di Troki sustentava a judaicidade de Jesus e a distinção entre Jesus e o cristianismo primitivo: "É fato conhecido", afirmava, "que em nenhuma parte do Novo Testamento encontramos que Jesus quisesse passar como autor de uma Nova Lei, mas, ao contrário, admitia a duração eterna da lei mosaica"[1]. Nesse período, portanto, já existia a percepção da descontinuidade entre Igreja primitiva e Jesus. Quando, por outro lado, da metade do século XVIII em diante, cresceu a consciência das diferenças não conciliáveis dos evangelhos canônicos[2], foi colocada uma outra das condições que tornam necessária a pesquisa sobre o que realmente Jesus tinha dito e feito. A conscientização desses dois fatos – as diferenças entre os evangelhos e a descontinuidade entre Igreja primitiva e Jesus – implementa as duas condições principais nas quais se desenvolve a pesquisa sobre a figura histórica de Jesus,

---
1. TROKI 1970, II Parte, Introd..
2. LANG 1993.

no contexto de um modo de conhecimento calcado no *método* histórico, isto é, um método racional, verificável, que se apoia em uma análise crítica das fontes, sem levar em conta as diferenças confessionais entre cristãos.

Em uma visão corretamente histórica, possuem pouca base as sínteses segundo as quais haveria três fases da pesquisa histórica sobre Jesus, das quais a "terceira pesquisa" (*Third Quest*) seria representada pelo *Jesus Seminar* norte-americano[3]. Gerd Theissen, por exemplo, sugere cinco[4]. Todavia, é incorreto situar o nascimento da pesquisa sobre o Jesus histórico na Alemanha e com Reimarus, como indolentemente repetem muitos imitando o esquema de alguns historiadores alemães, e – do ponto de vista de uma visão histórica científica séria – é impraticável um esquema que isole a pesquisa sobre Jesus do resto da pesquisa histórica e exegética, e da evolução da história das Igrejas e das grandes mudanças culturais, que exercem influência sobre a história do pensamento e dos métodos de análise nas ciências humanas. Conforme escreveram D. L. Bock e R. L. Webb, "a recente discussão sugeriu que esse esquema [das três fases] pode ser útil para introduzir os estudantes no labirinto dos estudos sobre o Jesus histórico, mas é simplista demais para um trabalho científico"[5]. Existem contribuições muito importantes da pesquisa do século XIX e dos séculos XX e XXI que não se enquadram nessa tripartição. A história da exegese católica seguiu escansões frequentemente bem diferentes[6]. A reação das Igrejas à pesquisa histórica sobre Jesus continua a influenciar e a condicionar os historiadores e os exegetas, e isto nem sempre é um mal, porque a pesquisa sobre Jesus só terá influência social ampla se também levar em conta esse aspecto. As diversas correntes linguísticas, disciplinares e nacionais, além dessa reação eclesiástica tão influente, deveriam ser levadas em consideração pelas histórias sobre a pesquisa sobre Jesus.

A consciência de que a pesquisa histórica sobre Jesus tinha sido iniciada muito antes de Reimarus foi crescendo em mim à medida que as minhas leituras recuavam no tempo. A percepção de uma distância entre Jesus e a representação que as Igrejas propunham dele é subjacente a muitos dos movimentos religiosos de reforma dos séculos XII e XIII, e às várias tentativas e aos diversos projetos de reforma da Igreja medieval tardia e da primeira modernidade. O humanismo, com a sua exigência de ler os textos antigos na língua original, grego e hebraico, e com a sua busca de

---

3. O *Jesus Seminar* é um projeto de reflexões cristológicas fundado em 1985 pelo falecido Robert Funk e por John Dominic Crossan, sob os auspícios do Westar Institute. Considerado um dos mais ativos grupos de crítica bíblica, o *Seminar* utiliza o método histórico para determinar aquilo que Jesus, como figura histórica, pode ou não ter dito ou feito. Além disso, o *Seminar* popularizou as investigações sobre o Jesus histórico. (N. da T.)
4. THEISSEN, MERZ 1999, p. 15-25.
5. BOCK, WEBB 2009.
6. PESCE 1991; 1994b.

uma reaproximação aos modelos antigos em todos os campos da vida intelectual e artística, é uma das primeiras instâncias da modernidade que impele a uma reconsideração da figura histórica de Jesus. A Reforma protestante colocava uma outra condição ou fator importante para uma consideração histórica nova da figura de Jesus com o seu princípio de descontinuidade. Na percepção reformada, a fé, a teologia e as instituições cristãs medievais se afastaram da Palavra de Deus depositada no Novo Testamento. Nasceu, assim, a exigência de um retorno a ela. Essa percepção da descontinuidade, unida à necessidade de uma adequação à autêntica mensagem evangélica, colocava, também ela, uma das condições mais favoráveis para uma pesquisa da figura histórica de Jesus. A reflexão daqueles que foram considerados heréticos, tanto por católicos quanto por protestantes, e sobre os quais Delio Cantimori tinha atraído a atenção dos historiadores, é um outro âmbito em que a percepção da diversidade de Jesus da imagem das Igrejas podia se desenvolver. A descoberta de novas culturas e novas religiões, por outro lado, teria estimulado os estudiosos cristãos, a partir do final do século XVI, a uma reflexão nova sobre o cristianismo, visto comparativamente com outras religiões. Entre o final do século XVI e o início do século XVII, nascia uma nova ciência, conforme sublinhou G. Stroumsa (2010). No entanto, uma atitude de certo modo histórico-religiosa pode ser encontrada já na representação de Jesus como mago em Giordano Bruno, com base no conhecimento renascentista da magia antiga. Convém nunca esquecer que o clima das guerras de religião e das violentas oposições entre correntes cristãs que dominou os séculos XVI e XVII tinha feito aumentar a exigência de métodos de investigação históricos que – além das inconciliáveis diferenças de fé – pudessem constituir um terreno comum de compreensão entre os intelectos necessitados de compreender[7]. A centralidade, por exemplo, da escatologia na concepção jesuana do reino de Deus é fundamental na visão de Jesus no *Leviatã*[8] de Thomas Hobbes. Uma temática que seria sempre reproposta na pesquisa sucessiva. E algumas décadas depois se podia ler a nova visão de Jesus de Baruch Spinoza. Por volta da metade do século XVIII, o nascimento de novas ciências da antiguidade, estimuladas pela redescoberta arqueológica da Roma antiga, colocava as bases para uma percepção diferente das origens cristãs e de Jesus no quadro do mundo antigo. A crise da consciência europeia, da qual falava Paul Hazard por volta do final do século XVII e do início do século XVIII, constitui outra importante reviravolta que muda a percepção das origens cristãs, antes mesmo do desenvolvimento pleno do pensamento iluminista. A redescoberta da literatura apócrifa no século XVIII teria uma influência

---

7. Entre as inúmeras obras úteis cf. o clássico HAZARD 2008 e REVENTLOW 1980; LAPLANCHE 1989; 1992, p. 29-39. Cf. STROUMSA 2010.
8. Thomas HOBBES, *O leviatã*, São Paulo, Martins, 1991. (N. da T.).

determinante nas pesquisas sobre a historicidade de Jesus, conforme demonstra J. Toland. Nesse complexo e articulado mundo intelectual, a atitude para com a figura de Jesus não remete a uma única linha, a uma única corrente de interpretações que se sucedem evolutivamente no tempo. Ao contrário, as várias múltiplas posições coexistem, com um leque que certamente conhece o pensamento ateu e libertino extremo, a apologética mais conservadora e uma série de posições intermediárias de crentes e não crentes, de historiadores eruditos e teólogos. A difusão mais ou menos clandestina do *Tratado dos três impostores* não é emblema do seiscentismo, assim como não o é a representação do Jesus de B. Pascal. O Jesus de *Razoabilidade do cristianismo*, de J. Locke, foi fortemente contestado por seus adversários teológicos, assim como as obras de Toland (por exemplo, TOLAND 1718; 1720) foram o centro de um amplo debate. A obra de Thomas Chubb (1679-1747), *The True Gospel of Jesus Christ Asserted* (O verdadeiro evangelho de Jesus Cristo), de 1738, foi fortemente contestada. Há algumas décadas, Daniele Menozzi mostrou, por outro lado, como as várias visões de Jesus que se manifestam durante a Revolução Francesa não podem ser reconduzidas a um único filão. O pensamento revolucionário iluminista conhece figuras de pensadores religiosos que possuem uma visão positiva de Jesus. O livro de D'Holbach *Histoire Critique de Jésus Christ, ou analyse Raisonneé des Évangiles* (Amsterdam, 1778), como também outras obras suas sobre as origens cristãs, não pode ser tomado como símbolo de uma época ou de uma corrente filosófica. Completamente de outro tipo é o Jesus que emerge das obras de J.-J. Rousseau, para o qual ele é uma figura positiva.

A necessidade de abandonar a ideia de uma evolução linear da pesquisa sobre a figura histórica de Jesus é dada, pois, por um fato: as várias áreas geográficas, linguísticas e nacionais possuem instituições científicas, tradições de pensamento e pontos de referência locais com suas próprias histórias, em geral pouco conhecidas e pouco influentes no exterior. É verdade que os intercâmbios e os cruzamentos internacionais são importantes e devem ser reconstruídos. Todavia, o quadro que daí resulta é o de correntes múltiplas, de posições opostas coexistentes que se perpetuam, embora na modificação das circunstâncias, de conjuntos temáticos diferentes que às vezes se entrelaçam e outras não. A pálida representação de Jesus de Thomas Jefferson (na realidade muito despojada, tratando-se de uma simples vida de Jesus, com base em passagens evangélicas escolhidas), permanece uma obra importante para compreender o ambiente norte-americano do início do século XIX, apesar de sua pouca influência em outros lugares[9].

---

9. Os trabalhos de GAETA 2009 (que apresenta sua reflexão sobre como evitar o que ele considera caminhos errados (de SEGALLA 2010), que, apesar de alguma menção, defende a justeza da divisão em três

Tanto A. Schweitzer quanto W. G. Kümmel escreveram obras notáveis sobre a história da pesquisa histórica de Jesus e do Novo Testamento[10], no entanto a sua visão é quase exclusivamente limitada ao mundo acadêmico alemão, ou melhor, a uma parte dele[11]. Kümmel descartava de sua reconstrução todas as correntes, todos os livros e todos os debates que não contribuíam para a formação do modelo científico que ele considerava válido. Os estudos de língua inglesa, francesa, italiana, espanhola e das outras áreas linguísticas possuem uma história bem diferente. Há pouco espaço, por exemplo, nas histórias de Schweitzer e Kümmel para o modernismo[12], o qual, por outro lado, é fundamental na história italiana, francesa, inglesa, alemã e também norte-americana. Dou um exemplo. A história da pesquisa sobre Jesus está intimamente ligada à redescoberta da sua judaicidade, mas essa redescoberta não é fruto da chamada terceira pesquisa e nem da crítica (e autocrítica) ao antissemitismo cristão após a *Shoah*. Conforme citei acima, essa percepção é a base da redescoberta da figura histórica de Jesus já no século XVI. No século XVIII, sublinharam a judaicidade de Jesus estudiosos e intelectuais judeus como M. Mendelssohn e Isaak Markus Jost[13]. A judaicidade de Jesus como estímulo para a pesquisa da sua figura histórica é muito importante também no século XIX. Basta citar o livro de Joseph Salvador sobre Jesus, além dos livros de outros autores judeus. A historiadora francesa Francesca Sofia, em um ensaio publicado nas Atas do primeiro congresso do grupo G.E.R.I.C.O., escreve a respeito de Salvador: "A sua obra, *Jésus-Christ et sa doctrine. Histoire de la naissance de l'Église, de son organisation et de ses progrès pendant le premier siècle*[14], [...] foi reeditada por Michel Lévy em 1864. Apesar de ter sido traduzida também em alemão[15], não há vestígios dela em W. G. Kümmel, [...] e nem é mencionada em F. Manns[16] [...].

---

fases), de BERTALOTTO 2008 (muito breve) permanecem no esquema linear de fases, não vão além de Reimarus e, além disso, não propõem uma história da pesquisa e sim algumas avaliações histórico-exegéticas (Gaeta e Segalla) e a defesa da interpretação da escola de Sacchi, Boccaccini (Bertalotto).

10. SCHWEITZER 1906; KÜMMEL 1976.

11. Já na ocasião da publicação da tradução italiana do livro de Kümmel eu apontava o fato de que, ainda que muito importante, era a história em retrocesso da formação do modelo científico que o autor privilegiava (PESCE 1976). Na prática o livro de Kümmel, mais que um livro de história, é um manual de método exegético sob a forma histórica. Fazer história é outra coisa. A uma falta de abordagem historiográfica aprofundada não escapa nem mesmo EVANS 1996.

12. Schweitzer podia conhecer ao menos parte do debate desenvolvido em vários países católicos nas duas últimas décadas do século XIX.

13. Cf. HOFFMAN 2007, p. 13-60.

14. Paris, A. Guyot et Scribe, 1838, 2 v. (SOFIA 2004, p. 645).

15. Cf. *Das Leben Jesu und seine Lehre. Die Geschichte der Entstehung der christlichen Kirche, ihrer Organisation und Fortschritte während des ersten Jahrhunderts*, aus dem Franz. von H. Jacobson, Dresden, Walterische Hofbuch-handlung, 1841, 2 v. (SOFIA 2004).

16. *Bibliographie du judéo-christianisme*, Jerusalem, Franciscan Printing Press, 1979, (SOFIA 2004).

F. Laplanche, *La Bible en France entre mythe et critique, XVIe-XIXe siècle*[17], que também atribui a Salvador o mérito de ter levantado o problema da separação do cristianismo do messianismo judaico, leva em conta apenas a segunda edição de 1864 e distorce, pois, a visão interpretativa[18]. Para ter alguma noção sobre o lugar ocupado por Salvador na historiografia sobre as origens do cristianismo, é preciso ainda fazer referência a B. Labanca, *Gesù Cristo nella letteratura contemporanea straniera e italiana. Studio storico-scientifico*"[19]. Transcrevi essa longa nota de Sofia para mostrar, com o exemplo de um caso particular, de que modo, em suma, algumas sínteses históricas atuais, que fazem grande sucesso, na realidade não reconstroem minuciosamente a longa e complexa série de eventos da história da pesquisa sobre o Jesus histórico. Por isso, convém desconfiar das simplificações que falam de três a cinco fases, uma sucessiva à outra, como se houvesse um sentido lógico nessa evolução que conduziria a sempre mais convincentes resultados. A pesquisa judaica sobre o Jesus histórico dos séculos passados não entra nesse esquema[20]. Em suma, uma história da pesquisa ainda está para ser elaborada. Um novo enfoque historiográfico encontra-se em Moxnes e Crossley (2009), que reconduzem a pesquisa sobre Jesus ao mais vasto contexto histórico cultural.

Para compreender como as pesquisas sobre o Jesus histórico são recebidas na Itália, é preciso deixar de lado o esquema das fases sucessivas, mas é indispensável um certo conhecimento da história da interpretação da Bíblia em nosso país, desde a fase das revoluções até hoje. Os momentos ou períodos fundamentais dessa história são:

a) A reação católica à crítica bíblica na fase da restauração.

b) As atitudes para com a crítica bíblica nos diferentes ambientes católicos neoguelfos[21] e liberais, nos intelectuais leigos italianos e nas faculdades teológicas até a sua supressão em 1870[22].

c) O período do modernismo[23], que podemos situar mais ou menos de 1880 até às vésperas da Primeira Guerra Mundial. Para compreender essas importantes décadas, é essencial conhecer os estudos históricos e filológicos nas universidades

---

17. Paris, Albin Michel, 1994, p. 203-204.
18. Há, porém, exceções, cf.: ARAGIONE 2001, onde nas páginas 14-15 se analisa sobretudo o livro de J. SALVADOR, *Jésus Christ*. Sa doctrine.
19. Torino, Fratelli Bocca, 1903, p. 29 ss. (SOFIA 2004).
20. A título de exemplo cito apenas HESCHEL 1998 e JAFFÉ 2009.
21. Movimento católico italiano do século XIX que buscava restaurar a presença ativa da Igreja na vida política do Estado. (N. da T.).
22. Cf. LABANCA 1903 (um livro importante para conhecer a pesquisa sobre Jesus na Itália da metade do século XIX até o início do século XX).
23. RINALDI 1961; SCOPPOLA 1961; TURVASI 1974; ZAMBARBIERI 1978; PESCE 1988.

italianas, sobretudo dos anos 1870 até a Primeira Guerra Mundial. O próprio modernismo é incompreensível sem um confronto com os debates, os estudos e as publicações da academia italiana, em sua maioria laica, do final do século XIX. Trata-se de um período no qual não poucos católicos, valdenses, judeus e leigos foram envolvidos em uma única atmosfera científica[24].

d) A repressão antimodernista que caracteriza a Igreja católica italiana da metade dos anos 1910 aproximadamente até o início dos anos 1930. Durante esse período, todavia, a cultura italiana vê um panorama de biblistas, de especialistas de origens cristãs e de estudiosos independentes, tanto católicos quanto leigos, que continuam uma pesquisa livre (como Ernesto Buonaiuti, Primo Vannutelli, Luigi Salvatorelli, Adolfo Omodeo e muitos outros).

e) O novo clima que se cria na Igreja católica italiana a partir dos anos 1930. Instituições como o Pontifício Instituto Bíblico assumem uma função de pesquisa científica mais autônoma que no passado, pelas atitudes mais direcionadas à apologética e à polêmica antimodernista. A Associação Bíblica Italiana dá os seus primeiros tímidos passos sem um primeiro declarado espírito antimodernista. Emergem na Itália figuras como G. Ricciotti e A. Vaccari.

f) A grande virada para a exegese bíblica que ocorre sob o pontificado de Pio XII: o método histórico é oficialmente aceito pela encíclica *Divino Afflante Spiritu*, de 1943[25]. Abria-se um período de pesquisa exegética mais livre, que continuou por aproximadamente uma década após a conclusão do Concílio Vaticano II (1965).

g) Por volta do final dos anos 1970 houve uma retração na teologia e na atitude da Igreja católica, que teve efeitos fortemente conservadores durante um longo período, do qual se vive hoje a fase mais acentuadamente restauradora, em particular na Itália. Os fatores que concorrem para determinar essa virada são de importância histórica diversa, porém todos muito relevantes. O primeiro é interno à própria lógica da reforma do Concílio Vaticano II. O aspecto certamente reformador desse Concílio se refere à função da Bíblia na vida da Igreja a partir da liturgia, da formação catequética dos jovens e da oração dos sacerdotes. A Bíblia assumia um papel central e determinante. Mas, exatamente por isso, a exegese histórica começava a ser olhada com desconfiança. As Igrejas se viram na necessidade de explicar a fiéis sem cultura acadêmica o conteúdo de fé dos textos bíblicos, que ora tinham se tornado tão importantes na vida eclesial e

---

24. Sobre esse período cf. FACCHINI 2005.
25. Para os períodos aqui indicados pelas letras d, e, f remeto aos meus estudos (onde se encontra uma bibliografia e características de história da historiografia): PESCE 1989; 1991; 1994b; 1995.

pessoal. E exatamente a valorização da Bíblia acabava, assim, por levantar uma dúvida sobre a utilidade da pesquisa histórica dos textos sacros, que ora parecia pobre de fruto espiritual, mas antes perigosa para a própria fé, porque colocava em dúvida as afirmações imediatas e literais contidas nos textos bíblicos[26]. Um segundo fato de grande importância está na difusão nos ambientes religiosos, não só católicos mas também das Igrejas ortodoxas, de uma cada vez mais ampla crítica às bases da cultura contemporânea, surgida das grandes revoluções da idade moderna. Em uma maneira, a meu ver excessiva, ia se difundindo a tese de que a raiz do ateísmo comunista estava no iluminismo setecentista, e que as degenerações nazistas tinham na negação iluminista do cristianismo uma das suas mais importantes raízes. Após a queda dos totalitarismos e do comunismo, um renascimento religioso europeu e norte-americano propôs uma condenação radical do iluminismo e da crítica proveniente da razão moderna. A crítica bíblica era vista como filha do iluminismo, logo devia ser rejeitada, porque estava radicalmente em oposição a uma visão de fé. Também a ciência moderna e sobretudo as filosofias nela inspiradas eram olhadas com desconfiança e acusadas de possuir uma visão contrária à de fé.

Na realidade, essa posição não é nova, mas simplesmente uma das respostas aos grandes problemas postos pela idade contemporânea a todas as religiões. Ciência moderna, análise científica das religiões, sociedades baseadas no princípio dos direitos naturais inalienáveis de cada novo estilo de vida ética e social constituem os quatro grandes desafios aos quais todas as religiões, nos últimos duzentos anos, tiveram que, necessariamente, responder[27]. Ao fornecer uma resposta, as grandes religiões se dividiram em seu interior em um leque de tendências que vão da aceitação dos desafios da modernidade, repensados com espírito religioso, até a sua negação total. Catolicismo liberal e catolicismo intransigente são duas respostas opostas no catolicismo italiano do século XIX. Judaísmo reformado, conservador e neo-ortodoxo são três respostas dentro do judaísmo. Movimentos progressistas, movimentos fundamentalistas, movimentos islâmicos são igualmente respostas surgidas no islã. Dentro desse leque de respostas possíveis aos grandes problemas da modernidade, os dois mais recentes pontificados parecem, às vezes, preferir aquelas tendências católicas que assumiram uma posição tendencialmente antimoderna[28]. Se não se tem presente esse

---

26. PESCE 1988.
27. PESCE 1997, p. 103-117.
28. Sobre a reação diferenciada das religiões a alguns princípios da modernidade cf. ibid.

quadro histórico mais geral, dificilmente se pode compreender o debate atual sobre o Jesus histórico na Itália[29].

Se olhamos, todavia, o cenário internacional, constatamos que hoje a pesquisa sobre o Jesus histórico é extremamente diversificada e que o surgimento, vez por outra, de uma corrente de estudos não permite enxergar nela a culminância de todo o processo em ação. As numerosas correntes estão, ao mesmo tempo, intimamente cruzadas (dada a facilidade hodierna de entrar em contato com a produção científica internacional), e também independentes entre si, ligadas que são a experiências – acadêmicas, nacionais e metodológicas – particulares e divergentes. Esse cenário internacional enfrenta hoje todas as questões fundamentais de uma maneira renovada, e com a tendência de refazer sistematicamente o trabalho dos últimos duzentos anos: sobre as fontes disponíveis e sua confiabilidade histórica, sobre o modo de transmissão de todos os materiais relativos à história de Jesus, sobre a história da terra de Israel, a presença romana, a presença da cultura helenista, as formas religiosas, o judaísmo da época em cada tendência sua e em seu corpo literário. Uma discussão sobre os métodos também prosseguiu de modo sistemático. Em suma, o meu ponto de vista me leva a considerar mais promissoras, no panorama internacional, aquelas correntes (seja qual for a tendência, teológica ou não, conservadora ou inovadora, a que pertençam) que procuram reexaminar sistematicamente todo o material e os métodos do nosso imenso laboratório exegético, histórico e científico em geral, relativo à figura histórica de Jesus.

2. Por que são feitas pesquisas históricas sobre Jesus?

O motivo pelo qual são desenvolvidas pesquisas sobre a figura histórica de Jesus é que simplesmente a sua história é um fato histórico e, como tal, pode ser objeto de pesquisas como qualquer outro evento. A pesquisa histórica exige preliminarmente a coleta e a análise crítica das fontes. Pela análise crítica das fontes que temos à disposição, pareceu evidente aos olhos dos historiadores dos séculos passados uma forte divergência de dados, embora subsista uma convergência sob vários aspectos. A desigualdade dos testemunhos confirma a necessidade de uma

---

29. Há uma enorme quantidade de acurados estudos históricos particulares, entre os quais, a título de exemplo, destaco: SALVATORELLI 1950; 1929. Cf. BOCCACCINI 2007. A pesquisa sobre o Jesus histórico no campo internacional é muito ampla. Indico algumas leituras iniciais: SCHWEITZER, 1906; ROBINSON, 1959; ALLEN, 1999; DUNN, MCKNIGHT (Orgs.) 2005; SEGALLA 2066; SACHOT 1999; EVANS 1996. Nos anos 1980 e 1990 citei em *Annali di Storia dell'Esegesi* várias obras de história da historiografia sobre a Bíblia e Jesus.

investigação acurada, mas não constitui um caso extraordinário. Os historiadores sempre têm a ver com fontes que testemunham perspectivas em parte comuns, em parte diferentes e geralmente divergentes.

Alguns sustentam que a figura histórica de Jesus já seria facilmente acessível a qualquer um no Novo Testamento. Os evangelhos canônicos seriam documentos historicamente confiáveis, porque inspirados por Deus. Não haveria contradições entre eles, visto que basta apenas coordenar as suas diversidades em uma imagem harmoniosa. A interpretação teológica da figura de Jesus que os Concílios de Niceia e de Calcedônia formularam dogmaticamente nos séculos IV e V seria, enfim, perfeitamente fiel às ideias religiosas já claramente contidas nos evangelhos canônicos e no resto do Novo Testamento. Por esses motivos, não se deveria pesquisar uma imagem histórica de Jesus diferente daquela que emerge da harmonização dos quatro evangelhos canônicos, obtida à luz da teologia do Novo Testamento, interpretado com base na teologia dogmática da Igreja antiga, novamente compreendida à luz da teologia das Igrejas atuais. Poderia-se procurar compreender a qual tipo de teologia essas afirmações se referem, mas aqui a questão é diferente: elas não convencem do ponto de vista da confiabilidade histórica.

O Novo Testamento, com efeito, como se sabe, não existia nos séculos I e II. Falar, portanto, de Novo Testamento para reconstruir a figura histórica de Jesus é um anacronismo. Não sabemos quando, mas o Novo Testamento não foi fixado antes do final do século III[30]. Ele contém apenas 27 escritos protocristãos e exclui uma série não pequena de obras que foram produzidas no século I ou no início do século II que são úteis para reconstruir a imagem histórica de Jesus e das primeiras comunidades dos seus seguidores (o Evangelho de Tomé, a Didaqué, a Ascensão de Isaías, a Primeira Carta de Clemente, os Evangelhos judeu-cristãos, o Evangelho de Pedro, outros evangelhos que nos chegaram em fragmentos e todas as obras que contêm palavras atribuídas a Jesus)[31]. Não é verdade que as obras contidas no Novo Testamento são certamente mais antigas que todos os outros escritos protocristãos. As cartas pastorais e aquelas atribuídas a Pedro, por exemplo, são bem mais tardias. A pesquisa dos últimos trinta anos, aproximadamente, mostrou que os quatro evangelhos canônicos não constituem sempre a base utilizada por todos os outros evangelhos "não canônicos" e por todas as outras obras que então não foram incluídas no cânon neotestamentário. A Didaqué, por exemplo, parece não depender do Evangelho de Mateus. As afinidades

---

30. ARAGIONE, JUNOD, NORELLI (Dir.) 2005.
31. Cf. PESCE 2004.

entre essas duas obras resultam, porém, do fato de que ambas utilizaram tradições comuns e antecedentes[32]. O Evangelho de Tomé algumas vezes depende dos evangelhos sinóticos atuais, mas outras vezes não[33]. Os evangelhos denominados judeu-cristãos (dos judeus, dos nazarenos, dos ebionitas) não são uma reescritura dos sinóticos, mas obras muitas vezes independentes[34]. A Primeira e a Segunda Carta de Clemente e Justino contêm, diversas vezes, formulações de palavras de Jesus que são independentes daquelas dos evangelhos sinóticos. O Evangelho de João é dificilmente compreensível sem um debate com tradições que confluem no Evangelho de Tomé[35] e sem o conhecimento da Visão de Isaías, hoje contida na Ascensão de Isaías[36]. Os exemplos podem multiplicar-se ao infinito.

A respeito dos evangelhos canônicos convém dizer claramente que existem entre eles inúmeras convergências, além de divergências, e que tais divergências em diferentes casos são inconciliáveis. Elas dependem, por outro lado, do fato de que os evangelhos bebiam de tradições que não se conheciam entre si. Darei alguns exemplos. O Evangelho de João narra que Jesus foi para Jerusalém cinco vezes (duas para a festa da Páscoa, uma para a festa das Tendas, uma para a Dedicação do templo e finalmente para uma festa da qual não cita o nome); os sinóticos, por sua vez, falam de uma única viagem de Jesus a Jerusalém. Os sinóticos situam a pregação de Jesus na Galileia. João, principalmente na Judeia. Segundo João, a última ceia não é uma ceia pascal, porque o cordeiro pascal foi imolado quando Jesus é crucificado. O Evangelho de João situa a expulsão dos mercadores do templo no início das atividades de Jesus, não no final, como os sinóticos, e não lhe atribui a importância da prisão de Jesus que existe neles. Cerca de 75% do material contido no Evangelho de João está ausente nos sinóticos. Em contrapartida, esse evangelho não contém muitos elementos absolutamente centrais para reconstruir a figura histórica de Jesus, presentes nos outros três evangelhos canônicos. João nunca fala do fato de Jesus pedir aos seus discípulos mais próximos para deixar casa, trabalho, família e bens; ignora o Pai-nosso, as palavras de Jesus sobre o pão e o vinho, e um notável número de ditos de Jesus, presentes, por outro lado, em Mateus e Lucas, e praticamente também todas as parábolas contidas nos outros três evangelhos. Em João, a temática do reino de Deus é muito secundária em relação àquela da "vida" (aparece cinco vezes, contra as 46 de Mateus). Esse evangelho não cita a lista dos Doze e ignora a trans-

---

32. VISONÀ 2000.
33. KAESTLI 1998; GIANOTTO, 2008; 2009.
34. MIMOUNI 2006.
35. PAGELS 2006.
36. PESCE 2003c.

figuração, a oração no Getsêmani, a descida do Espírito Santo no Pentecostes (presente nos Atos). Cerca de 30% daquilo que Lucas narra não se encontram nos outros três evangelhos. Entre os sinóticos também existem diferenças notáveis. Lucas descreve Jesus, que na primeira parte da sua atividade atua sozinho; os primeiros discípulos são chamados por ele mais tarde, em relação à narração de Marcos, e em circunstâncias diferentes (em João, porém, a divergência é claramente evidente). Apenas Marcos, seguido por Mateus, conhece as viagens de Jesus rumo a Tiro, Sídon e a Decápole; Lucas e João, não. Vários eventos são narrados de forma diferente. O episódio da mulher que unge Jesus com perfume caro, por exemplo, é narrado de três maneiras substancialmente diferentes. Em Lucas, Marta e Maria moram em um povoado desconhecido, mas não ao sul da terra de Israel, como em João. Lucas conhece uma sucessão diferente dos eventos finais em Jerusalém em relação às indicações dos dias de Marcos e Mateus (e obviamente também em relação a João). A parábola do banquete é profundamente transformada por Mateus em relação a Lucas e Tomé em função de uma releitura cristológica e histórico-eclesiástica. A forte divergência na formulação das palavras de Jesus entre os sinóticos, confrontados com o resto da tradição das palavras de Jesus nos primeiros dois séculos, nos diz com clareza que nenhuma das formulações sinóticas pode pretender ser aquela certamente jesuana. A lista é extensa. Basta ler, por exemplo, os comentários de Joachim Gnilka, François Bovon, Rudolph Pesch (todos de comprovada fé cristã) sobre Mateus, Lucas e Marcos[37] para dar-se conta do fato de que o problema sobre o que verdadeiramente Jesus disse e fez é posto a cada linha dos evangelhos. A pesquisa sobre a vivência histórica de Jesus é incrivelmente fascinante, e não cesso de descobrir, a cada dia, novos aspectos sobre ela, que se revelam exatamente nas divergências das narrações evangélicas, às vezes pequenas e aparentemente insignificantes, outras vezes muito mais importantes.

Já comentei que a evocação da unidade do Novo Testamento é anacrônica quando se fala de Jesus ou dos evangelhos, e que o Novo Testamento – como coleção canônica unitária – não é um instrumento utilizável pelo historiador interessado no século I, mas apenas pelo historiador que quer compreender os teólogos do final do século III ou do início do século IV em diante. A unidade do Novo Testamento não é um dado claro que necessariamente se impõe ao leitor, e nem o seu centro teológico, embora exista, é imediatamente compreensível. O Novo Testamento é uma coleção de 27 escritos. O teólogo supõe que eles, como inspirados por Deus, devam refletir uma visão unitária. Mas como se

---

37. Todos publicados pela Editora Paideia, em Brescia (Itália).

identifica, como se define essa unidade? A resposta é clara para o historiador: o centro do Novo Testamento (a sua unidade) é diferente conforme a diversidade das teologias e das Igrejas. Para cada teologia e para cada Igreja o centro muda, é diferentemente compreendido e definido. A suposta unidade e o suposto centro mudaram ao longo dos séculos, e em cada época foram definidos de modo diferente. Não existem, por outro lado, definições dogmáticas de tal unidade na história das Igrejas.

A exegese histórica tem por objetivo restituir a figura de Jesus. Alguns pensam que a expressão "Jesus histórico" implique uma polêmica contra as interpretações teológicas das diferentes Igrejas. No passado, perguntava-se se o Jesus histórico estava em oposição ou não com o Cristo da fé. *Esta problemática me é estranha.* Não creio que seja útil perguntar-se se as pesquisas confirmam ou, ao contrário, contestam as ideias teológicas e dogmáticas de uma particular Igreja cristã. Penso que se deva fazer pesquisa fora dessa alternativa. Se assim não fosse, a pesquisa seria predeterminada até em sua problemática grade de interpretação. *Não é este o meu caso.* E não é esta a atitude de várias dezenas de estudiosos em diferentes partes do mundo. As posições dos historiadores e dos exegetas que hoje se ocupam da pesquisa sobre a figura histórica de Jesus são de tal maneira diferentes entre si que é impossível reconduzi-las à unidade. A minha pesquisa parte apenas da necessidade de conhecer. Os problemas que eu me coloco estão estreitamente em relação com a leitura das fontes e são questões que, vez por outra, encontro nelas próprias. Se a exegese propõe aspectos de Jesus que alguns teólogos julgam contrários à sua interpretação das ideias e da práxis das Igrejas, isto não significa que esta exegese seja contra o cristianismo e contra a fé cristã. Além do mais, convencer um historiador de seu erro, é relativamente simples: basta demonstrar, a partir de uma base histórica, que os textos poderiam ser interpretados diferentemente. Quando um historiador se dá conta de que sustenta opiniões históricas não suficientemente fundamentadas nos documentos, precisa mudá-las[38], mas obviamente necessita de observações metodologicamente verificáveis sobre as fontes. Como historiador, reivindico o dever e o direito de comunicar diretamente a todos, sem filtro ou mediação alguma, os resultados da pesquisa científica. O saber deve ser comunicado a todos assim como ele é, em suas convicções e em suas incertezas. No mundo de hoje é cada vez mais urgente uma obra de transmissão científica que informe

---

38. Cf. minhas retratações sobre alguns aspectos de minha interpretação da hermenêutica bíblica galileana em PESCE 2005c.

os resultados da pesquisa histórica sobre as religiões, a fim de que cada um seja capaz de julgar de maneira autônoma e consciente.

3. Um historiador tem que ter fé se estuda Jesus?

Penso que toda pesquisa, mesmo partindo de qualquer posição preconcebida, é útil e pode nos ensinar alguma coisa, fazer que enxerguemos melhor aquilo que já é conhecido ou mostrar algo diferente. Aprendo com qualquer estudioso ou estudiosa, e não me preocupa saber qual é a sua posição metodológica, a que disciplina pertencem, se possuem ou não uma visão religiosa da existência; não me importa se estão totalmente privados de visão religiosa ou se, ao contrário, desempenham um papel oficial em uma igreja, se são de uma nacionalidade particular ou se escrevem em determinada língua, se são conservadores ou inovadores. Não me importa se escrevem para defender a posição da sua igreja ou para criticá-la. Em toda contribuição procuro aquilo que é historicamente interessante. O historiador não devia ter a preocupação de contestar ou de favorecer uma posição. É absolutamente inútil, por outro lado, irritar-se se outros possuem posições diferentes das nossas. Penso, todavia, que é preciso resistir aos que procuram condenar e obstacularizar a difusão de livros e artigos que acreditam ofender a sua posição. Essas pessoas temem a liberdade de pesquisa e de difusão das ideias.

A pesquisa histórica nunca produz o conhecimento de um objeto por contato direto ou por englobamento, mas somente através de documentos, restos, sinais, testemunhos. Trata-se, portanto, de um conhecimento indireto. O ver, o comer, o tocar implicam um contato direto com o objeto, mas a investigação histórica não procede assim. Por esse motivo, o conhecimento do historiador é sempre parcial (porque conhece apenas os aspectos que os documentos transmitem) e é sempre prospectivo (porque parte sempre do ponto de vista do conhecedor, e nenhum conhecedor pode dominar simultaneamente vários pontos de vista). Dessa relatividade da sua forma de conhecimento os historiadores são conscientes, sou tentado a dizer desde sempre, mas pelo menos a partir da segunda metade do século XX. Foi exatamente no meu primeiro ano de estudos, na Faculdade de Letras da Universidade Estadual em Roma, que Tullio Gregory, o professor com quem me formei em 1964, nos ensinou esse limite subjetivo e intransponível dos resultados da pesquisa histórica. Quando eu já tinha mais de 40 anos, ministrei cursos de Metodologia Histórica e de História da Historiografia sobre textos metodológicos que se estendem por um arco mais que centenário, de C. G. Droysen a F. Chabod, depois aos poucos D. Cantimori, M. Bloch, E. Carr, L. Febvre, H. I. Marrou e inúmeros outros, até chegar ao paradigma circunstancial de C. Ginzburg e à crítica da historiografia de H. White. Por isso, estou surpreso que alguns repitam hoje que considerar verdade absoluta as reconstruções dos historiadores é uma ingenuidade. Aqui, porém, convém dizer que o limite do conhecimento histórico é comum a qualquer forma de conhecimento humano. Também a teologia é sempre subjetiva e prospectiva. Comprovação disso é o fato de que existem inúmeras teologias, todas diferentes, em muitos de seus conteúdos. Aliás, a própria fé – sobretudo quando quer explicitar-se em conteúdos teóricos – é subjetiva e prospectiva, e não alcança uma certeza superior à da pesquisa filosófica e histórica. Isto é demonstrado pelo fato de que hoje não existe somente uma fé cristã mas milhares, e todas diferentes entre si. E geralmente pretendem ser a verdadeira nos conteúdos que professam.

Alguns teólogos católicos e protestantes estão dispostos a reconhecer a diversidade entre as fés de hoje e as origens cristãs, mas não renunciam ao princípio segundo o qual os evangelhos são produtos da fé e devem ser lidos levando-se em conta a fé na qual foram escritos. Dessa primeira afirmação alguns deduzem uma segunda afirmativa: uma pesquisa histórica que não parte da fé seria incapaz de compreender o sentido profundo desses documentos de fé. Ora, que os documentos protocristãos são produtos das fés de quem os escreveu é fato conhecido e geralmente aceito. É uma obviedade. Todavia, os documentos cristãos produzidos nos primeiros 150 anos são centenas, e entre eles demonstram uma extraordinária variedade de fés, geralmente inconciliáveis entre si. A tarefa do historiador é exatamente investigar qual a visão que cada autor dos escritos protocristãos tinha de Jesus. Qual seria a sua particular fé. A visão de fé do Evangelho de Marcos é diferente daquela de João, de Tomé ou do Evangelho de Pedro etc. É óbvio, portanto, para o historiador, que não se pode ler o Evangelho de Marcos à luz da visão do de Tomé ou vice-versa. Para compreender a imagem histórica de Jesus, qual é a fé que o historiador deveria escolher? A do Evangelho de Tomé ou a do Evangelho de João? A fé da Didaqué ou a da Ascensão de Isaías? A de Justino ou a do Evangelho dos Judeus? A do Evangelho dos Egípcios ou a de Paulo? Do mesmo modo que hoje são muitas as fés, assim também eram numerosas as fés após a morte de Jesus. Não creio que a fé na ressurreição de Jesus provocasse conteúdos de fé comuns no século I. Porque o pensamento de Paulo, que crê na ressurreição de Jesus, é diferente daquele dos Evangelhos de Mateus, de Tiago, de Tomé e de João, evangelhos que também declaram a fé na ressurreição de Jesus. Por outro lado, os historiadores não podem assumir como suas as distinções anacrônicas entre ortodoxia e heresia, impraticáveis no século I e em boa parte do século II.

Gostaria de esclarecer melhor a questão enunciando três teses: 1. Para poder compreender um escrito protocristão, o historiador deve evitar assumir uma das fés das igrejas de hoje, porque são diferentes da fé do autor desse escrito. 2. O historiador deve compreender cada diferente visão de fé com a qual cada diverso autor de um escrito protocristão, um evangelho, por exemplo, escreve. Como historiador, não creio de fato que a fé do autor do Evangelho de Marcos o tenha induzido a transformar tão radicalmente os fatos a ponto de tornar o seu evangelho inutilizável como documento histórico. Acredito, ao contrário, que seja possível discernir as eventuais deformações dos fatos que a visão de fé do autor introduziu, podendo, assim, utilizar o seu texto como fonte histórica. James Dunn certamente tem razão ao repetir que Jesus queria suscitar a fé em si mesmo; logo, os textos escritos à luz da fé nele de algum modo estão em continuidade com Jesus. Mas resta o fato de que Jesus suscitou visões diversas de "fé" e reações diferentes de "rejeição". A multiplicidade das reações de fé e de rejeição é uma floresta onde o historiador precisa encontrar os sinais mais seguros dos acontecimentos. 3. Nos textos não há somente a fé do escritor, mas também uma infinidade de dados literários, culturais, históricos e sociais, que não se referem à fé, mas são essenciais para compreendê-los. Diria que grande parte de um texto contém elementos não pertinentes às problemáticas que parecem importantes a quem pensa nas questões dogmáticas.

O fato é que a relação entre afirmações históricas, de um lado, e afirmações de fé, de outro, foi interpretado de inúmeros modos diferentes. G. Theissen destacava quatro modelos diferentes de conceber a relação entre resultados históricos sobre Jesus e fé: a solução biblicista; a redução aos resultados da pesquisa histórica; a redução querigmática; a interpretação simbólica[39]. Insatisfeito com esses modelos, Theissen propunha quatro respostas possíveis para o fato da inevitável hipótese "de nosso conhecimento *e de nossa fé*"[40]. O destaque é meu, e quer sublinhar uma confluência entre a tese de Thiessen e as minhas observações anteriores sobre a perspectividade e a subjetividade inevitáveis não só do conhecimento histórico, mas também de todas as fés de ontem e de hoje. O que me importa colocar em foco, porém, é que não existe uma única solução para a difícil relação entre resultados da pesquisa histórica e afirmações de fé.

Gostaria de sublinhar que a confiabilidade do trabalho histórico não depende da pertinência do historiador. Hoje, já nos habituamos a reconhecer que se pode ser bons historiadores do judaísmo sem ser judeus, bons historiadores do cristia-

---

39. THEISSEN 2002.
40. THEISSEN 2002, p. 258-259. A frase entre aspas está na p. 259.

nismo sem ser cristãos e bons historiadores do islã sem ser muçulmanos. Enfim, gostaria de demonstrar a minha experiência de exegeta e historiador. Em tantas décadas de pesquisas, não consigo me lembrar de algum caso em que ter fé ou não ter fé tenha mudado em alguma coisa a minha pesquisa. Cito exemplos. Quando tenho que decidir se a versão mais próxima para uma parábola pronunciada por Jesus é a de Mateus, a de Lucas ou a de Tomé, a fé não me ajuda em nada. Só preciso de dados lexicais, de recorrências sintáticas, de confrontos entre ditos que os vários fluxos de tradição me fazem encontrar em um texto em vez de em outro. Uma fé que não possui utilidade alguma: só preciso de dados literários e de modelos intelectuais para interpretá-los. Quando devo decidir se realmente existiu a fonte para os ditos Q, também neste caso a fé não me é de utilidade alguma. E digo mais, mesmo que o exegeta não tenha nenhuma fé, pode chegar à hipótese de que a frase da Primeira Carta aos Coríntios (15,3) "Cristo morreu por nossos pecados segundo as Escrituras" é compartilhada por todos os seguidores de Jesus do século I, enquanto um exegeta com a fé pode chegar à conclusão de que, em vez disso, aquela frase é o testemunho de uma crença difusa somente entre certas correntes siríaco-helenistas.

Em suma, se não me engano, pedir a um historiador e a um exegeta para ler os documentos históricos à luz das fés (seja as de hoje, seja as de ontem) não ajuda a superar a subjetividade e a provisoriedade das leituras exegéticas, porque as inúmeras fés são pelo menos igualmente subjetivas e prospectivas. Além do mais, a fé é exegeticamente inútil para a investigação, porque esta usa procedimentos literários e históricos para os quais a fé não possui modelos de análise a oferecer.

A liberdade de levantar hipóteses – metodologicamente fundamentadas – sobre o desenvolvimento dos fatos narrados nos textos protocristãos, sobre relações entre tradições, sobre o significado de palavras e de frases, sobre experiências religiosas e assim por diante, é acompanhada pela consciência de que não há uma repercussão imediata do resultado da investigação no próprio sistema de crenças e na própria práxis. Cada indivíduo, independentemente do fato de ser ou não crente, quando atinge um novo conhecimento em qualquer campo (a religião não faz diferença, não constitui um setor humano, social ou epistemológico em si), utiliza os novos dados desse conhecimento introduzindo-os no complexo sistema da sua visão do mundo, das relações interpessoais (profissionais, parentais, familiares, de amizade, de pertinência). O impacto de uma nova convicção dentro do próprio sistema de convicções e de práxis é absolutamente imediato: é submetido a uma série complexa de mediações. Por isso, estou convicto de que é absolutamente necessário não colocar nenhuma barreira entre os resultados da pesquisa científica (da qual a humanista também faz parte) e o público dos não especialistas. Cada indivíduo, seja qual for a classe social a que pertença, exatamente como ser humano, possui a capacidade, o direito e o dever de decidir sozinho sobre a própria existência. Quando temos novos conhecimentos, devemos comunicá-los de imediato a todos. A responsabilidade do historiador é procurar e descobrir e em seguida comunicar aquilo que encontrou. Jamais deve privar os outros do conhecimento.

4. Os critérios de historicidade

Do ponto de vista da análise histórica dos textos, uma das questões discutidas é a dos critérios de historicidade que permitem uma correta reconstrução da figura histórica de Jesus[41]. O debate é muito amplo. Limito-me aqui a declarar quais são os critérios que adotamos no livro *O homem Jesus*[42].

1. *Critério da continuidade ou conformidade com a cultura do ambiente e da descontinuidade ou deformidade com referência à cultura de hoje*. Este critério exige que o historiador seja consciente da diferença entre cultura de hoje e cultura do século I. Um historiador ou um exegeta de hoje que estude os dois primeiros séculos cristãos com os respectivos textos deve perguntar-se, como primeira condição, quais são as diferenças culturais que o separam do objeto do seu estudo. Não podemos ler os dois primeiros séculos à luz das culturas de hoje. As concepções do eu pessoal, da família, da sexualidade, da infância e da velhice, das relações entre os sexos, das relações entre religião e política, a cosmologia, a percepção do sobrenatural e do acesso a ele, a percepção da natureza e de sua transformação são todos setores culturais onde a diferença entre os dois primeiros séculos cristãos e a época de hoje é enorme. As mesmas palavras (e as realidades sociais às quais se referem) não têm o mesmo significado, enquanto todo um conjunto de palavras fundamentais dos dois primeiros séculos não possuem equivalência hoje, e muitas palavras de hoje não têm equivalência nos primeiros dois séculos (monoteísmo, religião, família, pessoa etc.).

Em segundo lugar, a exegese geralmente não possui suficiente consciência das diferenças culturais presentes nos dois primeiros séculos entre as culturas grega, latina e judaica, além de outras. A passagem do Jesus histórico aramaico ao Jesus grego dos evangelhos, o fascinante diálogo intercultural do judaísmo helenista (a partir da tradução grega da Bíblia), a romanização do

---

41. THEISSEN, WINTER 2002.
42. DESTRO, PESCE 2008a, p. 12-15.

cristianismo, como em Tertuliano[43], são igualmente campos de estudo dessas diferenças culturais.

O primeiro critério que adotamos consiste, pois, em ler o modo de vida, os atos e as palavras de Jesus dentro da sua cultura e do seu ambiente. A nossa teoria dos três níveis de profundidade do texto[44] permite identificar nos evangelhos classes culturais profundas, que constituem a base mais sólida para compreender como ele se relacionava com o mundo ao seu redor.

Por exemplo: não podemos pensar que Jesus tivesse a mesma concepção da sua terra que nós temos hoje (e nem aquela que tinham os romanos ou os evangelistas); isto nos obriga a tentar reconstruir o mapa mental de Jesus. Não podemos pensar que a nossa percepção da doença, após o desenvolvimento da medicina científica moderna, corresponda àquela do mundo cultural ao qual Jesus pertencia. Será, pois, necessário reconstruir as concepções de corpo, dos poderes que podem dominá-lo, enfraquecê-lo ou fortalecê-lo, a própria concepção de natureza e da sua relação com forças sobrenaturais positivas ou negativas etc. A concepção de rezar que se tem hoje não coincide necessariamente com a concepção de rezar dos séculos I e II, ligada que era a outros atos de culto e práticas religiosas. E assim podíamos prosseguir ao infinito. Em nosso livro *L'uomo Gesù* procuramos reconstruir as concepções e as práticas culturais da terra de Israel do século I, por exemplo no que se refere ao uso do espaço, à relação entre pessoa e território, à relação entre estilo de vida e percepção de tempo, ao caminhar, à organização dos núcleos domésticos, à prática da convivialidade, à percepção do corpo, à construção cultural dos sentimentos. Jesus é um judeu da terra de Israel do século I, não possui a cultura de um cristão do século XXI.

2. O critério da ausência de referências a Jesus nos debates dos discípulos de Jesus após a sua morte. Um segundo critério que adotamos consiste em levar em conta a diferença existente entre ideias e atos de Jesus e os das primeiras comunidades de seguidores. Suponhamos que as ideias e a práxis de Jesus fossem diferentes das dos grupos dos seus seguidores após a sua morte, todas as vezes que estes, a fim de tomar uma determinada decisão, discordavam entre si ou não podiam apelar a palavras de Jesus ou a um determinado comportamento dele. É improvável que as comunidades das origens lhe atribuíssem, arbitrariamente, atos que contradiziam a práxis e os costumes delas. Se, pois, existe um conflito entre as decisões das Igrejas primitivas e aquilo que os textos evangélicos nos

---

43. Cf. SACHOT 1999.
44. DESTRO, PESCE 1994; PESCE 2001b.

dizem sobre Jesus, é provável, então, que Jesus pensasse e agisse em desacordo com o que pensaram e fizeram aquelas igrejas.

Por exemplo, bem depressa surgiu entre os seguidores de Jesus, após a sua morte, uma ampla discussão sobre como deveria realizar-se a conversão dos gentios – conversão que, como se sabe, é essencial para a concepção do reino de Deus[45]. Duas foram as principais respostas, uma contrária à outra. A primeira propôs que os gentios se convertessem ao judaísmo não apenas no sentido de que adorassem o Deus único e verdadeiro, mas também no de que observassem integralmente a lei bíblica (circuncisão incluída; cf. At 15,1.5; Gl 2,12; 6,12). Uma segunda corrente, representada por Paulo, sustentava uma espécie de judaização parcial dos não judeus: deviam converter-se à adoração do único Deus, abandonando, assim, os cultos das outras divindades (1Ts 1,9-10; Gl 4,8-9), mas não precisavam tornar-se judeus. À espera do reino, judeus e não judeus deveriam conviver e coexistir nos grupos de seguidores de Jesus sem renunciar à própria diferença. A primeira dessas duas tendências rapidamente tornou-se minoritária. Nunca desapareceu, mas já na metade do século II era numericamente perdedora. A segunda teve breve duração: talvez tenha morrido com a morte de Paulo. O delicado equilíbrio que Paulo propunha entre judeus e não judeus dentro da comunidade dificilmente podia ser mantido.

Essa discussão nos permite conhecer alguma coisa sobre o Jesus histórico: ele não tinha considerado oportuno falar da conversão dos não judeus ao Deus judaico. Se os seguidores de Jesus, após a sua morte, discutiram longamente se e como deviam pregar aos não judeus, isto significa que Jesus não tinha pregado aos não judeus. Devemos, então, olhar com maior atenção o episódio da mulher siro-fenícia e a cura do servo do centurião. Em nenhum dos dois casos Jesus anuncia ou prega aos dois não judeus. Em ambos os casos ele realiza uma cura a distância, e no segundo caso nem se encontra pessoalmente com o centurião[46].

Os seguidores de Jesus, após a sua morte, discutiram longamente se era possível ou não infringir as leis alimentares judaicas (cf. por exemplo Gl 2,12-14 e Atos 10,10-16). Se o Pedro dos Atos dos Apóstolos teve que recorrer a uma revelação direta de Deus para legitimar a violação das leis bíblicas de Levítico 11, isto significa que não se conhecia nenhuma palavra de Jesus contra tais leis, nem

---

45. A peregrinação de todos os povos a Jerusalém (centro do reino de Deus, que teria sido também reino de Israel) é um sonho dos profetas bíblicos (cf. Is 60; 2,3-4; 25,6-9; 49,22-26; 51,4-5; 55,4-5; 56,3-8; 66,18-22; Zc 8,20-23).

46. DESTRO, PESCE 2008a, p. 26-28.40.

alguma prática sua contrária. Isto é muito importante para a reconstrução do Jesus histórico, porque significa que ele respeitava as leis alimentares levíticas.

Jesus, por outro lado (como logo veremos), não sinalizou sobre toda uma série de outros problemas que teriam se apresentado após a sua morte: além da conversão dos não judeus, o atraso do advento do reino de Deus, a organização das comunidades de seguidores.

Essa ausência de sinalizações é um dos motivos, não o único, da pluralidade de respostas e de tendências que ocorreram de imediato entre os seguidores de Jesus após a sua morte. O fato de que eles tinham de enfrentar problemas novos após o seu desaparecimento os impelia a tomar decisões que durante a vida de Jesus não se fizeram necessárias. Certamente poderiam interrogar a experiência do mestre, mas agindo assim dariam interpretações muitas vezes divergentes daquilo que ele tinha dito e feito.

3. *O critério da diferença de Jesus em relação ao próprio ambiente.* Também conta a distância de Jesus em relação ao próprio ambiente. Em casos individuais, estamos diante de atos e de palavras com os quais ele criticava alguns aspectos do próprio contexto judaico. Todavia, é preciso sempre procurar entender até que ponto a atribuição a Jesus de uma atitude crítica é determinada pela polêmica que as comunidades sucessivas desenvolveram em relação aos judeus.

4. *O critério da ausência de cristologia.* Acreditamos que certamente são históricas as palavras atribuídas a Jesus nas quais há ausência de qualquer afirmação sobre a sua função salvífica ou sobre a sua particular dignidade sobrenatural. As primeiras Igrejas dos discípulos de Jesus que atribuíam um valor salvífico à sua morte não teriam criado, com efeito, palavras de Jesus nas quais o seu valor salvífico estava totalmente ausente.

Por exemplo, a frase do pai-nosso "perdoai as nossas ofensas, assim como nós perdoamos a quem nos tem ofendido" (Mt 6,12) deve ser considerada autêntica, porque nela o perdão dos pecados é atribuído somente a Deus e ao comportamento dos seres humanos, e não à morte de Jesus na cruz.

É significativo, neste sentido, um dito de Jesus transmitido por Lucas: "Nessa mesma ocasião algumas pessoas vieram lhe trazer a notícia dos galileus, cujo sangue Pilatos tinha misturado com o dos seus sacrifícios. Ele lhes disse em resposta: 'Julgais que esses galileus eram mais pecadores que todos os outros galileus porque incorreram em tal sorte? Eu vos garanto que não. Mas, se não vos converterdes, morrereis todos do mesmo modo'" (Lc 13,1-4)[47]. Na falta de conversão, serão submetidos à punição divina. Este dito, no qual Jesus não faz nenhuma referência a uma obra sua de salvação ou de intercessão pelos pecadores, é certamente atribuível a ele e demonstra como ele foi ligado, durante um período não curto, às ideias do Batista.

5. *O critério da não aplicabilidade a Jesus da teologia cristológica dos séculos IV e V*. Isso porque a história da teologia dos séculos I, II e III mostra uma forte divergência de posições e uma diferença em relação às soluções dos séculos IV e V.

Tomarei como exemplo a cristologia da Ascensão de Isaías e o prólogo do Evangelho de João, substancialmente contemporâneos. Não resta dúvida de que no prólogo do Evangelho de João estamos diante de uma cristologia "alta" ou "descendente", ou seja, que considera que Jesus tivesse já antes do nascimento uma dignidade sobre-humana. Ele é considerado a encarnação do *Logos*, e o *Logos* está muito próximo da divindade. A leitura histórica dos documentos da época, todavia, não permite ler esse documento como se fosse totalmente idêntico às definições conceituais do dogma de Niceia, e em particular à definição de consubstancialidade do Filho com o Pai. Em um importante artigo sobre a cristologia entre o final do século I e o início do século II, Manlio Simonetti procura colocar historicamente a cristologia presente na Ascensão de Isaías, e mostra a multiplicidade de concepções sobre a natureza de Jesus preexistente: as ideias de *"logos"*, "anjo" e "amado" são diferentes modos de conceber a dignidade sobrenatural preexistente de Jesus, e nenhuma destas concepções coincide com a de Niceia. Além do mais, os estudos de história da cristologia de Simonetti enfocaram muito bem que até o final do século II a cristologia alta não era majoritária no cristianismo primitivo[48]. Tudo isto deve nos tornar bem cautelosos ao projetar sobre todos os textos do cristianismo primitivo, sobre os evangelhos e sobre o próprio Jesus as concepções da cristologia alta de Niceia.

Um outro exemplo: o milenarismo. Durante ao menos dois séculos a ideia do reino de Deus foi interpretada em sentido milenarista (como demonstra Ap 16,16; 19,6-8; 20,2-3; 20,7-10; JUSTINO, *Diálogo* 80,1-5; 81,1-4[49]; e IRINEU, *Adv. haer.* V, 33,3)[50]. Isto significa que não podemos considerar a interpretação

---

47. Todas as citações Bíblicas são retiradas da *Bíblia mensagem de Deus*, São Paulo, Loyola, ³2016. (N. da T.).
48. SIMONETTI 1944; 1993.
49. BOBICHON 2003, p. 965-968.
50. PESCE 2004, p. 309-705.

espiritualizadora do conceito de reino de Deus que se afirma, então, com a teologia do século III como correspondente à concepção de Jesus. O fato de que a teologia sucessiva tenha abandonado o milenarismo não significa que este não ofereça uma interpretação plausível da mensagem de Jesus.

O conhecimento da teologia, da prática religiosa e das instituições cristãs dos séculos I e II permite a conscientização da descontinuidade entre a teologia dos séculos IV-VI e as correntes religiosas cristãs anteriores, e isso obriga a não interpretar Jesus à luz das estruturas doutrinais, institucionais e ético-litúrgicas dos séculos IV-VI.

Capítulo II
A transmissão das palavras de Jesus

1. A pesquisa sobre a transmissão das palavras de Jesus

Qualquer pesquisa histórica, portanto também a de Jesus, tem de se alicerçar em todas as fontes disponíveis para conhecer o objeto da sua investigação. A investigação das últimas décadas sobre a literatura protocristã teve o mérito de ampliar a base documentária *hipoteticamente* útil para estudar Jesus. O início da pesquisa científica sobre a transmissão das palavras de Jesus pode situar-se na época das primeiras tentativas de resolver a questão sinótica[1]. O estudo sistemático sobre os evangelhos sinóticos e sobre a fonte hipotética dos ditos de Jesus denominada Q já tem quase duzentos anos. Um novo impulso e uma reviravolta fundamental aconteceram no final do século XIX, quando começaram a ser publicadas as descobertas de textos apócrifos contendo ditos de Jesus não transmitidos pelos evangelhos canônicos. A. Resch tentou um primeiro grande inventário dos ditos não canônicos que suscitou um acirrado debate científico[2].

Uma reviravolta no estudo da transmissão das palavras de Jesus ocorreu em 1957, com o livro de H. Koester sobre as tradições evangélicas nos Padres

---

1. Sobre isto cf. E. Norelli em NORELLI, MORESCHINI 1995, p. 69-76; J. KLOPPENBORG 2000, p. 11-54.
2. PESCE 2004, p. XI-XVL.

apostólicos, *Synoptische Überlieferung bei den apostolischen Vätern* (*A tradição sinóptica nos Padres apostólicos*), e com os seus estudos sucessivos. O livro demonstrava a permanência de uma transmissão oral das palavras de Jesus, diferente das canônicas e de Q, pelo menos até os anos 20 do século II. Os seus alunos, bem como os estudiosos que acolheram o seu estímulo, conduziram pesquisas minuciosas sobre a transmissão das palavras de Jesus numa infinidade de obras protocristãs dos séculos I e II. O livro Ancient Christian Gospels, de 1990, representa uma síntese dos seus estudos – já superada por sucessivos vinte anos de pesquisa[3].

Em 1981 nasce a *Association pour l'Étude de la Littérature Apocryphe Chrétienne* (AELAC)[4]. A grande reviravolta metodológica introduzida pelos estudos da AELAC consiste em perceber que o interesse pelo estudo das palavras extracanônicas de Jesus não está principalmente e somente em entender se elas são verdadeiramente palavras de Jesus, mas sobretudo em procurar reconstruir qual imagem histórica de Jesus elas transmitem. Se foram ou não pronunciadas por Jesus certamente é uma questão importante para a pesquisa sobre o Jesus histórico, porém essas palavras são o testemunho dos diferentes modos de compreender Jesus no cristianismo antigo.

Isto permite outro resultado importante: compreender melhor a colocação histórica e, assim, também o valor e o limite da confiabilidade dos evangelhos canônicos. Estes, em primeiro lugar, aparecem cada vez mais como momentos de um vasto e diversificado delta de transmissão dos ditos de Jesus. Cada um deles representa somente o ponto de uma trajetória da qual outros textos marcam pontos anteriores ou sucessivos[5]. Desse ponto de vista, a teoria das duas fontes também deve ser de algum modo repensada e integrada.

À luz destas considerações, o célebre livro de Joachim Jeremias (1975) sobre as palavras não canônicas de Jesus representa, antes, mais um impedimento para a pesquisa futura que um estímulo, visto que o leitor pode ser induzido a pensar que o único problema real é saber quantas são as palavras não canônicas que de fato remontam a Jesus. O problema, porém, não está nisto. Em primeiro lugar, podia-se chegar a uma posição radicalmente cética em relação às palavras que os sinóticos atribuem a Jesus. Mas, deixando de lado temporariamente essa

---

3. Cf. KOESTER 2007; PESCE 2004, p. XI-XLV.
4. No início dirigida por F. Bovon, então professor em Genebra, e por P. Geoltrain, da École Pratique des Hautes Études de Paris.
5. Em segundo lugar, cada um deles representa o elemento de uma constelação de textos produzidos em um mesmo ambiente e de onde não podem ser extraídos. Sobre o conceito de "constelação de textos" cf. DESTRO, PESCE 2004b.

grave questão, a nossa tarefa é reunir e juntar todo o material literário disponível na tentativa de reconstruir de que modo as palavras atribuídas a Jesus foram transmitidas.

Estamos, pois, em uma fase nova da pesquisa sobre as palavras de Jesus, enquanto os estudos sobre a literatura copta, siríaca, etíope (e também armênia e eslava antiga) nos permitem ampliar o dossiê dos textos. Sobretudo, a nova tarefa que hoje se impõe à pesquisa é superar a barreira entre palavras canônicas e palavras não canônicas, barreira que até agora deu lugar a publicações separadas: aquelas que se ocupam da história da tradição sinótica e evangélica em geral e as que se ocupam das palavras extracanônicas.

Existe, de fato, uma já centenária tradição de obras que procuraram recolher as palavras não canônicas de Jesus[6]. Os termos usados para definir as palavras não canônicas foram vários. Uma definição muito utilizada é a de *agrapha*, isto é, palavras de Jesus não escritas nos evangelhos canônicos ou não escritas no Novo Testamento. Esse termo é ambíguo, visto que todas essas palavras não canônicas foram escritas, do contrário não poderíamos hoje conhecê-las. Por outro lado, também as palavras denominadas não canônicas atravessaram uma fase de transmissão oral, não escrita. Outras coleções, como a de J. Jeremias, usaram a expressão "palavras desconhecidas" de Jesus, situando-se do ponto de vista de quem só conhece as palavras dos evangelhos canônicos. Na realidade, as palavras não contidas neles eram largamente conhecidas nos ambientes cristãos dos primeiros séculos. Essa expressão retorna na coleção de M. Meyer (1998), precisamente intitulada *Unknown Sayings of Jesus* (Ditos desconhecidos de Jesus). Outras coleções, como a de A. Resch, um dos iniciadores desse gênero de coletâneas, ou de W. Stroker, usaram mais corretamente o adjetivo "extracanônicas" ou "não canônicas". A meu ver, penso que a definição correta seja "palavras atribuídas (ou atribuíveis) a Jesus não contidas nos quatro evangelhos canônicos"[7]. O problema fundamental, todavia, é que as palavras atribuídas a Jesus nos textos canônicos e aquelas que lhe foram atribuídas no resto da literatura protocristã devem ser estudadas juntas, com o escopo de reconstruir uma história convincente da transmissão dos ditos de Jesus no cristianismo antigo.

---

6. ERBETTA 1982; JEREMIAS 1975; LEANZA 1987; MEYER 1998; PICK 1908; PREUSCHEN 1905; RESCH 1904; 1906 (não cito aqui as edições anteriores de Resch); ROPES 1896; SCHNEEMELCHER 1990; STROKER 1989; cf. também: DI NOLA 1989; FAGGIN 1957; BUONAIUTI 1925; MORALDI 1986.

7. O editor da coleção que publiquei em 2004 escolheu o título "palavras esquecidas", enquanto a tradição canônica das palavras de Jesus com o tempo acabou por deixar cair no esquecimento o resto da tradição, mas se trata simplesmente do título do livro, e não da definição científica dos textos que eu escolhi.

Nem R. Bultmann, nem M. Dibelius, no início dos anos 1920, pensavam que fosse necessário integrar em seus ensaios (respectivamente, *Die Geschichte der synoptischen Tradition* [A história da tradição sinótica] e *Die Formgeschichte des Evangeliums* [A história das formas do Evangelho]) a tradição das palavras ditas apócrifas. O estudo dos *agrapha* e o estudo da tradição sinótica foram, até há bem pouco tempo, dois âmbitos separados, independentes. Eu mesmo produzi uma coleção só de palavras não contidas nos evangelhos canônicos, mas agora a minha visão é profundamente diferente: o meu interesse está em uma visão histórica global da transmissão das palavras de Jesus, seja qual for o texto onde se encontrem[8].

Aquilo que hoje ainda resta fazer, pois, é uma história da transmissão dos ditos de Jesus que não se limite aos ditos dos evangelhos canônicos ou aos extracanônicos, mas que envolva as palavras atribuídas ou atribuíveis a Jesus em todos os textos cristãos antigos.

Creio, com efeito, que um dos resultados mais significativos da pesquisa sobre os ditos extracanônicos de Jesus tenha sido enfocar que não é cientificamente confiável uma história limitada unicamente aos ditos canônicos. Uma história da tradição dos ditos sinóticos ou joaninos isolada da história geral da transmissão dos ditos de Jesus não pode conduzir a resultados científicos convincentes, porque os quatro textos canônicos não são isoláveis do resto da literatura cristã antiga e vice-versa, as palavras atribuídas a Jesus na literatura cristã antiga não são isoláveis daquelas presentes nos evangelhos canônicos.

Com base em um trabalho conduzido nos anos anteriores, reafirmo nestas páginas que a pesquisa sobre as palavras não canônicas de Jesus produz pelo menos dois resultados que me parecem expressivos em uma pesquisa sobre a imagem histórica de Jesus. Cito abaixo, desde o início, esses resultados, para uma clareza expositiva:

a) Um primeiro resultado é que não existe uma formulação das palavras de Jesus que nos restitua a forma exata com a qual ele as pronunciou. As formulações dos evangelhos sinóticos não são, a princípio, mais confiáveis do que aquelas encontradas em outras fontes. Que os evangelhos de Marcos, Lucas e Mateus nos forneçam formulações, respectivamente, marcanas, lucanas e mateanas das palavras de Jesus certamente é conhecido e amplamente aceito. Apesar disso, não raramente se continua, talvez por um efeito de atração psicológica, a considerar mais próximas de Jesus as formulações canônicas em relação às não canônicas de um mesmo dito.

---

8. PESCE, RESCIO 2011.

b) A partir da tradição mais antiga, sobretudo nas primeiras fases da transmissão, observa-se um fato de extraordinária importância: as palavras de Jesus (atribuídas ou atribuíveis a ele) são utilizadas sem dizer explicitamente que se trata de palavras suas (o que se encontra sobretudo nas cartas de Paulo, na Carta de Tiago e na Didaqué, além de também em outros escritos protocristãos).

2. A transmissão oral das palavras de Jesus

A transmissão oral das palavras de Jesus é anterior à transmissão através das obras escritas. Somente em um determinado ponto alguns escritores protocristãos, independentemente um do outro, começaram a criar obras literárias que continham palavras de Jesus, porém o fato de que cá e lá, nas regiões mediterrâneas, existissem obras escritas não impediu a transmissão oral. A existência de um ou mais evangelhos não tinha no início consequências de importância sobre a transmissão oral, que prevalecia. É preciso pensar que a ideia de que um evangelho escrito tivesse uma autoridade superior à da transmissão oral foi lentamente afirmada.

Por outro lado, cada evangelho possuía uma esfera de influência restrita a uma área geográfica delimitada. As coisas só iriam mudar quando os portadores da transmissão oral saíssem de cena e em cada comunidade se afirmasse um *corpus* de escritos normativos, diferente de acordo com as várias correntes e comunidades. Para algumas, era normativo, por exemplo, o Evangelho de Tomé; para outras, o Evangelho de Mateus; para outras, ainda, o Evangelho de João. Na segunda metade do século III, na maior parte das igrejas difundiu-se uma coleção de escritos cristãos – que em seguida se tornaria o Novo Testamento – contendo apenas o Evangelho de Mateus, o de Marcos, o de Lucas e o de João. Esta coleção, porém, não subtraiu a autoridade dos outros evangelhos, que continuaram a existir e a ser considerados respeitáveis pelas comunidades que os utilizavam.

Papias de Hierápolis, que viveu na primeira metade do século II, confirma a existência de uma tradição oral das palavras de Jesus considerada até mais importante que a escrita; ela coexistia com a produção de vários evangelhos e obras sobre Jesus ainda não discriminados segundo critérios de presumível ortodoxia. Escreve Papias:

> Não hesitarei em redigir para ti tudo aquilo que bem aprendi dos anciãos e guardei muito bem na lembrança, juntamente com as minhas interpretações. [...] e se vinha alguém que tinha acompanhado os anciãos, eu perguntava sobre as palavras deles. O que foi dito por André ou Pedro, ou o que disse Filipe, Tomé ou Tiago, João e

Mateus, ou qualquer outro discípulo do Senhor, e o que diziam Aristião e João o ancião, discípulos do Senhor. Porque eu não creio que aquilo que vem dos livros seja para mim tão útil quanto o que vem da viva voz que continua[9].

Segundo esta afirmação de Papias, no primeiro quarto do século II, apesar de uma infinidade de obras escritas protocristãs, continuava a existir uma *vigorosa e múltipla* transmissão oral daquilo que Jesus tinha dito. Antes, a transmissão oral prevalecia sobre as obras escritas. O fato, enfocado pelos estudos dos últimos cinquenta anos, de que nos primeiros séculos cristãos continuaram a aparecer sempre novas e diferentes palavras atribuídas a Jesus em uma infinidade de escritos protocristãos confirma essa afirmação de Papias.

Duas coletâneas de palavras de Jesus, uma hipoteticamente contida em Q e outra do Evangelho de Tomé, constituem exemplos do modo pelo qual, em tempos muito antigos, se começou a reunir por escrito um número notável de palavras de Jesus. Estas duas obras, porém (além dos três evangelhos sinóticos), não refletem toda a *fase* mais antiga da transmissão das palavras de Jesus e não esgotam toda a *documentação* que temos sobre ela. Havia linhas e conteúdos de transmissão que não foram transcritos nem em Q, nem em Tomé. A minha pesquisa sobre as palavras atribuídas a Jesus em obras diferentes dos quatro evangelhos, que depois se tornariam canônicos, me fez pressupor, em vários casos, a probabilidade de outras linhas e outros conteúdos de transmissão que possuem modos, conteúdos e localizações geográficas diferentes. A tarefa do trabalho futuro é procurar *dar uma imagem mais plausível a esta hipótese*.

Uma lista de conjuntos de palavras de Jesus que se encontram em obras escritas que remontam às fases mais antigas de transmissão é esta:

Palavras de Jesus em Paulo
Palavras de Jesus na Didaqué
Palavras de Jesus na Carta de Tiago
Palavras de Jesus no Apocalipse, na Primeira Carta de Pedro e nos Atos dos Apóstolos
Pequenas coletâneas de ditos (testemunhadas em inúmeras obras protocristãs dos primeiros séculos)
Fonte hipotética dos ditos de Jesus Q
Palavras de Jesus no Evangelho de Tomé
Palavras de Jesus no Evangelho de Marcos

---

9. Sobre Papias de Hierápolis cf. NORELLI 2005a; 2005b. Cf. a Carta Apócrifa de Tiago, talvez do início do século II: "Os doze discípulos estavam todos juntos, sentados, e recordavam aquilo que o Salvador tinha dito a cada um deles, seja secretamente seja abertamente, e o transcreviam em livros. Eu escrevia aquilo que estava no meu livro" (2,8-16).

Tradições especiais do Evangelho de Lucas
Tradições especiais do Evangelho de Mateus
Palavras de Jesus na constelação dos textos joaninos (sobretudo em João, no Apocalipse, no Evangelho do Salvador)
Palavras de Jesus que aparecem nos evangelhos denominados judeu-cristãos
Palavras de Jesus que aparecem em evangelhos fragmentários
Palavras de Jesus que aparecem em textos de caráter mais ou menos gnóstico
Palavras de Jesus que aparecem em textos exegéticos, espirituais e normativos siríacos
Ditos individuais de Jesus em outras obras cristãs da fase antiga

3. A passagem da transmissão oral para a colocação por escrito

Convém lembrar, em primeiro lugar, um fato óbvio: as palavras atribuídas a Jesus nos chegaram somente por meio de documentos escritos. A pergunta que o historiador se deve fazer é: Como foi que os autores desses documentos conheceram essas palavras? Por outro lado, porém, é só através dos documentos escritos que podemos reconstruir trajetórias de transmissão oral. Conhecemos com certeza apenas as obras escritas. *As obras escritas não coincidem, todavia, com as linhas de transmissão.* Cada obra escrita reúne diferentes linhas de transmissão, porém ao reunir o autor sempre faz uma escolha daquilo que cada uma oferece e, ainda mais importante, organiza todo o material de modo pessoal, segundo os seus critérios, e o reelabora literariamente e de acordo com o conteúdo[10]. O material especial do Evangelho de Lucas (ou seja, aquilo que não está contido nem no Evangelho de Marcos, nem na fonte hipotética dos ditos Q) não deriva de um único informante. Lucas tinha vários informantes pertencentes a linhas de difusão diferentes. Estas linhas de transmissão das quais Lucas extraiu não coincidem com o evangelho escrito por ele e não se esgotam nele. Os informantes individuais dos quais Lucas se serviu não transmitiam somente aquilo que ele considerou oportuno utilizar em seu evangelho, e continuaram a transmitir o que sabiam em todos os ambientes que frequentavam. Lucas fez uma escolha daquilo que ele sabia que estava sendo transmitido e o reelaborou segundo a sua sensibilidade literária e com base nas próprias convicções religiosas.

As obras escritas não constituem um elo da transmissão oral. São produzidas por escritores os quais, exatamente como escritores, possuem características

---

10. Cf. o que escreve A. DESTRO em *Strategie delle "parole" e profili di leaders. Un punto di vista antropologico sulle parole di Gesù*, in PESCE, RESCIO 2011.

diferentes dos pregadores. A passagem da oralidade para a colocação por escrito por um autor insere modificações importantes. O surgimento de obras escritas introduz na história do cristianismo primitivo um fato novo: entram em cena os escritores. Começa uma história literária. O autor de um texto tem uma função intelectual, um modo de pensar, utiliza uma forma de expressão e comunicação profundamente diferente daquela do pregador itinerante ou do narrador e de cada pessoa que possui uma informação e a transmite. Existe uma diferença substancial entre o *recordar* e o *falar*, que são atividades próprias do pregador, do narrador e do informante quando falam de Jesus, e o *escrever*.

No que se refere às relações entre transmissão oral e redação de obras escritas podemos supor diferentes fases:

a) Uma primeira fase, na qual prevalece a transmissão oral.

b) Uma segunda fase, em que a transmissão oral convive com a existência de cada evangelho e escrito que transmita palavras de Jesus, na qual, porém, continua a predominar a transmissão oral. Deste ponto de vista convém salientar que a transmissão das palavras de Jesus não culmina exatamente nos evangelhos, e menos ainda nos canônicos, porque continua próxima e depois deles, e nem se esgota neles, porque possui conteúdos muito mais amplos do que foi posto nos evangelhos.

c) Uma terceira fase, em que a transmissão oral continua, mas se torna predominante a transmissão escrita. Nesta fase não há evangelhos com supremacia sobre outros com referência ao cristianismo inteiro: cada qual possui uma influência restrita.

d) Uma quarta fase, em que começam a prevalecer, pelo menos em determinadas regiões, evangelhos que se tornarão canônicos em relação aos outros. Nesta fase a transmissão oral continua, mas já é bastante secundária.

e) Uma quinta fase, na qual já existe o Novo Testamento, mas quando as obras escritas que não estão contidas nele continuam a ter uma influência também bastante relevante, sobretudo em áreas e ambientes restritos. Isto não exclui, todavia, que as obras não canônicas continuem a ter certa importância nos locais referentes ao Novo Testamento, ou que – ao contrário – o Novo Testamento e cada um dos seus escritos tenham influência em ambientes que não acolhem a sua autoridade. É este, por exemplo, o caso do Evangelho de Judas, em que os evangelhos de Marcos, Mateus e João são bem conhecidos, embora rejeitados[11].

---

11. PESCE 2006b.

4. Diferentes modos de transmitir as palavras de Jesus

De que modo foram transmitidas as palavras de Jesus? Não queremos dar uma resposta a todas as questões. Podemos tentar, porém, pressupor *diferentes modos* de utilizar e transmitir as palavras de Jesus conforme resultam das obras escritas.

Um primeiro modo de transmitir as palavras de Jesus é encontrado nas cartas de Paulo, na Carta de Tiago e na Didaqué. Elas utilizam as palavras de Jesus em profusão, sem todavia dizer que se trata de palavras dele. Este fato, pelo qual as palavras de Jesus aparecem como ditos anônimos, também ocorre em outros escritos protocristãos, que depois foram reunidos no Novo Testamento, isto é, no Apocalipse, na Primeira Carta de Pedro e nos Atos dos Apóstolos[12]. Este fato, que não nos cansamos de expor à atenção dos especialistas, de modo algum pode ser minimizado para conhecer o modo pelo qual a transmissão das palavras de Jesus foi realizada.

Um segundo modo é constituído de amplas coletâneas de ditos de Jesus, sem o acréscimo de considerações e abordagens teológicas e eclesiásticas, e sem um quadro narrativo forte que as englobe. Este modo é testemunhado pela coleção hipotética dos ditos de Jesus denominada Q e pelo Evangelho de Tomé.

Existe, além disso, *um terceiro modo* de transmitir ou de tratar as palavras de Jesus. Observamos que em Paulo, na fonte Q, na Didaqué, na Primeira e na Segunda Carta de Clemente, em Policarpo aos Filipenses, em Hermas, em Justino, nas Constituições apostólicas e na literatura pseudoclementina se encontram *pequenas coletâneas de ditos* atribuídos ou atribuíveis a Jesus. Essas coleções possuem indubitáveis ligações literárias e históricas entre si, visto que apresentam os mesmos ditos de modo semelhante, portanto pressupõem trajetórias de transmissão oral. Os diferentes testemunhos de um mesmo grupo de palavras, por exemplo, não apresentam todos os mesmos vocábulos não os apresentam na mesma ordem, e não na mesma formulação, apesar da identidade de conteúdo e da afinidade literária. Às vezes, algumas palavras se encontram em grupos diferentes porque esses grupos foram constituídos a partir de um tema (por exemplo, o amor ao próximo ou aos inimigos, a esmola etc.) que é parcialmente diferente de acordo com as obras nas quais se encontram.

A ideia é que, além dos grandes agrupamentos de palavras, como aqueles em Q e em Tomé, foram transmitidos conjuntos de palavras de extensão limitada (justificados ou por temas, ou pela casualidade na transmissão) que

---

12. PESCE 2004, p. 4-47.491-547.

seguiram percursos diferentes, paralelos ou transversais em relação às grandes coletâneas de ditos.

Cada uma das obras que os atestam são simplesmente a materialização de uma das etapas que estes grupos de palavras percorreram. A grande parte dos muitos lugares e tempos onde esses agrupamentos de palavras foram repetidos, proclamados e reinterpretados se perdeu para sempre. Todavia, os testemunhos escritos nos permitem, por outro lado, estabelecer trajetórias e relações entre si e com o resto da tradição oral e escrita. Uma lista completa desses grupos de palavras está bem longe de ter sido montada. No livro *Le parole dimenticate di Gesù* enfoquei uma série dessas pequenas coletâneas de ditos: Didaqué 1,2-4; 5-6; 8,2; 11,7; 16,3-5; 1 Clemente 13,1-2; 24,1-5; 34,3-8; 46,1-4; 46,7-8; 2 Clemente 4,1-5; 5,1-7; 6,1-2; 8,3-6; 9,7-11; 12,1-6; Hermas, *Preceitos* 2,4-6; 10,2,2-6; Policarpo, *Aos Filipenses* 2,2-3; 12,3; Justino, *Apologia* 15,9-17; 16,9-13; 17,1-4; *Diálogo* 35,2-3; 96,3; Atos de Pedro (Martírio de Pedro) 38; Atos de Filipe 135 (Martírio 29); 140 (Martírio 34); *Constituições apostólicas* I 2,1-3; VII 2,2; II 36,9-10; II 531-3; IV 3,1-2.

Um quarto modo: os evangelhos que com o tempo as igrejas consideraram canônicos, como os de Marcos, Lucas e Mateus (e presumivelmente o dos Judeus, depois considerado não canônico, além daquele do qual temos um fragmento no Papiro de Oxirrinco 840), engastaram, por sua vez, as palavras de Jesus em estruturas narrativas das quais emergem imagens globais de Jesus. Embora possuam traços comuns, essas imagens às vezes se diferenciam notavelmente, de modo que já é hábito diferenciar o Jesus de Marcos do Jesus de Lucas ou do de Mateus etc.

Nas cartas de Paulo, que são os nossos documentos mais antigos, supomos que se encontrem afirmações bastante claras sobre *uma quinta forma* – não a única! – de transmissão. Em 1 Coríntios 11,23 Paulo afirma transmitir palavras e tradições que recebeu: a relação está entre um *paralambanein* (receber) e um *paradidonai* (transmitir). Também em 1 Coríntios 15,1-5, que *per se* não trata da transmissão de palavras de Jesus, Paulo insiste na necessidade de manter aquilo que se recebeu na mesma forma verbal (*tini logô*) com que foi recebido (1Cor 15,2).

Ainda em Paulo, porém, existe uma outra forma – é a *sexta*, segundo a nossa classificação – de transmissão, ou melhor, de conhecimento das palavras de Jesus, "de tipo profético ou sobrenatural". O profeta pode receber diretamente de Jesus, através da revelação, palavras suas de caráter normativo ou mais geralmente teórico. Essa convicção de Paulo é demonstrada na passagem de 1 Coríntios 14,37: "Se alguém pensa que é profeta ou homem espiritual, deve reconhecer no que escrevo um mandamento do Senhor". Isto quer dizer que o profeta tem a possibilidade de conhecer se um preceito é ou não do Senhor (Jesus), e o fato de Paulo recorrer à capacidade profética e espiritual significa que ele pensa que, justamente com base nessa capacidade, o profeta ou o pneumático pode saber se um preceito é de Jesus. Em suma, pressupõe-se que os profetas das comunidades paulinas tenham revelações diretas do Senhor. A confirmação está em Filipenses 3,15: "Nós todos, que já somos homens 'perfeitos' (*teleioi*), devemos pensar assim; mas, se tiverdes outro ponto de vista, certamente Deus se encarregará de iluminar-vos (*apocalypsei*)". Os *teloioi* são aqueles que, segundo 1 Coríntios 2,6–3,4, recebem revelações do Espírito, e aqui, na Carta aos Filipenses, receberão revelações de caráter teórico ou normativo sobre os conteúdos da fé ou sobre o modo de comportar-se. Segundo Paulo, isto significa que existe um modo profético de conhecer aquilo que Jesus diz[13]. O fato de que existem palavras reveladas de Jesus elevado ao céu é confirmado, por outro lado, também por Gálatas 1,11-12, em que Jesus se manifesta por meio de revelação a Paulo (cf. também 2Cor 12,9). Este modo de transmissão *direta* do Jesus elevado é diferente do receber a tradição de homens (não é um *paralambanein para anthrôpou*), também não é um aprender, um receber um ensinamento de outras pessoas. Consiste na concessão pelo "Senhor Jesus" elevado ao céu de uma revelação direta (isto é, ocorre *dia apokalypseos Iesou christou*, como diz Gl 1,12).

Há um *sétimo* tipo de transmissão das palavras de Jesus, aquele que encontramos nos grupos joaninos. Podemos chamá-lo de "escola profética". Aqui os profetas parecem organizados em algo semelhante a uma escola, onde se exercita uma revisão metódica da tradição relativa a Jesus. Esses grupos estão convictos de chegar, através do Espírito, a um conhecimento particular das palavras de Jesus. Visto que esse conhecimento é obtido por meio do Espírito, trata-se de grupos proféticos. As passagens que nos falam disto são, em primeiro lugar, os três famosos textos de João 14,26; 15,26; 16,13. Em João 14,26 o Espírito Santo ensina aos membros do grupo joanino "todas as coisas" (*panta*), mas sobretudo "vos fará lembrar o que eu vos disse". Isto quer dizer que o Espírito Santo possui a função de extrair da memória (João não usa aqui o verbo *mnêmoneuô*, que significa "armazeno na memória", mas o verbo *ypomimneskô*, que remete à memória de outro). Segundo 15,26, o Espírito Santo conhece o que se refere a Jesus ("ele dará testemunho de mim"). Finalmente, em 16,13 o Espírito Santo concede a totalidade da verdade. Se confrontarmos estas passagens com João 2,22 veremos que as palavras pronunciadas por Jesus no templo, segundo o

---

13. Cf. BORING 1982.

quarto evangelho, que a seguir se tornou canônico, foram submetidas pelo grupo joanino a uma profunda reflexão, em que entram três elementos: *lembrar-se*, fazer memória das palavras de Jesus ("se lembraram do que ele falou"); *fazer uma obra de comparação* entre os ditos de Jesus e os textos da Sagrada Escritura judaica ("acreditam na Escritura"); *ser inspirados* pelo Espírito Santo (os discípulos, com efeito, se lembram das palavras de Jesus após a ressurreição, quando, então, receberam o Espírito), e é exatamente esse Espírito que lhes permite lembrar. Em síntese, neste caso, as palavras de Jesus são transmitidas através de um mecanismo complexo que consiste: a) em revelações pelo Espírito Santo (provavelmente em reuniões de oração ou de culto para entrar em contato com o Espírito); b) em memória de palavras de Jesus (o que pressupõe uma coletânea de palavras, a conservação por escrito ou oral das palavras); e finalmente c) uma comparação com o texto sagrado judaico. Trata-se, pois, de um mecanismo no qual transmissão, lembrança e revelação estão profundamente entrelaçadas[14].

Existe, por outro lado, um *oitavo* modo de transmitir ou de tratar aquilo que Jesus disse. É o que encontramos no Evangelho de Lucas. Aqui, o elemento profético, que prevalece em João e em determinada parte nas cartas de Paulo, é substituído por uma atitude que diríamos típica da *historiografia greco-romana*. As palavras de Jesus são conhecidas por Lucas por meio de informantes. Uma leitura atenta do evangelho mostra com que meticulosidade ele corrige, várias vezes, o Evangelho de Marcos. Isto significa que provavelmente ele aplicou a mesma atitude aos seus informantes. O próprio juízo, pois, é o critério fundamental utilizado por Lucas para avaliar a confiabilidade das informações recebidas sobre as palavras de Jesus.

5. Palavras de Jesus transmitidas sem declarar a sua paternidade

Certamente não posso analisar aqui todos os modos de transmissão das palavras de Jesus. Com referência às pequenas coletâneas, apresentei há tempos algumas sondagens, então remeto aos estudos anteriores na expectativa de um trabalho mais amplo[15]. Limito-me a fazer alusão somente àquele *primeiro modo* de transmitir as palavras de Jesus (conforme defini acima) que se encontra em obras muito antigas, as quais utilizam palavras que pertencem à transmissão dos ditos de Jesus, sem, porém, dizer que se trata de palavras suas.

---

14. DESTRO, PESCE 2002a.
15. Cf. PESCE 2005; PESCE, RESCIO 2011.

a) Segundo a investigação que conduzi[16], nas sete cartas com certeza autênticas de Paulo, seriam cerca de quarenta as frases que provavelmente pertencem à tradição das palavras atribuídas a Jesus ou que em todo caso a refletem. Estas passagens devem ser distinguidas em duas categorias diferentes. Em cinco casos Paulo afirma explicitamente que transcreve palavras de Jesus (em alguns desses cinco casos parece apenas provável que o faça). Nos demais 35 casos, porém, trata-se de uma utilização de fato de palavras de Jesus, sem nenhuma citação explícita. Um primeiro resultado dessa investigação, portanto, é que os ditos de Jesus têm em Paulo uma função muito mais importante de quanto se acredita. Esta é a opinião da recente pesquisa[17]. Alguns setores da interpretação clássica de Paulo se opõem a essa tendência, talvez porque pressupõe-se uma forte diferenciação de Paulo em relação a Jesus. Um exemplo dessa resistência é o comentário de E. Lohse à Carta aos Romanos de 2003[18]. Creio que a descoberta de palavras de Jesus no epistolário paulino não deva ser motivada por uma tomada de posição dentro da *vexata quaestio* das relações de Paulo com Jesus, mas seja simplesmente o resultado de uma investigação literária dos textos que siga os percursos normais da exegese, da história da tradição e do confronto com o resto da literatura protocristã canônica e não canônica. Sobre a demonstração exegética, que não posso fazer aqui, remeto ao que escrevi a respeito[19]. Limito-me, pois, a apresentar a lista dos ditos que a meu ver se situam na tradição das palavras de Jesus.

I. Citações explícitas

1 Tessalonicenses 4,15-17:	dito escatológico (visão da ressurreição final segundo padrões da religiosidade judaico farisaica)
1 Coríntios 7,10-11: p	receito, *halakah* matrimonial (interpretação e aplicação da Lei e não sua interpretação espiritual ou cristológica)
1 Coríntios 9,14:	preceito, regra de vida dos discípulos
1 Coríntios 11,23-25:	palavras do rito dos grupos de Jesus
2 Coríntios 12,9:	revelação a Paulo de Jesus elevado ao céu

---

16. PESCE 2004, p. 485-511.
17. Cf. KOESTER 1957, p. 52-55; HOLTZ 1991; SIEGERT 1998; HOLLANDER 2000; cf. também PENNA 1999, p. 109-112.
18. LOHSE 2003.
19. PESCE 2004. Uma análise mais aprofundada encontra-se na tese de doutorado inédita de Luigi WALT, *Paolo e le parole di Gesù. Un'indagine attraverso le lettere*.

II. Uso de palavras de Jesus sem atribuí-las explicitamente a ele

1 Tessalonicenses 5,2-4:	escatológico sobre a vinda inesperada do dia do Senhor
1 Tessalonicenses 5,15; Romanos 12,17:	preceito moral (não retribuir o mal com o mal)
1 Coríntios 1,19.; 2,7.9.10; 3,1:	ditos sobre a revelação de Deus aos ignorantes
1 Coríntios 1,22:	ditos sobre a necessidade judaica de sinais
1 Coríntios 2,9:	dito escatológico e referente à experiência da recepção de revelações
1 Coríntios 2,10:	dito relativo à experiência da recepção de revelações
1 Coríntios 4,8:	dito escatológico sobre o reino futuro
1 Coríntios 6,9-10;	Gálatas 5,21: dito escatológico sobre as condições para entrar no reino de Deus
1 Coríntios 4,5:	dito escatológico sobre o juízo final e o preceito de não julgar
1 Coríntios 6,2-3:	dito escatológico sobre o juízo final
Romanos 2,1-3:	dito escatológico sobre o juízo final e o preceito de não julgar
Romanos 14,10.13:	dito escatológico sobre o juízo final e o preceito de não julgar
1 Coríntios 6,7:	preceito do amor
Gálatas 5,14; Romanos 13,8-9:	preceito do amor
1 Coríntios 13,2:	dito sobre o poder da fé
1 Tessalonicenses 5,13:	preceito do amor como norma comunitária
Efésios 4,26:	norma sobre o amor recíproco de inspiração bíblica
1 Coríntios 4,12-13; Romanos 12,14-15:	preceitos sobre o amor ao próximo
2 Coríntios 1,17:	preceito sobre não jurar
Romanos 14,14:	dito sobre a impureza
Romanos 13,7:	preceito sobre o pagamento dos impostos (WALT 2011)
Filipenses 2,15:	dito sobre o comportamento moral dos discípulos
Romanos 14,17:	dito escatológico sobre o reino de Deus

Romanos 16,19:	dito sobre o comportamento moral dos discípulos
1 Coríntios 14,37:	os preceitos de Jesus são cognoscíveis por meio da profecia
1 Coríntios 7,31:	dito escatológico
Romanos 8,15; Gálatas 4,6:	fórmula de oração

Muitos desses ditos são de natureza escatológica: referem-se ao dia do fim, ao juízo final e à natureza do reino de Deus futuro. Muitos são de caráter ético e relativos ao amor ao próximo, à norma de vida dos discípulos e ao não jurar. Em um caso temos uma norma ou uso de caráter ritual; seis referem-se à experiência de receber revelações; um é uma interpretação de Levítico 11; um é referente ao poder da fé em Deus. A imagem de Jesus implícita nesses ditos é a de um pregador judeu que anuncia o fim iminente deste mundo e o advento próximo do reino de Deus caracterizado pela ressurreição dos mortos, que interpreta a Torá dando ao seu grupo uma norma tradicional e rigorosa, e que insiste no amor ao próximo.

Sobre as cerca de quarenta palavras atribuíveis a Jesus, somente cinco são explicitamente atribuídas a ele. A minha hipótese é que Paulo afirma explicitamente que Jesus disse alguma coisa só quando precisa contestar uma interpretação da posição de Jesus que ele considera errada. Quatro dos cinco casos de referência explícita a Jesus supracitados pertencem justamente a essa categoria. Nos demais casos, Paulo não precisa declarar que Jesus pronunciou de fato uma determinada palavra. O que Jesus diz pertence à tradição judaica e é coerente com ela. Não é necessário, portanto, declarar que alguns ditos são explicitamente de Jesus, visto que o que conta é a autoridade da tradição a que pertence. Em suma, Jesus não aparece como o fundador de uma nova ética ou de uma nova completa regulamentação ritual. Sabemos, por outro lado, que Paulo possui uma cristologia de importância fundamental, mas toda centralizada na função salvífica de Cristo, em sua morte e sua ressurreição e nas consequências que estas têm na função da Lei. Todavia, o ensinamento e a preceitualidade de Jesus são para ele secundários, porque pertencem à tradição judaica comum. Em síntese, a imagem histórica de Jesus, a sua doutrina, a sua preceitualidade e os seus atos não contam para construir explicitamente a identidade religiosa, porque ela já é claramente dada: é a judaica. Paulo não é um cristão. O cristianismo ainda não existe. No entanto, a figura de Jesus está potencialmente em cena de modo implícito: o ensinamento moral insiste no preceito do amor, vemos toda uma série de outros preceitos apoiados e determinados por aquele preceito fundamental. Paulo adere plenamente à pregação escatológica sobre o advento do fim e sobre o juízo final, e os preceitos de Jesus sobre não julgar conservam o seu contexto escatológico. Paulo está, em suma, intimamente ligado a Jesus no que se refere à experiência das revelações sobrenaturais que parecem caracterizar Jesus e os seus discípulos, Paulo e as comunidades paulinas[20].

b) Na Carta de Tiago podem ser encontradas, a meu ver, dezoito frases que poderiam transmitir ditos de Jesus. No século XX os estudiosos discutiram longamente esta questão, e as listas das prováveis palavras de Jesus variam de autor para autor[21]. Também neste caso, como em Paulo, Tiago não diz explicitamente que se trata de palavras de Jesus[22]:

1,5-6; 4,2-3:	"peça e lhe será dado" – preceito sobre a oração
1,12; 2,5:	"[aquilo que] prometeu aos que o amam" – dito escatológico
1,22:	"sede executores da palavra, e não apenas ouvintes, enganando-vos a vós mesmos" – dito sobre a atitude interior para com a lei
2,5:	"Deus escolheu os pobres do mundo" – dito sobre a escolha dos pobres por Deus
2,8:	"o mais importante dos preceitos segundo a Escritura: Amarás o teu próximo como a ti mesmo" – o preceito do amor
2,13:	"o juízo será sem misericórdia para aquele que não usou de misericórdia. A misericórdia triunfa sobre o juízo" – dito escatológico sobre o juízo de Deus para com os misericordiosos e não misericordiosos
3,12:	"pode uma figueira produzir azeitonas ou uma videira produzir figos? Tampouco uma nascente de água salgada produz água doce" – dito sapiencial sobre a árvore e os frutos
3,14:	"não deturpeis a verdade com vossas mentiras"[23] – preceito sobre não mentir
4,9:	"reconhecei vossa miséria; cobri-vos de luto e chorai; vosso riso se converta em luto, e vossa alegria em tristeza" – dito escatológico sobre a atitude interior

---

20. DESTRO, PESCE 2006.
21. Cf. DEPPE 1989; WACHOB, JOHNSON 1999; WACHOB 2000; BAUCKHAM 2001.
22. Sobre a demonstração exegética remeto a PESCE 2004, p. 527-539. Indico também a tese doutoral inédita de Elisabetta de Luca sobre as palavras de Jesus na Carta de Tiago.
23. Cf. Evangelho de Tomé 6 (P. Oxy 654, 36-37): "Diz Jesus: não mintais, não pratiqueis aquilo que é odiado, porque tudo aparecerá diante da verdade".

4,10:	"Humilhai-vos diante do Senhor, e ele vos exaltará" – dito escatológico sobre a atitude interior[24]
4,11-12:	"E tu, quem és para julgares o próximo?" – preceito sobre não julgar (talvez em dimensão escatológica)
5,9:	"Não julgueis, o juízo de Deus está às portas" – preceito sobre não julgar em visão escatológica
5,1:	"quem agora ri irá chorar" – dito escatológico sobre o destino dos ricos
5,2-3:	"A vossa riqueza está podre e as vossas vestes estão sendo carcomidas pela traça. Cobriram-se de ferrugem o vosso ouro e a vossa prata, e essa ferrugem renderá testemunho contra vós, devorando vossas carnes como fogo. Acumulastes tesouros para os últimos dias!" – dito escatológico sobre o destino dos ricos
5,12:	"Sobretudo, irmãos, não jureis nem pelo céu, nem pela terra, nem por outro juramento qualquer. O vosso 'sim' seja 'sim', e o vosso 'não' seja 'não', a fim de não serdes acusados" – preceito sobre não jurar
5,19-20:	"quem converter um pecador do caminho errado salvará a sua alma da morte e apagará a multidão dos seus pecados" – preceito sobre a correção do próximo

A imagem de Jesus implícita nestas palavras atribuíveis a ele é, em primeiro lugar, a de um pregador judeu que insiste sobretudo sobre dois aspectos da Torá: o amor ao próximo e, em particular, aos pobres; a necessidade de justiça dos ricos.

Em segundo lugar, é destacada a dimensão escatológica do ensinamento de Jesus: sobretudo em função do juízo final e do restabelecimento da justiça.

Um terceiro elemento é que Jesus é visto não apenas como um intérprete da Lei em função de um acurado esclarecimento dela, mas como um mestre de sabedoria que sabe captar a atitude interior fundamental na vida religiosa. Tiago se situa em continuidade com esse aspecto sapiencial e toma cada dito de Jesus como base para um aprofundamento ético sapiencial.

c) Na Didaqué provavelmente são encontrados quinze ditos de Jesus que, também neste caso, quase nunca são atribuídos explicitamente a ele[25]:

1,2:	"Primeiro, amarás o Deus que te criou; segundo, ao teu próximo como a ti mesmo" – preceito do amor

---

24. Cf. 1 Pedro 5,6.
25. PESCE 2004, p. 591-601. Cf. KOESTER 1957; JEFFORD 1989; VISONÀ 2000.

1,3:	"bendizei aqueles que vos amaldiçoam, rezai por vossos inimigos e jejuai por aqueles que vos perseguem. Ora, se amais aqueles que vos amam, que misericórdia mereceis? Os pagãos também não fazem o mesmo? Quanto a vós, amai aqueles que vos odeiam e assim não tereis nenhum inimigo" – preceito do amor: cinco ditos
1,4:	"Se alguém te esbofeteia na face direita, oferece-lhe também a outra face e serás perfeito. Se alguém te obriga a acompanhá-lo por um quilômetro, acompanha-o por dois. Se alguém te tirar o manto, oferece-lhe também a túnica. Se alguém toma alguma coisa que te pertence, não a peças de volta porque não é direito" – preceitos sobre o amor aos inimigos
1,5-6:	"Dai a quem te pede e não peças de volta, pois o Pai quer que os teus bens sejam dados a todos. Bem-aventurado aquele que dá conforme o mandamento, pois será considerado inocente. Ai daquele que recebe. Se, com efeito, alguém recebe por estar necessitado, é inocente; mas quem recebe sem necessidade prestará contas do motivo e da finalidade. Será posto na prisão e interrogado sobre o que fez, e dali não sairá até que devolva o último centavo. Sobre isso também foi dito: que a esmola umedeça em tuas mãos, a fim de que saibas a quem a estás dando" – preceitos sobre o dar a quem pede
3,7:	"Sede manso, pois os mansos herdarão a terra" – macarismo sobre o destino escatológico dos mansos
4,14:	"Não começareis a orar se estiverdes com a consciência pesada" – preceito sobre a atitude na oração
7,1:	"Batizai em água viva, em nome do Pai e do Filho e do Espírito Santo" – preceito ritual sobre o batismo
8,2:	Pai-nosso
9,5:	"Não deis as coisas santas aos cães" – preceito atribuído explicitamente a Jesus, norma para restringir a participação no alimento sagrado
11,7:	"Não ponhais à prova nem julgueis um profeta que fala tudo sob inspiração, pois todo pecado será perdoado, mas esse não será perdoado" – dito sobre o pecado imperdoável
13,1-2:	"Todo verdadeiro profeta que queira estabelecer-se em vosso meio é digno do seu alimento. Assim também o verdadeiro mestre é digno do seu alimento, como todo operário" – preceito sobre a norma de vida dos discípulos

16,1:	"Vigiai sobre a vossa vida. Não deixeis que a vossa lâmpada se apague, nem afrouxais o cinto dos rins. Estejai preparados, porque não sabeis a que horas nosso Senhor virá" – dito sobre a atitude moral na espera escatológica
16,3-5:	"Nos últimos dias se multiplicarão os falsos profetas e os corruptores, as ovelhas se transformarão em lobos e o amor se converterá em ódio. Aumentando o não respeito pela lei, os homens se odiarão, se perseguirão e se trairão mutuamente. Então o enganador do mundo se manifestará, como se fosse o Filho de Deus, e fará sinais e prodígios. A terra será entregue em suas mãos, e ele cometerá impiedades como jamais foram ocorrram no mundo. Então toda criatura humana passará pela prova de fogo e muitos, escandalizados, se perderão. No entanto, aqueles que permanecerem firmes na fé serão salvos da maldição" – dito escatológico.
16,6:	"Então aparecerão os sinais da verdade: primeiro, o sinal da abertura no céu; depois, o sinal do toque da trombeta; e, em terceiro, a ressurreição dos mortos" – dito escatológico
16,8:	"Então o mundo assistirá ao Senhor vindo sobre as nuvens do céu" – dito escatológico

A imagem implícita de Jesus é a de um pregador judeu que, com base na Torá, elabora uma norma e um conjunto de preceitos para a vida da comunidade dos seus discípulos. Em segundo lugar, o caráter escatológico da pregação de Jesus é fortemente sublinhado e os preceitos morais são elaborados no contexto da espera escatológica. No extrato mais recente da redação da Didaqué os ditos são explicitamente atribuídos a Jesus. Talvez seja o início de um processo de diferenciação das comunidades judaicas no qual, embora sem sair do judaísmo, a construção da identidade também se serve da referência explícita a Jesus como autoridade independente e autônoma. Ou, de qualquer modo, distintiva. O mecanismo com o qual as palavras de Jesus são utilizadas como preceitos que servem para dirimir questões comunitárias já é perceptível em Paulo, e em Mateus leva a atribuir a Jesus normas comunitárias que ele certamente não poderia supor.

Em suma, em Paulo, Tiago e na Didaqué estamos diante de imagens de Jesus nas quais coexistem aspectos semelhantes e aspectos diferentes. Entre os primeiros, obviamente encontramos a dimensão escatológica da pregação de Jesus fortemente acentuada, seja em Paulo, seja em Tiago e na Didaqué, mas se tivéssemos escolhido apresentar os ditos de Jesus em Tomé estaríamos diante de uma imagem de Jesus na qual a dimensão escatológica foi privada de sua representação temporal. Penso que devam ser evitadas duas soluções opostas: a que sustenta que só uma dessas imagens é histórica; e outra que considera todas as imagens de Jesus igualmente modificadas, portanto não históricas. Creio que seja possível uma terceira hipótese, isto é, que cada uma das imagens tenha conservado, acentuando talvez unilateralmente, alguns aspectos certamente presentes na ação, na pregação e na práxis e na experiência religiosa de Jesus.

O problema metodológico que se coloca diante das três listas que apresentei é saber de que modo é possível verificar que algumas frases reportam ditos de Jesus, ou atribuíveis a Jesus, visto que o autor do texto não diz que se trata de palavras pronunciadas por ele. Para orientar-se nesse difícil problema, porém, convém estabelecer alguns princípios. 1. Em primeiro lugar, existem ditos atribuídos a Jesus que não foram pronunciados por ele, ou é bem provável que não tenham sido pronunciados (Mt 18,15-17). 2. Existem ditos que não são atribuídos a Jesus em uma determinada obra, mas o são em uma outra ou em outras obras (cf. os casos supracitados em Did. 1,1-6). 3. Há ditos não atribuídos a Jesus mas que podem ter sido pronunciados por ele (trata-se de um fato teoricamente possível). Com base nesses três princípios podemos enunciar o seguinte critério metodológico: quando é fato que um escrito protocristão utiliza ou transmite palavras que em outra parte são atribuídas a Jesus, sem, porém, referenciá-las explicitamente a ele, devemos considerar possível que *também outras vezes* esse mesmo escrito tenha utilizado ditos que pertencem à transmissão dos ditos de Jesus, ainda que não conheçamos nenhuma obra que os tenha atribuído a ele. Se, com efeito, o fez uma ou mais vezes, também pode tê-lo feito mais vezes (seria ingênuo pensar que o tenha feito somente aquelas vezes em que se tem uma correspondência obviamente externa). Visto que, todavia, não temos um critério externo para determinar a pertinência às palavras de Jesus (ou à sua transmissão), devemos e podemos recorrer a dois critérios internos: a) a aproximação textual, dentro de uma unidade literária pequena, com ditos da mesma obra e atribuídos a Jesus em outra parte; b) a semelhança formal (por colocação, por função, por estrutura literária superficial) com ditos da mesma obra que em outra parte são atribuídos a Jesus.

Concluindo, um resultado para mim importante da pesquisa do meu livro *Parole dimenticate di Gesù* é ter isolado uma fase ou uma série de textos nos quais os ditos de Jesus são transmitidos sem que se os atribua explicitamente a ele. O fato de que Paulo, Tiago e a Didaqué, além de vários outros escritos protocristãos, reportem uma série de palavras que evangelhos sucessivos atribuem a Jesus, mas não dizem de modo algum que se trata de palavras suas, significa, creio, que durante certo período de tempo – pelo menos entre 30 e 60 do século I – não tenha sido importante saber se determinadas palavras ou preceitos remontassem a Jesus. Por outro lado, que alguns tenham resolvido atribuir a Jesus um *corpus* de ditos que antes não fora atribuído explicitamente a ele é um fato que merece reflexão. Ou seja, parece que na primeira fase da transmissão das palavras de Jesus era normal repetir o seu ensinamento, mas sem afirmar para cada conteúdo desse ensinamento que ele remontasse a Jesus. As razões desse fato podem ser inúmeras, e aqui limito-me apenas a algumas hipóteses. Em primeiro lugar, os primeiros seguidores de Jesus eram judeus que viviam a experiência da pertença ao seu movimento, obviamente, como uma experiência totalmente judaica. Isto significa que o ensinamento de Jesus possuía significado e importância como expressão da religião judaica. O seu ensinamento tinha valor aos seus olhos porque fazia falar aquela tradição, fazia ressoar as suas verdades profundas. Era o conteúdo que contava, não o fato de que tinha sido o próprio Jesus a pronunciar aquelas palavras. Quando o desprendimento das instituições judaicas e do contexto comunitário judaico começou a se tornar um fato irreversível e cada vez mais grave, ou também quando simplesmente os grupos de seguidores de Jesus começaram a adquirir uma imagem bastante diferenciada em relação a outros grupos religiosos judaicos, então os ensinamentos e as concepções que eles tinham assumido começaram a extrair a sua autoridade não simplesmente da tradição judaica, mas do fato de que remontassem a Jesus. Então tornou-se sempre mais importante saber se uma determinada palavra vinha ou não de Jesus. O fato de que o gênero literário dos evangelhos não foi o primeiro a ser utilizado pelos seguidores de Jesus tem aqui a sua importância. Paradoxalmente, os evangelhos constituem uma primeira separação do Jesus histórico e um primeiro passo rumo à cristianização de Jesus.

Em segundo lugar, a formulação literária que Paulo, Tiago e a Didaqué apresentam das palavras de Jesus às vezes é bastante diferente daquela que encontramos em alguns evangelhos. Com frequência, os estudiosos do Novo Testamento têm a tendência instintiva de considerar a formulação das palavras de Jesus que se encontra nos evangelhos de Mateus, Marcos e Lucas, denominados sinóticos, como normativa, achando que a formulação de um determinado dito encontrado em outras fontes protocristãs seja uma "variação". Na realidade, Paulo certamente não depende dos evangelhos, porque é cronologicamente anterior. Os estudos recentes sustentam, a meu ver justificadamente, que a Didaqué contém tradições que não dependem do Evangelho de Mateus (com o qual ela demonstra forte parentesco), e que também a Carta de Tiago é independente da forma literária dos sinóticos. Assim, a formulação de Paulo, de Tiago e da

Didaqué das palavras de Jesus não deve ser considerada, *a priori*, secundária em relação à dos sinóticos.

Em terceiro lugar, um fato que emerge do estudo dessas palavras que pertencem à transmissão dos ditos de Jesus, mas não são atribuídos a ele, é que muitas vezes deve ter havido incerteza, no século I, sobre aquilo que Jesus pronunciou. Podemos pensar, talvez – é só uma hipótese – que nas várias comunidades circulavam ditos que veiculavam concepções já aceitas pelos seguidores de Jesus como distintivas e caracterizantes, mas já não se sabia mais se elas tinham sido ou não pronunciadas por Jesus. Alguns as atribuíam a ele; outros, não.

Uma pesquisa sobre o Jesus histórico certamente deve analisar as suas palavras, embora elas não constituam a única base documental para chegar à sua figura histórica. Ainda mais importante é o modo de vida de Jesus, somente dentro do qual as suas palavras adquirem significado[26], além dos seus atos[27] e das suas experiências religiosas[28].

É com essa base metodológica que quero enfrentar, nos dois capítulos seguintes, a questão da judaicidade de Jesus, em particular no que se refere à remissão dos pecados e ao sacrifício judaico.

---

26. Sobre isto cf. DESTRO, PESCE 2008a, p. 42-58; 2010b, p. 219-221.
27. SANDERS 1995, p. 12-13.
28. DESTRO, PESCE 2006.

Capítulo III
A remissão dos pecados na escatologia de Jesus

1. A remissão dos pecados e a escatologia[1]

A escatologia de Jesus é um dos temas mais importantes da história das origens cristãs, ao menos nos dois últimos séculos. Uma reconstrução histórica original dessa pesquisa exigiria anos de trabalho; basta pensar, como exemplo, que em 1997 Jörg Frey dedicou mais de quinhentas páginas somente à história da interpretação da escatologia no Evangelho de João[2]. Por outro lado, a atual pesquisa sobre as origens cristãs e sobre o judaísmo antigo ocorreu após décadas de trabalho em várias sínteses completas da imagem histórica de Jesus e apresenta uma extraordinária variedade de enfoques metodológicos e de releitura sistemática das fontes. Neste contexto, novas pesquisas sobre questões individuais talvez sejam mais úteis que as sínteses completas. Procuraremos compreender apenas um ponto particular da escatologia de Jesus, o qual, todavia, desempenha um papel que nos parece fundamental. A pergunta a que queremos responder é esta: Que função desempenha a remissão dos pecados na escatologia de Jesus?

---

1. Parte destas páginas foi discutida juntamente com Adriana Destro. Este capítulo também reelabora alguns aspectos de um ensaio apresentado por nós em 1996 sobre *Rituals and Ethics. Patterns of Repentance* (2004a). Naquela ocasião, pela primeira vez sustentamos que na concepção da remissão dos pecados de algumas passagens dos evangelhos sinóticos estivesse implícito o ideal social que se encontra no jubileu de Levítico 25,8-55. Uma reestruturação desse ensaio, com um melhor enfoque antropológico, encontra-se em DESTRO, PESCE 2008b, p. 123-151.

2. FREY 1997; também FREY 1998.

Por escatologia entendemos aquelas concepções, amplamente difundidas entre os judeus no tempo de Jesus, referentes às fases temporais *finais* da história dos homens e do mundo. A escatologia é parte de uma concepção cultural que vê a história do cosmo e dos homens submetida a uma sucessão de fases temporais que possuem um início e caminham para um fim. A cultura judaica constrói a vida individual e social através de uma visão do tempo[3]. Os elementos essenciais dessa visão são a ideia de um início, a ideia de uma série de períodos temporais sucessivos, a ideia do final do tempo e a ideia de que existam momentos cruciais de passagem para a fase do fim. Essa ideia dos momentos de passagem para a fase final é de particular importância nas concepções escatológicas. O judaísmo cobre o tempo natural cíclico (isto é, o ritmo cotidiano de dia e noite, o mensal-lunar e o anual-solar, que implica uma sucessão de estações) com um trabalho de construção cultural que depende dessa concepção do tempo que vai do início para um fim.

Ao colocarmos a pergunta sobre qual função desempenha a remissão dos pecados na escatologia de Jesus, consideramos que já foram resolvidas muitas questões preliminares, em particular: a) que, em primeiro lugar, Jesus deve ser incluído no âmbito do judaísmo palestino, sem que isso, todavia, implique a exclusão de influências das inúmeras culturas que então existiam nas várias regiões da Palestina; b) que dentro do judaísmo palestino do seu tempo é sobretudo a escatologia que explica a atividade de Jesus em seu conjunto; c) é este o ponto mais importante: que a escatologia de Jesus se caracteriza pela espera de eventos escatológicos *iminentes*[4]. Se consideramos o esquema acima exposto de certas concepções judaicas da época, resulta óbvio que a espera de eventos escatológicos iminentes é comum para Jesus e os judeus do seu tempo, bem como para outros judeus de épocas sucessivas.

Podíamos também enfrentar a questão do ponto de vista não só das concepções abstratas, mas da interpretação socioantropológica, que se dedicou longamente ao estudo dos movimentos chamados milenaristas. Gianotto (1998) já havia acenado a isso. Esse tipo de interpretação é bem sintetizado por D. C. Duling:

> O milenarismo indica um movimento social de pessoas cuja crença principal é que o atual mundo opressor está em crise e bem depressa irá desaparecer, geralmente devido a um cataclismo, e que esse mundo será substituído por um mundo novo, perfeito, bem-aventurado e sem nenhum sofrimento. Com frequência se pensa

---

3. Para uma visão antropológica do tempo cf. ADAM 1990.
4. Sobre a escatologia de Jesus cf. WEISS 1993 (= Göttingen, 1900), sobretudo a parte II, p. 92-147; SCHNACKENBURG 1971, p. 75-260; GNILKA 1993, p. 180-210; MERKLEIN 1994, p. 58-63; THEISSEN, MERZ 1999, p. 300-347.

que isto é a restauração de um tempo e de um lugar perfeitos do passado. Essa esperança é tão intensa que aqueles que a aceitam se empenham na preparação da nova época iminente, ou até procuram realizá-la, especialmente através de uma atividade política (1996, p. 183).

A esta definição bastante geral, porém, deve suceder uma tentativa de classificação que explique a diferença e a especificidade dos movimentos milenaristas. Isto foi feito por Yonina Talmon, depois retomado por Sharot (1982, p. 12-13), caracterizando os movimentos milenaristas de acordo como eles manifestam as seguintes nove duplas de dimensões alternativas: história ou mito; temporal ou espacial; catástrofe ou redenção; redenção ou redentor; particular ou universal; restauração ou inovação; hipernomismo ou antinomismo; atividade ou passividade; estrutura amorfa ou coesiva[5]. Ph. F. Esler dedicou vários estudos a uma leitura dos textos apocalípticos de tipo socioantropológico (cf. ESLER 1994, p. 92-146; 1995, p. 239-258). Entretanto, não tenho aqui espaço para enfrentar esse problema. Limito-me a uma leitura histórica dos textos que depois poderão ser interpretados antropologicamente.

C. Gianotto (1998) mostrou quais são as principais linhas escatológicas do judaísmo antigo concernentes à época das origens do cristianismo. Nessas linhas é sempre prevista uma série de eventos em sucessão. Em geral, os mesmos eventos são apresentados pelas várias concepções em ordem diferente. A convicção de que ao atual estado deste mundo deva suceder um mundo diferente, porém, é comum a todas essas concepções. Igualmente comum a elas é que uma série de eventos acontecerá em concomitância com o fim do mundo atual. Portanto, o que caracteriza a escatologia judaica do tempo de Jesus não é só pensar que exista uma fase final dos tempos dos seres humanos e do mundo, mas também que ao atual estado do mundo, *deste* mundo, sucederá um outro *que virá* depois, e que uma série de eventos particularmente importantes acontecerá no momento da passagem deste mundo ao outro.

A questão mais relevante, todavia, do nosso ponto de vista, é que alguém ou algum grupo acredite, em um determinado momento da história, que esteja ocorrendo o início do fim do mundo atual e que um novo mundo está para começar, e não quais são as diferenças na sucessão ou na natureza dos eventos escatológicos. Crer que haverá um messias, uma ressurreição dos mortos, um juízo universal e um reino de Deus é bem diferente de crer que *hoje* isto esteja para se realizar. É a convicção da *iminência* que caracteriza Jesus, como tinha

---

5. A comparação entre movimentos religiosos judaicos antigos e movimentos religiosos contemporâneos, todavia, não pode ser feita sem bastante cautela; cf. KILANI 1983; 1994, p. 129-134.

caracterizado antes e caracterizará depois outros movimentos religiosos judaicos que esperaram o advento iminente do fim.

Determinante é o fato de que as fontes que temos à disposição sobre Jesus, canônicas e não canônicas, não nos transmitam uma exposição sistemática da sucessão dos eventos escatológicos. O próprio discurso escatológico (Mc 13 par.)[6] não é uma elaboração teórica abstrata. Essa ausência de teorias sistemáticas é um sintoma. O que interessava a Jesus é o fato de que estivessem acontecendo eventos escatológicos decisivos e que outros estivessem próximos, e não uma elaboração teórica sobre a subdivisão dos tempos do mundo.

Dado tudo isto como pressuposto, este é o ponto que queremos analisar: Que função desempenha *a remissão dos pecados* em vista do início da ordem futura que Jesus espera como iminente?[7]. E ainda: Nos esquemas escatológicos contemporâneos tinham sido determinados um momento e uma função particular na remissão dos pecados ou estamos diante de uma especificidade da pregação e da práxis de Jesus?. Não nos perguntaremos, portanto, quando Jesus achava que teria início o reino de Deus e a ressurreição dos mortos, ou o reino messiânico, o juízo universal e os abalos políticos e cósmicos que acompanhariam o fim do atual estado do mundo. E nem o que Jesus pensava do advento de Elias, nem do templo atual ou o do futuro, nem da Jerusalém atual ou da futura. São temas sobre os quais existe uma abundante literatura, e não faltam resumos e sínteses que todos podem consultar.

2. A remissão dos pecados sem expiação

Não resta dúvida de que, segundo os escritos protocristãos, o tema da remissão dos pecados ocupa um lugar central nas palavras e na atividade de Jesus. Com efeito:

a) Jesus se deixa batizar por João Batista, cujo batismo tinha por finalidade a remissão dos pecados, conforme resulta tanto em Flávio Josefo (*Ant.* XVIII, 117)[8] quanto em Marcos 1,4 e Lucas 3,3[9].

---

6. Sobre Marcos 13 cf. DUPONT 1987, p. 7-50.
7. Sobre a iminência do advento cf. as obras citadas na nota 4.
8. Sobre o batismo de João Batista cf. LUPIERI 1988a, p. 27.74; 1988b, p. 31-36.60-61.119-131.
9. É Mateus quem omite a função da remissão dos pecados do batismo de João, provavelmente porque a desloca para a morte de Jesus, celebrada na eucaristia (Mt 26,28). Interessante observar que nas fontes protocristãs o batismo de Jesus feito por João Batista às vezes se liga à questão dos pecados: cf. a citação do Evangelho segundo os Judeus, que encontramos in Hier., adv. Pelag. 3,2: "Quid peccavi, ut vadam et baptizer ab eo?". Cf. PESCE 2004, p. 98; 262.

b) O anúncio do advento do reino de Deus (Mc 1,15 par.) implica como primeira consequência a conversão a Deus, portanto os pecados dos homens estão em primeiro plano. Não se pode falar de conversão, com efeito, se não existem pecados, seja lá como essa conversão seja entendida. É particularmente importante sublinhar que o imperativo "convertei-vos" (Mt 1,15) exprime o convite aos homens a que cumpram uma transformação de caráter moral. O acento aqui não está na oferta gratuita da graça, mas na conversão como uma ação que os homens devem cumprir diante da proximidade do reino de Deus. O significado fundamental do texto é acentuar a necessidade da conversão como primeira atitude que o ser humano deve assumir na iminência da vinda do reino de Deus. Esse significado fundamental não deve ser atenuado para aproximá-lo das concepções teológicas sobre a primazia da graça, geralmente em função de um diálogo católico-protestante, ou para defender o início "pré-pascal" da cristologia. A tarefa principal do exegeta não é conciliar os textos de Marcos com os de Paulo, ou afastar Jesus de uma suposta concepção rabínica da *teshuvah*, e sim destacar o significado próprio e específico de cada texto e cada autor. Desconsidera-se o texto, por exemplo, se, baseando-se nas passagens em que o Jesus de Marcos come com os pecadores, se supõe que em Marcos 1,15 não seja prioritária, na acentuação explícita do redator, a conversão do ser humano, e sim a oferta gratuita aos pecadores de uma participação no reino de Deus, à qual sucederá a conversão do pecador. Se o redator do evangelho tivesse desejado dizer isto, não teria escrito "convertei-vos e crede no evangelho", e sim: aceitai o ingresso no reino que vos é ofertado gratuitamente, sem necessidade de nenhuma condição prévia. Se era esse o centro da mensagem "cristã", por que ocultá-lo com uma frase que diz exatamente o contrário: mudai de vida se quiserdes entrar no Reino? É verdade que a boa notícia vem antes, mas deve induzir a converter-se, a mudar de vida. Seria inadequado, então, considerar que a concepção judaica da *teshuvah* implicasse apenas um "retorno à Torá", e não também um retorno pessoal a Deus. Por outro lado, é ilusão pensar que seja possível uma relação "pessoal" com Deus independentemente de uma cultura particular, de uma teologia particular, de um conjunto de normas particulares. Trata-se apenas de compreender quais. Uma relação pessoal com Deus sem conotações culturais nunca existiu e não é possível. O desejo de encontrar um apoio pré-pascal na cristologia às vezes leva a minimizar o mais possível a função da conversão. No entanto, o tema da conversão é muito importante na pregação de Jesus e não é bom que seja submetido aos significados da cristologia sucessiva[10].

---

10. Por esse motivo sou obrigado a discordar de algumas afirmações de PENNA 1996, p. 82-84.

c) No pai-nosso está presente a invocação para a remissão dos pecados (Mt 6,12 //Lc 11,4//Did. 8,2; cf. Mc 11,25; cf. também 1Clem 13,2; Pol. Filipp. 6,2).

d) Em alguns ditos Jesus indica qual é o modo para obter de Deus a remissão dos pecados (Mt 6,12; Lc 11,4; cf. Mc 11,25; Mt 18,35).

e) Os sinóticos atribuem a Jesus o poder de perdoar os pecados (Mc 2,10// Lc 5,24//Mt 9,6; Lc 7,49).

f) A Igreja primitiva viu na morte de Jesus a remissão dos pecados, ou viu no Jesus que retorna no final dos tempos a figura escatológica que salva do juízo final de Deus (1Ts 1,9-10)[11].

Na atual coleção canônica de escritos protocristãos sob o título Novo Testamento é possível classificar três diferentes concepções da remissão dos pecados:

1. Um primeiro grupo de textos conecta a remissão dos pecados à *morte* de Cristo. G. Barth classificou as várias concepções com as quais, nos escritos do Novo Testamento, se procura explicar como a morte de Cristo opera a remissão dos pecados. Em alguns textos ela é concebida como expiação vicária, ou seja, como morte que substitui aquela que mereciam os pecadores; em outros textos é concebida como resgate; e outros textos, ainda, insistem na participação dos crentes na morte de Cristo. Alguns, finalmente, veem a morte de Jesus como vitória sobre os poderes sobrenaturais da morte[12]. A nós, todavia, não interessa especificar a diversidade dos conceitos individuais, mas evidenciar o elemento que eles têm em comum, isto é, que neles se atribui à morte de Jesus uma função determinante na remissão dos pecados.

2. Outras vezes, porém, a remissão é o resultado de uma simples declaração verbal feita por Jesus, *sem* nenhuma referência à sua morte. Os evangelhos de Marcos, Lucas e Mateus, por exemplo, narram o modo com o qual Jesus comunica o perdão dos pecados a um paralítico:

Jesus, vendo a fé que os animava, disse ao paralítico: "Meu filho, os teus pecados estão perdoados (*afientai*)" (Mc 2,5//Lc 5,20//Mt 9,5).

A teoria que atribui a Jesus esse poder é explicitada com clareza no final do episódio:

o Filho do homem tem poder na terra para perdoar (*afienai*) os pecados (Mc 2,10// Mt 9,6//Lc 5,24).

---

11. Cf. PESCE 1994a, p. 82-88.
12. Cf. BARTH 1992 (=Torino, 1995), respectivamente às p. 57-104.104-110.110-123.123-141.

A condição para o perdão dos pecados, aqui, não é a expiação através da morte de Jesus Cristo. Também em outras partes, por outro lado, existem afirmações nas quais Jesus simplesmente comunica o perdão dos pecados. No Evangelho de Lucas, por exemplo, a uma mulher que lhe ungia os pés com perfumes Jesus diz:

"Os teus pecados estão perdoados" (Lc 7,48);

3. Há, todavia, na tradição evangélica, uma terceira série de textos na qual a remissão dos pecados não é obtida nem pela morte de Cristo, nem pela fé nele, e nem é concedida pela autoridade de Jesus, mas apenas operada diretamente por Deus, sem a mediação de Jesus Cristo. Nesses casos, a remissão depende simplesmente da *relação* entre o pecador, Deus e o próximo. É dessa terceira série de textos que iremos tratar.

3. A concepção jesuana da remissão dos pecados[13]

1. No Evangelho de Mateus, uma das invocações da oração do pai-nosso afirma:

Perdoai-nos (*afes*) as nossas dívidas assim como nós perdoamos (*afekamen*) aos nossos devedores (Mt 6,12)[14].

A versão de Lucas (Lc 11,4), em vez do termo "dívidas", usa a palavra "pecados", porém conserva a palavra "devedores" ("porque também nós perdoamos a quem é nosso devedor"). Isto induz ao raciocínio de que a versão de Mateus seja a mais original, e que Lucas corrigiu apenas uma parte da invocação, sem conseguir eliminar totalmente a metáfora dívida/pecado que a estruturava[15]. Provavelmente o problema surgia na passagem para o grego. No aramaico, por exemplo, havia tempos o termo "dívida" assumira, além do seu significado econômico-social, também o significado de pecado religioso. Em grego, porém, a palavra "dívidas" não veiculava essa complexidade de significados religiosos e sociais intimamente ligados, portanto era oportuno escolher o termo "pecados", mais claramente identificado em sentido religioso[16]. Também a Didaqué (8,2) – "perdoai nossa dívida, assim como também perdoamos os nossos devedores" – confirma a versão de Mateus com referência ao termo "dívida", se bem que,

---

13. Cf. SCHNACKENBURG 1971, p. 84-92.120.
14. HARRINGTON 1991, p. 95: "*The idea of granting release of debts appears in* Deut 15:1-2", isto é, no contexto das leis sobre o ano sabático. Sobre a tradução cf. JEREMIAS 1993, p. 48.
15. MALINA, ROHRBAUGH 1992, p. 62-64, destacam alguns elementos dos pressupostos sociais da metáfora do débito e do motivo pelo qual justamente essa metáfora era usada para o pecado.
16. Cf. JEREMIAS 1993, p. 47; GNILKA, 1990, p. 318-324.336-346 (322).

diferentemente de Mateus, ela não possua o aoristo "como nós temos perdoado", e sim, a exemplo de Lucas, o presente "perdoamos"[17].

Com esta invocação nos aproximamos ao máximo da confiabilidade histórica da concepção de Jesus. Além disso, o fato de que a concepção da remissão dos pecados tenha sido veiculada em uma oração e não apenas em um simples ensinamento quer significar que nas intenções de Jesus esta concepção devia plasmar a fundo a vida religiosa de cada um e da comunidade dos seus seguidores. Não há doutrina mais fundamental que aquela que um mestre transmite mediante a instituição do ato mais íntimo e fundamental da vida religiosa: a oração e o rito.

O próprio Jesus, segundo o Evangelho de Mateus, comenta essa invocação com estas palavras, que provavelmente constituem um dito autônomo, que remonta a Jesus[18], o qual, todavia, entra plenamente na mesma concepção:

> Porque, se perdoardes (*afête*) aos homens as suas culpas, também vosso Pai celeste vos perdoará (*afêsei*). Mas se não perdoardes (*afête*) aos homens vosso Pai não perdoará (*afêsei*) as vossas culpas (Mt 6,14)[19].

Essa explicação, ausente no Evangelho de Lucas, é encontrada em uma forma diferente no Evangelho de Marcos:

> E, quando ficais de pé para rezar, se tendes alguma coisa contra alguém, perdoai (*afiete*), para que (*ina*) vosso Pai que está no céu perdoe (*afê*) também os vossos pecados (Mc 11,25).

A condição imprescindível para obter a remissão ou o perdão dos pecados por Deus, portanto, é a remissão ou perdão antecipado aos irmãos. Aqui, a concessão do perdão por Deus não parece exigir uma *expiação*, nem do pecador, nem de um salvador que o substitua. A morte de Jesus não possui nenhuma função para a remissão dos pecados. A pessoa de Jesus não possui nenhuma função de mediação para a sua obtenção. O perdão depende exclusivamente da relação direta entre Deus, o indivíduo e outras pessoas. Justificadamente, Gnilka (1990, p. 350) reconhece que "o pai-nosso não deixa transparecer nenhum reflexo pós-pascal", e admite: "A afinidade do pai-nosso com o mundo conceitual vete-

---

17. GNILKA atribui importância ao aoristo de Mateus: trata-se de "um ato que acontece somente uma vez, por assim dizer, seria o cancelamento definitivo que o ser humano tem de traçar perdoando aos seus devedores antes de chegar ao juízo [escatológico] de Deus" (p. 337). Lucas 11,4b teria eliminado esse aspecto escatológico.

18. Justificadamente GNILKA 1990, p. 350, reconhece que Mateus depende aqui de um "arquétipo, que Marcos 11,25 é paralelo a este dito, e sobretudo que ele permanece estritamente na linha da invocação do perdão do pai-nosso". E conclui: "o *logion* se adéqua à mensagem de Jesus e em sua versão original pode ser atribuído a ele".

19. Cf. GNILKA 1990, p. 348-350. Sobre o fundo social cf. MALINA, ROHRBAUGH 1992, p. 62-64. Os comentadores justificadamente citam a afinidade desse dito com Sirácida 28,2.

rotestamentário judaico é indiscutível. É verdade que poderia ser pronunciado também por um judeu que não soubesse ou não quisesse saber nada de Jesus".

O quadro dessa concepção da remissão dos pecados *sem expiação* não estaria completo se não fossem enfocadas as *condições* necessárias para obter a remissão. J. Jeremias (1993, p. 58-59) teve o mérito de sublinhar a especificidade do segundo pedido do pai-nosso (que subordina o perdão de Deus ao perdão entre os homens), embora em oposição com a sua teoria da salvação já ofertada em Jesus Cristo: a segunda súplica, escreve Jeremias, "nos surpreende, porque, caso único no pai-nosso, se refere ao comportamento humano. Dessa unicidade se pode deduzir a importância que Jesus queria atrelar a esse acréscimo. [...] Jesus repetiu várias vezes que não podemos pedir a Deus para ser perdoados se não estamos prontos a perdoar os outros". Jeremias, porém, minimiza completamente o enfoque das consequências sociais do perdão a ser concedido pelo homem ao que comete injustiça contra ele. No Evangelho de Mateus, Pedro pergunta a Jesus:

> "Senhor, quantas vezes terei de perdoar (*afeso*) a meu irmão, se pecar contra mim? Até sete vezes?" Jesus lhe respondeu: "Eu não te digo até sete vezes, mas até setenta vezes sete" (Mt 18,21//Lc 17,4).

Pelo confronto com o Evangelho de Lucas, vê-se que Mateus quis insistir aqui sobre a absoluta disponibilidade para perdoar sempre, e não sobre as condições que devem ser exigidas do devedor para poder perdoar (isto é, o arrependimento). Lucas, com efeito, esclarece que é necessário o arrependimento do pecador:

> Se teu irmão te ofender, repreende-o. E, se ele se arrepender, perdoa-lhe (*afes*). E se pecar sete vezes por dia contra ti e outras sete vezes voltar a ti dizendo: "Estou arrependido", tu o perdoarás (*afeseis*) (Lc 17,4)[20].

Também Mateus julga essa condição imprescindível[21], conforme diz explicitamente em uma passagem imediatamente anterior, que os exegetas consideram de "escola mateana"[22]:

> Se o teu irmão pecar contra ti, vai procurá-lo e o repreende a sós. Se te escutar, terás ganho teu irmão. Mas, se não te escutar, toma contigo uma ou duas pessoas para que, sob a palavra de duas ou três testemunhas, seja decidida toda a questão. Se também não quiser escutá-las, expõe o caso à Igreja. E, se não quiser escutar nem mesmo a Igreja, considera-o como um pagão e um desprezado cobrador de impostos. Eu vos declaro esta verdade: tudo o que ligardes *desete* na terra será

---

20. Sobre a reconstrução do dito original jesuano, cf. SEGALLA 1992, p. 35-36.
21. SEGALLA 1992, p. 36, pressupõe: "a sequência lógica é [...]: ofensa – correção – arrependimento – perdão – para ofensa repetida, perdão repetido. É esta a estrutura da sentença original de Jesus".
22. Cf. GNILKA 1991, p. 204; cf. também p. 210-213.

ligado também no céu, e tudo o que desligardes *lysete* na terra será desligado também no céu (Mt 18,15-18)[23].

Em uma parábola famosa, transmitida somente por Mateus (Mt 18,23-35)[24], foi sublinhada a necessidade de perdoar os irmãos como condição para obter o perdão de Deus[25]. A narração situa esse princípio em um contexto social de relações interpessoais hierarquicamente ordenadas, em que um patrão, por primeiro, perdoa um inferior. Embora em grau superior, ele perdoou – sem ser obrigado – uma grande dívida a um subordinado. Esse escravo, porém, não perdoa uma dívida pequena que um outro escravo lhe devia. O patrão se encoleriza com esse comportamento:

> Então, o senhor o chamou e disse-lhe: "Servo cruel! Eu te perdoei *aféka* toda a dívida, porque me suplicaste isso. Não devias tu também ter pena do teu companheiro, como eu tive de ti?" E, encolerizado, o senhor o entregou aos carrascos, até que pagasse toda a dívida. Do mesmo modo também procederá convosco meu Pai celeste, se cada um de vós não perdoar *aféte* a seu irmão de todo o coração (Mt 18,32-35).

É muito importante perceber que também esta parábola não possui conteúdos cristológicos. Gnilka (1991, p. 221) procura evitar o que para ele é uma dificuldade (visto que está preocupado com uma vinculação à cristologia denominada pós-pascal) e afirma: "Sem uma implicação cristológica a parábola fica sem cor, torna-se moral". Obviamente esse juízo é totalmente dependente das ideias teológicas de Gnilka, que, francamente, não deveriam transformar o sentido do texto. Convém notar que Gnilka reconhece que, se existe um significado cristológico, está apenas implícito. Ele procura explicitá-lo pressupondo que "Jesus tinha prometido aos pobres a *basileia*, os acolhera em sua comunhão libertadora, comera junto com eles e lhes prometera a bondade de seu Pai. Isto não poderia deixar de ter consequências em suas vidas". E a consequência seria que Jesus convida os pobres a não sustentar que é "legal" exigir o pagamento da dívida pelo devedor, mas sim considerá-lo como "um homem a quem foi dado". Em suma, uma certa teologia da graça é forçosamente inserida no texto da parábola, para torná-la coerente com a ideia que se tem da cristologia. Também no Evangelho

---

23. Cf. SEGALLA 1992, p. 28-31.41-45; DULING 1995, p. 167-169; MALINA, ROHRBAUGH 1992, p. 119-120, que sublinham o fundo social do trecho.

24. Cf. SEGALLA 1992, p. 31-35.37-39; GNILKA 1991, p. 214-223; MALINA, ROHRBAUGH 1992, p. 119-120. Do ponto de vista do gênero literário e da história da tradição, deve-se distinguir a parábola (Mt 18,23-34) do dito conclusivo (18,35). Sobre a jesualidade de ambas, cf. SEGALLA 1992, p. 37-38.39.

25. GNILKA 1991, p. 221, tem razão ao considerar o versículo 33 parte essencial da parábola original pré-mateana.

de Lucas, por outro lado, o perdão dos pecados é comparado a um indulto das dívidas sem pagamento:

> Um credor tinha dois devedores: um lhe devia quinhentas moedas de prata, e outro, cinquenta. Como eles não tinham com que pagar, perdoou (*echarisato*)[26] a dívida aos dois (Lc 7,41-42).

De todas estas passagens de Mateus e Lucas resulta que o perdão dos pecados dado por Deus exige uma tripla condição, igualmente entendida como pressuposto necessário: 1. o arrependimento dos próprios pecados; 2. o indulto das dívidas dos outros sem exigir pagamento ou compensação; 3. o arrependimento por parte dos outros.

Em suma, o que distingue estas passagens é o fato de que a remissão dos pecados depende de um sistema de indulto-perdão. O sistema é centralizado em alguns casos (Lc 7,41-42) em um ato inicial de Deus, o qual perdoa espontaneamente, e a todos, as respectivas dívidas, porque ninguém é capaz de pagar. Ou, em outros casos (isto é, em Mt 18,15-18.32-35), o sistema de remissão é instaurado de modo circular a partir do indulto de um homem a outro homem, e termina com o indulto de Deus ao homem que perdoou o outro. O indulto de Deus, nesse caso, é especular e dependente do primeiro. O primeiro ato de indulto da parte de um homem, porém, se torna essencial para o processo de reequilíbrio das relações entre os indivíduos e de reconstituição do poder libertador de Deus. Mas os processos não dependem nem do juízo de uma comunidade, nem de um ato ritual, nem de um ato prático de reparação.

Podemos limitar-nos a analisar esses textos de um ponto de vista muito particular, isto é: a prioridade é do perdão de Deus ou da conversão e do arrependimento da parte do ser humano? É uma questão legítima, à qual já demos uma resposta, mas é um aspecto que ignora grande parte do fenômeno que estamos estudando.

Sobre esta questão se concentra sobretudo Segalla (1992, p. 41): "o tema do perdão concedido aos homens já existia no ambiente judaico do NT. Entretanto, nunca aparece o tema do perdão de Deus como fato principal, que fundamenta o dever do perdão. Isto é específico do perdão 'cristão' alicerçado no evento singular de Cristo, seja do Jesus histórico, seja do Cristo morto e ressuscitado para a remissão dos pecados". Aqui, grande parte da conclusão depende dos conceitos usados: "judaico" está em oposição a "cristão". Se "judaico" significa a cultura, isto é, o conjunto dos esquemas sobre os quais se baseiam as concepções,

---

26. Observe-se que Lucas usa verbos diferentes para o perdão das dívidas (*charízomai* em 7,42) e para o perdão dos pecados (*afíemi* em 7,49).

as práticas, as instituições, a vida material de uma sociedade, então fica bem difícil sustentar que Jesus não faz parte da cultura judaica; portanto, qualquer "singularidade" (este é o conceito usado por Segalla) de Jesus, bem como de qualquer outro grande líder religioso judeu da época, só pode ser judaica. Consequentemente, não se pode contrapor a "judaico" o conceito de "cristão", porque o cristianismo (embora existisse), na época do movimento de Jesus e da Igreja das origens, não é concebível como uma cultura. Para poder falar plenamente de cultura cristã é preciso esperar o império bizantino, certos âmbitos medievais ocidentais e por aí afora, nos séculos sucessivos. Do ponto de vista da cultura, a concepção que atribui a Deus a primazia na oferta do perdão é total e integralmente parte da cultura judaica[27]. Mas não é nesse aspecto que a minha análise quer concentrar a atenção. O objeto do presente trabalho é somente a função da remissão dos pecados na escatologia de Jesus.

2. Em cada concepção da remissão dos pecados, com efeito, estão implícitos diferentes projetos ou imagens de organizações sociais possíveis: uma coisa é pedir ao culpado a restituição de um objeto roubado ou aplicar-lhe uma penalidade física; outra coisa é exigir dele um ato cultual sacrifical; e outra coisa, ainda, é exigir uma mudança interior. As condições para a concessão do perdão nascem sempre de diferentes ideais sociais, pelo menos na medida em que a eliminação das culpas[28] implica um procedimento de reintegração nas estruturas comunitárias.

Em cada classe social ou religiosa, pois, a infração de uma norma, relativa a Deus ou aos homens, cria desordem e insegurança[29]. Quando as regras são transgredidas e as relações habituais entre os indivíduos não são respeitadas (na vida familiar, por exemplo, ou nas instituições públicas), cria-se uma perturbação no

---

27. Sobre o problema metodológico da oposição incorreta de "cristão" a "judaico" cf. também as observações de E. SCHÜSSLER-FIORENZA 1996, p. 124-135.

28. ASSMANN 2004 sugere a distinção de três concepções diferentes da transgressão, que correspondem a outros tantos tipos de concepções religiosas. A primeira concepção, baseada no conceito de vergonha, é aquela segundo a qual se exige uma técnica de cancelamento ou reparação da transgressão, somente se ela ocorreu na presença de testemunhas. A segunda concepção, por sua vez, elabora o conceito de culpa. A culpa é uma transgressão pela qual o indivíduo se sente responsável mesmo que ela passe despercebida no meio onde ele vive. A terceira concepção, finalmente, é a do pecado. O pecado é diferente da culpa, pois não é somente violação de uma norma, mas o desvio de uma vontade divina. O pecado rompe uma relação que o próprio Deus estabeleceu com o seu povo. É possível que este tipo de culpa "mais alta" seja típica do monoteísmo, em que a humanidade é o único parceiro com o qual Deus pode estabelecer contato.

29. Retomo nas páginas seguintes parte das observações elaboradas juntamente com Adriana Destro em DESTRO, PESCE 2008b, cap. 5, p. 123-125.

ordenado desenvolvimento da vida. A estrutura ideal e prática da vida sociorreligiosa torna-se menos compreensível, completamente obscura e sujeita a corrupção e a degradação. Uma infração também pode suscitar uma regressão da vida ritual-religiosa e o enfraquecimento das crenças de uma comunidade ou de um povo. Se um número cada vez maior de pessoas deixa de respeitar uma norma, a fé nela fica socialmente enfraquecida. Daí a insegurança e a necessidade para cada sistema sociorreligioso de reafirmar o valor da norma e da ordem através de um mecanismo de eliminação, cancelamento, compensação e reparação das transgressões e das culpas. Por "transgressão" entendemos a violação de uma norma em seu aspecto objetivo. Por "culpa", em vez disso, o aspecto subjetivo pelo qual o transgressor sente a responsabilidade interior da transgressão.

Os mecanismos de cancelamento e de reparação das transgressões e das culpas possuem a função, em primeiro lugar, de denunciar o comportamento irregular como tal e, implicitamente, obter de toda a sociedade o reconhecimento da validade das normas. Em muitos casos, obtêm também um reconhecimento público da culpa pelo transgressor, o qual, desse modo, reforça a sua dupla função. Em segundo lugar, permitem excluir o transgressor das habituais relações sociais. Isto é, ele é colocado oficialmente em posição marginal ou inativa. Em casos específicos, pode ser reintegrado, mas somente depois que reconheceu a própria culpa e a reparou. De fato, aqueles mecanismos têm a função de restabelecer a ordem, seja no plano das concepções ideais, seja no do concreto desenvolvimento da vida social.

O fato de a eliminação das culpas implicar um procedimento de reintegração nas estruturas comunitárias vale tanto para o caso de grupos religiosos restritos, que não visam a transferir para a sociedade mais ampla o seu ideal de convivência social, quanto para o caso de grupos religiosos minoritários, que tendem a identificar-se com uma sociedade em sua totalidade. Quanto mais as condições exigidas para a concessão do perdão comportam importantes modificações nas relações sociais, tanto mais a concepção da remissão dos pecados implica um ideal de transformação social. Se, em vez disso, as exigências para a concessão do perdão não implicam consequências externas a um rito ou permanecem dentro de um sentimento interior de confiança na paterna misericórdia de Deus, a remissão dos pecados tende a consistir em uma simples sanção religiosa das relações sociais existentes. E a mensagem religiosa se torna historicamente irrelevante[30].

---

30. Para uma tentativa, em parte diferente, de definir uma concepção social do pecado cf. NEYREY 1991, p. 76-80.90-92.

O problema da eliminação das culpas é de tal importância para as várias formas de judaísmo e cristianismo que uma diversidade na concepção da remissão se torna um dos elementos mais importantes para a diferenciação desses sistemas religiosos. No plano cultural geral, isto se deve ao fato, conforme dissemos, de que a culpa é aquilo que torna um culpado um ser antissocial, descumpridor e, em casos extremos, até perigoso ou nocivo em relação à comunidade que se identifica dentro de um determinado sistema religioso. Os procedimentos de eliminação das culpas, portanto, são essenciais para a readmissão numa comunidade religiosa. Nos casos em que os sistemas religiosos tendem a coincidir com a organização social global de um grupo humano ou de um povo, tais mecanismos também se tornam procedimentos de reintegração nas estruturas comunitárias civis, mecanismos de reconstituição da própria sociedade.

A diversidade dos procedimentos de expiação diferencia, pois, os sistemas religiosos. Até dentro de uma mesma sociedade a diferença dos ritos e das práticas expiatórias tem consequências sociais importantes. A participação em um rito em vez de em um outro – ou a não participação – contribui para diferenciar a configuração de um grupo ou a identidade religiosa de um indivíduo. Na sociedade judaica do século I, por exemplo, o fato de a comunidade de Qumran praticar a celebração do grande Dia da Expiação numa data diferente daquela celebrada no templo de Jerusalém marcava também socialmente a separação do grupo do resto da sociedade. O problema metodológico que emerge a esta altura é se, e desde quando, no movimento de Jesus, e depois no cristianismo primitivo, se manifestam não tanto teorias, mas mecanismos rituais de remissão alternativos com relação aos dos sistemas religiosos judaicos contemporâneos.

3. Se em cada texto está implícita uma concepção social, uma visão ideal das relações interpessoais, então convém perguntar qual era a visão da sociedade que Jesus tinha em mira quando pensava no reino de Deus, também quando considerava a remissão dos pecados obtida por meio do particular mecanismo de indulto do qual tratamos no item 1.

Para esse fim, convém recapitular os pontos essenciais da parábola dos dois servos de Mateus 18,23-35, porque contêm um claro apelo à ordem social e ao mundo das reais relações intersubjetivas. É exatamente a relação senhor-servo (e consequentemente a de servo-servo) que ilustra o pressuposto do sistema. O pagamento de uma dívida seria, em si, um ato obrigatório: não pagar significaria, justamente, uma penalidade. Somente o cancelamento da dívida elimina a eventual penalidade. O comportamento do senhor é o de cancelar um dever (o pagamento da dívida), isto é, mudar a posição do servo, libertando-o da dívida sem que ele tenha feito nada. Isto desde que ele prossiga e reaplique o mesmo princípio aos outros homens. O ideal para o qual o sistema tende é a reciprocidade de homem para homem: que ninguém esteja vinculado aos outros pelas dívidas (ou culpas), e sim que cada um liberte gratuitamente o seu devedor. Trata-se de um mecanismo de reações em cadeia para o restabelecimento e a criação de uma ordem ideal. Vejamos também Mateus 5,23-24:

> Se estiveres para apresentar a tua oferta ao pé do altar, e ali te lembrares de que teu irmão tem qualquer coisa contra ti, deixa a tua oferta diante do altar, e vai primeiro reconciliar-te com teu irmão. Então voltarás para apresentar a tua oferta.

O ponto central do mecanismo do indulto está em capacitar o devedor (isto é, o culpado) a readquirir, desse modo, o poder de realizar atos livres. Na realidade, o justo pagamento da dívida não é eliminado incondicionalmente, e sim com uma única condição, ou seja, que o devedor, por sua vez, inicie um mecanismo de indulto das dívidas[31]. Se isto não acontece, o senhor exige o pagamento da dívida que antes tinha perdoado. Ou seja, neste caso Deus vai punir o pecador:

> Então, o senhor o chamou e disse-lhe: "Servo cruel! Eu te perdoei toda a dívida, porque me suplicaste isso. Não devias tu também ter pena do teu companheiro, como eu tive de ti?" E, encolerizado, o senhor o entregou aos carrascos, até que pagasse toda a dívida. Do mesmo modo também procederá convosco meu Pai celeste, se cada um de vós não perdoar a seu irmão de todo o coração (Mt 18,32-35).

Aqui se vê claramente qual é a relação entre perdão dos pecados e juízo final de Deus ("Do mesmo modo também procederá convosco meu Pai celeste"). Na visão de Jesus, existem dois momentos diferentes na sucessão dos eventos escatológicos. Primeiro vem o perdão dos pecados, depois o juízo universal[32]. Isto

---

31. Sobre a parábola de Mateus 18,23-35 cf. GNILKA 1993, p. 129-132, que vê nesta parábola (bem como na de Lc 7,41 ss.) o intuito de revelar a bondade de Deus "que supera todas as categorias do comportamento humano normal. Essa bondade doa sem ser chamada a fazê-lo [...], essa bondade quer transformar os seres humanos" (p. 132). Em primeiro lugar, não é verdade que a bondade de Deus doa sem ser chamada a fazê-lo, porque o servo suplica ao senhor que lhe perdoe a dívida ("Eu te perdoei toda a dívida, *porque me suplicaste*", Mt 18,32). É verdade que a bondade de Deus quer transformar as pessoas, mas Gnilka: 1. minimiza que a bondade de Deus exige que o homem, por sua vez, perdoe; 2. se esquece de perguntar-se *qual* transformação Deus quer – segundo Jesus – introduzir na vida das pessoas. O pecado é uma infração social e exige, em qualquer sistema de cancelamento das culpas, uma reintegração social. Jesus não cria do nada cultural a concepção da bondade de Deus. A bondade de Deus possui conteúdos culturais e efeitos sociais.

32. Cf. WEISS 1993, p. 134: "Entre os ditos autênticos de Jesus, Marcos 9,43 s. exprime da maneira mais clara a ligação entre juízo e instauração do reino. Como sempre, supõe-se que quem escuta ainda estará vivo no advento do reino. É dada a alternativa: ou entrar no reino (ou na vida eterna) com um membro mutilado, ou ser lançado no inferno com todos os membros. Portanto: o caminho para a vida ou o reino passa através do juízo, com o qual se decide o destino de cada um". Tem-se, pois, a sucessão: juízo, reino. O perdão dos pecados se situa antes do juízo. Cf. JEREMIAS 1993, p. 58-59.

também resulta do pai-nosso: primeiro vem o perdão entre os homens, e depois o perdão escatológico de Deus. Entre os dois há uma relação íntima e inseparável. Haverá o juízo universal e, em vista dele, deverá ocorrer um processo de perdão coletivo recíproco em cadeia. Se este perdão recíproco não for operado, estaremos sujeitos à punição do juízo final.

Em suma, a justa punição da culpa será aplicada somente se aquele que for perdoado por Deus não perdoar aos outros. A ameaça da punição da culpa (forte em várias passagens: Mt 11,21-24; 12,41-42; Lc 13,2-5)[33] se torna, assim, um incentivo para o perdão aos outros e a instituição de concretas relações mútuas.

4. A pergunta que agora emerge é esta: Se o ideal religioso-social implícito na concepção da remissão dos pecados de Jesus é o de um mecanismo de reações em cadeia para a criação de uma ordem social ideal, devemos perguntar-nos se este ideal é uma criação dele ou se existia já nas concepções religiosas do seu tempo. Acreditamos que esta segunda hipótese é a mais provável.

O projeto de sociedade que aparece como pano de fundo das palavras de Jesus é inspirado, em alguns aspectos, no ideal bíblico do jubileu[34] – conforme encontramos sobretudo no capítulo 25 do Levítico (Lv 25,8-55)[35].

---

33. BARBAGLIO 1974, p. 89-90.
34. Cf. também PITTA, p. 1998. Apesar de algumas felizes concordâncias, o enfoque de nosso trabalho é diferente. Nós nos propomos a mostrar no primeiríssimo cristianismo, aliás, no próprio Jesus, a existência de uma concepção da remissão dos pecados sem expiação, que pressupõe um ideal religioso reencontrado no ideal religioso-social do jubileu, assim como era reinterpretado no judaísmo da época de Jesus. Os textos protocristãos dos quais partimos são: Mateus 6,12//Lucas 11,4; Mateus 6,14; Marcos 11,25; Mateus 18,21//Lucas 17,4; Mateus 18,15-18; 18,23-35; Lucas 7,41-42; Mateus 5,23-24; Mateus 11,21-24; 12,41-42; Lucas 13,2-5. A pregação na sinagoga de Nazaré, segundo Lucas 4,17-19, é para nós um texto que confirma a presença da concepção do jubileu dentro do primeiríssimo cristianismo, mas não pode ser o texto fundamental porque não trata da remissão dos pecados. Nós, por outro lado, procuramos, em primeiro lugar, traçar uma concepção religiosa que reencontramos em alguns textos protocristãos, e só depois tentamos reconstruir os pressupostos religiosos judaicos nos quais ela se inspira (e os reencontramos no ideal levítico do jubileu reinterpretado no ambiente histórico-religioso mais próximo de Jesus que seja possível reconstruir). Pitta, em vez disso, procede segundo o esquema "premissa-cumprimento". Nos dois primeiros capítulos, traça a evolução da concepção do jubileu bíblico. Depois, dedica o terceiro capítulo ao "cumprimento da profecia" em Lucas 4,16-30. Desse modo, o seu texto principal para o traçado da concepção do jubileu em Jesus é o texto lucano. Os textos que analisamos permanecem fundamentalmente estranhos à reflexão de Pitta. Em alguns momentos, todavia, Pitta alarga o olhar para outros textos neotestamentários, e nesses casos encontramos felizes coincidências com algumas das nossas intuições que relatamos nas notas. No último capítulo, Pitta procura reconduzir as passagens dos Atos (1,6-11 e 4,32-35) a um fundo que se inspira nos ideais do jubileu bíblico.
35. Para a literatura específica sobre o jubileu do Levítico remeto aos comentários sobre o Levítico, a fim de não sobrecarregar as notas, e em particular a LEVINE 1989 e BUDD 1996. Para uma literatura sobre o Levítico cf., além disso, SAWYER 1996.

O jubileu é o conjunto das regras que, a cada cinquenta anos, visam a uma reorganização do povo de Israel. No ano jubilar, a sociedade inteira dos judeus – na terra de Israel – deveria ser submetida a uma forma de restauração ou recomeço das suas estruturas sociorreligiosas fundamentais. Esse mecanismo de reorganização coletiva consiste essencialmente no fato de que cada membro do povo devia readquirir a posse da sua liberdade caso tivesse sido reduzido à escravidão, além de tomar posse da sua casa ou do seu terreno caso os tivesse cedido por causa das próprias dívidas:

> proclamareis a liberdade em toda a terra, para todos os seus habitantes [...]. Cada qual voltará para a sua propriedade e retornará à sua família (Lv 25,10).

O extraordinário significado de reordenação e renovação social coletiva que o ano do jubileu tinha é também sublinhado pelo grande rito do toque do chifre. O jubileu é proclamado com solenidade: o *shofàr* devia ser levado de povoado em povoado, de cidade em cidade, como forma de anúncio público de libertação:

> fareis soar a trombeta (= *shofàr*) por toda a vossa terra (Lv 25,9).

O importante no projeto social do jubileu é o mecanismo da reconstituição da sociedade de Israel, o processo de retorno a uma situação de origem. No plano ideal, o esquema jubilar corresponde a um mecanismo regulador que reativa as bases formadoras de uma cultura.

Podemos aqui minimizar os dispositivos concretos com os quais o Livro do Levítico imagina que esta operação, muito complexa, possa ser realizada. O que queremos destacar é que as passagens dos evangelhos nas quais Jesus induz ao perdão de todo tipo de mal sofrido implicam, como pressuposto, a aspiração à reconciliação coletiva, a uma reorganização-recriação da sociedade de Israel que corresponde exatamente ao jubileu.

Cabe aqui perguntar por que, afinal, Jesus ligou este ideal ao da remissão dos pecados. A resposta está precisamente no Livro do Levítico. Segundo Levítico 25,9 é de grande importância o momento em que se deve proclamar o ano jubilar. O redator do livro do Levítico estabeleceu que o jubileu deveria ser proclamado no décimo dia do sétimo mês, isto é, exatamente no início do rito anual do Dia da Expiação (*Yom ha-kippurim*). A coincidência destes dois momentos ilumina os valores implícitos das *performances* em si. O cancelamento dos pecados por Deus e a reorganização social do povo deveriam estar ligados, porque o rito expiatório e a radical renovação social eram pensados como necessariamente coerentes um com o outro. Um retorno de todos os judeus à condição original de paridade e liberdade exigia que se praticasse um rito coletivo de expiação e de conversão profunda. Somente a conversão, que é essencial na concepção levítica do Dia da Expiação, permite a mudança social[36]. Simultaneamente, no ano do jubileu, também a terra do povo de Israel deveria ser regenerada e reintegrada; portanto, a exemplo do ano sabático, não deveria ser submetida ao cultivo. De fato, o 49º ano coincidia com um ano sabático, portanto no ano jubilar não se devia cultivar a terra:

> A terra dará seus frutos, comereis até fartar e nela habitareis com tranquilidade. Se disserdes: "O que comeremos no sétimo ano se não semearmos e não colhermos nossos produtos?", eu vos darei minha bênção no sexto ano e a terra produzirá frutos por três anos. Semeareis no oitavo ano e comereis da colheita anterior até o nono ano; até que chegue sua colheita, comereis da anterior (Lv 25,19-22).

O jubileu é, pois, um retorno às origens não só de caráter social, mas também natural e cósmico.

A ligação entre Dia da Expiação (e, portanto, remissão dos pecados) e uma sociedade ideal, atingível mediante o respeito às leis de caráter social do ano sabático (auxílio aos pobres e remissão dos pecados), também se encontra em um texto de Qumran: 1Q22. Trata-se de um texto que reelabora o Deuteronômio, e que é conhecido também com o título de Palavras de Moisés. Segundo Martone (1996, p. 454), o texto é "paleograficamente datável" do início do século I antes da era cristã. O documento é importante porque nos oferece um testemunho de concepções cronologicamente próximas do movimento de Jesus. É essencial, com efeito, observar de que modo as concepções bíblicas eram efetivamente interpretadas no contexto histórico de Jesus. As passagens que nos interessam são:

4. E farás a remissão naquele ano.

5. [Todo credor] que [emprestou alguma coisa a] alguém, ou [que possui alguma coisa de seu irmão], fará a re[missão ao seu pró]ximo, visto que

6. [Deus], o vosso [Deus proclamou a remissão. Exigirás pagamento] do estran[geiro, mas de teu irmão] não exigirás pagamento, porque neste ano

7. [Deus vos abençoará, perdoando os vossos pecados...]

8. [...] no ano [...] do mês de [...]

9. [...] neste dia [...porque] vagaram

---

36. Cf. DEIANA 1995, p. 109.

10. [no deserto os vossos pa]is até o décimo dia do mês {o[... no dia dé]cimo do mês}

11. não farás [qualquer tipo de trabalho]. E no décimo dia do mês expiarás [...] do mês" (1Q22, Col III 4-11)[37].

Neste texto é bem clara a ligação entre um ato de cancelamento das dívidas, que deve ser praticado coletivamente, isto é, por toda a sociedade, e a remissão dos pecados por Deus no Dia da Expiação. A ligação é clara na frase:

> não exigirás pagamento, porque neste ano [Deus vos abençoará, perdoando os vossos pecados...] (1Q22, Col III 6-7).

Pela forma de judaísmo que se manifesta neste texto, o indulto dos pecados dado por Deus está ligado a um ato de indulto das dívidas da parte dos homens. Se consideramos que o Dia da Expiação exige uma conversão concreta e interior do homem para poder obter o perdão dos pecados de Deus, resulta claro que esse texto exprime um ideal religioso pelo qual não pode haver conversão e perdão divino se também não se realiza aquele concreto ideal de fraternidade e de paridade econômica que não pode tolerar a riqueza de alguns e a indigência, devido às dívidas, de outros. A conversão e o perdão dos pecados exigem a reconstituição de uma relação de igualdade no povo. Seja em 1Q22, seja em Levítico 25,8-55, estamos diante de uma grande visão teo-lógica na qual a ação de Deus está no centro. É muito ingênuo pensar que se trata de uma visão "moral" ou "legal" na qual se destaca Jesus e o cristianismo primitivo, portadores de uma visão mais "espiritual" ou de uma "relação direta e pessoal" com Deus.

A esta altura convém lembrar que nos evangelhos o substantivo mais usado para definir a remissão dos pecados é *afesis*. Para os judeus de língua grega, o termo *afesis* possuía ressonâncias precisas de grande importância. *Afesis* é exatamente o termo com que foi definido o jubileu na LXX [Septuaginta], a antiga tradução grega da Bíblia, utilizada pelos redatores dos evangelhos. Em Levítico 25,10 a palavra judaica que indica o jubileu (*yôvêl*, que significa "carneiro", portanto "trombeta feita com chifre de carneiro")[38], foi traduzida pela LXX com a expressão "ano sinal de *afesis*" (*eniautos afeseôs sêmasia*)[39], isto é, tempo em que ocorria o sinal – com o *yôvêl* – do início do quinquagésimo ano. Em Levítico

---

37. Tradução de Martone, 1996, p. 456.
38. É impraticável, do ponto de vista filológico, a hipótese de PITTA 1998, p. 13: "síntese de uma breve profissão de fé que reconhece JHWH (prefixo *Yô-*) como o Bahal (= bel)". Basta confrontar COHEN 1996, p. 485-486, e, particularmente, o número 4, p. 485; KOEHLER, BAUMGARTNER 1995, p. 398.
39. Cf. HARLÉ, PRALON 1988, p. 198: "*un an signal de la remission*".

25,30 o termo *afesis* é usado sozinho para traduzir *yôvêl*, então parece ser o termo habitual que os judeus de língua grega utilizavam para indicar o jubileu (cf. também Lv 25,28). No Levítico (27,17-24) o jubileu é definido como "o ano de *afesis*"; e no livro dos Números como "o *afesis* dos filhos de Israel" (Nm 36,4).

Na Bíblia grega, por outro lado, o termo *afesis* aparece com uma multiplicidade de significados sociais. No Livro do Êxodo (*Ex* 18,12) indica o repúdio da mulher no sentido de desvinculação-libertação do vínculo matrimonial. Em Levítico 16,26 indica o envio ou o envio do carneiro ao deserto. Em Judite 11,4 significa "licença"; em Ester 2,18, "dia do repouso". No Primeiro Livro dos Macabeus (10,28.30.34; 13,34) indica "isenção". No profeta Isaías (58,6) exprime a liberdade para os encarcerados e traduz o hebraico *hofši*, enquanto no capítulo 61,1 é a libertação dos prisioneiros de guerra (hebr.: *derôr*), ou seja, o retorno para casa, e o envio. Em Ezequiel 46,17 indica o ano de alforria (hebr.: *derôr*) do escravo, e em Jeremias 34,17 indica a liberdade do irmão e do próximo[40].

Obviamente, *afesis* também significava perdão dos pecados. Mas, observe-se bem, não "expiação". De fato, a Bíblia grega usou um verbo diferente para a expiação-remoção, isto é, *exilaskomai* ("expiar"), enquanto para o ato da concessão do perdão dos pecados usou o verbo *afíemi*:

> o sacerdote fará a expiação [hebr.: *kipper*; gr.: *exilasetai*] em favor deles, e lhes será perdoado [hebr.: *nislah*; gr.: *afethêsetai*] o pecado (Lv 4,20)[41].

O *afesis* – o indulto, o perdão do pecado – é, pois, o efeito que acompanha o ato ritual sacrifical, e não o ato ritual em si.

Em suma, o termo *afesis* usado pelos textos evangélicos indica não só o perdão religioso de Deus, mas alude também a um vasto conjunto de princípios intimamente ligados à libertação pessoal e à reorganização social.

5. À luz dessas considerações, podemos compreender melhor uma outra passagem evangélica que certamente contém um núcleo que remonta a Jesus, a qual é compreensível no âmbito do ideal social e religioso do jubileu judaico, entendido como consequência necessária do perdão dos pecados por Deus.

Segundo o Evangelho de Lucas, Jesus se inspira no ideal da libertação do jubileu desde a sua primeira pregação na sinagoga de Nazaré, lugar "onde tinha crescido" (Lc 4,16):

---

40. Cf. BUDD 1996, p. 346; LEVINE, 1989, p. 171.
41. Cf. 4,26.31.35; 5,6.10.13.16.18.26; 19,22.

Foi-lhe apresentado o livro do profeta Isaías, que ele abriu, dando com a passagem onde está escrito:
"O Espírito do Senhor está sobre mim;
porque ele me ungiu com o óleo,
para levar a Boa-nova aos pobres;
enviou-me para proclamar aos prisioneiros a libertação (*afesis*)
e aos cegos a recuperação da vista" [Is 61,1-2 LXX];
"para dar liberdade (*afesis*) aos oprimidos" [Is 58,6 LXX],
"para proclamar o ano da graça do Senhor" [Is 61,2 LXX] (Lc 4,17-19).

O anúncio de um ano de libertação já evocava, no capítulo 61,1 do texto hebraico de Isaías, a proclamação do ano jubilar[42]. A citação de Isaías, à qual o Jesus de Lucas recorre, está ligada a um ideal de libertação e de remissão que no esquema do Levítico corresponde à libertação dos filhos de Israel. Naturalmente a citação de Isaías é uma composição de pelo menos duas passagens diferentes do Livro de Isaías em tradução grega, que remonta ao redator do evangelho ou talvez a uma sua tradição. O núcleo de historicidade do evento da pregação na sinagoga de Nazaré certamente não pode ser estendido para a forma literária da citação de Isaías 61,1-2 e 58,6.

O tema geral de Isaías 61,1-9, em todo caso, é o de um ano de libertação, como premissa da restauração da nação e de um domínio ou uma superioridade com relação aos pobres, sucessivo a uma nova aliança. Também nesse trecho, portanto, o ideal jubilar está inserido em um quadro de renovação sociorreligiosa geral, numa sucessão de eventos de caráter de certo modo escatológico. A diferença fundamental entre o texto de Levítico 25,8 ss. e Isaías 61 está no fato de que o Levítico planeja e sonha uma reconstituição cíclica da sociedade israelita,

---

42. Isaías 61,2, com efeito, já fala de *liqr'* [...] *drwr* exatamente como Levítico 25,10: *qr'tm drwr*. Sobre a ligação de Isaías 61,1-2 com Levítico 25,8 ss. cf. também MONSHOUWER 1991; ESLER 1987; PRIOR 1995, p. 139-141, se opõe à hipótese de que Lucas faz referência ao ano jubilar, com base no fato de que "não usa a terminologia peculiar ao jubileu (semear, podar, repouso para a terra, dia da expiação etc.; apesar de que a frase *eis ten patrida autou*, 'cada qual retornará à sua família', de Lv 25,10 LXX, sugere uma alusão). Lucas não desenvolve nem mesmo conceitos peculiares do jubileu no decorrer de sua obra". A compreensão de *afesis* específica de Lucas, porém, é para Prior um argumento fundamental (p. 139). Ora, exatamente o *afesis* e a referência ao Dia da Expiação implícitos na citação comprovam o contrário. Prior, por outro lado, ignora o fato de que 11QMelch – como veremos mais adiante – oferece uma interpretação escatológica do último jubileu, e liga o jubileu de Levítico 25,8 ss. com Isaías 61,1-2. Assim, também cai a sua objeção posterior, que opõe o elemento escatológico característico do Jesus de Lucas à temática do jubileu (p. 140). Sobre a ligação de Isaías 61,1-2 com o jubileu de Levítico 25 cf. também PITTA 1998, p. 55-56.62.

enquanto em Isaías parece prevalecer a espera de um evento particular, no qual se realize o plano religioso-social idealizado pelo Levítico[43].

É muito importante, todavia, ter em mente que Isaías 58,1-12, de onde foi extraída a passagem que está inserida na citação de Isaías 61,1-2, é um trecho referente exatamente ao Dia da Expiação. Nele se argumenta que, além do jejum, deve ser praticada uma obra de justiça social, que acabe com a injustiça que cada um pratica:

> É isto o jejum que me agrada – oráculo de Javé –:
> romper as cadeias injustas, desligar os liames do jugo;
> tornar livres os oprimidos, quebrar todos os jugos;
> repartir o pão com o faminto, acolher em tua casa os pobres sem abrigo, vestir os desnudos,
> e não desdenhar aqueles que habitam em tua casa (Is 58,6-7 LXX).

O texto qumraniano que citamos anteriormente (1Q22, Col III 6-7) também expressa essa ligação. O Dia da Expiação se torna, para Isaías 58, um dia de restauração, de igualdade e de justiça, que permite o advento de uma fase de restauração nacional (58,12)[44], que é aquela que também Isaías 61 tem em mente para o futuro[45]. Também no amálgama de textos isaianos de Lucas se fundem igualmente as tradições do Dia da Expiação e do ano jubilar[46].

Convém sempre perguntar-se qual é o ideal social geral subjacente a um texto, e não limitar-se simplesmente a observar, como por exemplo fez Jeremias anos atrás[47], que Lucas omitiu toda referência à vingança de Deus[48], o qual, em vez disso, desempenhava um papel fundamental no advento do dia escatológico,

---

43. PITTA 1998, p. 56, sublinha justificadamente que o caráter da ciclicidade, típico do Levítico, está ausente em Isaías 61. Contudo, parece-me que tenda demasiado a construir uma teologia da revelação progressiva, que da ciclicidade do Levítico transita para a presumível espera isaiana de uma "realização definitiva" para, depois, encontrar em Lucas 4,17-19 o "cumprimento".

44. "Construirás de novo as ruínas antigas, edificarás nas fundações anteriores. Serás chamado Reparador das brechas, Restaurador das moradas em ruínas para aí habitar" (Is 58,12).

45. "Reconstruirão as antigas ruínas, reerguerão os lugares devastados do passado, restaurarão as cidades arruinadas, os lugares devastados desde séculos." "Porque Eu, Javé, amo a justiça e odeio a rapina e a injustiça: dar-lhes-ei fielmente a sua recompensa e selarei com eles uma perene aliança" (61,4.8).

46. MEYNET 1994, p. 158-165, considera que na citação isaiana Lucas tenha desejado construir uma estrutura quiasmática na qual as duas referências à *afesis* enxertariam no centro a proclamação do retorno dos cegos à visão (p. 158). Desse modo, duas referências à *afesis*, isto e, à libertação, seriam subordinadas à restituição da visão. Parece-me um procedimento unilateral, que minimiza o fato de que quem compôs a citação isaiana foi buscar voluntariamente no capítulo 58 de Isaías uma citação que fala de libertação. PITTA 1998, p. 81, parece não se dar conta da ligação de Isaías 58,6 com o Dia da Expiação.

47. JEREMIAS 1956.

48. "Um dia de vingança do nosso Deus" (Is 61,2).

segundo Isaías[49]. Nos textos isaianos há muito mais: isto é, a presença do ideal do Dia da Expiação em relação ao ano jubilar (Is 61,1-2). Conversão, também entendida como reparação das injustiças sociais (Is 58,6-7), e restauração da Israel de origem são premissa para o advento de um período de restauração da nação e das suas relações com os povos (Is 58,12; 61,4-9)[50].

Em primeiro lugar, portanto, nesse trecho de Lucas fica esclarecido, de um modo particular, aquilo que aparece claramente nas passagens que citamos anteriormente. Nelas, Jesus dá muita atenção aos devedores, aos escravos e àqueles que, por causa das suas dívidas, podem vir a tornar-se escravos. O plano geral do jubileu, nas palavras de Jesus, se torna um dos pressupostos do seu ideal religioso. O segundo elemento é que na concepção levítica do jubileu trata-se da libertação de Israel, portanto de uma reconstituição de uma unidade social, de um reingresso dos pobres, dos devedores e dos escravos nos direitos e nos laços com os grupos familiares e clãs de origem. Em Mateus, Jesus se dirige justamente e somente

> às ovelhas perdidas da casa de Israel (Mt 15,24).

A missão de Jesus, com efeito, é explicável como a reintegração das relações interpessoais originais entre os membros do povo. Do mesmo modo que o jubileu inclui a reintegração dos devedores, assim também a remissão das culpas comporta a repacificação e o reequilíbrio dos homens e das respectivas relações recíprocas. É o ideal do jubileu que Jesus utiliza para planejar a reestruturação religiosa de uma nação. Remissão dos pecados ou conversão religiosa, de um lado, e reorganização social, de outro, parecem convergir. Aqui, o conceito de um jubileu religioso se funde com o do reino de Deus. O enfoque de Jesus, aqui, é teo-lógico.

Vimos, então, que a sucessão entre Dia da Expiação e ano jubilar constitui o pano de fundo que explica a sucessão entre perdão dos pecados e sucessivos eventos escatológicos em Jesus: o juízo universal e o reino de Deus.

A pergunta que agora emerge é: no livro do Levítico o ano do jubileu não parece ser um evento escatológico; de que modo, portanto, o jubileu pode constituir a matriz cultural de uma concepção escatológica tão essencial e fundamental para Jesus?

---

49. Cf. a crítica de PRIOR 1995, p. 94, a Jeremias.
50. Convém notar, porém, que a LXX de Isaías 61,1 inseriu uma referência aos cegos que não está em TM, mas presente em Isaías 35,5.

A resposta vem de um texto encontrado nas proximidades de Qumran, 11QMelchisedek[51] (datável entre o final do século II e a primeira metade do século I antes da era cristã)[52]. Este texto não só contém de forma explícita a ligação entre o jubileu levítico e Isaías 61,1-2 (cf. 11QMelchisedek 2.4.9) que encontramos em Lucas 4,18-19, mas sobretudo mostra que o 50º. jubileu: 1) tinha ligação com o perdão dos pecados; 2) era considerado o evento escatológico final.

1 [...] o teu Deus [...]
2 [...] visto que disse: "[Neste] ano jubilar [Cada qual voltará para a sua propriedade" (Lv 25,13). Conforme está escrito: "Esta]
3 é a modalidade da [remissão]: cada credor dará indulto daquilo que tinha emprestado [ao seu próximo; nada exigirá do seu próximo nem do seu irmão, porque foi proclamada] a remissão
4 por Deus" (Dt 15,2). [A inter]pretação [da passagem] sobre os últimos dias se refere aos prisioneiros [sobre os quais] se diz: "para proclamar aos prisioneiros a libertação" (Is 61,1). E
5 acorrentará os seus rebeldes [...] e pela herança de Melchisedek, visto que [...] e eles são a heran[ça de Melchi]sedek, que
6 os fará retornar a eles. E lhes proclamará a libertação (*derôr*)[53], alforriando-os [do peso de] todas as suas iniquidades (*awonot*). Isto [acontecerá]
7 no primeiro septênio do jubileu sucessivo a no[ve] jubileus. O di[a da] expiação (Lv 25,9) é o final do décimo jubileu,
8 quando haverá expiação por todos os filhos de D[eus e] pelos homens da parte de Mel[chi]sedek. [Nas altu]ras se manifestarão em [seu] favor, segundo as suas partes, visto que
9 este é o ano da graça (Is 61,2) para Melchisedek, para exalta[r no pro]cesso os santos de Deus para o domínio do juízo, conforme está escrito
10 nos Cânticos de Davi, que diz: "Deus se ergue na assembleia [divina], no meio dos anjos proclama a sentença" (Sl 82,1)[54].

A ligação entre Deuteronômio 15,2 e Isaías 61,1 também é feita com base no fato de que ambos os versículos usam o mesmo verbo, "proclamar" (*qr'*). A remissão (*šěmitâ*, que a LXX traduz por *afesis*) que deve ser proclamada segundo Deuteronômio 15,2 é – segundo 11QMelch – a libertação dos escravos (*derôr*, que a LXX traduz por *afesis*), e será proclamada no jubileu (talvez) escatológico

---

51. Cf. GIANOTTO 1984a, p. 64-75; 1984b; MARTONE 1996, p. 253-255; MAYER 1995, I, p. 361-363; PUECH 1993, I, p. 516-526.
52. Cf. MARTONE 1996, p. 253; MAYER 1995, I, 361; Puech 1993, I, p. 519-522.
53. Aqui vê-se claramente como *derôr* significa tanto a remissão dos pecados quanto a remissão das dívidas, exatamente como *afesis*.
54. Seguimos a tradução de MARTONE 1996, p. 253-254 [No original italiano. (N. da T.)]; cf. PUECH 1993, I, p. 524-526; todavia, as tradições são muito diferentes entre si; cf. GIANOTTO 1984a, p. 65-66.

segundo Isaías 61,1. Isaías 61,2 está ligado, porém, ao Dia da Expiação previsto pelo jubileu levítico em Levítico 25,9. Desse modo, a sucessão parece ser: primeiro vem a realização do ideal sociorreligioso do ano sabático (como é visto por Dt 15,2) e do jubileu, em seguida virá a remissão dos pecados no Dia da Expiação, que acontecerá no início do 50° jubileu e que se identifica com o ano da graça de Isaías 61,2.

Escreve E. Puech[55] sobre esta passagem: "Em 11QMelk ii 4 ss. [...] 'o final dos dias' se refere à proclamação do pagamento das dívidas na primeira semana do último dos dez jubileus [...]. O Dia da Expiação é o final do décimo jubileu, quando Melchisedek, sumo sacerdote celeste, pronunciará o juízo. A expressão é sinônimo de *b'hryt hat' t* de 4QMMT C 31: 'a fim de que possas rejubilar-te no final dos tempos'. Esta última concepção do final dos tempos na qual o juízo final ocorre na décima semana está ligada à do Apocalipse das Semanas em 1Henoch 93,1-10 + 91,11-17 + 93,11-14". "A concepção da escatologia essênia", conclui Puech, "concorda perfeitamente com a noção bíblica deste tema e com o prolongamento direto dos livros proféticos, aí incluído o cálculo dos atrasos: 490 anos ou 10 jubileus em Dn 9 e 11QMelk" (1997, p. 264).

11QMelch faz coincidir o final dos tempos com o 50° jubileu. O texto prevê a seguinte sucessão:

– proclamação de uma libertação dos pecados na primeira semana do jubileu;
– no final do jubileu: expiação com o Dia da Expiação;
– ano da graça por Melchisedek;
– juízo final no qual o juiz é Melchisedek;
– também são citados outros eventos e outras funções e figuras.

A sucessão dos acontecimentos não me parece ser sempre muito clara. O que conta, todavia, é que o final dos dias é visto no 50° jubileu, e que ele está ligado a um perdão dos pecados que não coincide com o juízo universal, e, finalmente, que existe uma ligação entre jubileu e Dia da Expiação, embora pareça que o Dia da Expiação ocorra no final do jubileu.

Em suma, a análise de alguns ditos de Jesus, oriundos sobretudo do Evangelho de Lucas e do Evangelho de Mateus, mostrou-nos uma concepção da remissão dos pecados na qual não estava prevista uma função direta de Jesus, nem como aquele que perdoa os pecados, nem como aquele no qual se deve ter fé a fim de obter a remissão dos pecados, nem como aquele cuja morte é fun-

---

55. Cf. também PUECH 1993, I, p. 516-526. Sobre 11QMelch cf. GIANOTTO 1984a, p. 64-75, com referência aos textos paralelos sobre o jubileu escatológico.

damental para a remissão dos pecados. Nesses textos, a remissão dos pecados só depende de Deus e deve ser posta em estreita relação, como condição, com o perdão recíproco entre os homens.

O que caracteriza essa condição é a ideia de que Deus não perdoa os pecados se as pessoas não perdoam os seus semelhantes. Na iminência do juízo universal escatológico, Deus retira a condenação iminente de todos aqueles que perdoarem ao seu próximo. Se isto não ocorrer, então os homens ingratos, que mesmo tendo sido perdoados não perdoaram aos outros, serão condenados. Em outras palavras, a condenação é suspensa à espera de que o culpado perdoe as dívidas aos outros, como Deus perdoou a ele.

Na concepção escatológica de Jesus, possui uma função e um lugar absolutamente fundamentais a remissão dos pecados, que acontece perto do juízo final iminente.

Dessa concepção da remissão dos pecados sem expiação a nossa análise procurou, por outro lado, destacar em primeiro lugar a imaginação[56] social implícita. Estamos convencidos, com efeito, de que nenhuma concepção religiosa é possível sem um esquema ideal, mais ou menos implícito, de relações concretas entre os seres humanos. Prescindir desta dimensão seria esvaziar os textos de grande parte do seu real significado. Jesus supõe que por ocasião da remissão escatológica dos pecados os homens adotem um mecanismo de perdão recíproco em cadeia, que conduziria a uma sociedade onde todos seriam reintegrados na respectiva condição de liberdade, posse e dignidade.

Em segundo lugar, a nossa análise procurou reconstruir os pressupostos histórico-culturais do ideal social implícito na concepção jesuana da remissão dos pecados, e os identificou na concepção levítica do jubileu. Nela, com efeito, a reintegração social (dos devedores às suas antigas posses, dos escravos à respectiva liberdade e de cada judeu às suas posses de origem de casas e terrenos) ocorre em ligação com o Dia da Expiação, quando Deus perdoa os pecados. Já no jubileu levítico é firmemente testemunhada a ligação da remissão dos pecados com uma renovação social no sentido da justiça. Uma interpretação tendencialmente escatológica da libertação do jubileu levítico é esclarecida em Isaías 61. Todavia, no século II antes da era cristã é diferentemente atestada uma concepção do jubileu como evento escatológico ligado à remissão dos pecados, e com uma reabilitação da sociedade judaica. Um testemunho disso é encontrado no Livro de Daniel 9 e em 11QMelch. Os fortes paralelos entre Lucas 4,17-19 e 11QMelch confirmam, posteriormente, a relação entre as concepções que viam no momento

---

56. Sobre o conceito de imaginação social em um texto cf. DESTRO, PESCE 1994.

escatológico a ocasião na qual seria feita a remissão dos pecados, e a restauração de uma sociedade inspirada nos sonhos religioso-sociais do jubileu levítico.

Esses testemunhos nos fazem deduzir que aquelas concepções eram amplamente difundidas no imaginário religioso judaico palestino. Vários ditos de Jesus nos mostram que ele sofria essa influência. Aliás, um texto como Lucas 4,17-19 mostra um íntimo parentesco com 11QMelch, que teorizava explicitamente aquelas ideias. Não se trata, porém, de dependência literal ou de mutações sem originalidade da parte de Jesus. Trata-se de uma reelaboração profunda, mas livre, como é normal quando se tem a ver com aspirações largamente difusas. Estas concepções devem ser enquadradas dentro de outras concepções jesuanas mais fundamentais, sendo a primeira entre todas aquela do reino de Deus, que certamente é a ideia central da pregação escatológica de Jesus. Todavia, é exatamente a concepção jesuana da remissão escatológica dos pecados que caracteriza e confere aspectos particularmente jesuanos à concepção do reino de Deus. Os ideais religiosos do jubileu escatológico, ligados à conversão e à remissão dos pecados, constituem um dos conteúdos do ideal jesuano do reino de Deus. Se as coisas são assim, ou seja, se a concepção da remissão dos pecados, fortemente identificada pelo ideal sociorreligioso do jubileu levítico, entendido escatologicamente, desempenha de fato um papel fundamental na concepção jesuana do reino de Deus, então várias outras passagens da tradição evangélica deveriam poder ser lidas à luz daquele ideal. Acredito que isto seja possível, embora com um grau diferente de plausibilidade segundo os casos.

O primeiro texto que vem à mente transmite uma das palavras mais típicas do ensinamento de Jesus, da maneira como a recebemos em Mateus 6,25-34//Lucas 12,22-32. Nesta passagem, que reúne vários ditos de Jesus, talvez ressoe uma das exortações mais ardentes de utopia religiosa do jubileu levítico. Conforme vimos, o jubileu era precedido por um ano sabático, que implicava que a terra não fosse cultivada desde o ano anterior ao jubileu, com a consequente falta de colheita. É por isso que Levítico 25,20-22 escreve:

> Se disserdes: "O que comeremos no sétimo ano, se não semearmos e não colhermos nossos produtos?", eu vos darei minha bênção no sexto ano e a terra produzirá frutos por três anos. Semeareis no oitavo ano e comereis da colheita anterior; até o nono ano; até que chegue sua colheita, comereis da anterior.

Aqui constatamos que no contexto do jubileu era fundamental um convite a não preocupar-se com a comida, em vista da falta da semeadura e da colheita. O próprio Deus haveria de providenciar.

Alguns elementos são claramente comuns a Mateus 6,25-34//Lucas 12,22-32 e Levítico 25,20-22: a) a pergunta sobre o que comer; b) a alusão à ausência de semeadura e de colheita; c) o fato de que Deus irá providenciar. Mas há também muitas diferenças: a) o texto de Mateus 6,25-28//Lucas 12,22-27 também cita o corpo, o vestir, o fiar e o tecer; b) a justificação pela qual se deve ter confiança na assistência de Deus não se baseia na promessa de uma colheita abençoada por Deus no ano anterior, e sim no exemplo das aves, dos lírios e das flores, que sobrevivem ou não com a assistência de Deus, mesmo sem vestes nem colheitas. Certamente poderíamos percorrer o caminho de isolar um dito de Jesus dentro dessa composição, que remonta à fonte comum de Mateus e Lucas. E talvez, com alguma plausibilidade, afirmar que somente um dito da colheita está ligado ao ideal de Levítico 25,20-22. Entretanto, o melhor caminho é outro. Não se trata de opor duas possibilidades alternadas: de um lado, uma dependência de um dito de Jesus ao convite de não se preocupar de Levítico 25,20-22 e, no extremo oposto, a hipótese de um dito criado de todo autonomamente por Jesus sem ligação com Levítico 25,20-22. As coisas são diferentes. Uma vez esclarecido que o ideal do jubileu escatológico era fundamental para Jesus, é cabível achar que ele tenha livremente se inspirado no convite do Livro do Levítico a não se preocupar com o comer. Aliás, o modo como Jesus pensava o perdão recíproco entre as pessoas o impelia naturalmente a pregar a renúncia a preocupar-se com o sustento, em sentido geral.

Também a invocação ao pão no pai-nosso (Mt 6,11//Lc 11,3) poderia ser enquadrada no pano de fundo do incitamento de Levítico 25,20-22. Neste caso, teríamos duas invocações do pai-nosso ligadas ao jubileu de Levítico 25,8 ss.[57].

Do mesmo modo, os milagres da multiplicação dos pães e dos peixes talvez pudessem enquadrar-se nessa espiritualidade segundo a qual é fundamental a confiança absoluta no Deus que provê as necessidades primárias na hora da reorganização escatológica. Mas tudo isto exigiria posteriores pesquisas que não estão em nossos planos agora.

4. O novo reino e a anistia[58]

Limitar-se simplesmente a enquadrar esse aspecto fundamental da ideia de reino de Deus, própria de Jesus, no âmbito exclusivo das concepções judaicas seria um erro. Os judeus estavam profundamente imersos nas culturas do Oriente

---

57. Consola saber que PITTA 1998, p. 44, também apresentou a mesma hipótese.
58. Uma primeira redação desse parágrafo, de minha autoria e de Adriana Destro, encontra-se em DESTRO, PESCE 2008b, p. 149-151.

próximo antigo. Achar que existam uma ou mais "tradições" de pensamento judaico sem relações com o mundo helenístico e do Oriente Médio em geral é uma abstração. Na imaginação de Jesus, o qual espera o advento iminente do novo reino (que ele chama de "reino de Deus"), a imagem do rei parece ser a dominante. Com a sua ideia de perdão dos pecados na iminência do reino de Deus, Jesus parece evocar uma concepção típica da soberania oriental. Talvez pense em um perdão concedido por um rei no início do seu reinado. O início do novo reinado dos soberanos orientais, os egípcios por exemplo, era marcado por uma anistia. Por meio dela exprimia-se a convicção de que o ideal da reintegração e da equidade era superior às leis em vigor. A anistia restabelecia uma justiça ideal, *suspendendo* temporariamente a lei (ASSMANN 1992, p. 53-70). "O juiz como salvador; é esta a quintessência da ideia oriental antiga da justiça. Uma ideia concebida totalmente do ponto de vista dos pobres e dos fracos, das 'viúvas e dos órfãos', cujo direito era apoiado pelo Estado. O que aqui está no centro da óptica é o problema de uma justa subdivisão. Os deuses criam a abundância, mas a maldade humana e a ganância produzem a escassez. Para que os fracos não sucumbam ao desejo de posse dos ricos é necessário que exista o rei, isto é, o Estado, que se preocupe com uma justa subdivisão. A tarefa principal do rei é a realização da justiça, e a forma mais típica dessa realização são os éditos de graça, indulto, anistia (em acádio *anduraru*; em hebraico *derôr*; em grego *philanthropa*), como os governantes mesopotâmicos e ptolemaicos se preocupavam em proclamar por ocasião de sua ascensão ao trono, um ato, portanto, que deve ser classificado como suspensão da lei, em vez de como sua instituição."[59]

Os *prostagmata philanthropa*[60] eram promulgados pelos reis ptolemaicos (por exemplo no século II) quase regularmente no início do reinado[61]. Essas disposições consistiam em uma anistia que zerava as infrações fiscais, sobretudo as dívidas. Graças a esse indulto o súdito podia, por exemplo, continuar a trabalhar a sua terra sem precisar vendê-la por causa das dívidas. As infrações canceladas eram somente aquelas contra o rei e o Estado. Essas anistias favoreciam de fato os mais pobres, que eram os mais endividados. Como as infrações fiscais eram registradas pela classe burocrática, a anistia derrubava, em certa medida, essa classe, criando uma relação direta entre rei e súditos[62].

---

59. ASSMANN 1992, p. 54.
60. Agradecemos a Lucia Criscuolo pelas indicações contidas neste parágrafo.
61. LENGER 1980.
62. Essas providências também eram tomadas durante o reinado, após graves crises políticas, como no caso das rebeliões autóctones do século II no Egito. A anistia, neste caso, tinha o sentido de pacificação.

Pode-se supor que Jesus imaginasse o Deus de Israel como um soberano oriental que, no início do seu reinado, concede a anistia aos súditos e restabelece a justiça suspendendo a lei[63]. Assim, Jesus, fazendo referência ao ideal de um Deus-rei, utiliza uma imagem típica das religiões do templo. Ele, porém, a reconfigura profundamente e, em certo sentido, a separa do templo (ainda que, conforme dissemos, a separação não tenha sido completa). Jesus, portanto, superando o esquema patrono-cliente, imagina que a ação de Deus não é garantir papéis herdados e adquiridos, e sim derrubar a ordem em vigor para instaurar a justiça. Por outro lado, já B. Malina (1996) havia observado que no Levítico assiste-se a uma evolução para a imagem de Deus concebido como rei e a um abandono da relação patrono-cliente[64].

Jesus idealiza essa relação entre o rei e o povo dos seus súditos. Pensa que a anistia do Deus-rei deva seguir um processo de indulto de pessoa a pessoa, *que no mecanismo da anistia dos soberanos orientais não era pensado*. Para Jesus, esse tipo de ação dos soberanos em relação aos seus súditos (e de uma pessoa em relação à outra) cria um perfil dos indivíduos em que assume importância a sua autonomia e a sua libertação. Nisto ele idealiza e altera o modelo social no qual se inspira.

Mais particularmente, sem pretender construir um esquema totalmente coerente, pode-se dizer: a) na posição de Jesus, não é tão perceptível o problema do acesso à esfera divina através de mecanismos de "santificação" quanto o problema da instituição de um diferente regime de relações entre Deus e o homem. O acesso a Deus ou ao soberano é direto. O rei-Deus interage com os súditos diretamente, sem mediação de *elites* ou de classes burocráticas. A lei, defendida pelas classes burocráticas, foi suspensa em nome da justiça, representada somente por Deus ou pelo soberano; b) ao indulto puro e simples, típico do ato da realeza de início do reinado, Jesus *acrescenta a necessidade de um perdão*

---

63. Esta tese que Adriana Destro e eu sustentamos já há anos (cf. DESTRO, PESCE 2008b, p. 149-151) parece encontrar uma posterior confirmação no artigo de Giovanni Bazzana, a ser publicado em breve: *Basileia and Debts Relief. The Debts Forgiveness of the Lord's Prayer in Light of Documentary Papyri* (Basileia e indulto das dívidas. O perdão das dívidas na Oração do Senhor à luz de papiros documentais), in PENNA 2009, p. 101-104; embora sem tocar no problema comparativo que tratamos aqui, valorizou o texto da inscrição de Claros (ROBERT, ROBERT 1989, p. 11-62), onde o termo *paresis* (encontrado também em Rm 3,25) é usado para indicar indulto das dívidas. O termo *paresis* seria equivalente, pois, neste contexto e deste ponto de vista, a *afesis*.

64. "O que caracteriza o sacrifício israelita em sua reforma levítica é o fato de estar limitado unicamente ao templo de Jerusalém. Isto faz que todo sacrifício seja um sacrifício político. Deus é entendido em termos políticos. Ele não é mais 'patrono' (o que supunha uma relação assemelhada à da família), mas 'rei' e 'senhor' (uma relação semelhante à política). Com a politização da religião, a reforma levítica domina a religião doméstica, que se torna secundária" (MALINA 1996, p. 35-36).

em cadeia (cf. Mt 6,12.14; 18,25-35), inspirado no mecanismo jubilar do *afesis*. Como já dissemos, embora inspirado em um procedimento que tem seu início no templo, Jesus faz interagir entre si os súditos, com a exclusão das *elites* e das classes sacerdotais. Jesus, portanto, parece depender de um modelo de restauração social ou retorno ao estado de origem da paridade e da igualdade imaginado pela utopia do jubileu levítico; c) o indulto é concedido por Deus com base em outros e anteriores indultos entre os homens, em uma cadeia de remissões. Em Jesus intervém uma ideia de indulto condicionado que reativa a vida relacional em sua globalidade.

Colocar no mesmo plano de igualdade direitos e deveres permite escapar da condenação do juízo final iminente e, em síntese, da morte. Jesus imagina que o reino de Deus é iminente, e que no reino de Deus acontecerá o juízo final, quando as transgressões serão punidas com a condenação, a destruição, o *gehinnom*. No início do reino de Deus deverá ocorrer uma anistia que permitirá escapar da condenação.

Capítulo IV
Jesus e o sacrifício judaico[1]

1. Premissa: religiões não sacrificais antes do cristianismo

Quando se enfrenta o tema do sacrifício nos textos protocristãos[2] (particularmente naqueles em que as Igrejas, em determinado momento, reuniram na coleção canônica denominada Novo Testamento), convém libertar-se da suposição de que o primeiríssimo cristianismo represente, diferentemente do judaísmo, um novo tipo de religião que proclama pela primeira vez o fim dos sacrifícios animais e a inauguração de um novo tipo de religiosidade centralizada no sacrifício de Cristo. Em primeiro lugar, já antes da destruição do "segundo" templo de Jerusalém, o judaísmo, em algumas de suas correntes, isto é, em Qumran, conforme demonstra *A Regra da Comunidade*, já tinha elaborado uma religiosidade que dispensava a prática de sacrifícios animais e previa, talvez, essa dispensa na terra de Israel, purificada e restaurada, da qual o grupo almejava o advento (1QS VIII, 4-6; IX, 4-5). Em segundo lugar, um sistema religioso judaico sem o sacrifício de animais é realizado no século II da era cristã com o rabinismo, em que o estudo da Torá e a construção de um povo que viva na condição de pureza sacerdotal constitui uma mutação em relação à antiga religião do templo e dos sacrifícios[3]. Finalmente, muito tempo antes do início da era cristã o judaísmo da

---
1. Uma primeira redação deste ensaio surgiu em *Annali di Storia dell'Esegesi* 18/1 (2001) 129-168 e, em forma modificada e reduzida, em DESTRO, PESCE 2008b, p. 99-122.

2. Sobre a distinção entre religiões sacrificais e não sacrificais, com referência ao cristianismo primitivo, cf. STOWERS 1995 e STROUMSA 2005.

3. Cf. NEUSNER, 2001a; 2001b.

diáspora, embora conservando uma ligação muito forte com o templo de Jerusalém e com a realização de peregrinações periódicas a Jerusalém (cf. Justino, *Ant.* XVI, 162-163), praticava uma religião na qual, na maioria das vezes, era dispensada a utilização de animais. Convém não esquecer que amplas correntes do mundo antigo, como o pitagorismo, manifestavam uma forte crítica ao sistema sacrifical das religiões tradicionais.

Contudo, nestes casos, trata-se de formas religiosas que, embora dispensando os sacrifícios animais, assinalam um papel fundamental na metaforização do sacrifício em toda a sua complexidade, e em sua substituição através de formas de algum modo consideradas equivalentes e críveis. Convém ter em mente essa conservação do esquema cultural sacrifical com a ausência de sacrifícios, ou de sacrifício "sob forma metafórica", porque não representa a realidade histórica de modo simplificador e, por fim, mistificante.

2. Não cristianizar o sacrifício judaico

Somente após compreender a natureza do sacrifício judaico é possível entender a continuidade ou a descontinuidade entre práxis sacrifical judaica e concepções e práxis jesuanas ou cristãs. Sobretudo, é preciso compreender o sacrifício judaico dentro das categorias da cultura judaica em que se desenvolve, e não a partir de uma concepção cristã do sacrifício. O fato de que a morte de Jesus Cristo às vezes seja concebida como sacrifício para a expiação dos pecados induz a pensar que ela seja a substituição dos anteriores sacrifícios judaicos e a considerar, portanto, que o significado e a função dos sacrifícios judaicos sejam os mesmos do sacrifício de Cristo. Escreve Tertuliano em *De oratione* 28,1:

esta é a vítima espiritual, que destruiu os antigos sacrifícios[4].

1. O que quero afirmar é que não se pode definir o sacrifício judaico a partir dessa oposição, inclinada a deduzir a morte de Cristo como sacrifício e a considerá-la como substituta dos sacrifícios judaicos. Desse modo, com efeito, elabora-se um conceito de sacrifício moldado sobre a morte de Cristo, e com esse conceito cristão de sacrifício interpretam-se os sacrifícios judaicos definindo-os como sacrifício na medida em que refletem o que é essencial no "sacrifício" de Cristo[5].

---

4. "*Haec est enim hostia spiritalis, quae pristina sacrificia deleuit.*" Cf. também *Adv. Iudaeos* 12, 122: "*Hunc enim oportebat pro omnibus gentibus fieri sacrificium*". Cf. também ibid., 6,1 e 13,122.

5. Sobre a indevida cristianização do conceito de sacrifício cf. STOWERS 1994, p. 206-213; GROTTANELLI 1988a, p. 123-162; DETIENNE, VERNANT 1979, p. 34-35.

2. O sistema religioso ao qual Jesus se refere é, sem sombra de dúvida, o dos judeus da terra de Israel, ainda que não se deva minimizar a possibilidade de que a helenização e a romanização daquele território tenham resultado na influência de outros elementos culturais sobre Jesus. É inegável que a terra de Israel do século I apresenta uma multiplicidade de judaísmos, realidade já previsível e que as representações de Flávio Josefo sempre nos relembram. Todavia, nesses vários judaísmos devemos distinguir comunidades, grupos e movimentos organizados por tendências ou temas de pensamento religioso. Convém ter presente, porém, que a diferenciação entre comunidades e movimentos tinha origem em uma diferente relação dialética com as principais instituições religiosas, particularmente com o templo de Jerusalém. Tem-se a impressão, às vezes, de que algumas recentes representações da pluralidade dos judaísmos não se deem conta de que a multiplicidade de movimentos e de comunidades nasce em relação dialética com uma situação compartilhada, cuja estrutura é representada e condicionada pelas instituições. É porque as instituições não exprimem mais as necessidades emergentes de uma sociedade que nascem conflitos com elas e se formam novas agregações para responder às novas necessidades. Essas novas agregações às vezes procuram conquistar as instituições transformando-as naqueles aspectos que julgam insatisfatórios. Algumas vezes, porém, tentam criar novas instituições ou até mesmo separar-se delas. Reforma ou revolução, heresia sectária ou apostasia são as quatro saídas extremas dessa relação dialética[6]. Não devemos imaginar uma fragmentação sem núcleo, mas uma constelação de movimentos, comunidades, grupos e correntes, em relação dialética com a estrutura institucional da sociedade da terra de Israel. O reconhecimento da pluralidade dos judaísmos, todavia, não contrasta com o reconhecimento de um sistema institucional em relação ao qual os vários movimentos, comunidades e grupos mantêm uma relação mais ou menos dialética. Deste sistema institucional, o templo era um dos principais eixos[7].

Entretanto, se quisermos conhecer a atitude de Jesus em relação àqueles complexos ritos religiosos, que hoje geralmente são classificados sob o conceito de sacrifício, deveremos referir-nos não aos sacrifícios em geral, mas aos sacrifícios do templo de Jerusalém.

O modo correto de enfocar a questão é perguntar-se *para que serviam e o que exprimiam*[8] *os sacrifícios do templo de Jerusalém*, ou melhor, o que Jesus pensa-

---

6. DESTRO, PESCE 1999b.
7. Obviamente este sistema institucional é diferente do assim chamado "judaísmo comum", sobre o qual cf. SANDERS 1999, p. 63-422.
8. Cf. a distinção entre finalidade e expressão dos ritos na relação em DESTRO 2001.

va e, naquele tempo, o que se pensava sobre para que serviam e o que exprimiam. Para saber a resposta, não é preciso pressupor uma concepção influenciada por uma ou outra corrente do cristianismo que deforme o sacrifício bíblico judaico ou o considere sob aqueles específicos pontos de vista que são interessantes para uma visão daquela corrente particular ou teologia cristã que o intérprete cristão compartilha. Não podemos, pois, partir da concepção de Paulo ou da Carta aos Hebreus, nem de Tertuliano, Orígenes e Agostinho. Temos que partir da Bíblia hebraica, de Qumran e de Flávio Josefo (*Ant.* III 224-243) e, em menor medida, de Fílon (visto que não é um autor da terra de Israel).

3. Os sacrifícios judaicos

3.1. Os sacrifícios judaicos e os pecados involuntários

Segundo o Levítico[9], existem diferentes categorias de sacrifícios, as quais servem para diversos objetivos. Nos capítulos 1–7 do Levítico aparecem os seguintes tipos de sacrifícios: '*ōla* = elevação ou holocausto; *qorban minhâ* = oferta de cereais; *ḥaṭṭā't* = oferta pelo pecado; '*āšām* = oferta pela culpa; *šĕlāmîm* = imolação de comunhão ou de paz. Nos capítulos 12–15 aparecem outros sacrifícios que têm essencialmente a função de confirmar a purificação de quem sofreu contaminações físicas.

Entre todos esses tipos de sacrifício, somente um tem a ver com os pecados, o *ḥaṭṭā't*. É um grave erro, portanto, achar que a rejeição dos sacrifícios no caso do judaísmo tenha a ver necessariamente com a vontade de instaurar um mecanismo diferente para a expiação dos pecados.

Por outro lado, um ponto fundamental é que o sacrifício pelo pecado (denominado *ḥaṭṭā't*)[10] do templo de Jerusalém não serve para expiar os pecados *voluntários*, apenas os *involuntários* (Lv 4,1.13.22.27; 5,17). Para as transgressões voluntárias não estão previstos sacrifícios. Elas, ao contrário, são submetidas à lei civil ou à punição divina. Conforme escreve J. Milgrom, "Um pecador intencional, atrevido, é excluído do santuário (Nm 15,30-31). Os pecados arrogantes não são expiáveis, mas são punidos com a eliminação *kārēt*". Isto significa que a expiação por meio do sacrifício só é possível para as transgressões involun-

---

9. Sobre o Levítico cf. MILGROM 1991; LEVINE 1989; DOUGLAS 1993; 1993/1994; 1996, 1999; PÉTER-CONTESSE 1993; CARDELLINI 2001.
10. Cf. também DOUGLAS 1999.

tárias[11]. O Levítico exprime a involuntariedade da transgressão pela expressão *bišĕgāgâ*, "se transgredir involuntariamente" (Lv 4,2; cf. 4,13.22.27). Segundo Milgrom, ela indica um ato praticado "sem intenção". Ou seja, trata-se daqueles atos dos quais o transgressor possui a consciência de que determinada ação é proibida, mas a pratica sem perceber. A expressão, portanto, não indica as transgressões praticadas intencionalmente, sem saber que aquele ato é proibido pela lei. No primeiro caso, temos a consciência da norma mas a ausência de intenção na transgressão. No segundo caso, a voluntariedade da ação com a falta de consciência da norma[12].

A distinção entre voluntário e involuntário não é uma distinção moderna, que insere no texto concepções que pressupõem a diferenciação entre ética e rito. Há anos afirmo que não se pode opor rito e ética. Não sou eu quem introduz a distinção entre voluntário e involuntário, e sim o texto do Levítico. A tradução da Jewish Publication Society traduziu *bišĕgāgâ*, com o termo inglês *unwittingly*, não intencional (*"when a person unwittingly incurs guilt"*[13]. Os judeus que traduziram em grego o Levítico (tradução dos Setenta) usaram o advérbio grego *akousiôs* (Lv 4,2 LXX).

J. Milgrom, em seu comentário ao Levítico, afirma que o sacrifício *ḥaṭṭā't* é essencialmente um sacrifício "de purificação", que tem por objetivo purificar os lugares sagrados do templo ("o santuário e as suas coisas santas"[14]) e não o oferente: "o *ḥaṭṭā't* nunca purifica o seu oferente [...], o seu uso se limita ao santuário, mas *nunca é aplicado a uma pessoa*"[15]. Levine o afirma claramente desde o início do seu comentário ao Levítico:

> Deve-se sublinhar [...] que as leis da Torá não permitiam aos israelitas expiar ofensas intencionais ou premeditadas por meio de sacrifícios. Não existia nenhum remédio ritual vicário – substituição de propriedades ou de bens – para tais violações, fossem elas cometidas contra outras pessoas ou contra Deus[16]. Nesses casos, a lei era aplicada diretamente ao transgressor, impondo as punições reais e agindo de modo a prevenir reincidências. Todo o sistema expiatório prescrito

---

11. Cf. NEUSNER 2001a.
12. MILGROM 1991, p. 283.
13. *Tanakh. A New Translation of the Holy Scriptures According to the Traditional Hebrew Text*, Philadelphia, 1985, p. 156 (tradução de Lv 4,2).
14. MILGROM 1991, p. 256.
15. MILGROM 1991, p. 254 (destaque de Milgrom); cf. mais em geral o *excursus* sobre o *ḥaṭṭā't* nas p. 253-292.
16. LEVINE afirma em nota: "Este princípio está claramente estabelecido em Números 35,9-34, no contexto da lei criminal. Cf. M. GREENBERG, Certain Postulates of Biblical Crimina Law, in M. HARAN (Ed.), *Yehezkel Kaufmann Jubilee Volume*, Jerusalem, Magnes Press, 1960, 5 s." (LEVINE 1989, p. 201).

na Torá deve ser compreendido neste contexto. A expiação ritual limitava-se a situações nas quais havia uma dúvida razoável sobre a voluntariedade da ofensa. Mas também neste caso a reparação era sempre requerida quando havia uma perda ou dano contra outra pessoa[17]. A ideia errada de que o culto ritual pudesse servir de expiação para crimes e sacrilégios religiosos voluntários foi constantemente atacada pelos profetas de Israel, que a consideravam uma das maiores ameaças à completa relação de aliança entre Israel e Deus[18].[19]

Qual é então o objetivo dos sacrifícios senão o de expiar os pecados voluntários? É purificar o templo por meio do sangue, isto é, remover a contaminação causada pelo pecado involuntário[20].

O princípio pelo qual o sangue opera a remoção da impureza está expresso em Levítico 17,11:

> Porque a vida da carne está no sangue, e eu vo-lo dou sobre o altar, para que sirva de expiação [remoção] (*lĕkappēr*) por vós, porque o sangue expia [remove] (*jĕkappēr*), enquanto é vida.

O hebraico exprime o ato sacerdotal com o verbo *kipper*, geralmente traduzido por "expiação", porém o conceito de expiação não corresponde exatamente à concepção do Levítico, para a qual é mais adequado o conceito de remoção[21]. O sangue possui um poder abrasivo, purificador. Em outras palavras, a remoção da impureza exige a imolação de um ser vivo. O restabelecimento se obtém,

---

17. LEVINE introduz aqui a seguinte observação, que explica aquela que pode ser considerada uma exceção à teoria: "Cf. o comentário a 5,20 s., onde é explicado que, no caso de certos crimes que implicam juramentos falsos, existe uma expiação ritual, mas só depois de ter sido efetuado o pagamento total e o crime ser confessado" (LEVINE 1989, p. 201).

18. LEVINE escreve em nota: "Um exemplo de crítica profética encontra-se em Isaías 1, onde o profeta chama o povo a 'purificar-se' dos seus pecados, não apenas no corpo físico, e a agir de modo justo e gentil, e não só a oferecer sacrifícios. Cf. também Jeremias 7,3-15; Amós 2,6-8; Oseias 8,11-14" (1989, p. 201). Observe-se como esta interpretação é radicalmente diferente daquela dos que pensam que essas passagens proféticas supõem que o sacrifício, enquanto tal, expie os pecados voluntários e que, portanto, necessite de uma crítica ou de um acréscimo de caráter ético do ponto de vista profético.

19. LEVINE 1989, p. 3.

20. Constituem um caso à parte aqueles pecados voluntários previstos por Levítico 5,20-26 (sobre os quais cf. LEVINE1989, p. 32-33). Trata-se de pecados voluntários que causam danos a terceiros, que socialmente não podem ocorrer e cuja avaliação exige, pois, um juramento. O pecado voluntário aqui analisado não é a transgressão praticada, mas o eventual juramento falso. Para esse juramento falso (o qual é, sim, um pecado voluntário) está previsto um sacrifício expiatório, no caso que quem o cometeu se arrependa e declare publicamente a sua transgressão e o seu juramento falso. O motivo pelo qual se exige um sacrifício é que com o juramento se entra no âmbito da sacralidade. Para a expiação, todavia, não basta apenas o sacrifício, mas se exige o ressarcimento do dano causado com um acréscimo percentual.

21. É verdade, porém, que a tradução grega antiga do Levítico viu no conceito de expiação (expresso pelas palavras gregas *hilasmos*, *exilaskomai* etc.) um modo apropriado para exprimir o efeito obtido com o *kipper*.

portanto, trazendo ou, mais precisamente, "aproximando" (*qrv*) uma oferta do altar. Para refletir a concepção judaica, seria melhor não usar a palavra "sacrifício" (tomada do latim e veículo de uma concepção cultural diferente da judaica), mas "aproximação", que, a meu ver, é a tradução correta do substantivo hebraico correspondente a *qŏrbān*:

> Quando alguém [...] tiver pecado contra uma das prescrições do Senhor [...], trará [literalmente aproximará, *hiqrîb*] ao Senhor [...] (Lv 4,2-3).

Quando a imolação sacrifical do animal é feita pelo pecado involuntário, o mecanismo que o Levítico contempla e que repete explicitamente várias vezes é este:

> o sacerdote fará a remoção (*kipper*) por eles, e lhes será perdoado (*nislaḥ*) (Lv 4,20.26.31.35; 6,6.10.13.18.26 etc.).

Com o sangue, o sacerdote remove, raspa fora (*kipper*) a impureza, portanto purifica. A ação de Deus, sucessiva à do sacerdote, é perdoar ("e lhes será perdoado [*nislaḥ*]). O pressuposto que possibilita a atribuição do perdão ao oferente, apesar de a remoção ter acontecido graças ao sangue do animal, é que haja uma identificação entre o animal de quem foi tirado o sangue e o oferente[22].

O capítulo 5 do Levítico apresenta uma série de casos em que parece diminuir o princípio geral segundo o qual os sacrifícios servem para expiar somente os pecados involuntários (Lv 5,1-4.21-25). Levítico 5,1-4 certamente fala de pecados voluntários (quando alguém não denuncia um juramento que sabe ser falso; quando não se purifica da contaminação que sabe ter contraído; quando profere um juramento falso). Levítico 5,21-26 prevê o caso em que uma pessoa, após ter jurado falsamente não ter recebido de uma outra um depósito, ou ter achado um bem pertencente a outrem, se arrepende e confessa a sua transgressão. Para todos esses casos o Levítico prescreve sacrifícios expiatórios. A princípio, portanto, parece não ser verdade que os sacrifícios não expiam os pecados voluntários. Na realidade, segundo a explicação de Milgrom e Levine, o que possibilita a expiação através do sacrifício não é a voluntariedade da transgressão, e sim a confissão pública do pecado voluntário, necessariamente exigida em todos esses casos. Exige-se a confissão pública somente para os pecados voluntários, enquanto para os involuntários é dispensada. A função da confissão pública,

---

22. A impureza a ser removida é aquela que o pecado involuntário passou para o templo, contaminando-o. Não se trata apenas dos pecados involuntários dos sacerdotes, mas também daqueles do povo. O fato de que esses pecados não tenham sido cometidos dentro do templo não importa, porque a concepção implícita no Levítico é que a impureza é transmitida ao templo proveniente do território ao redor, onde habita o povo.

com efeito, é transformar os pecados voluntários em pecados involuntários, possibilitando, assim, a sua expiação através do sacrifício:

> Para os pecados involuntários, o sacrifício *'āšām*, ou só o arrependimento é suficiente: ele torna a confissão desnecessária. Para pecados voluntários, porém, exige-se a confissão, e além dela também o remorso. Mas qual é o papel da confissão? Por qual razão à contrição do coração deve-se acrescentar a confirmação dos lábios? A confissão, em suma, deve desempenhar um papel fundamental no processo judicial. Visto que ela só é exigida quando um pecado voluntário é expiado pelo sacrifício, é inevitável a conclusão: a confissão é o elemento legal elaborado pelos legisladores sacerdotais para transformar os pecados voluntários em pecados cometidos sem intenção, tornando-os, com isto, adequados à expiação sacrifical[23].

3.2. Yom ha-kippurim

Um discurso diferente deve ser feito para o rito do *Yom ha-kippurim*. É verdade que para alguns estudiosos ele parece ter apenas a função de purificação do templo. Conforme escreve Levine, "o objetivo principal dos ritos de expiação, como aqueles previstos no capítulo 16 [do Levítico] era manter puro o santuário. Um santuário impuro ou contaminado faria que Deus retirasse a Sua presença da comunidade israelita"[24].

Levine supõe que as transgressões que contaminam são aquelas pelas quais um judeu se torna impuro pelo contato com uma fonte de impureza. Os pecados morais, portanto, não contaminaram. A contaminação só ocorre pelo contato com uma fonte de impureza. "A maior ameaça à pureza do santuário vinha do próprio sacerdócio, cujos membros operavam dentro dos seus campos sagrados [...]. O santuário também era ameaçado pelas graves transgressões às leis de pureza, que se referiam a toda a comunidade israelita, ou pela omissão de cada israelita ao efetuar a própria purificação, por exemplo depois da contaminação por causa de um cadáver. Isto porque se acreditava que essas impurezas graves eram contagiosas e que, então, terminavam por contaminar o santuário, situado dentro da área do templo"[25].

Entretanto, parece-me mais adequada a interpretação de J. Milgrom no comentário a Levítico 16,16 e 16,21. Em Levítico 16,16 lê-se:

---

23. MILGROM 1991, p. 301-302.
24. LEVINE 1989, p. 99.
25. LEVINE 1989, p. 99.

"É assim que fará a expiação [*kipper*; Milgrom traduz por *shall purge*] pelo santuário por causa das impurezas dos filhos de Israel e de toda espécie de seus pecados e transgressões (*peša'îm*). Fará o mesmo quanto à Tenda do Encontro, que está com eles no meio das suas impurezas.

No comentário, justificadamente, Milgrom enfoca o fato de que os peša'îm são os pecados voluntários, e são esses os mais terríveis: "O nome peša' significa 'rebelião', e o verbo ligado a ele, paša', 'rebelar-se'. O seu uso deriva da esfera política, onde indica a rebelião de um vassalo contra o seu superior (cf. 1Rs 12,19; 2Rs 1,1; 3,5.7; 8,20.22). Por extensão, entra na esfera divina, onde significa a rebelião de Israel contra o seu Deus (cf. Is 1,2; 43,27; Jr 2,8; 33,8). Em suma, é o termo que caracteriza o mais terrível pecado possível: um aberto e atrevido desafio ao Senhor. Segundo o esquema sacerdotal, é este pecado que gera a impureza que não só ataca o santuário, mas penetra no adytum e contamina a kapporet, a sede da divindade"[26]. Milgrom acrescenta: "Visto que a intenção não possui nenhum papel na criação da impureza física [...], convém observar, por outro lado, que o termo peša'îm se refere exclusivamente à contaminação gerada pelas violações morais de Israel"[27].

Em Levítico 16,21 lê-se:

> Tendo as duas mãos postas sobre a cabeça do bode vivo, Aarão confessará sobre ele todas as iniquidades dos filhos de Israel, todas as suas transgressões e todas as espécies de pecados; ele as colocará sobre a cabeça do bode, e o enviará, em seguida, ao deserto, por meio de um homem para isto preparado.

Comentando o versículo, Milgrom esclarece bem que no rito do *Yom ha-kippurim* o sacrifício *ḥaṭṭā't* serve apenas para purificar o santuário, enquanto o bode vivo enviado ao deserto serve para eliminar os pecados do povo:

> "...os animais sacrificais em Lv 16 [...] são suficientes para purificar o santuário. Isto confere ao bode vivo uma função em uma esfera completamente diferente: a eliminação dos pecados de Israel [...]. O bode vivo nada tem a ver com as impurezas do santuário, mas, conforme sublinha e afirma sem ambiguidades o texto, ele tem a ver com as "iniquidades", '*awônôt*, que constituem a causa das impurezas do santuário, todos os pecados de Israel, quer rituais, quer morais; quer de sacerdotes, quer de leigos[28]".

Milgrom prossegue:

> A contribuição criativa dos legisladores sacerdotais consistia, em primeiro lugar, em juntar a oferta purificadora de um touro para a casa sacerdotal e, o mais importante,

---

26. MILGROM 1991, p. 1034.
27. MILGROM 1991, p. 1034.
28. MILGROM 1991, p. 1044.

restringir a purificação do santuário à ação do sangue da oferta purificadora (cf. modelo de Levítico 4,3-21), libertando com isto o bode vivo, conforme é demonstrado pela confissão do Sumo Sacerdote, para uma concentração exclusiva na eliminação do *'awônôt* de Israel, o seu pecado[29].

Na realidade, desconhecemos o conteúdo da confissão dos pecados levítica. Conhecemos somente aquela do muito mais tardio tratado *Yoma* da *Mishnah*[30]. Esta confissão que está no *Yoma* é claramente mais tardia, porque cita explicitamente Levítico 16,16.

O contraste de Milgrom com a interpretação de Levine é amplo, radical. Basta confrontar o comentário de Levine a Levítico 16,16 e 16,21. Levine pressupõe para o Levítico uma concepção arcaica do pecado: "Os povos antigos pensavam que o mal, como a impureza, era uma força externa que podia penetrar neles. Era necessário, portanto, 'expulsar' ou arrancar de si os pecados". Milgrom, porém, pensa que já os redatores do texto atual do Levítico tenham introduzido uma modificação na concepção antiga pela acentuação da voluntariedade dos pecados[31]. Essa novidade, todavia, não modifica a concepção do sacrifício, o qual serve sempre para a purificação do templo. Os pecados voluntários do povo, no entanto, são levados para o deserto pelo segundo bode, aquele que foi enviado vivo e que, portanto, não constitui um sacrifício. Aqui Milgrom pressupõe que o sacrifício judaico é o rito pelo qual uma vítima é ritualmente imolada no templo, para obter o sangue com o qual se purificará determinados lugares desse mesmo templo, locais que constituem os principais pontos de aproximação com a divindade. O envio de um bode vivo ao deserto não se insere nas classificações dos rituais sacrificais judaicos, porque o animal não é imolado nem no templo, nem em outra parte, e o seu sangue não é utilizado para a aspersão de determinados lugares do templo. Assim, segundo Milgrom, é justo concluir que a expiação dos pecados voluntários do povo no rito do *Yom ha-kippurim* não ocorre por meio do sacrifício[32].

---

29. MILGROM 1991, p. 1044.
30. A confissão de Daniel 9,4 s. não se inclui neste contexto, porque nada tem a ver com *Yom ha-kippurim*.
31. LEVINE 1989, p. 106.
32. DEIANA 1995, p. 180-181, tem uma posição completamente diferente. Para ele o "complexo rito do *ḥaṭṭā't* [...], apesar da opinião contrária de Milgrom, possui duplo valor expiatório: obtém o perdão das culpas pessoais (Lv 4–5) e purifica as pessoas e as coisas (Lv 12–14; Ez 45,18-20; Lv 16,16-20)" (p. 180). Em suma, Deiana ignora (no sentido de que provavelmente não compartilha) completamente a distinção entre pecados voluntários e involuntários. A sua conclusão, portanto, é que "o rito do bode [...] pela lógica não teria razão de existir, visto que todas as culpas foram eliminadas pelos ritos anteriores".

Contudo, o tratado *Yoma* da *Mishnah*, no capítulo 8, dá testemunho de uma concepção bem diferente de *Yom ha-kippurim*, na qual o rito tem por escopo o perdão de Deus também dos pecados voluntários e insiste muito na *teshuvah* como condição necessária para obter o perdão. Também Levine admite a possibilidade de uma evolução na compreensão histórica do rito quando escreve: "Esta antiga concepção de Yom Kippur é, de certa forma, diferente daquela que passa a prevalecer no ano 70 d.C.. A expiação pelos pecados do povo acabou por substituir a purificação do santuário em si como tema central de Yom Kippur. Esse deslocamento de acento já é sugerido no versículo 30: 'Porque neste dia se fará a expiação por vós, para que vos purifiqueis; vós sereis puros de todos os vossos pecados diante do Senhor'. A purificação do santuário, assim se pensava, estendia-se ao povo – para libertá-lo das suas transgressões. Todavia, *nenhum rito de purificação era celebrado de fato sobre o povo, como, ao contrário, acontecia em outras ocasiões*[33]"[34].

Esta última observação de Levine parece-me de grande importância. Ela enfoca o fato de que o rito de *Yom ha-kippurim* tinha sua fragilidade ou suas incoerências sistêmicas. Conforme ocorre com frequência em toda ação social complexa, ele deixava sem solução alguns dos problemas rituais fundamentais relativos ao objetivo sistêmico do rito (o qual, conforme repetimos várias vezes, era a remissão dos pecados voluntários). Entre todos os aspectos ligados àquele objetivo fundamental, conversão interior, compensação social das ofensas, perdão de Deus, purificação dos lugares contaminados do templo, purificação do corpo do pecador, parece que permanecia sem resposta, segundo a observação de Levine, a purificação do povo, porque "nenhum rito de purificação era celebrado de fato sobre o povo". É razoável supor, creio, que essa carência da ação ritual suscitasse insatisfação, incerteza ou até a necessidade de atos rituais alternativos. Contudo, parece que o rito do *Yom ha-kippurim* deixava sem solução o problema que, ao contrário, pretendia resolver: uma completa eliminação dos pecados voluntários e das suas consequências pessoais, sociais e cósmicas.

Também Milgrom tem consciência da diferença entre purificação do templo e purificação do povo, esclarecida nos versículos 30 e 31 de Levítico 16. Assim escreve Milgrom: "Os ritos de purificação no templo purificam o santuário, não o povo. Todavia, visto que o santuário está contaminado pelas impurezas do povo, a sua eliminação, com efeito, purifica também o povo [uma explicação que não me

---

33. LEVINE se refere em nota a *Êxodo* 19,10 e 24,6. Destaque do autor.
34. LEVINE 1989, p. 99.

parece tão evidente e convincente]. A referência à purificação também poderia referir-se ao bode emissário, que explicitamente leva os pecados do povo para o deserto (v. 24). Obviamente, a pureza é obtida pela eliminação da impureza (12,8; 14,7.9.20.31; 15,13.28). Ou então supõe-se que seja a participação do povo durante este dia, através da autopurificação, provavelmente acordada"[35]. Milgrom faz referência ao versículo 31, que insiste na auto-humilhação que, segundo ele, seria o elemento inovador do texto do Levítico com relação à tradição anterior. Aqui, Milgrom supõe com incerteza uma "autopurificação" através da "mortificação" (*self-denial*) prevista no versículo 31. Em todo caso, Milgrom entende a purificação do povo da qual fala o versículo 30 [a autopurificação] como metafórica[36].

É francamente impressionante observar como Milgrom apresenta três hipóteses sobre este problema crucial: a) a purificação do povo poderia ter sido realizada pela purificação *das impurezas* do povo operada pela purificação do templo ("visto que o santuário está contaminado pelas impurezas do povo, a sua eliminação, com efeito, purifica também o povo"); ou b) poderia ser operada pelo fato de que o bode enviado vivo ao deserto leva consigo os pecados do povo ("a referência à purificação também poderia referir-se ao bode emissário, que explicitamente leva os pecados do povo para o deserto"); ou c) poderia ser realizada pela auto-humilhação do povo, portanto, seria uma auto-purificação ("a participação do povo durante este dia, através da autopurificação, provavelmente acordada").

A passagem de Isaías 58,3-7 é uma posterior confirmação do fato de que o rito do *Yom ha-kippurim* pudesse apresentar incoerências sistêmicas, deixando sem solução alguns aspectos religiosos fundamentais:

> Por que não vês quando jejuamos
> e por que ignoras quando afligimos as nossas almas?
> Eis, nos dias de jejuar, tratais de negócios
> e oprimis os vossos operários.
> Jejuais na disputa e querela, e a golpes de socos malvados.
> Para fazer ouvir vossa voz lá no alto
> não jejuareis do mesmo modo que hoje.
> Agradar-me-á jejum assim, um dia em que o homem se mortifica?
> Curvar a cabeça como um junco
> e deitar-se com saco e cinza?

---

35. MILGROM 1991, p. 1056.
36. MILGROM 1991, p. 1056.

> Tu chamas isso de jejum, de um dia agradável a Javé?
> É este o jejum que me agrada: romper as cadeias injustas,
> desligar os liames do jugo;
> tornar livres os oprimidos,
> quebrar todos os jugos;
> repartir o pão com o faminto,
> acolher em tua casa os pobres sem abrigo,
> vestir os desnudos,
> e não desdenhar o teu semelhante

Esta passagem não deve ser considerada parte avulsa de um contexto religioso, algo como um segmento de teologia bíblica, de reflexão abstrata, para pessoas fora de determinados âmbitos rituais. Trata-se, com efeito, de uma reflexão crítica sobre o modo como era praticado o jejum do rito do *Yom ha-kippurim*. Conforme vimos, Levítico 16,29 previa formas de auto-humilhação. Isaías 58, porém, parece seguir na mesma direção da terceira das possibilidades indicadas por Milgrom. Quer pressupor que estivesse bastante difundida a opinião de que o jejum do *Yom ha-kippurim* tivesse uma força "expiatória". Isaías 58 apresenta, de fato, uma reflexão sobre o *modo* de "expiação" nessa celebração, porque insiste que não basta o jejum previsto por Levítico 16,29 e 23,26: é necessária também uma prática reparadora de justiça social, fato que a tradução dos LXX *enfatizou bastante*. O discurso do texto de Isaías não é contra o jejum, não vai contra a abolição de uma prática que a sensibilidade espiritualista de hoje considera exterior. Em absoluto. O sentido do texto é que uma humilhação física, para ser autêntica, tem que corresponder a uma humilhação global real. A tradução dos LXX exprime bem esse conceito com um jogo de palavras entre o verbo *tapeinoun* e o substantivo *tapeinos*, que evidencia a oposição entre o desejo de humilhar-se (*etepainosamen*) e o atacar a socos o socialmente excluído e o pobre, o *tapeinos*. Não se pode espiritualizar o humilhar-se. Tornar-se realmente "*tapeinos*" inclui a eliminação daqueles atos que tornam os outros "*tapeinos*", isto é, socialmente humilhados. Um jejum é autêntico se há uma igualdade real. Uma humilhação que deixe intacta a relação de desigualdade e de opressão não é uma humilhação. Isaías, a meu ver, parece não opor uma humilhação interior a uma exterior, e nem um aspecto ético a um aspecto ritual. A oposição interior/exterior e ético/ritual parece-me ausente desse texto e estranha a ele. Para o perdão dos pecados na cerimônia do *Yom ha-kippurim* não basta a humilhação física, é também necessário o restabelecimento da justiça dentro do povo.

Ora, são exatamente as normas que põem em prática as prescrições dos versículos 29-31 de Levítico 16, as quais constituem a parte inovadora do capítulo 8 do tratado *Yoma* da *Mishnah* em relação ao texto de Levítico 16. O tratado, com efeito, atribui à auto-humilhação uma função importante na eliminação dos pecados voluntários na cerimônia do *Yom ha-kippurim*.

Creio que se deva levar em conta esta complexidade do problema representado pelos inúmeros significados possíveis do rito do *Yom ha-kippurim*. Um rito, como se sabe, não possui somente uma finalidade, mas também uma expressividade[37]. Aquilo que um rito exprime aos que dele participam não se identifica com as finalidades que um grupo religioso dirigente gostaria de conferir àquele rito. É a própria ação ritual que cria significados para aqueles que dela participam. Por outro lado, como dizia há alguns anos C. Bell[38], o modo como se entra em um rito é sempre criativo. Devemos sempre prever uma pluralidade de percepções possíveis do significado do rito: elas já estão implícitas em sua riqueza simbólica.

Sintetizemos os elementos sistêmicos do problema: a) os pecados voluntários devem ser diferenciados dos involuntários; b) o sangue das vítimas animais remove dos lugares sagrados do templo a impureza provocada pelas transgressões involuntárias; c) o rito do *Yom ha-kippurim* elimina do templo a contaminação causada pelas culpas voluntárias; d) os atos rituais do *Yom ha-kippurim* operam o perdão dos pecados voluntários dado por Deus, não por meio do sacrifício animal e sim pelo envio de um animal vivo ao deserto; e) os atos rituais do *Yom ha-kippurim* também operam a purificação do povo, porém não preveem um rito de purificação específico para o povo; f) a auto-humilhação do povo é um fator necessário no rito do *Yom ha-kippurim* para o perdão dos pecados, mas é discutível no que deve consistir.

Alguns desses elementos se apresentam com características nada claras. Em particular, fica difícil explicar: a) como é possível uma purificação do povo *sem um ritual de purificação que seja praticado diretamente sobre o povo*; b) como pode ser transmitida aos lugares sagrados do templo uma impureza causada pelos pecados voluntários que não inclua o contato físico com fontes de impureza; c) como podem os pecados voluntários, que não incluem o contato com fontes de impureza, transmitir impureza ao corpo dos pecadores, a qual deve, então, ser eliminada com um rito específico.

---

37. Cf. DESTRO 2001.
38. BELL 1992.

Parece-me provável, pois, que a evolução das concepções e das práticas rituais relativas à eliminação dos pecados se originasse, necessariamente, das relações dialéticas inerentes aos vários elementos dos complexos rituais previstos pelo Levítico e pela norma bíblica em geral. Nenhum sistema é perfeito e estático, e a necessidade da evolução não é ditada somente por incursões improvisas de elementos provenientes de outros sistemas ou outras culturas, mas nasce também dos conflitos internos aos sistemas culturais. A destruição do templo de Jerusalém e a consequente impossibilidade de realizar sacrifícios não são o elemento desencadeador para a criação de sistemas expiatórios que excluam os sacrifícios, conforme vimos; seja os ritos sacrificais do templo de Jerusalém, seja aqueles ligados ao *Yom ha-kippurim* apresentavam inúmeros aspectos que davam margem a inovações, exigências reformadoras e interpretações divergentes. Tanto Levine quanto Milgrom reconhecem, por outro lado, uma evolução histórica na compreensão do valor expiatório dos sacrifícios que atenuaria a distinção entre pecados voluntários e involuntários.

Os fatores internos ao sistema que conduzem à evolução, a meu ver, são inerentes: a) no rito do envio do bode vivo ao deserto, que comprova a existência de um mecanismo diferente do sacrifical, ainda que inseparavelmente ligado a ele[39], são, por outro lado, inerentes, b) a uma certa dificuldade para restringir exclusivamente aos pecados involuntários a função do sacrifício *ḥaṭṭā't*, enquanto, finalmente, há tempos c) emergira a importância do papel de uma humilhação radical, ou seja, uma reorientação radical das relações sociais internas do povo, como condição para o perdão.

Os textos de Qumran introduziram um elemento posterior: o Espírito Santo como fator de purificação (1QS III, 3-9); os textos rabínicos deram maior destaque a um outro elemento ainda: a *teshuvah* (m*Yoma* 8,8-9).

Um dos aspectos relevantes do sistema levítico nasce do projeto de coordenar dois princípios sistêmicos, originalmente incoerentes: o da santidade, que se opõe à profanidade; e o da pureza, em oposição à impureza. Israel tem de se locomover dentro dos limites simbólicos determinados, de um lado, pela santidade, propriedade de Deus que se concretiza no Santo dos Santos do templo de Jerusalém, e, de outro lado, pela impureza proveniente das fontes principais de impureza. Israel deve a) ser santo como Deus é santo e b) ser puro. Santificação e purificação da impureza são, portanto, dois objetivos culturais sistêmicos.

---

39. Cf. DESTRO, PESCE 1991.

Na *Regra da Comunidade* de Qumran parece esclarecer-se uma concepção pela qual a fonte da santificação é o Espírito Santo de Deus (1QS III, 3-9). Em Qumran, com efeito, a santificação não ocorria por meio da relação com os lugares sagrados do templo, enquanto, por outro lado, não se podia colocar o problema da purificação dos lugares sagrados do templo, considerado algo inadmissível. Tornava-se fundamental, assim, a busca da purificação do povo, a qual, segundo o Levítico, era obtida em grau máximo pelo rito do *Yom ha-kippurim*, mas que em Qumran era alcançada de forma completamente independente das práticas rituais do templo. Por outro lado, existe a ideia de que a impureza possa ser efeito *também* de transgressões de caráter "moral", isto é, de atos que não incluem o contato com as fontes de impureza primárias.

3.3 Fílon e Flávio Josefo

Uma boa síntese da maneira como eram vistos os sacrifícios no período compreendido entre 63 antes da era cristã até 66 desta era é fornecida por E. P. Sanders, que analisa significado e função seja dos sacrifícios individuais, seja dos sacrifícios comunitários. Sobre estes últimos, Sanders escreve que "seria simples interpretar os holocaustos diários como expiatórios", mas na realidade nem Fílon, nem Josefo os viam como expiatórios[40]. Sobre os sacrifícios individuais, escreve Sanders: "O resultado parece ter sido que as pessoas não pensavam nos holocaustos como sacrifícios principalmente expiatórios"[41]. Tanto Flávio Josefo quanto Fílon são conscientes de que os sacrifícios "pelo pecado" dizem respeito às transgressões involuntárias. Todavia, levam em consideração também as voluntárias de que fala Levítico 5,21-26 (de que citamos acima a interpretação de Levine e de Milgrom) e fazem uma abordagem à parte (*Ant.* III, 230-232; *Spec.* I, 226.235). Sanders pondera que Flávio Josefo não oferece uma abordagem exaustiva e em tudo coerente: "ele considera a oferenda pelo pecado do Levítico como uma oferta que expia um pecado involuntário, e a oferta de reparação (à qual não dá um título separado) como uma oferenda por uma transgressão voluntária. Isto, em geral, é correto, porém ele não explica que 'a oferta pelo pecado' talvez fosse feita não pelos 'pecados', e sim com o escopo de purificação. Como é natural, ele sabia perfeitamente que algumas impurezas exigiam um sacrifício, porém, ao descrever os sacrifícios não deu uma descrição completa das finalidades de cada tipo"[42]. "Também Fílon", prossegue sempre

---

40. SANDERS 1999, p. 143.
41. SANDERS 1999, p. 144-145.
42. SANDERS 1999, p. 148.

Sanders, "destaca a diferença entre transgressões voluntárias e involuntárias. Distingue, ademais, as transgressões contra o que é sagrado daquelas contra os seres humanos. Ao discutir as transgressões voluntárias contra o próximo, segue Levítico 6 [isto é, 5,21-26, segundo a numeração da Bíblia hebraica] ao destacar que quem ofendeu tem que repagar tudo aquilo que tirou injustamente, acrescentar um quinto de seu valor e só então ir ao templo para buscar a remissão do pecado"[43].

Estas concepções de Flávio Josefo e de Fílon não devem ser adotadas para explicar o sentido do texto do Levítico. Seria historicamente incorreto. São apenas um testemunho das opiniões de autores que viveram vários séculos após a redação daquele texto bíblico. O que quero enfatizar é que no período em que Jesus viveu a discussão da relação entre pecados voluntários e sacrifícios parece limitada aos casos precisos previstos por Levítico 5,21-25. Fílon, por exemplo, distingue o aspecto sacrifical do aspecto da reparação social das fraudes previstas naquela passagem do Levítico: reparação social e sacrifício possuem dois caminhos diferentes, embora sucessivos e ligados.

Creio também que é necessário levar em conta a evolução sucessiva na *Mishnah*, não tanto para afirmar uma retrodatação de suas concepções, e sim para destacar uma das soluções possíveis do problema sistêmico colocado pelo cruzamento de elementos só forçadamente conciliáveis.

Segundo escreve Jacob Neusner, na *Mishnah* "o culto expia os pecados somente quando o pecado não é intencional. O pecado consentido é expiado por meio do sacrifício de anos de vida ('extirpação'). Assim, toda a transação que acontece no altar, na medida em que o centro é constituído pela expiação do pecado, se refere aos atos que o indivíduo não tinha intenção de fazer, mas fez"[44]. A *Mishnah* contempla, pois, duas categorias de pecados: os voluntários (para os quais não está prevista uma expiação sacrifical, mas apenas um outro tipo de apagamento) e os involuntários (para os quais é exigido o sacrifício) (*Keritot* 1,2). O tratado *Keritot* também prevê, todavia, a apresentação de sacrifícios pelos pecados intencionais (2,2):

> Estes [são aqueles que] trazem [uma oferta] por uma prevaricação intencional ["prevaricação intencional" traduz o substantivo *zadon*] como [se fosse] prevaricação involuntária [*kišĕgāgâ*]: quem se une a uma escrava, o nazireu que se torna impuro, por um juramento em juízo ou por um juramento acerca de um depósito.

---

43. SANDERS 1999, p. 148.
44. NEUSNER 2000, p. 102. Cf. também o artigo publicado em *Annali di Storia dell'Esegesi* (NEUSNER 2001a).

Os casos previstos por Levítico 5,21-26 são considerados pela *Mishnah* no mesmo plano dos pecados involuntários, por isso para eles pede-se um sacrifício. Parece-me evidente que a *Mishnah*, prevendo a clara diferenciação entre pecados involuntários – para os quais é necessário sacrifício – e pecados voluntários – os quais exigem um outro sistema expiatório –, reduza a dúbia categoria de Levítico 5,21-26 aos casos de pecados involuntários porque o Levítico prevê para eles um sacrifício.

No momento em que Jesus entrou em cena havia muitas tensões sobre as funções dos ritos sacrificais do templo.

4. Jesus e o sistema sacrifical judaico

4.1. Jesus e o batismo de João Batista

1. Muito já foi dito sobre o significado sacrifical dos textos da última ceia[45], sobre o problema se Jesus atribuiu ou não significado expiatório à sua morte[46] e sobre a ação de Jesus no templo[47]. Deixarei completamente de lado esses três *topoi* clássicos. Quero concentrar-me, em vez disso, em alguns textos menos debatidos, os quais, a meu ver, são muito importantes para compreender a posição de Jesus em relação aos sacrifícios judaicos.

Todavia, não será inútil fazer uma breve síntese sobre um dado exegético bastante compartilhado no âmbito da exegese contemporânea, e talvez menos conhecido pelos estudiosos cristãos daquele tipo de literatura cristã antiga chamada pelo termo teológico "patrística". Entre esses estudiosos, com efeito, às vezes se encontra um tipo de interpretação conservadora dos textos neotestamentários que não corresponde ao estado atual da pesquisa. A interpretação sacrifical da morte de Jesus (presente em Mt 26,28 e 1Cor 15,3-5) não é a única interpretação atestada nos textos protocristãos. Neles encontramos uma interpretação de cunho profético segundo a qual a morte de Jesus é um ato que se enquadra na história da perseguição contra os profetas (1Ts 2,15; Mc 12,1-12; At 7,52); uma interpretação "dialética" (1Ts 4,14; Rm 8,34; 14,9a; 2Cor 13,4a; Atos); uma pela qual a morte é em função do pacto (1Cor 11,25;

---

45. Do livro clássico JEREMIAS 1973 em diante.
46. Cf. o que escreve PENNA 1996, p. 153-166, a respeito.
47. Cf. as importantes contribuições de SANDERS 1995 e CHILTON 1992.

Lc 12,35-38); e uma de cunho apocalíptico (Mc 8,31)[48]. O fato de que a morte de Jesus tenha sido interpretada como morte expiatória apenas em algumas correntes protocristãs é um posterior testemunho do fato de que não se pode absolutamente presumir que Jesus tenha interpretado a própria morte como um sacrifício que substitui os sacrifícios do templo de Jerusalém. Em particular, será necessário perguntar-se, e não é minha tarefa aqui, qual concepção de sacrifício é pressuposta naquelas interpretações da morte de Jesus em sentido sacrifical. Aquelas concepções certamente não podem ser aceitas, repetimos, para definir efetivamente o que são os sacrifícios judaicos.

2. O batismo de Jesus por João Batista (Mc 1,9-11//Lc 3,21-22//Mt 3,13-17//Jo 1,29-34//EvEb (Epifânio, *Panarion* 30.13.7 s.)//EvNaz (Hier., *Adv. Pelag*.3,2)//EvHebr (Hier., *In Es.* 11,1-3) é um fato de cuja historicidade parece-me difícil duvidar. Ele pode nos colocar em contato com a fase inicial de seu modo de situar-se em relação aos sacrifícios.

Em favor da historicidade do batismo de Jesus por João Batista está o fato da múltipla atestação do evento por fontes independentes[49].

O batismo de João propunha a remissão dos pecados voluntários de cada membro do povo judeu. Tratava-se, portanto, de um rito que realmente entrava em polêmica com o rito do *Yom ha-kippurim*. Aceitando o batismo de João, Jesus aceitava, implicitamente, a crítica do Batista ao rito do *Yom ha-kippurim*, do ponto de vista particular da remissão dos pecados voluntários.

Afirmei que o batismo de João tinha uma relação polêmica com o rito do *Yom ha-kippurim*. Para comprovar esta tese, valem os seguintes argumentos: um rito não é uma concepção que qualquer pensador religioso pode conceber por conta própria. É, ao contrário, um ato social para o qual é necessário ter uma autoridade, um poder. Um rito não autorizado pelas instituições religiosas oficiais, que tem por escopo a mesma finalidade almejada pelo rito conduzido por aquelas mesmas instituições (isto é, a remissão dos pecados voluntários), está necessariamente em dialética e em polêmica com o rito oficial. Um rito que afirma operar a remissão dos pecados por Deus se situa com uma autoridade sociorreligiosa independente daquela das instituições religiosas que a sociedade considera consagradas por autoridade divina. Também isto não pode deixar de entrar em dialética com as instituições existentes. *João institui um novo rito,*

---

48. Para uma classificação diferente das várias interpretações da morte de Jesus nos textos neotestamentários cf. BARTH 1995, p. 37-71.71-75.75-85.85-97.
49. CROSSAN 1992, p. 27-264; sobretudo 232-234.438.453.

e exatamente por isso cria espaços autônomos e marginais para praticá-lo. A questão, porém, é bastante complexa.

a) Em primeiro lugar, o rito do Batista tinha por escopo a remissão dos pecados: isso parece-me certo com base no duplo testemunho, independente e convergente, de Flávio Josefo (*Ant.* XVIII, 117) e de Marcos 1,4 ("E João Batista apareceu no deserto, pregando um batismo de conversão para a remissão dos pecados") e Lucas 3,3 ("João começou a percorrer toda a região do Jordão, pregando o batismo de conversão para a remissão dos pecados").

b) Sobre o problema, particular e preciso, do significado do batismo de João em sua totalidade, e de como esse rito, na mente do Batista, conseguia operar a remissão dos pecados, o texto que me parece mais confiável, do ponto de vista histórico, é o de Flávio Josefo (*Ant.* XVIII, 116-118). Josefo, com efeito, ao contrário dos evangelhos, que estão principalmente preocupados com a relação entre Jesus e o Batista, descreve de modo mais aprofundado a concepção do rito. João era:

> um homem bom, que conclamava os judeus a aceitar a imersão (*baptismos*), praticando a virtude e comportando-se com justiça nas relações recíprocas, e com piedade nas relações com Deus. Desse modo, considerava que a imersão (*baptismos*) fosse aceita por Deus não porquanto operasse o perdão (*paraitesis*) das transgressões, mas pela pureza (*agneia*) do corpo (*soma*), na medida em que a alma (*psychê*) já tinha sido purificada antes pela (prática da) justiça (*Ant.* XVIII, 117).

Parece-me que os dados que emergem desse texto de Flávio Josefo se integram muito bem com outros que emergem dos evangelhos.

O principal problema aqui é este: por que João o Batista praticava a imersão na água para obter a *agneia* do corpo se a *afesis* dos pecados já tinha sido obtida pelos atos de *dikaiosunê*? Na minha interpretação, a imersão na água – o chamado batismo – é parte integrante de um processo religioso unitário, mas é só uma parte. O processo inteiro tinha por objetivo colocar em estado de pureza completa e de obediência rigorosa à Torá os indivíduos que se submetiam e que deviam passar por: a) um reconhecimento interior dos pecados; b) provavelmente a sua confissão pública (Mt 3,6); c) uma conversão interior que incluía o retorno ao respeito rigoroso da Torá de Moisés (*Ant.* XVIII, 117): *tois Ioudaiois keleuonta aretên epaskousin kai ta pros allêlous dikaiosunê kai pros ton theon eusebeian chrômenois*); d) um conjunto de atos de justiça social (cf. *dikaiosunê* em *Ant.* XVIII, 117; Lc 3,10-14) entendidos no sentido reparador e com a finalidade de praticar a lei de modo rigoroso, segundo a interpretação do Batista; e) finalmente, a imersão na água corrente do rio.

A execução de atos reparadores de justiça provocava, segundo o Batista, o perdão dos pecados (*paraitesis amartadôn*) e a purificação da *psychê*, segundo os termos de Josefo, pelo próprio Deus. A imersão na água restituía ao corpo a *agneia*, isto é, a pureza. Os pecados dos quais deviam arrepender-se eram os pecados voluntários. A impureza que a imersão removia do corpo, portanto, não era uma impureza contraída através do contato físico com as fontes de impureza.

A resposta à pergunta "por que, então, é necessária uma purificação do corpo se os pecados morais já foram perdoados?" deve ser procurada, portanto, no fato – a meu ver – de que o Batista pensava que, devido à conversão interior, à confissão pública e à reparação através de atos de justiça, Deus perdoava a cada um, isto é, não lhe imputava mais os castigos que tinha merecido, porém permanecia ainda no *soma* daqueles a quem tinham sido perdoados uma impureza provocada não pelo contato com as fontes de impureza, mas pela transgressão moral. Segundo o Batista, o pecado cometido no coração do homem, através de um ato de voluntária rebelião contra Deus, não tinha só consequências de ordem social, mas trazia também uma contaminação do corpo. O perdão apagava a culpa aos olhos de Deus, mas não eliminava a impureza que contaminava o corpo. Essa contaminação tinha de ser removida pela água.

Ora, uma passagem clara e explícita que teoriza o fato de que a contaminação física é efeito do pecado moral, e não apenas do contato com fontes de impureza, encontra-se em 1QS (VI, 16.20), mas não é estranha à concepção do Levítico, a crer na supracitada interpretação de J. Milgrom[50]. Isto permite entrever a história de um problema e algumas das várias soluções pressupostas.

Além disso, conforme acentua Levine, o rito do *Yom ha-kippurim* não previa um ritual específico de purificação do povo. O Batista parece querer responder também a essa carência do rito anual do templo.

Permanece completamente estranha ao rito do Batista uma reflexão sobre a necessária purificação do templo. Que o templo fosse contaminado ou não pelos pecados voluntários ou involuntários não influi de modo algum, segundo o Batista, na possibilidade de que as pessoas pudessem obter o perdão individualmente e alcançar uma purificação física suficiente. Para ele, só isso interessava.

Em suma, o Batista visava à constituição de um núcleo de pessoas que retornasse à fidelidade à Torá e também se mantivesse em estado de rigorosa pureza física, sobretudo com referência àquela pureza ameaçada pelas culpas

---

50. "A importância desta frase está em acentuar o fato de que não apenas impurezas físicas contaminam o santuário, mas é contaminado também pelos pecados de Israel, todos os pecados" (MILGROM 1991, p. 1034).

morais. Ele, porém, também respeitava minuciosamente as normas de pureza ritual, conforme demonstra em profundidade E. Lupieri[51].

Dizer que o Batista tivesse grandes reservas sobre o rito do *Yom ha-kippurim* não significa dizer, porém, que ele fosse contra o templo de Jerusalém, mas apenas que entrava em conflito com as instituições do templo no que se refere aos objetivos, certamente importantes, mas limitados, propostos pelo próprio rito[52]. Igualmente, João não era contra a Lei do Pentateuco que prescrevia o rito do *Yom ha-kippurim*, porque vimos que existe incerteza sobre como podem ser expiados e perdoados os pecados individuais naquela cerimônia[53].

O fato de que Jesus se deixou batizar pelo Batista[54] significa que ele compartilhava a crítica ao *Yom ha-kippurim* como instrumento expiatório fundamental dos pecados individuais voluntários[55]. Essa distância crítica em relação ao *Yom ha-kippurim* pode explicar por que essa fundamental celebração foi completamente abandonada pela tradição cristã, a qual, em vez disso, manteve *Pesach* e *Shavuot*, cristianizando-os.

---

51. LUPIERI 1985.
52. Contra TAYLOR 1997, p. 29-30. TAYLOR (1997, p. 110-111), afirma que "não devemos ver João como 'antitemplo' simplesmente pelo fato de que ele abraçava a primazia do arrependimento e da justiça em relação aos sacrifícios, no que se refere à expiação e ao perdão (contra WEBB, *John the Baptizer and Prophet*, p. 203-205). O próprio Jesus, na tradição marcana, ordena a um leproso (purificado) que vá ao templo para cumprir tudo de acordo com a Lei (Mc 1,40-45//Mt 8,1-4//Lc 5,12-16). João também pode ter pedido aos seus discípulos para agirem de acordo com a Lei, com referência ao templo". Entretanto, o sacrifício devido para a purificação da lepra nada tinha a ver com os pecados voluntários. A alternativa não se refere a uma aceitação ou, ao contrário, a uma rejeição a todos os ritos do templo, mas apenas à alternativa possível entre batismo do Batista e rito do *Yom ha-kippurim* em relação ao perdão dos pecados voluntários.
53. Isaías 58,3-7 demonstra uma autoridade profética para criticar aqueles que consideravam que somente o jejum do *Yom ha-kippurim* bastava para a remissão dos pecados voluntários.
54. Em um dos mais belos livros escritos nesses últimos anos pelos exegetas italianos eclesiásticos R. PENNA dedica mais de uma página ao batismo de Jesus (PENNA 1996, p. 66-67). Transcreve, entre outras, uma frase significativa de S. Légasse: "o seu forte conteúdo cristológico compensa, na mente dos leitores, a desconcertante humilhação do batismo". Vale a pena citar por extenso uma frase de Penna: "O problema posto pelo batismo de Jesus consiste, de um lado, no fato de que ele ali se submete, embora não seja um pecador necessitado de conversão, e, de outro, pelo fato de que ele é o Messias, 'o mais forte' (Mc 3,11; cf. Jo 1,15)" (p. 67). Esta é uma leitura que parece projetar uma teologia sucessiva sobre o fato. A formulação de Penna parece-me pressupor já saber muitas coisas sobre Jesus, e é este saber preventivo que coloca os problemas que ele apresenta. Do ponto de vista histórico, na realidade não se percebe nenhum problema preventivo. As narrativas do batismo não criam problemas para o que sabemos sobre Jesus, ao contrário, procuramos saber alguma coisa a mais sobre ele analisando da melhor maneira possível as narrações sobre o batismo. O meu ponto de vista não é o da origem da cristologia, e sim um outro: reconstruir a atitude de Jesus sobre os sacrifícios do templo de Jerusalém.
55. Sobre o batismo de Jesus cf. CROSSAN 1992, p. 227-264; NODET, TAYLOR 1998, p. 53-82; THEISSEN 1999, p. 248-267; VAN IERSEL 1998, p. 88-110.

O Batista afirma que a justiça entre os homens opera a remissão. Isto significa que Deus concede o perdão simplesmente logo após a instauração de uma relação de justiça entre as pessoas. É como se o Batista não levasse em consideração os pecados que infringem a primeira parte do Decálogo, aquela por assim dizer sacral, a que precede o preceito "honra o teu pai e a tua mãe" (Ex 20,12). Para os preceitos anteriores do Decálogo, que se referem a Deus, com efeito, não existem atos reparadores de justiça a praticar. Deve-se, então, pensar que o Batista supunha outros instrumentos expiatórios para o caso da transgressão deles?

A existência de um debate sobre a distinção dos meios expiatórios, a propósito das várias categorias de preceitos, é bem atestada na literatura rabínica, e sobre esse debate, há mais de vinte anos, E. P. Sanders atraiu a atenção[56]. Em particular, relembro *Mekilta Bahodesh* 7 (227-229; II, 249-251; sobre Es 20,7) e *Tosefta, Yom ha-kippurim* 4[5],5, que atribuem pareceres opostos a Rabbi e R. Yudda, o primeiro dos quais afirma que o *arrependimento* expia os pecados que antecedem o preceito de não pronunciar o Nome, enquanto para os outros a expiação é operada pelo arrependimento e pelo *Yom ha-kippurim*. A R. Yudda é atribuído o parecer exatamente contrário.

A declaração de Marcos 3,28 também parece entrar nessa tradição de discussão sobre os vários meios de expiação de acordo com as diferentes categorias de pecado. Aliás, parece indicar que Jesus não fazia diferença entre pecados contra o homem e pecados contra Deus (idolatria, profanação do nome): "*tudo* será perdoado aos homens, os pecados e as blasfêmias que pronunciarem". A enfática posição de *tudo*, que literalmente abraça as duas categorias, das *hamartemata* e das *blasfemiai*, indica que o redator do dito distingue duas categorias de transgressões: as *hamartemata* (transgressões em geral) e as *blasfemiai* (pecados contra Deus). E indica também que essas duas categorias são sujeitas à *afesis* escatológica de Deus. Na realidade, o dito não diz se os meios para obter o perdão são diferentes para as *hamartemata* e para as *blasfemiai*. Poderiam ser. De fato, segundo a teoria do Levítico, deve-se sempre distinguir entre o *kipper* e o *nislaḥ*, entre a *kappará* e a *afesis*. O dito fala apenas da *afesis*, mas não dos mecanismos para operar a preventiva *kappará*. Portanto, pode ser que o preceito jesuano pretenda a universalidade e elimine a distinção entre duas categorias dentro do Decálogo.

Se as principais funções dos sacrifícios previstos pelo Levítico eram: a) permitir a aproximação com Deus para colocar-se em sua presença; b) purificar

---

56. SANDERS 1985, p. 230-235.

os lugares e os instrumentos do templo das impurezas dos pecados involuntários (para permitir a presença de Deus no templo), podia surgir insatisfação nos sacrifícios daqueles que consideravam que a aproximação da presença de Deus e a purificação preventiva ocorriam de maneiras diferentes, sobretudo em relação aos pecados voluntários. Eles podiam pensar: a) que a aproximação à presença de Deus podia ser obtida de outras maneiras; b) que o sangue não tinha função purificadora; c) que não era necessária a descontaminação dos lugares para permitir a presença de Deus; d) ou que não houvesse nenhuma contaminação dos lugares, no sentido de que a teoria pela qual a contaminação podia ser transmitida aos objetos de culto não tivesse fundamento.

Ora, isto acontecia, em parte, em Qumran, onde: a) pensava-se numa metaforização do templo, no sentido de que a habitação de Deus entre os homens teria acontecido na terra de Israel purificada, dentro do povo de Israel purificado, o qual constituía, ele próprio, o templo e o Santo dos Santos (1QS VIII, 5-6.10; cf. também IX, 4-5.9)[57]. O instrumento da habitação de Deus teria sido o próprio Espírito de Deus; b) pensava-se que a contaminação física também derivasse de transgressões morais e religiosas (1QS III, 5-6: "impuro, será impuro todos os dias quem rejeita os preceitos de Deus"), e não só pelo contato com fontes de impureza.

Não se sabe por quanto tempo durava a contaminação do corpo após a imersão, segundo o Batista. As nossas fontes não estão interessadas em transmiti-lo a nós. No entanto, nenhum judeu do século I interessado na pureza física teria subestimado investigar essa questão. Para todos, era óbvio que a imersão não operava o desaparecimento imediato da impureza.

4.2. O distanciamento de Jesus e João

É exatamente sobre este ponto que Jesus parece ter se distanciado de João. O Evangelho de João (4,1-2) pressupõe uma tradição pela qual, logo após ter recebido o batismo do Batista, Jesus ministrava ele próprio o batismo, e procura corrigi-la não negando o fato, mas simplesmente afirmando que não Jesus pessoalmente, e sim os seus discípulos batizavam. Esta informação, embora sendo transmitida por um texto relativamente tardio, poderia ter uma certa possibilidade de historicidade exatamente pela sua divergência com o resto das notícias evangélicas e pelo próprio fato de que o redator do Evangelho de João queira corrigi-la. Não está excluído, pois, que durante determinado período Jesus tenha batizado como discípulo do Batista. Após este provável início batismal, Jesus se distancia do rito do batismo, o qual,

---

57. Cf. DESTRO, PESCE 2001b e c.

conforme atestado pelo material que nos chega dos textos protocristãos, parece desaparecer de sua práxis. Depois desse primeiro período, Jesus atinge uma concepção pessoal. Ele proclama que a remissão dos pecados é unicamente condicionada pela reconciliação recíproca, não apenas sem nenhum rito de *Yom ha-kippurim*, mas também sem necessidade alguma da sucessiva descontaminação física.

A modificação relativa a João Batista, me parece, poderia ser racionalmente reconduzida a um distanciamento da concepção pela qual a imersão na água possa descontaminar, ou quem sabe, até mesmo ao abandono da ideia de que o pecado moral contamine o corpo. A esta segunda interpretação, todavia, contrapõe-se o dito de Marcos 7,20.23, que parece pressupor que o pecado moral contamine o homem:

O que sai do homem é o que contamina o homem (7,20);
Todos esses males saem do interior e contaminam o homem (7,23).

Neste texto marcano Jesus permanece fiel à concepção do Batista, à de 1QS e à levítica. Assim, se existe uma separação do Batista, deve consistir no distanciamento da ideia de que é necessário descontaminar o corpo.

Jesus se distancia do Batista também em uma segunda práxis ritual: o jejum (e a abstenção do vinho). Não se trata de uma denúncia geral da ineficácia da ascese como via de salvação, mas *taLvez* do abandono de um instrumento de auto-humilhação física que acompanha o ato de justiça em função da obtenção do perdão dos pecados, uma vez que o jejum era um dos instrumentos fundamentais para alcançar o perdão no rito do *Yom ha-kippurim* (cf. Is 58,3-7).

Pode-se pressupor, portanto, que talvez qualquer aspecto físico (purificação, auto-humilhação no sentido do jejum) pareça a Jesus ineficaz para obter o perdão dos pecados voluntários.

4.3. A concepção original de Jesus

Para conhecer a posição de Jesus, temos duas séries de textos. De um lado estão os textos que nos falam de como Jesus entendia o perdão dos pecados; de outro, os textos nos quais Jesus fala de como comportar-se em relação aos sacrifícios do templo.

4.3.1. A remissão dos pecados sem expiação sacrifical e sem descontaminação

Conforme vimos no capítulo anterior, existe uma série de textos nos quais se fala do perdão dos pecados, mas nunca se menciona a função de Jesus (nem a sua função expiatória, nem a sua autoridade para perdoar os pecados, nem a necessidade da fé nele). A remissão dos pecados não necessita de sacrifício algum, nem do rito do *Yom ha-kippurim*, nem da morte de Cristo (como, ao contrário, afirma 1Cor 15,3: "Cristo morreu por nossos pecados segundo as Escrituras").

Nesses textos a remissão depende simplesmente da relação entre o pecador, Deus e o próximo. Os textos que contêm essa concepção se encontram nos três evangelhos sinóticos (Mateus, Marcos e Lucas) e transmitem palavras atribuídas a Jesus. Em Mateus 6,12 uma das invocações do pai-nosso afirma:

> perdoai-nos as nossas ofensas, assim como nós perdoamos a quem nos têm ofendido.

O perdão de Deus é obtido através de uma relação trilateral entre o pecador, o ofendido e Deus, sem nenhum ato expiatório sacrifical, sem nenhum tipo de humilhação física, ou descontaminação física, e sem nenhuma função de Jesus, cristológica ou não[58].

4.3.2. Jesus e a aceitação dos sacrifícios

A segunda série de textos, no entanto, é constituída de afirmações nas quais Jesus ou convida a cumprir o sacrifício exigido no templo de Jerusalém, ou explica as condições em que se pode oferecer um sacrifício. São os dois textos fundamentais Marcos 1,40-44.45 (que nos chegou também na redação de Mt 8,1-4 e Lc 5,12-14.15, e no PEger. 2) e Mateus 5,23-24, que não possui paralelos sinóticos.

Uma primeira questão é se esses dois textos refletem a atitude do Jesus histórico ou a dos redatores dos evangelhos de Marcos e Mateus, ou de tradições anteriores e recebidas por eles. Comecemos pelo texto de Marcos:

> Aproximou-se dele um leproso implorando auxílio. Ajoelhou-se e lhe suplicou: "Se queres, tu podes me curar". Irritando-se [segundo D; "cheio de compaixão" conforme testemunhos que prevalecem] Jesus estendeu a mão e tocando nele disse: "Quero! Sê purificado!". E no mesmo instante a lepra desapareceu e ele ficou limpo. Jesus o mandou embora com palavras severas. Disse-lhe: "Não fales nada a ninguém! Mas vai apresentar-te ao sacerdote e oferece pela tua purificação aquilo que Moisés determinou, a fim de que sirva de testemunho para eles" (Mc 1,40-44).

O papiro Egerton é fragmentário e se interrompe antes da frase de Marcos "e oferece pela tua purificação aquilo que Moisés determinou". Mateus 8,4 e Lucas 5,14 coincidem com Marcos e parecem depender dele em vez de uma fonte

---

58. Cf. acima item 3: A concepção jesuana da remissão dos pecados.

comum independente de Marcos. Mateus quis explicitar a expressão de Marcos "aquilo que Moisés determinou" com um termo que diga expressamente que se trata de um sacrifício: *dôron*.

Segundo Levítico 14,1-20, "tendo a lepra desaparecido", deve ser cumprida uma série complexa de atos sacrificais[59]. Não são, todavia, o sacrifício e nem alguma prática ritual que curam a lepra. Eles servem, porém, para a purificação seja do corpo do leproso curado, seja dos lugares sagrados do Santuário. Jesus, portanto, ao realizar o ato de curar o leproso, não substituiu nenhum ato, nem ritual, nem sacrifical. Não se pode dizer que Jesus, ao operar ele próprio a cura, tenha tornado inútil o sacrifício. E nem também dizer que os ritos sacrificais a serem cumpridos no templo fossem supérfluos. Ao contrário, eram ditados, obrigatoriamente, pela Torá, e o Jesus desse dito demonstra querer respeitar essa norma divina.

Convém levar em conta, todavia, que os ritos sacrificais para a purificação corporal dos que são curados de lepra e para a purificação dos lugares sagrados do templo *não são sacrifícios pelos pecados* voluntários. Em suma, a frase atribuída a Jesus ("vai apresentar-te ao sacerdote e oferece pela tua purificação aquilo que Moisés determinou") aceita esses sacrifícios, mas não a teoria pela qual o sacrifício expia os pecados voluntários. O sacrifício, conforme Marcos 1,44 afirma explicitamente, é "pela tua purificação (*katharismos*)". O fato de Jesus aceitar o sacrifício pela purificação do leproso previsto em Levítico 14,1-20 nada tem a ver com o perdão dos pecados. O sacrifício pela purificação do leproso não é um *ḥaṭṭā't*.

A frase "a fim de que sirva de testemunho para eles" é um acréscimo redacional. Isto é demonstrado por dois fatos: a) "para eles" é um plural que se harmoniza mal com o singular "ao sacerdote", um singular que parece ser uma citação de Levítico 13,49 LXX (*deixon to hierei*); b) a frase aparece outras três vezes em Marcos, portanto é como um comentário colocado de modo repetitivo para defender uma tese.

A frase é repetida literalmente nas passagens paralelas de Mateus 8,4 e Lucas 5,14. É muito importante observar que essa frase é uma expressão que retorna outras duas vezes em Marcos (Mc 6,11//Lc 9,5, mas não está em Mt 10,14; Mc 13,9//Mt 10,18, e também ausente em Lc 21,13, onde, porém, o testemunho é "para vós" e não "para eles"). Mateus 24,14 ("em testemunho para os povos") não possui paralelos em Marcos e Lucas. Nos seus três casos, Mateus prefere a expressão "em testemunho para eles *e para os povos*" ou apenas "para os povos".

---

59. Cf. DESTRO, PESCE 2005.

Lucas mantém duas vezes "em testemunho para eles" e a transforma uma vez em "para vós".

A purificação ocorrida, constatada pelo sacerdote e liberada pela oferta sacrifical, será um testemunho para "eles", sacerdotes ou o restante da população judaica. Trata-se de um testemunho inequívoco, porque o sacrifício só pode ser feito depois que o sacerdote examinou o corpo do leproso e verificou o desaparecimento da lepra no modo prescrito. No segundo texto marcano, o testemunho consiste em um gesto profético com o qual os pregadores rejeitados atiram no rosto dos incrédulos as suas sandálias, ao sacudir delas o pó de seu território. Um gesto, portanto, de testemunho escatológico. Tal aspecto escatológico retorna no terceiro texto marcano (13,9). O testemunho ocorre diante dos tribunais, das sinagogas, dos governadores e reis, isto é, diante das instituições públicas judaicas e não judaicas. "Eles" aqui são tanto os judeus quanto os gentios. Os seguidores de Jesus, perseguidos, manifestam as suas convicções publicamente, e isto constitui um "testemunho". Também aqui se trata de um ato inequívoco, porque é público.

Com base nesses dados, parece-me necessário concluir que a frase, na mente do redator Marcos, tem o objetivo de afirmar que a oferta sacrifical do leproso purificado (obrigatória, segundo a vontade de Deus revelada a Moisés no Pentateuco) constituirá um testemunho para o resto da população a respeito do poder de Jesus.

O que está absolutamente claro pela análise do uso dessa frase nos sinóticos é que ela não possui a função de atenuar de modo algum a ordem de Jesus ao leproso de oferecer um sacrifício. A frase não significa que o leproso deva cumprir o sacrifício, embora seja um ato inútil, ou até reprovável, só porque os judeus que não creem em Jesus ainda conservam a crença nos sacrifícios.

Por outro lado, a frase "a fim de que sirva de testemunho para eles", somada à de Jesus "vai apresentar-se ao sacerdote", testemunha que Marcos pensava que Jesus tivesse dado ao leproso a ordem de oferecer um sacrifício. Isto é de grande importância, porque demonstra que Marcos não conhecia nenhuma afirmação de Jesus contra os sacrifícios.

Analisemos agora o caso de Mateus 5,23-24:

> Se estiveres para apresentar a tua oferta ao pé do altar, e ali te lembrares que teu irmão tem qualquer coisa contra ti, deixa a tua oferta diante do altar, e vai primeiro reconciliar-te com teu irmão, depois volta para fazer a tua oferta.

Deste dito temos apenas o testemunho de Mateus[60]. O *thysiatêrion* citado só pode ser o altar ao ar livre, porque somente com referência a ele pode tratar-se de uma *thysia*, ou seja, a imolação de um animal. Que Mateus sabia do que falava resulta também de 25,35.

Ao que parece, como o Batista achava que a purificação devia ser *precedida pelo* perdão dos pecados por meio de atos de justiça[61], o Jesus de Mateus 5,23-24 pensava que o ato sacrifical devia ser precedido por uma reconciliação no plano social. Após a reconciliação, podia ser feito o sacrifício, o qual, todavia, segundo o Levítico, não tem valor expiatório para os pecados voluntários, serve apenas para remover a impureza do templo causada pelos atos de impureza física.

No caso de Mateus 5,23-24 parece tratar-se de um sacrifício individual, não coletivo. Os sacrifícios individuais podiam ser ofertados com as seguintes finalidades: o pecado involuntário do sacerdote (Lv 4,1-12); o pecado involuntário de um chefe do povo (Lv 4,22-26); o pecado involuntário de uma pessoa do povo (Lv 4,27-35); e em caso de confissão dos seguintes pecados: quem não dá testemunho apesar da imprecação (Lv 5,1); quem tocou sem querer um cadáver de animal selvagem ou doméstico, de um réptil (Lv 5,2); quem tocou sem intenção uma fonte de impureza (Lv 5,3); quem esqueceu de cumprir o seu voto (Lv 5,4); quem jurou em falso (Lv 5,20-26 par.)[62].

Existem, além disso, os sacrifícios *individuais* de reparação (Lv 5,14-19), os quais, todavia, são para os pecados involuntários. Finalmente, há os sacrifícios *individuais* oferecidos por voto (Lv 7,16-17), ou para todos os processos de descontaminação previstos em Levítico 12–15 (parto, lepra, contaminações sexuais, menstruação) e para os de comunhão (Lv 7,11-15). Nestes últimos casos, porém, não se trata de pecado, nem mesmo involuntário.

O rito do *Yom ha-kippurim*, convém lembrar, não é o rito para o perdão dos pecados *de um indivíduo*, e sim rito coletivo, portanto certamente não é dele que Mateus 5,23-24 fala. Mateus talvez se refira ou ao sacrifício por um pecado involuntário, ou por um pecado voluntário daquela categoria específica

---

60. Lucas e Mateus 3,11, que às vezes são citados como paralelos, na realidade são textos absolutamente diferentes.

61. Encontrei a mesma observação em Joan Taylor, segundo a qual a característica mais inovadora do Batista era que ele achava que a purificação física não devia anteceder e sim seguir ao perdão dos pecados; cf. TAYLOR 1997, p. 85-86, e, em geral, 85-100. Nisto Taylor teve muita sagacidade e apontou um fato bastante relevante. Todavia, penso que isso já tinha sido suposto pelo rito de ingresso na comunidade assim como o imagina 1QS. Primeiro vem a confissão dos próprios pecados, depois um batismo, em seguida um longo período de descontaminação de um ano, para poder chegar aos alimentos sólidos, e dois anos para chegar à bebida pura do grupo (1QS III; cf. DESTRO, PESCE 2001b e c).

62. Cf. MILGROM 1991, p. 373-374.

representada em Levítico 5,1.20-26, isto é, quando envolve um juramento, ou a sacrifícios individuais de voto ou para descontaminação.

Existem duas possibilidades: ou o Jesus de Mateus leva em consideração o sacrifício individual como tal, independentemente do fato de que este seja apresentado pelo pecado, por votos ou por descontaminação, ou então coloca no foco da atenção a relação entre o homem e Deus, que se realiza no sacrifício, e a relação do sacrificante com outros homens. Ora, esta segunda opção só acontece se os sacrifícios pensados por Mateus são os mesmos de Levítico 5,1.20-26, porque somente nestes casos o sacrifício tem a ver com um grave dano causado intencionalmente a outros pelo ofertante. O Levítico, porém, já prevê, ao menos no segundo caso, que se deva operar uma reparação do dano, que equivale à reconciliação, visto ser *conditio sine qua non*.

Parece-me provável, portanto, que Mateus queira aqui afirmar que qualquer ato sacrifical, pela única razão de ser um ato dirigido a Deus (e totalmente independente do fato de ter relação ou não com pecados voluntários ou involuntários), não pode ser cumprido se não há antes uma reconciliação com aqueles que têm motivo de ressentimento por causa de atos reprováveis cometidos contra eles pelo ofertante, e se esta reconciliação não ocorreu *antes* da oferta. Parece, então, que para o Jesus de Mateus qualquer ato de culto a Deus envolve os atos que são realizados em função de outros homens e possui uma ligação inseparável com eles. A reconciliação social aparece como condição *sine qua non* para uma relação de culto com Deus. No entanto, seria excessivo afirmar que não a pureza ritual é a condição *sine qua non* para apresentar-se a Deus, mas *somente* a reconciliação efetuada com o resto do grupo. O que está em jogo é a condição com a qual o indivíduo se coloca em relação com Deus. A reconciliação social é o pressuposto da relação com Deus. Isto é correto, mas o dito não intervém criticamente na condição de pureza exigida pelo ato de culto. Ela é previsível. Parece-me totalmente ausente em Mateus aquela crítica às normas de pureza do culto do templo que está no fragmento do evangelho encontrado em P.Oxy 840.

Por que é necessária a reconciliação entre pessoas como condição do ato sacrifical? A resposta deve ser buscada levando em conta o fato de que o ato de culto sacrifical capacita a colocar-se na presença de Deus, "diante do Senhor" (cf. Lv 16,30: o objetivo do rito é a purificação do povo). Por que, então, se deve colocar-se na presença do Senhor *só depois* de ter realizado a reconciliação social? Se o Jesus de Mateus considerasse que os pecados de ordem moral contaminam o homem, e que somente o ato de reparação de justiça permite ao homem a *afesis* dos pecados, Jesus deveria exigir também a imersão na água para a descontaminação. Isto não é exigido. Então, devemos considerar que a condição que Jesus julga necessária para poder colocar-se na presença de Deus é ter obtido o apagamento dos pecados. Para apagar os pecados, na concepção levítica, são necessárias duas fases expressas pelos verbos *kipper* e *nislaḥ*. O sangue borrifado pelo sacerdote opera a *kapparâ*. Neste ponto Deus apaga o pecado, coisa que o hebraico exprime pela forma *niphal nislaḥ* e a LXX com o verbo *afienai* e o substantivo *afesis*.

Foi observado que em alguns sistemas religiosos judaicos do século I existe a tendência a confundir esses dois verbos e a atribuir a *kipper* o significado de *nislaḥ* e vice-versa, e depois resumir na *afesis* também a *kapparâ*.

Aqui, a condição do perdão dos pecados é somente a reconciliação com o que Mateus define como *adelfos sou*, o teu irmão.

O Jesus de Mateus não diz ao ofertante: "vai, pois, apresentar a tua oferta porque eu já apaguei os teus pecados", e também não diz: "vai apresentar a oferta porque os pecados contra o teu irmão foram expiados pela minha morte". Mas, ao contrário, ele diz: "não apresentes a tua oferta enquanto *tu* não tiveres realizado o ato da reconciliação". Neste ponto, o perdão dos pecados parece efetivado. O perdão dos pecados não possui, pois, nenhuma implicação cristológica, mas é apenas o efeito de uma triangulação direta entre o homem, seu irmão e Deus. Exatamente como em Mateus 6,12.

O Jesus de Mateus, portanto, aqui se diferencia do Batista, porque não julga necessária uma purificação corporal após o perdão dos pecados, ocorrido em seguida aos atos de justiça. Admite, porém, em segundo lugar, a necessidade de sacrifícios, embora neste específico caso de sacrifícios *individuais* que não se refiram ao perdão dos pecados *voluntários* (sacrifícios que, por outro lado, não existiam).

Diante dessa provável concepção, há duas possibilidades de interpretação: a) pode-se pensar que esta posição não seja de Jesus, mas só de Mateus, que pertence a uma comunidade de seguidores de Cristo que após sua morte continuaram a praticar os sacrifícios enquanto o templo existiu. A comunidade, porém, teria mantido o princípio pelo qual o perdão dos pecados era operado através de atos de justiça e de reconciliação. Essa comunidade pensava que o ato de culto a Deus, realizado pela oferta sacrifical, que de per si não operava a expiação dos pecados voluntários dos indivíduos, devia ser precedido pelo ato de reconciliação; b) pode-se considerar que esta concepção era de Jesus e que, neste caso, Jesus jamais teria ignorado os sacrifícios do templo, mas só interviria na questão do perdão dos pecados voluntários.

O fato fundamental, porém, que o historiador deve registrar é que Mateus atribui a Jesus um dito que pressupõe claramente a liceidade e a obrigatoriedade dos sacrifícios. Quem quiser sustentar que Jesus se opunha aos sacrifícios e nunca pronunciou esse dito, e que ele é só uma construção de Mateus, deverá dar-se conta de que exatamente essa presumível criação de Mateus demonstra que Jesus era favorável aos sacrifícios. Mateus, com efeito, poderia atribuir a Jesus uma frase que considerava implícita a liceidade dos sacrifícios se a tradição evangélica não tivesse transmitido nenhum dito de Jesus contra eles.

Convém observar outras duas passagens de Mateus que podem explicar a atitude das comunidades que estão por trás desse evangelho. Trata-se de Mateus 9,13 e Mateus 12,7. Em ambos os casos é citada uma passagem de Oseias (6,6, da tradução dos LXX): *eleos thelô kai ou thysian* ("quero misericórdia, e não imolação [sacrifical]").

A primeira passagem (Mt 9,13) cita essa frase de Oseias em um contexto que fala sobre a conversão dos pecados voluntários. Jesus é acusado de comer em companhia dos pecadores e publicanos, e responde que são os doentes que precisam de médico. Neste ponto se segue a observação:

> Ide aprender o que significa: "Quero a misericórdia e não imolação sacrifical". Em verdade, não vim chamar os justos, mas os pecadores (Mt 9,13).

Pelo confronto sinótico vê-se que só Mateus introduziu e acrescentou essa explicação bíblica ao comportamento de Jesus. Antes, percebe-se que Mateus partiu em dois o dito de Jesus, que era composto de duas frases, e inseriu aí no meio a citação de Oseias. Isto significa que Mateus procurou uma ligação desse versículo com um dito de Jesus. Estamos diante de uma operação exegética de grande importância para a evolução das concepções do cristianismo primitivo. Mateus estava consciente de que não existiam palavras de Jesus contra os sacrifícios. Sabia que Jesus considerava os sacrifícios coisa normal. Sabia que aquela específica comunidade de seguidores de Jesus (da tradição à qual ele pertencia) após a morte dele tinha continuado a praticar o culto sacrifical enquanto o templo estava de pé, como demonstra Mateus 5,23-24. Mas ele agora via o templo destruído. Tinha chegado à convicção de que o perdão dos pecados acontecia no sangue de Cristo, como afirma explicitamente em Mateus 26,28. Procurava, portanto, entender de que modo Jesus legitimava uma crítica aos sacrifícios. Mateus acreditou ver no primeiro membro do dito de Jesus que ele encontrava em Marcos 2,17 (ou em Q 5,32, se se preferir)[63], uma autorização para criticar

---

63. Para a numeração de *Q* seguir a numeração de Lucas: cf. ROBINSON, HOFFMANN, KLOPPENBORG 2000.

os sacrifícios. Não pode passar despercebido o fato de que na tradição rabínica exatamente esse versículo de Oseias foi usado para justificar uma teoria da remissão dos pecados sem sacrifícios. J. Neusner cita um trecho de *Abot de Rabbi Nathan* (IV.V.2):

> Certa vez, após a destruição do templo, Rabban Yohanan ben Zakkai estava saindo de Jerusalém com R. Joshua, que o acompanhava. Ele viu o templo em ruínas. R. Joshua exclamou: "Ai de nós porque este lugar jaz em ruínas, o lugar onde os pecados de Israel eram expiados!". Ele lhe respondeu: "Meu filho, não te desesperes. Temos outro modo de expiação que é semelhante à expiação por meio do sacrifício; e qual é? São as obras de misericórdia". Porque foi dito: "Porque eu quero a misericórdia, e não o sacrifício, e o conhecimento de Deus em vez de holocaustos" (Os 6,6)[64].

É difícil, certamente, ter certeza da atribuição deste dito a Johanan ben Zakkai, que, como se sabe, podia ser contemporâneo de Mateus. Permanece, todavia, o fato de que esse trecho foi usado com a mesma função tanto em Mateus quanto em *Abot de Rabbi Nathan*. Gnilka parece não julgar bem quando afirma que "para Jesus está em jogo a libertação do homem de preconceitos indignos de sua natureza. Nisto se distingue o nosso uso da citação de Oseias do uso do rabi Johanan ben Zakkai [...], que quis servir-se dela para confortar os seus discípulos diante das ruínas do templo"[65]. Gnilka pressupõe que a discussão de Jesus com os adversários seja toda sobre a questão das normas de pureza a ser respeitadas comendo. Mas, mesmo deixando de lado se é verdade ou não, permanece o fato de que é preciso ter clareza em distinguir a discussão sobre o fato de que Jesus comia com cobradores de impostos e pecadores do problema que Mateus enfrenta com a citação de Oseias. Tal citação serve totalmente para outro objetivo: justificar através de uma operação exegética sobre as palavras de Jesus as concepções sobre a remissão dos pecados sem sacrifício, que Mateus sustentava.

Johanan ben Zakkai afirma que a *ḥesed* exigida por Oseias (que a LXX traduz por *eleos*) é a *gĕmîlût ḥăsîdîm*. Mateus diz que esta *ḥesed/eleos* é o comer de Jesus junto com os pecadores. Contudo, o problema é o mesmo. Se não existe mais o sacrifício *ḥaṭṭā't*, de que modo expiaremos os pecados?

Analisemos agora o segundo caso, em que Mateus, ao contrário de Marcos e Lucas, põe nos lábios de Jesus a citação de Oseias 6,6: "quero misericórdia, não imolação sacrifical". Novamente estamos em um contexto no qual os adversários acusam, dessa vez os discípulos, de comer de modo incorreto: os discípulos

---
64. NEUSNER 2001a, p. 251.
65. GNILKA 1990, p. 489.

arrancam espigas em dia de sábado para comê-las. Também aqui o contexto é polêmico, e também aqui se refere ao comer.

Com referência a Marcos 2,23-28 e Lucas 6,1-5, Mateus 12,1-8 insere três frases, de outra forma desconhecidas, de Jesus, que afirmam: a) que no templo os sacerdotes anulam o sábado para determinadas práticas necessárias; b) que ele é maior que o templo (portanto, é lícito anular o sábado em sua presença); c) que quem dirige essa crítica aos seus discípulos não compreende o significado da passagem de Oseias 6,6. A discussão na qual Mateus insere essas três referências nada tem a ver com os sacrifícios, e sim com o problema se é lícito arrancar espigas no sábado para comer. A resposta de Jesus, no trecho que Mateus recebeu da tradição e que encontramos em Marcos 2,23-26, referia-se ao que Davi fez no templo. Mateus 12,5 acrescenta primeiro uma referência a Levítico 24,5-9 que, mais uma vez, não é relativa aos sacrifícios. É neste ponto que Mateus introduz duas frases de Jesus que mudam de assunto e inclinam o trecho do Levítico à finalidade de uma discussão totalmente diferente. Também Gnilka reconhece que "com referência ao início da passagem a fratura é clara"[66]. Entretanto, pensa que Mateus quis introduzir uma temática cristológica que prepara a afirmação cristológica final do trecho sobre o poder do Filho do homem. Eu, ao contrário, considero que Mateus opera aqui uma digressão para extrair de um dito de Jesus uma *teoria sobre a irrelevância dos sacrifícios*, tema para o qual ele não dispunha de palavras de Jesus. Antes de afirmar a soberania de Jesus sobre o sábado, Mateus se aproveita do fato de que ele, em sua resposta à crítica, apresentara o exemplo de Davi, que entrou no templo e comeu os pães da oferta, e, agarrando-se a esta referência ao templo, faz duas afirmações: a) que existe algo maior que o templo, o que não significa a sua abolição, e sim a sua relativização em relação a alguma coisa maior; b) que os adversários não entendem o sentido da frase de Oseias 6,6. Se a tivessem entendido, não acusariam os discípulos, que não têm culpa. Mateus não está contra o templo, portanto *não* afirma que o templo não possui valor, mas que Jesus é "maior" (*meizon*) que o templo. Enquanto o templo existiu, os membros de sua comunidade o frequentaram e participaram ativamente do culto sacrifical. Agora, porém, ele não existe mais. Trata-se, então, de procurar uma alternativa para o culto sacrifical. Mateus, por outro lado, também não está contra o sábado, e quer desculpar os discípulos deste ponto de vista: eles são "sem culpa" (*anaitioi*). Mas qual é a ligação que Mateus vê entre o versículo de Oseias 6,6 e o comportamento dos discípulos? Uma ligação deve existir, porque Mateus

---

66. GNILKA 1990, p. 646-647.

sustenta que se os adversários tivessem compreendido isto não teriam culpado inocentes. E que função possui, no raciocínio, a superioridade de Jesus sobre o templo? Não se pode responder a essas perguntas se não se entende por que a *hesed* deveria estar em contradição com a *thysia*. Ora, a meu ver, a *hesed* é aquela atitude de Deus que consiste em suspender a lei para afirmar a justiça. O indulto das dívidas suspende a lei que exige o pagamento, mas afirma uma justiça maior porque vai ao encontro dos oprimidos. A *thysia* representaria, então, somente o respeito à lei. A *thysia*, com efeito, serve para restabelecer uma ordem infringida, e supõe que Deus não perdoará enquanto o homem não restabelecer a ordem que infringiu. Pela *hesed* porém, Deus perdoa em vista do restabelecimento de uma justiça mais ampla. Jesus, que é maior que o templo, representa a *hesed* que é maior que a *thysia* do templo.

Para a compreensão dessas duas citações bíblicas postas na boca de Jesus é preciso partir de um dado exegético absolutamente decisivo: pelo confronto sinótico emerge que essa citação é sempre um acréscimo redacional de Mateus. Ela não pode ser atribuída a Jesus. O dado exegético o proíbe. O historiador deve perguntar-se então por que, afinal, Mateus, e somente ele, pôs nos lábios de Jesus duas vezes a mesma citação de Oseias. A resposta obrigatória é que Mateus, ou a tradição que ele repete, tinha as suas razões, que devem ser buscadas na história dos grupos pós-jesuanos que ele refletia.

Se Mateus (ou a tradição que ele exprimia) cita a frase de Oseias é porque a temática do sacrifício tinha importância para ele (ou para a tradição que ele reproduzia). Devemos, pois, pressupor uma comunidade de seguidores de Jesus, após a sua morte, na qual tinha sentido criar uma polêmica ou fazer uma crítica à prática sacrifical. Pode-se supor duas diferentes possibilidades. A primeira é que Mateus, diante da destruição do templo, tenha procurado encontrar nas palavras de Jesus ou em seu comportamento alguma ligação que tornasse praticamente inúteis os sacrifícios. É óbvio que todos sabiam que Jesus estava longe de ser contrário aos sacrifícios. Todos aqueles seguidores de Jesus, pertencentes àquela corrente que o Evangelho de Mateus reflete, praticavam os sacrifícios. Mateus, ou a tradição anterior a ele, quer dizer a esses pós-jesuanos que praticam os sacrifícios que a misericórdia é mais importante que os sacrifícios.

Essas duas passagens (Mt 9,13; 12,7) me induzem a considerar que Mateus tenha o problema de coordenar a adesão à práxis sacrifical do templo com uma adesão à concepção e à práxis jesuana do perdão dos pecados. Ele optou por coordenar a posição de Jesus com uma certa existência dentro das instituições judaicas.

Finalmente, há uma passagem de Marcos, 12,28-34[67] (que tem o seu paralelo em Mt 22,34-40), em que também o dado exegético é absolutamente fundamental para a interpretação. A frase final, segundo a qual a observância dos dois preceitos resumem a lei:

> é maior que todos os holocaustos e sacrifícios (Mc 12,34),

é um acréscimo redacional que não pode remontar a Jesus. Somente Marcos, e não Mateus, especifica que os dois preceitos, nos quais toda a lei se resume, são mais importantes (*perissoteron*) que todos os holocaustos e imolações. Observe-se bem, porém, essa frase não afirma uma *substituição* dos sacrifícios pelo duplo preceito, e sim uma *subordinação* de importância. Marcos sabe que Jesus não era contrário aos sacrifícios. Ele se encontra em uma situação na qual a igreja pós-jesuana tem uma atitude de rejeição ou de crítica a essa práxis religiosa, então gostaria de encontrar em Jesus alguma referência à nova práxis e à nova teoria. A solução encontrada é colocar na boca não de Jesus, mas de um escriba, uma frase, aprovada por Jesus, que sustenta que a observância dos dois preceitos é muito melhor que a prática sacrifical. Também este texto, portanto, nos transmite o mesmo quadro: os sacrifícios não são rejeitados por Jesus.

A primeira Igreja, sucessiva à morte de Jesus, parece testemunhar tendências contraditórias e diversificadas sobre a práxis sacrifical do templo. Ao lado de uma rejeição como a de Estêvão, temos a comunidade de Jerusalém, que, segundo os Atos dos Apóstolos, recomenda a Paulo que cumpra um rito ligado aos atos sacrificais (At 21,23-26). O ambiente dos seguidores de Jesus que ecoa em Mateus aceita a práxis sacrifical do templo e a une à concepção e à práxis de remissão dos pecados indicada por Jesus. Somente por volta do final do século encontramos a rejeição radical ao culto sacrifical, em João 4,21-24. É bem interessante observar, todavia, que também na passagem joanina a afirmação sobre o fim do culto no templo é colocada na boca de Jesus como alguma coisa que só aconteceria no futuro, o que implica a consciência de que no seu tempo ele não combateu o culto sacrifical.

Essa divergência de tendências pode ser justificada por uma atitude de Jesus em relação aos sacrifícios bastante flexível, porque era essencialmente determinada pela sua concentração nos modos pelos quais se podia obter o apagamento dos pecados voluntários pelos indivíduos. Essa atitude de Jesus não afrontava diretamente a normativa da Torá, pois nela não estavam previstos

---

67. Sobre esta passagem cf. MAZZA 2002.

sacrifícios que expiassem os pecados voluntários dos indivíduos. Também o bode vivo levado para o deserto na cerimônia do *Yom ha-kippurim* não era um sacrifício. Finalmente, o modo como eram vivenciados os sacrifícios era diversificado, e o próprio *Yom ha-kippurim* possuía uma expressividade riquíssima, que permitia uma pluralidade de interpretações. Jesus minimizava a função expiatória do jejum e da auto-humilhação física, assim como a necessidade de uma descontaminação corpórea após os pecados morais. Também estas duas tendências de Jesus podiam ser interpretadas diferentemente: por alguns, de maneira radical, como se quisessem uma eliminação radical; por outros, de forma moderada, isto é, de um modo que permitia harmonizar a fidelidade à orientação de Jesus com a fidelidade à práxis normal das instituições religiosas. Sobretudo, Jesus sustentava a necessidade de um perdão de Deus que devia ser imitado também pelos homens, uns para com os outros.

Capítulo V
A pesquisa histórica sobre Jesus e a fé
A partir das reflexões de E. Käsemann e J. Dupont

Nos dois capítulos anteriores mostramos alguns aspectos pelos quais afirmamos que Jesus era um judeu que permaneceu dentro do sistema religioso do judaísmo do seu tempo. Também mostramos a ausência de uma dimensão cristológica na oração de Jesus, o pai-nosso. Agora, neste capítulo, enfrentaremos um momento importante da pesquisa histórica da segunda metade do século XX, quando se procurou enfrentar o problema da evolução de Jesus até o cristianismo primitivo. A antiga reflexão teológica dos seguidores de Jesus foi fiel ao Jesus histórico, ao Jesus judeu? E em qual medida o exegeta dos textos evangélicos tem de possuir um pressuposto de fé cristã para compreendê-los?

1. Dupont e a pesquisa sobre o Jesus histórico

A obra exegética de Jacques Dupont, extremamente sagaz e equilibrada, ainda hoje merece ser estudada, e merece influenciar constantemente o trabalho dos exegetas atuais, que frequentemente minimizam os autores de língua diferente da inglesa e parecem esquecer décadas e décadas de incansável e insubstituível trabalho exegético. Padre Dupont, como se sabe, não é só muito importante para a exegese dos sinóticos e pela *Redaktionsgeschichte*, e nem somente pela enorme monografia sobre as bem-aventuranças. Mas ele deu uma contribuição fundamental a pelo menos dois outros âmbitos neotestamentários: aos estudos sobre os Atos dos Apóstolos[1] e

---
1. DUPONT 1975.

aos estudos paulinos. O livro de 1949, *Gnosis. La connaissance religieuse dans les épitres de Saint Paul*. (*Gnose. O conhecimento religioso nas cartas de São Paulo*[2]), em que se diferenciava de seu mestre Cerfaux, reconduzia Paulo ao âmbito do judaísmo bem antes das descobertas de Qumran. Não é tarefa minha resumir a sua luta científica. Todavia, é certamente necessário enfocar os aspectos materiais da sua prática exegética, que mostram a extrema sofisticação de seu trabalho artesanal (por exemplo, a completude e a segurança da informação, a capacidade de escolher o confronto com as hipóteses mais seguras e fundamentais, a busca da perfeição na análise lexical e estilística)[3].

Em toda pesquisa sobre o Jesus histórico é preciso ir além dos evangelhos, remontar retroativamente às tradições que eles utilizaram, mas para isto é necessário procurar isolar, através dos métodos da *Traditionsgeschichte*, aquilo que os evangelistas acrescentaram às tradições recebidas. Trata-se de um trabalho de levantamento até a tradição mais antiga, da qual cada um deles dependia, e que, todavia, jamais poderá chegar ao próprio Jesus. Dupont compartilhava a ideia de que originalmente a mensagem e as histórias de Jesus tivessem sido transmitidas oralmente, e que por isso a tradição que é possível reconstruir com base nos textos evangélicos nada mais é senão o fruto da tradição oral, e não de Jesus. Isto significa que para remontar a Jesus é necessário um pulo para trás, não mais baseado no método da *Redaktionsgeschichte*, mas que exige a prática de uma série de critérios e hipóteses.

Assim, Jacques Dupont pensava que era necessário reconstruir a mensagem do Jesus histórico e que para tanto se deveria ir além dos atuais textos dos evangelistas canônicos. Nesse empreendimento, os métodos de reconstrução da figura de Jesus eram para ele exclusivamente literários e históricos. Há, porém, outro

---

2. DUPONT 1949.

3. Tive a sorte de ser discípulo de dom Jacques Dupont, OSB entre 1973 e 1980. Então, Dupont fazia parte do Comitê Científico do *Istituto per le scienze religiose*, de Bolonha, dirigido por Giuseppe Alberigo, de quem eu era assistente. Após os estudos de Filosofia, em Roma, e de História da Igreja, em Bolonha, em 1968 iniciei a pesquisa no campo neotestamentário, e depois dos períodos de formação na Alemanha e na Hebrew University, após o meu retorno de Israel em 1973, o Instituto de Bolonha confiou-me à supervisão de dom Dupont. Foi nesse contexto que, em setembro de 1973, J. Dupont coordenou um longo seminário de duas semanas (com reuniões diárias, manhã e tarde) sobre a parábola de Jesus dos convidados ao banquete. Participaram do seminário: Giuseppe Barbaglio, Pier Franco Beatrice, Carlo Buzzetti, Rinaldo Fabris, Giancarlo Gaeta e eu. Os resultados do seminário foram publicados em 1978 em um livro com um título bastante significativo, que nos introduz diretamente no tema que iremos enfrentar: *La parábola degli invitati al banchetto. Dagli evangelisti a Gesù* (*A parábola dos convidados ao banquete. Dos evangelistas a Jesus*) (DUPONT 1978b). O subtítulo *Dagli evangelisti a Gesù* (*Dos evangelistas a Jesus*) evidencia o centro do objetivo da pesquisa. O escopo último da exegese naquele seminário e naquele livro era, com efeito, reconstruir o Jesus histórico.

aspecto da obra exegética de Dupont que se une ao primeiro, embora totalmente diferente deste: a sua preocupação com as origens da cristologia.

A pesquisa do Jesus histórico e as origens da cristologia são, pois, os dois aspectos da obra exegética que gostaria de analisar nestas páginas. Farei referência sobretudo ao Congresso organizado por Dupont sobre *Jésus aux origines de la christologie* (*Jesus nas origens da cristologia*), publicado em primeira edição em 1975 (segunda edição em 1989), ao livro lançado em 1978 dedicado à parábola dos convidados ao banquete e ao ensaio, sempre de 1978, A che punto à la ricerca sul Gesù storico "Em que ponto está a pesquisa sobre o Jesus histórico"[4].

Qual é a relação entre o Jesus histórico e o Jesus da fé segundo Dupont? A resposta é clara nas suas palavras: "Que as duas imagens não coincidam, os mais zelosos defensores das posições tradicionais devem terminar por aceitar; mas que se oponham a ponto de que elas se excluam reciprocamente até mesmo os mais críticos vão acabar por colocar isto em dúvida. De modo que a verdadeira questão, hoje, é estabelecer a relação entre o Jesus da história e o Cristo da fé: uma relação que implica, ao mesmo tempo, continuidade e descontinuidade"[5]. A sua posição é honesta e reconhece o dado histórico. Todavia, une o dado histórico com a exigência de fé. Não escapa, porém, que nessas afirmações de 1978 Dupont considere a relação entre o Jesus histórico e o Cristo da fé como uma ligação que ainda precisa encontrar uma solução, para a qual é necessário trabalhar. Dupont se impunha uma tarefa e imaginava para o futuro uma solução possível que juntasse os dois aspectos do problema.

O Congresso de 1973 *Jésus aux origines de la chistologie* nos transmite com clareza o seu ponto de vista. Dupont considerava o célebre artigo de Käsemann, de 1953, um ponto de referência indispensável: "Käsemann não pretende, com efeito, substituir o Jesus da história pelo Cristo da pregação, ou exigir da ciência histórica que possamos ter de Jesus um fundamento ou uma justificação da fé no Cristo. Sobre este ponto Käsemann se atém à posição de Bultmann [...]: a fé cristã se define em relação ao Senhor glorioso, vivo hoje, proclamado pela pregação da Igreja. O ponto sobre o qual Käsemann se separa de Bultmann é o momento em que ele, Bultmann, considera que o Cristo glorioso nada tem a ver com o Jesus da história, e que, portanto, o Jesus da história não possui significado constitutivo para a fé cristã. Para Käsemann, ao contrário, o Jesus terreno está inserido no Jesus da fé, de modo que a pesquisa histórica referente a Jesus de Nazaré corresponde a uma exigência essencial da fé cristológica. É essencial,

---

4. DUPONT 1989; 1978a e b.
5. DUPONT 1978a, p. 8.

com efeito, que o Cristo da Páscoa, no qual cremos, seja idêntico ao Jesus terreno, caso contrário um mito substituiria a realidade histórica [...]. Se é verdade que a nossa fé é voltada para o Senhor glorificado, também é verdade que este Senhor não possui outra face senão aquela de Jesus de Nazaré. E é igualmente verdade o contrário: é o mistério pascal que permite ao crente reconhecer a verdadeira dimensão do Jesus histórico"[6].

Neste ponto, Dupont prossegue com um comentário: "Não se trata, pois, de retornar a um procedimento apologético que, partindo do Jesus histórico, construía uma argumentação histórica que pretendia conduzir até o Cristo da fé"[7]. Com essas palavras Dupont se afasta de Albert Descamps, que, exatamente no Congresso de 1973, sustentava essa posição contra Ernst Käsemann. Dupont é claramente a favor de Käsemann.

É fundamental aqui entender a posição de Dupont: "Se a fé no Cristo vivente não pode ser o ponto de chegada de um raciocínio [e isto é dito contra a posição de Descamps definida como "apologética"], também é verdade que esta fé, que tem a prioridade, traz em si mesma uma exigência: o Cristo ao qual adere não pode deixar de ser Jesus de Nazaré"[8].

É neste ponto que Dupont faz uma afirmação ousada, não imediatamente compreensível: "O procedimento histórico assume, assim, um novo sentido. Não evolui mais fora da fé e com desconfiança da fé, mas dentro da fé e exatamente sob a pressão dessa fé"[9]. O problema posto é o sentido dessa afirmação, que pode ser compreendida de dois modos diferentes um do outro. A frase pode querer dizer simplesmente que o crente, aquele que tem fé, deve dedicar-se à pesquisa histórica, à reconstrução da figura histórica de Jesus, através do método histórico normal. A afirmação "não evolui mais fora da fé", referente ao "procedimento histórico" que o crente aplica, significa que a pesquisa histórica é realizada por uma pessoa que tem fé e que não acha nenhuma contradição entre a sua fé e fazer uma pesquisa histórica sobre Jesus. Não significa que essa pesquisa deva ser condicionada pelos pressupostos da fé do crente ou ser forçada a demonstrar a fé. A princípio, parece ser essa a compreensão exata de Dupont, porque imediatamente acrescenta: "Não é que se transforme a natureza do trabalho histórico. As suas regras permanecem as mesmas de toda ciência histórica, e a própria fé só pode torná-lo mais exigente no método histórico"[10]. Em outras palavras, o exegeta

---

6. DUPONT 1978a, p. 11-12.
7. DUPONT 1978a, p. 12.
8. DUPONT 1978a, p. 12.
9. DUPONT 1978a, p. 12.
10. DUPONT 1978a, p. 12.

crente nunca pressuporá a própria fé na pesquisa que realiza e se limitará apenas a constatar aquilo que os dados históricos analisados filológica e historicamente dizem, sem jamais lê-los à luz da fé pascal sucessiva.

Em favor dessa interpretação está uma outra afirmação sucessiva de Dupont, de grande importância: "Insisto no fato de que não se trata de rastrear no ministério terreno de Jesus uma fé cristológica que supõe os eventos da Páscoa"[11]. Isto significa que entre o Jesus terreno e o Cristo em que se crê após a Páscoa existe uma diferença. A fé cristológica não pode ser encontrada no ministério terreno de Jesus antes da Páscoa simplesmente porque não existe. Entre o ministério terreno e a Páscoa há um salto, um hiato, uma insuperável diferença. E é essa diferença que torna impossível o procedimento que a fé cristológica gostaria de demonstrar historicamente, procedimento que Dupont tem desde o início rejeitado e definido como "apologético". Ele apressou-se em nos afirmar que não se chega à fé pascal através de um "raciocínio". Certamente, e Dupont imediatamente acrescenta: "Esta observação não impede que nos interroguemos sobre a presença de traços que garantem uma continuidade entre o Jesus da história e o Cristo da fé"[12]. Para Dupont, a descontinuidade não é total: também existe uma continuidade. Antes, para ser mais exato: existem "traços que garantem *uma* continuidade". Desde o início Dupont tinha afirmado: entre o Jesus histórico e o Cristo da fé existe continuidade e descontinuidade. Se não houvesse descontinuidade, também não haveria fé. Se não houvesse continuidade, o Cristo em que se crê não seria o Jesus de Nazaré histórico. "Aquilo que no Jesus histórico desconcerta o estudioso de história recebe um sentido para o crente à luz de sua fé pascal. É somente a este ponto", conclui Dupont, "e apenas a este ponto, que o crente e o incrédulo se separam: não na pesquisa histórica enquanto tal, mas no significado a ser atribuído a essa pesquisa"[13]. Essas afirmações apresentam algumas dificuldades. Crente e não crente não se separam na pesquisa histórica enquanto tal, não se separam antes e durante a pesquisa histórica, mas somente (é Dupont quem acentua o conceito recorrendo à repetição enfática "somente a este ponto") no final da pesquisa histórica, e após a pesquisa histórica. Parece-me, todavia, que haja uma oscilação neste pensamento entre dois tipos diferentes de contraposição. A primeira contraposição é entre fé e pesquisa histórica; a segunda, entre crente e não crente. A primeira se refere a métodos e atitudes abstratos, despersonalizados; a segunda é relativa a pessoas concretas. A meu

---

11. DUPONT 1978a, p. 13.
12. DUPONT 1978a, p. 13.
13. DUPONT 1978a, p. 13.

ver, parece que a passagem de resultado histórico a ato de fé pode ocorrer dentro de uma mesma pessoa. A pesquisa histórica desconcerta tanto o crente quanto o não crente *se* até aquele ponto eles procederam apenas com um método histórico que nunca pressupõe a fé, nem na base nem durante o procedimento de análise histórica. Desconcerta o historiador *sic et simpliciter*. Mas existe ainda uma segunda questão: Por que, afinal, o resultado da pesquisa histórica deveria ser desconcertante?. A resposta a essa pergunta vem provavelmente daquilo que Dupont afirmava acima e que reproduz um *topos* da reflexão teológica católica do século XX: "Certamente, Jesus emerge para o historiador como um homem real, profundamente inserido no seu tempo e no seu ambiente sociológico, cultural e religioso. Mas é também um homem que surpreende [eis o ponto] e que não se deixa enclausurar em nenhuma categoria preestabelecida: profeta, taumaturgo, mestre de sabedoria..."[14]. Ora, é exatamente isso que um historiador dificilmente pode aceitar: que o homem Jesus não possa ser compreendido historicamente segundo categorias históricas e socioantropológicas. Por que Jesus não pode ser considerado um líder carismático? Os motivos para não o considerar assim são de caráter histórico, e neste caso, será correto rejeitar essa categoria para recorrer, em vez disso, a outra mais convincente. A singularidade e a originalidade de um indivíduo, bem como de um grupo ou de uma criação artística, são indubitáveis, porém não nos impedem de recorrer a categorias comuns. A menos que eu não reintroduza na pesquisa histórica o pressuposto da fé, e me convença, com base no meu amor por Jesus e na minha fé, da sua absoluta novidade, a qual, todavia, não será mais apurada historicamente, mas pressuposta. Surge, assim, a dúvida de que nessas declarações teóricas Dupont não permita ser interpretado por completo, como propus acima, ou seja, é como se ele defendesse uma pesquisa histórica totalmente independente dos pressupostos da fé.

O fato é que essa interpretação não é tão segura até por um outro motivo. Dupont, com efeito, também escreve: "Inspirada pela fé, essa pesquisa histórica visará a bem outra coisa além de uma simples reconstrução anedótica dos fatos. Pretende atingir aquilo que constitui a especificidade de Jesus de Nazaré, o que fez nascer nos seus discípulos aquela primeira forma de fé em sua pessoa, a qual a luz da Páscoa permitirá florescer plenamente"[15]. Parece, portanto, que o historiador crente deva olhar os fatos pensando que o Jesus histórico conflua no Cristo da fé. Do mesmo modo, parece que ele deva dobrar a pesquisa histórica como uma demonstração da continuidade, porque está dominado pela preocupação de

---

14. DUPONT 1978a, p. 12-13.
15. DUPONT 1978a, p. 12.

determiná-la com precisão. Ora, é exatamente isto que não é correto do ponto de vista do procedimento histórico: não se pode interpretar os fatos do passado à luz daquilo que aconteceu depois. Trata-se de um princípio basilar para toda pesquisa histórica. O depois não é a chave de interpretação do antes. Retornarei a este ponto fundamental no primeiro capítulo da segunda parte. Maurice Sachot denunciou um procedimento que consiste em reduzir a história do cristianismo das origens "à explicitação progressiva de um conteúdo inteiramente dado na origem, explicitação concebida como um contínuo vigor, como o crescimento de uma bela árvore já inserido nas potencialidades da semente". Na verdade, não é isto que Dupont sustenta. Para ele, entre o Jesus terreno e o Cristo da fé não há uma evolução progressiva. Na origem, no Jesus terreno, não acontece o todo do Cristo da fé. Entre antes e depois da Páscoa existe uma descontinuidade radical que só a fé pode preencher, mas que, segundo Dupont, também supõe uma continuidade. A crítica de Sachot não pode, pois, ser aplicada totalmente a Dupont, mas só no que se refere à denúncia de um procedimento histórico incorreto: a interpretação do antes à luz do depois.

O problema que não consigo evitar, e que não me parece seja esclarecido nem por Käsemann e nem por Dupont (mas se estiver enganado ficarei satisfeito em rever a minha posição), é que não se define *qual* fé deve estar em continuidade com o Jesus terreno. Conforme já disse no primeiro capítulo, os documentos cristãos dos primeiros 150 anos são muitas dezenas, e entre eles encontramos uma variedade de fés, geralmente divergentes. Qual fé deverei escolher para determinar uma continuidade com o Jesus histórico? Não é verdade que a fé na ressurreição de Jesus provocava conteúdos de fé comuns no século I.

Gostaria que ficasse claro que esta crítica à posição de Dupont, e a todas as posições que consideram que a pesquisa sobre o Jesus histórico deva ser conduzida dentro da fé, não é feita para renovar a contraposição frontal entre crítica histórica antieclesiástica e fundamentalismo teológico. Faço minhas as frases de Ernst Käsemann no ensaio que dá início a todo esse debate. Ele escreve: "Pode acontecer, com efeito, que cada um dos dois adversários em luta persiga um interesse indispensável para ele, e que, neste sentido, ambos não sejam mais simplesmente adversários, e sim interlocutores em um autêntico diálogo"[16].

Todavia, a questão já tinha sido totalmente formulada com clareza por Käsemann em 1953, e Dupont a reapresentaria em 1973. Foi Käsemann, de modo

---

16. KÄSEMANN 1985c, p. 32. Sigo a tradução de Vincenzo Gatti, feita na época para a casa editora Marietti, de Gênova. Käsemann definia esse diálogo como "teológico", mas eu o chamaria simplesmente de diálogo.

lapidar, quem afirmou: "é somente através da pregação cristã primitiva, e da dogmática eclesiástica ligada a ela, que conseguimos saber alguma coisa sobre o Jesus histórico"[17]. É ele quem afirma que "todos os elementos históricos só se tornam acessíveis a nós através da tradição, e compreensíveis somente por meio da interpretação"[18]. É ele, ainda, a declarar que o cristianismo primitivo "sobrepôs" o "seu *kerygma*" à figura do Jesus histórico e "a encobriu, colocando-nos assim, a nós historiadores, diante de enormes dificuldades e da impossibilidade de uma reconstrução"[19]. Ora, considerada como fato cultural, toda essa discussão käsemanniana emerge como um fato interno à história da teologia e das faculdades de teologia. Não é um fenômeno que possa interessar muito à prática dos historiadores que operam dentro da cultura da sociedade civil. De que modo os resultados da pesquisa histórica têm um impacto sobre a fé dos crentes é uma questão importante, mas é problema dos teólogos e não dos historiadores. A solução de Käsemann, que em páginas inteiras do seu artigo se opõe e coloca em dialética *Histoire* e *Geschichte,* é uma questão que faz sentido para quem se move, por exemplo, dentro da filosofia de Dilthey[20].

Essas perguntas que relaciono com as observações teóricas de Jacques Dupont, porém, são completamente marginais em relação à avaliação do significado central de sua obra. No final dos anos 1970, Dupont conferia uma tarefa particular à exegese católica: conduzir uma pesquisa rigorosamente histórica que, todavia, mostrasse a continuidade entre o Jesus da história e o Cristo da fé, embora respeitando o hiato intransponível que se situa, segundo ele, entre o Jesus histórico e o Jesus ressuscitado, e que só a fé pode superar.

Para Dupont, a certeza de que a pesquisa sobre o Jesus histórico fosse considerada legítima pela Igreja católica era oriunda dos vinte anos anteriores de história da pesquisa histórico-crítica católica, no contexto de uma mudada atitude dos documentos católicos oficiais. Não só a encíclica *Divino Afflante Spiritu* (1943) deu segura legitimidade à exegese católica na Igreja de Roma como também, desde 1955, tinha mudado a orientação da Pontifícia Comissão Bíblica. Sobretudo o documento desta Comissão *Sancta Mater Ecclesia*, de 1964[21], admitia que

---

17. KÄSEMANN 1985c, p. 32.
18. KÄSEMANN 1985c, p. 33.
19. KÄSEMANN 1985c, p. 34.
20. Sobre a possibilidade de afastar-se de Dilthey, cf. FLASCH 2008.
21. PONTIFICIA COMMISSIONE BIBLICA, *Sancta Mater Ecclesia. Instructio de historica evangeliorum veritate* (AAS 56, 1964, 712-718; *Osservatore Romano* de 14 de maio de 1964: texto com tradução italiana). Este documento da Pontifícia Comissão Bíblica representa uma importante virada. Um histórico comentário de J. Fitzmyer o evidencia com clareza: FITZMYER 1982. Cf. também: BEA 1964a, p. 526-545; GALBIATI 1964; 1966.

nas três fases de passagem de Jesus à pregação oral e à redação dos evangelhos tivesse acontecido uma mudança, ainda que, obviamente, na continuidade.

Todavia, em sua introdução no Congresso de 1973, Dupont escrevia: "Devemos ter confiança em nossos teólogos, e pensar que eles vão acabar dando o sinal verde à nossa pesquisa histórica, reconhecendo-a como legítima do ponto de vista da fé e talvez também útil e necessária"[22]. Dupont parece supor que em 1973 os teólogos continuassem a manter o sinal vermelho para uma pesquisa histórica sobre Jesus. Ainda havia dificuldades para que essa pesquisa fosse considerada legítima, útil e necessária. Segundo Dupont, o enfoque de Käsemann fazia "dar total valor à continuidade entre fé e história, mas deve-se perguntar se, ao menos na prática, ela escaparia do perigo de uma certa subordinação da fé em relação à pesquisa histórica". Dupont pensava, pois, que o equilíbrio entre pesquisa histórica e fé era difícil. Para ele, o importante livro de Norman Perrin, *Rediscovering the Teaching of Jesus* [Redescobrindo o ensinamento de Jesus][23], não respeitava esse equilíbrio, porque transformava "a pesquisa histórica sobre Jesus [em] um critério de discernimento para a autenticidade do *kerygma*"[24].

Esta última frase é reveladora. Parece que a alternativa fica entre considerar a pesquisa histórica como critério para a autenticidade do *kerygma* ou, ao contrário, considerar o *kerygma* como critério para a confiabilidade das reconstruções históricas sobre Jesus. Ora, enquanto tal, o historiador não pode e não deve nunca preocupar-se se os resultados das suas pesquisas se tornam ou não critério de discernimento para a autenticidade do *kerygma*. Se a mensagem das Igrejas é ou não autêntica não é uma questão que cabe à pesquisa histórica. Por outro lado, nenhuma pesquisa histórica séria poderá jamais aceitar mudar as suas análises para aderir àquilo que as Igrejas consideram um autêntico *kerygma*.

Na verdade, o clima teológico do catolicismo vinha, aos poucos, mudando radicalmente no final dos anos 1970, sobretudo na Itália. Lembro muito bem que o padre Ignace de la Potterie exprimiu-me verbalmente o desapontamento e uma crítica pelo subtítulo que Dupont tinha escolhido para o nosso seminário sobre a parábola do banquete: *Dagli evangelisti a Gesù* (*Dos evangelistas a Jesus*). Segundo ele, essa expressão admitia uma descontinuidade entre os evangelhos e a pregação de Jesus. De la Potterie era cada vez mais contrário à ideia do Jesus histórico: os evangelhos, em sua atual forma, é que nos dariam a figura histórica de Jesus. Lembro que dom Umberto Neri, um dos monges da

---

22. DUPONT 1989, p. 15.
23. PERRIN 1967.
24. DUPONT 1989, p. 15, n. 15.

comunidade monástica de dom Giuseppe Dossetti, então situada na Abadia de Monteveglio, diante do nosso trabalho de diferenciação das redações mateana e lucana da parábola do banquete, disse-me que a nossa tentativa de chegar ao Jesus histórico, para além da formulação evangélica, tinha sido inútil devido à hipótese, para ele totalmente plausível, de que Jesus teria narrado várias vezes, e de diferentes modos, a mesma parábola. Assim, era preciso considerar compatível com o Jesus histórico tanto a versão lucana quanto a mateana, ambas jesuanas. Até onde a linha de Dupont foi seguida na exegese católica sucessiva, particularmente na Itália, é uma questão que exige minuciosa pesquisa histórica e não pode ser resolvida apenas com base em impressões. A pesquisa sobre o Jesus histórico na Itália foi sendo, aos poucos, posta de lado, e poucos exegetas permaneceram fiéis em apoiá-la.

Que Dupont tenha sido um mestre sem escola, como diz o título do Congresso organizado pelo padre Lorenzo Saraceno, tem uma das suas razões no fato de que ele nunca ocupou a cátedra de Exegese Neotestamentária em uma faculdade teológica. Isto significa que ele não teve discípulos que seguissem o seu ensinamento. Bem depressa a *Redaktionsgeschichte* foi substituída em inúmeras faculdades teológicas, sobretudo romanas e italianas, por uma análise literária dos textos, que dispensava programaticamente a história da tradição e o confronto sinótico. À reconstrução histórica opunha-se sempre mais a tarefa da compreensão do sentido teológico do texto atual dos evangelhos. Afirmava-se cada vez com maior frequência que era preciso substituir a diacronia pela sincronia. Não faltaram exegetas que se prontificaram a escrever que a exegese denominada diacrônica punha em perigo a fé, que era, então, protegida por uma exegese puramente literária, conforme afirma Santi Grasso em um livro sobre Mateus[25].

Até aqui limitei-me a fazer observações de caráter bastante abstrato. Analisei algumas afirmações teóricas de Dupont. Ele certamente era um especialista em teologia, e o seu pensamento também neste caso é magistral. No entanto, considerava-se historiador e exegeta, conforme vimos anteriormente. Os teólogos dos quais ele esperava o sinal verde para a pesquisa histórica são os outros. Ele se considera entre os historiadores e fala da "*nossa* pesquisa histórica". A espe-

---

25. GRASSO 2005, p. 5-6; embora não depreciando completamente o método histórico-crítico, Grasso afirma que ele "mina, moderadamente, a confiança no texto inspirado": "Se, por um lado, o estudo histórico-crítico conduziu à compreensão da evolução que as palavras de Jesus tiveram dentro das várias comunidades que as receberam e atualizaram, por outro lado esse método, que quer encontrar as congruências, os sinais de redação anterior de maneira mais ou menos patente, mina moderadamente a confiança no texto inspirado".

cificidade da contribuição de Jacques Dupont não está, a meu ver, em algumas páginas de esclarecimento teórico, e sim nas centenas e milhares de páginas de análise exegética. Gostaria, antes, de dizer que as observações teóricas que vimos até aqui constituem de certo modo uma tentativa de aplicar ao trabalho exegético *uma explicação de fora*. Ora, é exatamente esse tipo de explicações vindas de fora que é pouco convincente. A teoria, porém, deve ser procurada dentro do próprio trabalho, dentro da própria prática exegética. É a prática exegética de Dupont que nos mostra como ele considerava o Jesus histórico, e qual relação Cristo tinha com a fé da Igreja primitiva.

A especialidade de Dupont era a análise de cada trecho evangélico, ainda que não faltem obras de síntese em sua vasta produção. Lembro-me de ter lhe pedido explicitamente, provavelmente por volta do final dos anos 1970, que começasse a escrever uma monografia sobre Jesus. Infelizmente não me recordo com quais razões, mas a sua resposta foi absolutamente contrária. Não tinha interesse em uma obra desse gênero. Não sei se essa desconfiança pela síntese monográfica sobre o Jesus histórico dependia da consciência, sempre crescente nele, de que os únicos traços que era possível reconstruir do Jesus histórico eram aqueles, poucos e limitados, que emergiam do exaustivo trabalho da *Redaktionsgeschichte*.

2. *Redaktionsgeschichte*, o exemplo da parábola do banquete

Tomarei como exemplo do trabalho exegético de Dupont o livro sobre a parábola do banquete. O método aplicado naquele seminário parece-me bastante claro. No centro da análise estavam a versão de Mateus (Mt 22,2-14) e a de Lucas (Lc 14,16-24). Uma primeira análise devia ser sobre a unidade literária da parábola como fenômeno literário. Carlo Buzzetti tinha a tarefa de fazer a análise literária de Mateus, e Giancarlo Gaeta a de Lucas. Esta *análise literária* devia estar atenta ao modo com o qual cada evangelista tinha construído literariamente a parábola, no contexto dos procedimentos literários do respectivo evangelho. Um segundo nível de análise consistia na *Redaktionsgeschichte* das duas passagens. Giuseppe Barbaglio apresentou a análise redacional da parábola de Mateus, e Rinaldo Fabris a de Lucas. Esse duplo nível de análise tinha por escopo esclarecer de que modo os dois evangelistas tinham utilizado a parábola e a transformado para adequá-la aos seus objetivos.

Neste ponto era preciso tentar a "reconstrução do arquétipo literário comum" que Mateus e Lucas tiveram diante de si e que tinham modificado em sua obra redacional. Essa tarefa foi confiada a este autor[26].

Somente após esses três níveis de análise, tendo enfim reconstruído a forma da parábola da maneira como se apresentava antes da redação mateana e lucana, foi possível a tentativa final: chegar até o Jesus histórico. Este trabalho foi realizado em um longo artigo do próprio Dupont: *La parabola degli invitati al banchetto nel ministero di Gesù* (*A parábola dos convidados ao banquete no ministério de Jesus*)[27]. Neste artigo repete-se em linhas gerais a estrutura do ensaio sobre a parábola da ovelha perdida que Dupont tinha apresentado em *Jésus aux origines de la christologie*[28]. As partes finais deste esquema são as essenciais. Dupont quis colocar, em primeiro lugar, "a parábola no ministério de Jesus"[29] e em seguida o seu significado no ministério de Jesus[30]. Nesta última seção possui papel de destaque a importância cristológica da parábola[31].

O livro que publicava o seminário dirigido por Dupont pode ser considerado um modelo de análise exegética, e certamente merecia ser amplamente utilizado. Mas, ao contrário, isto não aconteceu. A série de estudos denominada *Documenta Q*, publicada por Peeters, preparatória à edição crítica de Q, o ignorou completamente, e o mesmo ocorreu na exegese italiana, conforme demonstra o baixo número de vendas.

Um aspecto que hoje torna o livro menos utilizável é o modo como foi analisada a versão da parábola do Evangelho de Tomé. Dupont então estava convicto de que o Evangelho de Tomé era um texto bastante tardio e de que seu autor dependia dos sinóticos, também na parábola do banquete, no dito 64 desse evangelho. Dupont dava crédito, então, entretanto, ao livro de W. Schrage, de 1964[32]. A parábola de Tomé, pois, não foi exposta aos dois níveis de análise, literária e redacional, como as de Lucas e Mateus, e nem foi levada em conta por mim para a reconstrução do arquétipo literário anterior à redação evangélica. Pier Franco Beatrice, que neste ponto de vista era certamente mais avançado que nós na pesquisa, tinha parecer diferente, mas não conseguiu fazer valer a sua opinião. A sua contribuição

---

26. PESCE 1978.
27. DUPONT 1978b, p. 279-329.
28. *Les implications christologiques de la parabole de la Brebis perdue*, in DUPONT 1989, p. 331-350.
29. DUPONT 1978b, p. 290-311.
30. DUPONT 1978b, p. 311-329.
31. DUPONT 1978b, p. 322-329, sobretudo 329.
32. SCHRAGE 1964.

sobre o referido dito 64 de Tomé permaneceu como algo marginal no livro e não entrou no diálogo da reconstrução do Jesus histórico. Beatrice – distanciando-se não só de Dupont, mas também da minha contribuição (que, em obediência ao mestre, excluiu o confronto com Tomé) – escreve então: "A hipótese de trabalho que conduz a nossa pesquisa é [...] que, recorrendo também ao testemunho de Tomé, e ampliando desse modo a base do confronto a uma terceira voz [...], possam ser adquiridos mais numerosos elementos certamente úteis aos objetivos da reconstrução de um texto, se não original, ao menos muito antigo, arcaico, primitivo, muito próximo da intenção de quem foi o primeiro a pronunciar aquela parábola"[33]. Beatrice não pressupunha na parábola de Tomé acentos gnósticos, mas judeu-cristãos[34]. Relendo-o hoje, parece-me que ele tinha razão ao sustentar que Tomé não depende de Lucas[35], e que a versão dele testemunha um outro ramo de transmissão da parábola que possui, por outro lado, refrações em um determinado número de textos cristãos de épocas sucessivas.

A meu ver, o método de análise dos materiais sinóticos utilizado por Jacques Dupont conserva intacta a sua validade metodológica nas várias fases: 1. a análise literária do texto, depois 2. a autêntica *Redaktionsgeschichte* da passagem e ainda 3. a reconstrução da tradição mais antiga pressuposta pelos testemunhos evangélicos e, finalmente, 4. a tentativa de chegar ao próprio Jesus. Entretanto, o que realmente não é mais factível é uma excessiva marginalização das fontes não sinóticas. Na metade dos anos 1970 nascia a *Association pour l'Étude de la Littérature Apocryphe Chrétienne* (*Associação para o Estudo da Literatura Cristã Apócrifa*), que nas três décadas sucessivas revolucionaria profundamente os estudos sobre os textos dos primeiros séculos cristãos. Simultaneamente, desenvolveram-se novas atenções metodológicas, tanto na Alemanha quanto nos Estados Unidos, que conduziam a uma leitura não puramente literária dos textos, mas também sociológica e antropológica. O estudo da fonte Q (e, portanto, também do Jesus histórico) no quadro de uma análise de todas as fontes protocristãs dos primeiros 150 anos levava a uma leitura diferente das parábolas. Pensemos, por exemplo, no livro sobre a parábola dos vinhateiros de John Kloppenborg[36]. Com base em um confronto com a versão de Tomé, e calcado em uma meticulosa análise de história social fundamentada nos papiros documentais, Kloppenborg chegou a uma leitura profundamente diferente da parábola, na qual o centro da mensagem está na contraposição entre cidadãos proprietários

---
33. DUPONT 1978b, p. 242-243.
34. DUPONT 1978b, p. 243-252, de 252-265.
35. Cf. sobretudo a análise das justificativas da parábola (DUPONT 1978b, p. 252-254).
36. KLOPPENBORG 2006.

de terras e operários assalariados do campo. Integração da história social, de um lado, e extensão aos textos não canônicos, de outro, são hoje dois pontos indispensáveis da pesquisa.

3. A exegese de Dupont além do problema Jesus histórico/Cristo da fé

Sublinhei anteriormente a proximidade de Padre Dupont com a posição de Käsemann sobre a continuidade entre o Jesus histórico e o Cristo da fé, sobre a necessidade de uma pesquisa sobre o Jesus histórico e sobre a conveniência de que esta pesquisa, embora conduzida em sintonia com a fé, seguisse uma metodologia histórica rigorosa e autônoma – no que se refere exatamente ao procedimento de análise histórica – no pressuposto de fé. Mas Dupont não se identificava com outras teses de Käsemann ligadas ao problema do Jesus histórico. Uma das consequências da tese de Käsemann sobre a apocalíptica como mãe da teologia cristã é que se atribuía aos profetas protocristãos a criação ou a reformulação de muitos dos ditos de Jesus. Isto incluía diferenças notáveis do ponto de vista da análise das palavras de Jesus nos evangelhos sinóticos. Eugen Boring é um exemplo dessa tendência. Basta ler o seu livro *Sayings of the Risen Jesus. Christian Prophecy in the Synoptic Tradition* (*Ditos de Jesus ressuscitado. Profecia cristã na tradição sinótica*)[37] para ver o quanto é diferente a posição de Dupont em relação àquela dos que seguiram a tendência de Käsemann sobre este ponto. Boring conhece bem a tese de Dupont, segundo o qual o dito de Lucas 22,28-30/Mateus 19,28 sobre os tronos do juízo final "reflete a situação do Jesus histórico, que promete um juízo limitado a Israel correspondente à missão dos Doze, que igualmente era limitada a Israel", mas para ele o dito reflete a situação da comunidade de Q após a Páscoa, que não obtivera sucesso em sua pregação em Israel. Segundo, Boring, portanto, este dito remonta – através dos profetas – ao Filho do homem elevado, que tranquiliza os seus sobre a participação deles na condenação final da última geração de Israel[38]. Essa hesitação de Dupont em atribuir tão facilmente a criação profética dos ditos de Jesus à teologia da comunidade pós-pascal é ainda mais significativa porque ele, em seu livro *Gnosis*, reconhece o caráter inspirado da *gnose* paulina.

O gênio do padre Dupont era basear-se sobretudo em uma análise exegética extremamente acurada, que deixasse pouco espaço à intuição e à invenção.

---

37. BORING 1982.
38. BORING 1982, p. 178-179.

A sua característica era colocar em evidência, por meio da *Redaktionsgeschichte*, as transformações que a tradição anterior à redação dos evangelhos sinóticos tinha sofrido dos seus autores. Isto lhe permitia distinguir sempre o Jesus histórico da tradição sucessiva e, enfim, da redação evangélica. Entre Jesus e os evangelistas existia uma profunda diferença, e a sua exegese a punha delicada e certamente em foco. Na sua prática exegética, as oposições abstratas entre o Jesus histórico e o Cristo da fé se diluíam em uma história da transmissão e da redação. O mesmo exemplo que tomei para análise, o da parábola do banquete, permite a Dupont não atribuir a Jesus aqueles dois acréscimos da parábola que Mateus apresenta. O primeiro encontra-se, como se sabe, nos versículos 22,7-8: "Então o rei se enfureceu e enviou os seus exércitos, que exterminaram aqueles assassinos e atearam fogo à sua cidade. Disse, então, aos servidores: 'O banquete está pronto, mas os convidados não se mostraram dignos'". Dupont, que sempre denunciou a falta de verossimilhança narrativa de Mateus, tinha boas chances de alcançar o objetivo ao sublinhar que o banquete não podia estar quente depois de uma expedição militar. Mas tirar de Jesus a ideia de uma expedição militar punitiva da parte do rei, que simboliza Deus, e atribuí-la a Mateus é de uma importância enorme. Significa que era estranha a Jesus a terrível ideia de um Deus vingador, que pune a culpa religiosa com uma pena político-militar que implica morte e destruição. O segundo acréscimo de Mateus à parábola original, nos versículos 11-14, assim se exprime: "Então o rei entrou para ver os convidados, e notou ali que uma pessoa não tinha o traje nupcial. Disse-lhe: 'Meu amigo, como entraste aqui sem estar com o traje nupcial?'. O outro ficou calado. Então o rei disse aos servidores: 'Amarrai-lhe as mãos e os pés e lançai-o nas trevas. Lá haverá choro e ranger de dentes. Porque muitos são os chamados, mas poucos os escolhidos'". Reconhecer que o Jesus histórico não pronunciou estas frases significa admitir que uma parte da Igreja primitiva, aquela que está refletida nesta passagem mateana, possui uma ideia da salvação futura e de como alcançá-la que não remonta a Jesus.

No mesmo sentido deve-se situar uma outra característica do trabalho exegético do padre Dupont: sempre ter contribuído para uma leitura dos evangelhos que libertasse do antijudaísmo e do antissemitismo dos séculos sucessivos. Também aqui a distinção entre Jesus, a tradição evangélica sucessiva e a redação dos evangelhos permitiu a Padre Dupont dar uma contribuição essencial à reflexão teológica com base na análise exegética.

Finalmente, o exaustivo trabalho de ir da redação evangélica a Jesus foi possível devido a uma característica fundamental da *Redaktionsgeschichte*:

reconhecer a diversidade entre os evangelhos, uma diversidade que significa diferenciação em interpretar, modificar, adequar a mensagem e a problemática de Jesus de diferentes modos, às vezes profundamente diferentes um do outro. É certo que o padre Dupont via na descontinuidade também a continuidade e na diversidade a unidade. Mas sem destruir a pluralidade e a transformação.

O padre Dupont sintetizou em alguns aspectos fundamentais os pontos centrais da figura do Jesus histórico: a autoridade de Jesus, o imediatismo do seu ensinamento, o significado escatológico da missão de Jesus[39]. Estes aspectos eram fundamentais para a questão da relação entre o Jesus histórico e o Cristo da fé. Mas a exegese de Dupont esclareceu uma extraordinária quantidade de outros traços singulares da figura de Jesus, os quais não se reduzem a essa visão estreita do problema teológico de continuidade e descontinuidade entre história e fé e alargam serenamente o nosso olhar para a figura histórica de Jesus.

---

39. Cf. DUPONT 1989, p. 352-356; DUPONT 1978a, p. 20-30.

Segunda parte
Nascimento do cristianismo

Capítulo I
Como estudar o nascimento do cristianismo?

I. Premissas

Como nasceu o cristianismo?[1] Esta pergunta, hoje cada vez mais repetida, semelhante a outra, "Quando nasceu o cristianismo?", suscita uma quantidade de questões fundamentais, seja de caráter teórico, seja de caráter histórico, exegético, histórico-religioso e socioantropológico. Nos últimos anos comecei – juntamente com outros – a me fazer estas perguntas com a consciência de enfrentar, passo a passo, somente alguns aspectos parciais[2]. Hoje a insuficiência das argumentações de quem sustenta que o cristianismo nasce já com Jesus e com Paulo é talvez mais clara. Mas os contornos de uma proposta positiva alternativa ainda são incertos.

A pergunta sobre o nascimento do cristianismo geralmente consiste em querer saber quando aparecem pela primeira vez os termos "cristão" e "cristianismo" ou quando surgem pela primeira vez concepções, práticas e aspectos que podem ser julgados, indubitavelmente, cristãos e não judaicos. No primeiro caso, a minha resposta será que a aparição do termo por si só de fato não basta para resolver a questão, porque assim fazendo se pressupõe – sem comprová-lo – que as palavras "cristão" e "cristianismo", em suas primeiras aparições, tenham o mesmo significado e o mesmo conteúdo dessas palavras séculos depois.

---
1. Esta pergunta é o título de um Congresso do grupo G.E.R.I.C.O., Bologna, junho de 2002, e de um número monográfico (21/2) dos *Annali di Storia dell'Esegesi* (2004).
2. DESTRO, PESCE 2000; PESCE 2003a; 2003b; DESTRO, PESCE 2004c.

É somente com base nesta suposição da identidade de significados das palavras que se pode pensar que os "cristãos" dos quais falam os Atos dos Apóstolos (11,26; 26,28; cf. 1Pd 4,16) tivessem as mesmas concepções teológicas e fossem organizados segundo os mesmos mecanismos institucionais dos cristãos da chamada "grande Igreja" do século III, e que fossem um grupo externo ao judaísmo. No segundo caso, não se trata mais só de palavras, mas do surgimento de concepções e de práticas que são julgadas "cristãs" e não judaicas. Aqui, a resposta tem de ser mais articulada. É um conjunto de pressupostos teológicos que permite a alguns, com efeito, considerar "cristãs" e não judaicas certas características dos primeiros grupos de discípulos de Jesus. Em primeiro lugar, eles pressupõem que se se saiu do judaísmo necessariamente deve-se entrar no cristianismo, aplicando – não sei o quão intencionalmente – um esquema de história da salvação que vê naturalmente confluir a história de Israel na história da Igreja. De um ponto de vista histórico, todavia, um grupo que sai do judaísmo pode muito bem dar vida a um grupo religioso não cristão, mesmo sendo não judaico. Considero muito sintomático que nos limitemos à alternativa se o paulinismo e o joanismo são judaicos ou cristãos. Essa alternativa depende da bem conhecida concepção teológica (substancialmente anti-hebraica?) segundo a qual à história do povo judeu deve suceder a história da Igreja e que o cristianismo seja o cumprimento do judaísmo. Em segundo lugar, raciocina-se em termos de "novidade" de Jesus, pressupondo-se que aquilo que é "novo" seja não judaico. Em terceiro lugar, finalmente, tende-se a ler a situação inicial à luz do momento em que o cristianismo está certamente bem delineado e existente, e a projetar – sobre as origens – as ideias, as classes e as práticas do século II avançado, ou do século III, se não do século IV. Em suma, a própria ideia de considerar o movimento de Jesus e as comunidades paulinas (ou outras de seguidores de Jesus do século I) como o *início* de alguma coisa que irá se desenvolver lentamente e mais tarde, como uma fase "inicial", prejudica radicalmente a resposta, porque pressupõe a *continuidade* entre o cristianismo dos séculos IV a VI e aquelas formas religiosas que se pensa ser o seu *início* (uma crítica a este enfoque encontra-se em JENKINS 2010).

1. Pressupostos acríticos

A pergunta "Quando nasce o cristianismo?" surge necessariamente, visto que hoje estamos cada vez mais conscientes de que Jesus não era um "cristão", e sim um judeu, que agia e se exprimia dentro da própria "religião", a judaica. Ao menos muitos pensam assim. Tornou-se habitual, pois, perguntar *quando* o cristianismo nasceu. Um dos modos mais difusos para enfrentar a questão é interrogar-se quando as comunidades dos seguidores de Jesus se desligaram das comunidades judaicas, dando, assim, vida ao cristianismo. A questão, portanto, geralmente é formulada da seguinte maneira: quando o cristianismo se afasta do judaísmo? No momento do afastamento, da separação ou da "divisão dos caminhos" – como alguns gostam de dizer – deveria ser colocado o nascimento da religião cristã. Penso, todavia, que a questão também podia ser posta de modo diferente. Em um livro publicado em 2000, Adriana Destro e eu pela primeira vez fizemos referência ao fato de que, na realidade, o momento em que as comunidades dos discípulos de Jesus se afastam das comunidades judaicas ainda não constitui, *per se*, a data do nascimento do cristianismo[3]. A questão, com efeito, é bem mais complexa. A pergunta seguinte, se e em qual medida o cristianismo deve ser considerado em legítima continuidade com Jesus ou se representa uma evolução descontínua, é diferente da primeira e pode ser enfrentada separadamente, embora esteja intimamente ligada a ela.

Dizia que o problema do nascimento do cristianismo não pode ser simplesmente identificado com a questão da separação das comunidades dos discípulos de Jesus das comunidades judaicas porque depende, a meu ver, de uma multiplicidade de outros pontos de vista. A primeira exigência, com efeito, é a do esclarecimento do conceito de cristianismo, utilizado quando um estudioso de hoje fala de nascimento do cristianismo, de separação do cristianismo do judaísmo ou de distinção entre judeus e cristãos. A questão não apresenta um único aspecto e exige uma multiplicidade de minuciosas especificações. Vou procurar ser claro, portanto, mesmo à custa de um certo alongamento.

Em primeiro lugar, creio que será necessário repetir neste contexto aquilo que, de um ponto de vista metodológico, é doutrina largamente adquirida nos

---

3. DESTRO, PESCE 2000, p. XVI: "Uma das questões que este livro pretende contribuir para dar uma resposta é o que vem a ser joanismo e como ele se diferencia do mais tardio sistema religioso cristão e daqueles contemporâneos judaicos. Se o cristianismo é o sistema religioso que se formou na segunda metade do século II, então o joanismo não é um 'cristianismo', mas representa uma forma religiosa autônoma, que se concebe em termos universais. O que não significa automaticamente, observe-se bem, que ele seja um sistema judaico. Isto quer dizer, em suma, que aplicar sem reflexão um conceito como o de cristianismo pode conduzir a uma inconsciente mas não insignificante ou inofensiva transformação do objeto em análise". E prosseguimos: "Se o joanismo é independente do judaísmo, como podemos defini-lo? Não se pode ignorar que o cristianismo dos séculos sucessivos não é coincidente com o joanismo. É alguma coisa diferente. Por outro lado, certamente também é verdade que nunca se pensou no joanismo como um momento passageiro da formação do cristianismo. Em vez disso foi considerado como a verdadeira religião definitiva. Devemos, portanto, considerá-lo como um dos cristianismos que existiam por volta do início do século II. De modo que, quando o joanismo cessa de existir, não surge o cristianismo, mas simplesmente um outro cristianismo" (p. 140).

estudos históricos a propósito do uso dos conceitos historiográficos. O conceito de cristianismo só pode ser um conceito historiográfico porque é usado pelos historiadores. E não há sombra de dúvida de que a pergunta "Quando nasceu o cristianismo?" é uma pergunta histórica.

A teologia e a fé dos historiadores que são crentes e pertencem a uma determinada Igreja, entre as inúmeras cristãs hoje existentes (todas divergentes entre si – em muitas questões fundamentais – sobre o que é o cristianismo), deverão aqui ser postas de lado, no sentido de que não se poderá considerar cristianismo aquilo que uma determinada Igreja de hoje considera como tal.

Os conceitos historiográficos devem possuir algumas características essenciais. Em primeiro lugar, são definições, precisamente conceituais, que o historiador de hoje elabora. Em segundo lugar, devem corresponder ao objeto estudado, respeitando-o em sua natureza histórica. São clássicas as discussões sobre os conceitos historiográficos adaptados à periodização, como Idade Média ou Idade Moderna. "Cristianismo" é um conceito historiográfico semelhante a outros. É um conceito de hoje, com o qual se busca compreender um fenômeno histórico do passado. É um conceito próprio do historiador de hoje, enquanto ele sabe o que é o cristianismo porque é uma realidade da sua atualidade. Que os historiadores sejam ou não cristãos, em última análise, não constitui uma diferença essencial porque tanto crentes quanto não crentes, ao menos em um país como a Itália, que pertence à tradição cultural cristã, sabem o que é o cristianismo.

O historiador de hoje que é cristão, todavia, quase na totalidade dos casos, parte do pressuposto, quase sempre indiscutível ou não explicitamente posto em discussão, de que exista uma continuidade entre o cristianismo de hoje e o de ontem. Assim, considera que o cristianismo que dura até os dias de hoje nasceu quando as comunidades dos discípulos de Jesus se separaram do judaísmo. Esse historiador cristão hodierno pressupõe que o que caracteriza o cristianismo de hoje também caracteriza o cristianismo primitivo. Em suma, a sua definição do atual cristianismo condiciona a definição do cristianismo das origens. E isto é exatamente aquilo que toda pesquisa histórica deve sempre evitar. O método histórico, com efeito, se baseia necessariamente em dois princípios. Em primeiro lugar, cada evento possui *uma característica particular* historicamente determinada, que não deve ser confundida com aquela de outros eventos e fenômenos contemporâneos, passados ou sucessivos. A pesquisa histórica se propõe sempre reconstruir a imagem histórica exata, que não se repete, que constitui a originalidade do fenômeno estudado. Em segundo lugar, e em consequência da primeira preocupação metodológica, o historiador sempre pressupõe *a distância* entre o próprio objeto de estudo e as próprias categorias mentais. As categorias mentais do historiador, com efeito, pertencem ao mundo cultural de hoje, onde ele vive, enquanto as categorias mentais de um momento da história passada pertencem a uma cultura diferente da nossa e devem ser reconstruídas em sua originalidade, independentemente das categorias mentais de hoje.

Os historiadores que mais insistiram sobre a continuidade entre cristianismo de hoje e cristianismo das origens foram os católicos, talvez porque a sua teologia impõe afirmar a continuidade da sucessão apostólica e o respeito à reta doutrina representada pela Igreja católica. O historiador católico está talvez mais exposto que os outros no aplicar ao cristianismo das origens concepções católicas que lhe são estranhas. Os comentários, os artigos e as monografias dos exegetas católicos às vezes utilizam conceitos teológicos modernos estranhos aos textos das origens cristãs.

Todavia, ainda que estas observações não fossem exatas e não captassem bem a atitude de muitos historiadores e exegetas católicos de hoje, um outro aspecto permanece fundamental. O fato é que para saber quando o cristianismo se diferenciou do judaísmo *é necessário saber o que é o cristianismo*. É preciso tratar de um fenômeno religioso *diferente* do judaísmo. É inevitável, portanto, que o historiador possua de fato um conceito de cristianismo, porque é este conceito que lhe permitirá detectar a diferença.

Em sua maioria os exegetas e historiadores raramente explicitam qual é a forma histórica de cristianismo à qual eles se referem quando pensam em "cristianismo". Qual é a imagem doutrinária, institucional, ritual, litúrgica, ética, social, política e cultural do cristianismo que eles têm em mente? Trata-se do cristianismo de Justino ou do de Ireneu? Do cristianismo de Orígenes ou daquele do Concílio de Niceia de 325 ou do Concílio da Calcedônia de 451? Trata-se de um cristianismo romano, antioqueno, efésio ou alexandrino? Trata-se da Igreja latina ou da armênia? Das Igrejas de língua grega ou das de língua siríaca? E além disso: são cristãos somente aqueles que a Igreja sucessiva ou determinados grupos de seguidores de Jesus considerariam ortodoxos ou, em vez disso, somente aqueles que a Igreja sucessiva ou certos grupos majoritários em certas áreas considerariam heréticos?

2. A história retroativa e as origens da cristologia

Conforme disse outras vezes, frequentemente as tentativas de explicar as origens do cristianismo geralmente se propõem a reconstruir a *pré-história* de um nascimento. Têm mais ou menos claramente em mente o que é o cristianismo e procuram mostrar como aquela grandeza histórico-religiosa, já nascida em uma determinada época, que eles identificam como cristianismo, se formou parte por parte, fase por fase. Eles querem, por exemplo, localizar o formar-se da teologia, do dogma e das estruturas eclesiásticas que existem em um determinado momento. Assim fazendo, assumem como ponto de referência um cristianismo unitário, como ele é representado em um certo momento histórico e em uma determinada área geográfico-eclesiástica. A seguir, reconstroem retroativamente as fases de sua formação. Em suas sínteses, as várias correntes e os diferentes grupos originais dos seguidores de Jesus aparecem como se fossem fases ou etapas da representação sucessiva e, consequentemente, figuram apenas como pedaços de fragmentos soltos de seu contexto. Tudo aquilo que não faz parte daquele presumível processo formador é minimizado. Algumas dessas sínteses terminam, assim, por apagar totalmente a imagem das origens cristãs. Outras histórias do cristianismo antigo procuram mostrar os fatores históricos, econômicos, culturais e psicossociais que contribuíram para a sua difusão no mundo antigo e a sua expansão vitoriosa em relação ao judaísmo e às outras religiões[4].

Com referência ao método de uma história das origens cristãs, creio oportuno também citar neste capítulo uma reflexão de M. Sachot já citada a propósito das ideias de J. Dupont: "Pretendemos [...] sublinhar como a história das origens do cristianismo não se [...] libertou da noção de 'tradição', cuja essência está em atribuir à origem a forma atual da crença. Acolhendo tal aspecto, tende-se a reconduzir ao momento da origem tudo aquilo que foi sendo construído depois. E se admitimos um desenvolvimento do dogma e das instituições isto modifica unicamente a formulação, não o núcleo. A história se reduz, assim, à explicitação progressiva de um conteúdo inteiramente dado na origem, concebida como uma contínua exuberância, como o crescimento de uma bela árvore já inserida nas potencialidades da semente". Em oposição a esta visão, Sachot afirmava: "O cristianismo não preexistia ao processo por meio do qual ele emergiu"[5]. Da fragilidade metodológica apontada por Sachot também parecem sofrer os estudos que procuram encontrar já em Jesus as origens da cristologia cristã do final do século II e, no fundo, de Niceia[6]. A obra de Romano Penna *I ritratti originali di Gesù, il Cristo. Inizi e sviluppi della Cristologia neotestamentaria* (Os retratos originais de Jesus, o Cristo. Inícios e desenvolvimentos da cristologia neotestamentária), em dois volumes – o primeiro trata dos inícios e o segundo do desenvolvimento[7], é uma obra poderosa, tanto pelo empenho quanto pelo tamanho, certamente uma

---

4. DESTRO, PESCE 2000, p. VIII.
5. SACHOT 1999, p. IX-X.
6. Sobre este ponto também nos exprimimos várias vezes: PESCE 1996; DESTRO, PESCE 2004c.
7. PENNA 1996; 1999.

das mais significativas da exegese italiana do século XX. Apresenta-se como "cristologia neotestamentária", isto é, como um daqueles trabalhos que querem reconstruir quais foram as diferentes interpretações que os escritos contidos no Novo Testamento fizeram da figura de Jesus. Penna, todavia, em certos aspectos, também procura localizar no Jesus histórico as origens da cristologia da Igreja primitiva. É esta uma visão na qual ele está em boa companhia, desde que, já há quase meio século, se procurou encontrar uma ponte entre o Jesus histórico e o Jesus da fé[8], tentando identificar em determinadas atitudes e em certas palavras de Jesus vínculos legítimos para a evolução e as transformações sucessivas operadas pela interpretação protocristã. Parece-me que em determinados aspectos esse modo de proceder, embora querendo permanecer no plano histórico, é também ele pré-condicionado por uma escolha teológica que corre o risco de esvaziar a correção da análise. A fragilidade metodológica, a meu ver, está no fato de que, para procurar os vínculos no Jesus histórico e na cristologia protocristã, é necessário ler aquilo que aconteceu antes à luz do que aconteceu depois. Com isto se derruba a ordem da história. O fato de que o que aconteceu depois possa encontrar alguma justificação no que Jesus disse ou fez não significa que os seus atos e as suas palavras visassem realmente às futuras afirmações da Igreja primitiva. As obras que tendem a encontrar no Jesus histórico os vínculos da cristologia pós-jesuana escolhem somente alguns elementos e segmentos da atividade de Jesus, inserindo-os em um contexto teológico que não é o jesuano. Omitem, por outro lado, setores inteiros da cristologia protocristã; basta pensar, por exemplo, na cristologia da Ascensão de Isaías ou na do Evangelho de Tomé, porque não fazem parte do cânon neotestamentário.

3. A diferença entre significado étnico, cultural e religioso dos termos "judaico", "gentio" e "cristão"

O cristianismo nasceu em um contexto judaico e helenístico-romano. O contexto judaico, por sua vez, está profundamente imerso em um ambiente helenístico-romano. Os termos ou os adjetivos que são continuamente usados pelos exegetas e historiadores quando querem determinar as características do cristianismo primitivo são "judaico", "gentio"/"pagão" e "cristão". É inevitável, com efeito, usar esses conceitos quando se quer evidenciar que o cristianismo se desprende e se diferencia do judaísmo mesmo sendo diferente das religiões helenístico-romanas. A primeira exigência, pois, do meu ponto de vista, é um

---

8. KÄSEMANN 1985c.

esclarecimento sobre o significado desses três conceitos usados pelos historiadores e exegetas contemporâneos: "judaico", "gentio"[9] e "cristão".

O ponto principal para o qual quero chamar a atenção é que *na nossa cultura de hoje* esses termos podem ter, cada qual, significados diferentes: étnico, religioso e cultural. Reafirmo que a questão do nascimento do cristianismo às vezes é colocada de modo incorreto *também* devido a um uso inexato dos significados que cada termo possui. Em particular, algumas das inexatidões e confusões derivam do fato de que um dos conceitos, tomado em um dos seus três significados, é confrontado com um outro desses três conceitos, tomado, porém, em um significado diferente. O elemento étnico, por exemplo, não pode ser simplesmente colocado no mesmo plano do religioso e do cultural. Vários estudiosos chamaram a atenção para essas distinções, de B. Malina a F. Blanchetière e a S. Mimouni, no entanto não me parece que tenham chegado a uma consideração sistemática.

Partamos dos termos "judeu" e "judaico". Eles podem significar três coisas diferentes. Em um primeiro caso, "judeu" referido a uma pessoa do sexo masculino ou feminino define a pertença a um grupo étnico por nascimento ou pela adesão por meio de ritos. Corresponderia em grego aos termos *ioudaios, ioudaia*. Em um segundo caso, porém, "judaico" define modos de vida, concepções, instituições, mecanismos de adesão a grupos, estruturas sociopolíticas (neste caso, trata-se de concepções judaicas, modos de vida judaicos). Em suma, no primeiro caso, "judeu" ou "judaico" se refere a um *ethnos* e a cada um de seus membros; no segundo, a uma *cultura* e a cada aspecto dela. Existe, todavia, um terceiro significado, quando "judaico" se refere mais estritamente ao que hoje chamamos de "religião". O monoteísmo parece, então, uma concepção *religiosa* judaica, as orações usadas pelos judeus são, neste sentido, uma das práticas *religiosas* judaicas. Haverá instituições *religiosas* judaicas, como a sinagoga. A organização política dos judeus (*ioudaioi*) na terra de Israel ou das suas comunidades na Diáspora geralmente é vista pelos historiadores de hoje como um elemento da *cultura* judaica. Igualmente também os modos pelos quais se caracteriza a estratificação social interna dos grupos judaicos ou os modos como se apresenta a estrutura familiar dos judeus aparecem como elementos *culturais*. Obviamente existem aspectos em que o elemento cultural e o religioso, no sentido atual do termo, dificilmente são distinguíveis na prática. Por exemplo, certos aspectos do modo de vida.

---

9. Excluo, obviamente, o termo "pagão", anacrônico para os séculos I e II.

Quando os exegetas e os historiadores de hoje falam de "gentios" ou de "pagãos" referem-se em geral ao menos a três coisas socialmente diferentes. Por "gentio" podem entender uma pessoa que por nascimento não é judia e que não se tornou judia. Na realidade, também deste ponto de vista não é correto contrapor judeus e gentios entendidos como não judeus, porque o conceito de "gentio" aplicado aos não judeus não os define pelas características que lhes são *próprias* (sublinho este ponto), mas pelo fato de *não* compartilharem a pertença ao *ethnos* judaico. Seria muito melhor confrontar judeus com romanos ou com ilírios, egípcios etc., porque assim se confrontariam grupos étnicos, ou seja, classes comparáveis por um ponto de vista comum, precisamente o da pertença a um *ethnos*. Neste primeiro sentido, "gentio" significa que pertence a grupos étnicos diferentes do judaico. Em um segundo sentido refere-se, em vez disso, às *religiões* tradicionais não judaicas do mundo greco-romano e define, portanto – no sentido atual do termo (não no original latino de *religio*) –, não uma cultura, mas *um elemento* da cultura, a religião. O conceito de *religião* é obviamente moderno, então podemos perguntar-nos até que ponto corresponde àquilo que indicamos como "religião" no mundo antigo. Finalmente, "gentio" pode indicar mais amplamente as antigas *culturas* greco-romanas. Mas da cultura greco-romana do século I também faziam parte os judeus. É claro que também se pode falar de graus diferentes de helenização e em certos casos até de uma subcultura helenística constituída de determinados tipos de judaísmo. Entretanto, globalmente, deste ponto de vista, não se pode opor "judaico" a "gentio" porque, repito, deste terceiro ponto de vista, os judeus são sempre também "gentios" como participantes da mesma cultura dos gentios. É este um fato que é bastante minimizado.

Se "judaico" e "gentio", nos dois primeiros séculos da história cristã, assumem estes três valores, étnico, cultural e religioso, o termo "cristão", porém, assume apenas um valor religioso, no significado atual do termo. Os grupos dos seguidores de Jesus, com efeito, nos dois primeiros séculos ainda não produziram uma cultura. Se pudéssemos falar de cristianismo, deveríamos dizer que o cristianismo ainda não era uma cultura. Isto porque a sociedade, nos seus elementos culturais fundamentais – o modo de ocupar o espaço público e doméstico, o modo de organizar o tempo, a visão global do mundo e as práticas sociais coletivas –, não é, de certo modo, "cristã", no sentido de que não depende dos ensinamentos de Jesus ou dos ensinamentos das autoridades de cada Igreja. Os grupos dos seguidores de Jesus ainda não conseguiram transformar o modo de calcular o tempo ou de ocupar o espaço de uma sociedade inteira no sentido cristão. Não têm intenção alguma de transformar o espaço público. Uma arquitetura cristã ainda não existe, e as comunidades estão apenas lentamente transformando no interior os espaços habitacionais das casas normais para torná-los mais funcionais às necessidades comunitárias e litúrgicas[10]. Preocupam-se em criar normas somente para os seus membros, não para a sociedade inteira. Para que se chegue a falar de uma moral cristã, por outro lado, ainda irá demorar um bom tempo[11]. Também não se pode ainda falar de família cristã[12]. O fato de que as associações dos seguidores de Jesus não demoraram a penetrar nas várias culturas, por exemplo nas regiões do Oriente Médio antigo, fora do Império Romano, é também bastante significativo de nosso ponto de vista, porque confirma que elas não se caracterizavam através da identificação com uma cultura particular.

Também do ponto de vista étnico os termos "cristão" e "judeu" não são comparáveis. Os seguidores de Jesus não constituem um *ethnos*. Cada seguidor de Jesus é, todavia, membro de um tipo de forma organizacional que entra na categoria de "associação voluntária"[13].

4. Considerações sobre as relações entre grupos e sociedade

Às vezes se sustenta que para esclarecer melhor de que modo o cristianismo se tornou independente do judaísmo é necessário olhar não só para os aspectos teológicos, e sim para as entidades sociais[14], para as "comunidades". Diz-se, então, que as comunidades dos seguidores de Jesus teriam se desligado das "comunidades" judaicas. Levar em conta os grupos sociais, e não só as doutrinas, é certamente um aspecto que deve ser considerado de maneira positiva. Desse modo, todavia, entra-se no campo da sociologia e da antropologia social. Nestas disciplinas, o conceito de "comunidade" esteve no centro de um complexo debate não só teórico e abstrato, mas em relação ao seu uso empírico, isto é, com referência à sua capacidade de analisar determinados setores da realidade social. Em particular, deve-se fazer distinção entre "sociedade" e "comunidade". As comunidades, ou grupos sociais, são agrupamentos dentro das sociedades. Em uma obra clássica, T. Parsons definia a sociedade como "um tipo de sistema social que atinge o nível máximo de autossuficiência em relação ao seu ambiente"[15]. A sociedade não é "composta de indivíduos humanos concretos" e sim de sub-

---

10. Cf. WHITE 1996-1997.
11. Cf. MEEKS 1998.
12. Cf. OSIEK, BALCH 1997.
13. Sobre o conceito de associação voluntária cf. KLOPPENBORG, WILSON 1996; DESTRO, PESCE 2002a.
14. JOSSA 2004, p. 14: "*Giudaismo e cristianesimo [...] visti [...] come entità sociali*".
15. PARSONS 1971.

grupos ou subsegmentos sociais (obviamente compostos de indivíduos) que se relacionam entre si. Esses grupos, comunidades, agregações sociais não são independentes, então pressupõem e necessitam de uma organização social mais geral que englobe a todos. "Portanto, na medida em que as unidades de uma sociedade forem diferenciadas ou divididas em segmentos, elas dependerão muito mais das outras unidades da mesma sociedade do que daquelas de outras sociedades."[16] Essa definição de sociedade é interessante e útil porque situa na base não tanto o conceito de unidade, mas o de autossuficiência. A sociedade, como tal, é autossuficiente, mas não os segmentos sociais que a compõem. Ora, os grupos religiosos são sempre segmentos sociais de uma vasta sociedade ou, de certo modo, o eram os grupos de seguidores de Jesus e as comunidades judaicas da Diáspora. A definição de Parsons permite compreender, pois, como os grupos religiosos, não socialmente autossuficientes, sempre têm necessidade de se relacionar com uma série de numerosos outros grupos da mesma sociedade para a própria sobrevivência. Uma comunidade ou grupo, à luz da definição de Parsons, não constitui um sistema social, mas é parte dele. Desligar-se de um grupo (ou comunidade) para organizar um outro não significa sair de um sistema social, de uma sociedade. Significa apenas organizar um grupo de pessoas sob certos pontos de vista e instaurar uma série de relações diferentes com as várias comunidades e os vários grupos que constituem o sistema social de pertença ou até com grupos externos a ele. O fato, por exemplo, de que os seguidores de Jesus tenham se agrupado em "comunidades" ou "entidades sociais", como afirma Jossa[17], não significa que de fato tenha nascido um sistema religioso cristão. Uma comunidade, *per se*, pode jamais constituir um sistema social. Um grupo ou comunidade faz parte de uma sociedade, não é autossuficiente. Está sempre em relação de intercâmbio com inúmeros subgrupos da mesma sociedade ou depende dela. Quando os Atos dos Apóstolos falam de "cristãos", é provável que se refiram a um grupo que poderemos chamar de comunidade em sentido amplo. Originalmente, devemos pensar que as pessoas que pertenciam a esse grupo faziam parte de outros subgrupos, ou comunidades dentro da comunidade ou grupo religioso judaico de Antioquia, e dos vários grupos sociorreligiosos não judaicos da mesma cidade (entendida, nesse plano, como sociedade autossuficiente) ou de outras cidades. O fato de que a certa altura tenha sido constituído um grupo cujos membros foram chamados de "cristãos" por alguns (ou que se definiam assim eles mesmos) não significa que todos os seguidores de Jesus em Antioquia

---

16. PARSONS 1971, p. 12.
17. JOSSA 2004, p. 14.

faziam parte desse grupo, e nem que esse grupo não tivesse relações de importância com as comunidades que pertenciam ao reagrupamento sociorreligioso judaico de Antioquia. A constituição de um grupo não inclui, *per se*, somente a constituição de um novo sistema religioso. Não há nenhum motivo sério que eu conheça pelo qual os *christianoi*, dos quais falam os Atos, não fossem um dos inúmeros grupos de judeus que existiam em Antioquia.

Dizer que "existem comunidades "cristãs" (sobretudo paulinas) que jamais fizeram parte do judaísmo, porque nasceram fora da sinagoga"[18], parece-me que minimize precisamente a dinâmica dos grupos sociorreligiosos discipulares e dos movimentos. Que um grupo marginal judaico nasça "fora da sinagoga" é mais que óbvio e normal. O grupo de João Batista nasceu na sinagoga? No entanto, é judaico. Se por sinagoga, na Diáspora, se entende um lugar de culto e de reunião, ele não monopoliza a rede de relações entre judeus de uma determinada cidade. Além disso, quando as comunidades paulinas cessaram de organizar o tempo no modo judaico? Quando foi que pararam de celebrar a Páscoa judaica ou de ir a Jerusalém em peregrinação etc.? E aderir ao monoteísmo judaico não é uma radical judaicização? Uma comunidade será "cristã", no sentido de não judaica, conforme entende Jossa, somente se aderir a uma cultura diferente daquela das comunidades judaicas (aqui, a distinção parsonsiana entre o nível cultural e o social é fundamental), e somente se aderir a uma sociedade diferente da judaica.

5. Quando um sistema religioso se autonomiza de um outro?

Com base na distinção supracitada dos três significados do termo "cristão" (étnico, religioso e cultural), se quisermos falar de nascimento do cristianismo, entendendo como tal a autonomia do cristianismo do judaísmo, deveremos falar de autonomia, a princípio, não do ponto de vista cultural e étnico, mas no aspecto religioso.

Isto exige um posterior esclarecimento sobre o que se entende por "religião". Creio que depois da distinção feita por M. Sachot (que procurou explicar que o conceito de *religio* é simplesmente um dos sistemas conceituais possíveis com que uma determinada cultura, a latina e a partir de Tertuliano[19], compreendeu o cristianismo), deveríamos ser mais cautelosos no uso desse conceito tão abusado e impreciso de "religião". Por outro lado, uma crítica ao conceito de "religião" é hoje difusa (não me refiro às posições teológicas dos que gostariam que o

---

18. JOSSA 2004, p. 25.
19. SACHOT 1999.

cristianismo não fosse uma religião). Ao conceito de religião prefiro o de "sistema religioso". Os três elementos essenciais e imprescindíveis de um sistema religioso são: um grupo social, um conjunto coerente de práxis religiosas e um complexo de concepções culturais ou visões de mundo compartilhadas pelo mesmo grupo social[20]. O ponto fundamental é que uma religião não é um conjunto de ideias, mas implica pessoas envolvidas na totalidade da própria vida (ou em boa parte dela), atingindo os mais diferentes aspectos da vida individual e coletiva.

O conceito de "sistema religioso" permite enfrentar de modo mais concreto o problema da transição de uma religião a outra. Creio que se pode dizer que um movimento, uma corrente ou uma comunidade não são mais "judaicos" quando se desligam claramente do judaísmo nos três elementos constitutivos de todo sistema religioso: as práticas, as concepções, os modos de adesão ao grupo. A esse respeito, cito observações que escrevi em colaboração com A. Destro: "Quando se pode dizer [...] que um grupo, nascido dentro do monoteísmo judaico, se desliga dele, de tal modo que represente um novo sistema religioso? E quando, em vez disso, se pode dizer que simplesmente constitui um movimento dentro do monoteísmo judaico? Acreditamos que ocorra um novo sistema religioso quando para aderir a ele não é considerada condição necessária ser judeu, quando as suas concepções se apresentam como efeito de uma revelação direta de Deus, e com acentuadas características de diversidade em relação à revelação anterior, quando a práxis ritual é diferente e autônoma. Pensamos, porém, que uma nova formação é simplesmente um movimento interno do judaísmo quando o grupo que o constitui continua a ser composto exclusivamente por judeus, quando as concepções novas consistem em reinterpretações da tradição dada e a sua práxis ritual não é independente"[21].

A pesquisa atual sobre as relações entre judaísmo e cristianismo, por outro lado, avançou bastante nestes últimos anos. Num ensaio, a ser publicado em breve (*From Jesus Movement to Christianity. A model for the Interpretation. The cohabitation of jews and christian - Do movimento de Jesus ao cristianismo. Um modelo para a interpretação. A coabitação de judeus e cristãos*)[22], dialogamos com aquela corrente de estudos que tende a ver a separação bem mais além do século II. Daniel Boyarin (2001; 2004; 2006a) e outros estudiosos (pensemos, por exemplo, nos artigos publicados no livro *The Ways That Never Parted* (*Os caminhos que nunca se separaram*), organizado por A. H. Becker e A. Y. Reed)[23],

---

20. Cf. DESTRO, PESCE 2000, p. VII-XI.
21. DESTRO, PESCE 2000, p. X-XI.
22. Cf. DESTRO, PESCE 2011a.
23. BECKER, REED 2003.

e nos recentes estudos de S. C. Mimouni (2009a; 2009b) que esclareceram o fato de que os limites entre cristãos e judeus foram geralmente criados artificialmente por teólogos e autoridades, sejam eclesiásticas, sejam rabínicas, para separar pessoas que na realidade não estavam separadas.

II. Observações sobre alguns casos concretos

1. Ioudaismos

Na primeira página de *Judeus ou cristãos?* Jossa escreve: "Quando Paulo afirma que não há mais nem judeu, nem grego [...] 'Todos vós, realmente, sois um só em Cristo Jesus' (Gl 3,28), isto significa que ele está perfeitamente consciente de pertencer àquele novo grupo social que mais tarde seria exatamente definido como um *triton ghenos*, um *tertium genus*, ao lado dos grupos tradicionais dos judeus e dos gregos, ou exprime apenas a posição daquele que ainda é sempre 'um judeu radical'?"[24]. A meu ver, parece absolutamente claro e sem sombra de dúvida que Paulo não está perfeitamente "consciente de pertencer àquele novo grupo social que mais tarde seria exatamente definido como um *triton ghenos*, um *tertium genus*, ao lado dos grupos tradicionais dos judeus e dos gregos". Acredito, com efeito, que a passagem da Carta aos Gálatas diga exatamente o contrário. Paulo fala de três oposições que "em Cristo" não existem mais: judeus/gregos, homem/mulher e escravo/liberto. Se Paulo pensasse em um terceiro grupo de pessoas sociologicamente identificáveis, que não são mais nem gregas nem judias, mas se caracterizam sociologicamente com uma identidade própria, isso também deveria ocorrer no caso das outras duas oposições. "Em Cristo não há mais nem homem nem mulher" quer dizer, então, que ora existe um terceiro sexo, sexualmente diferente dos outros dois. Que "em Cristo" não existem mais nem escravos nem libertos significaria que ora existe socialmente uma terceira camada social, composta de pessoas que não são nem escravas nem livres. Que em ambos os casos é absurdo, está bastante claro; e essa incoerência demonstra que também no primeiro caso Paulo não pensa em um grupo social cultural e religiosamente diferenciado de judeus e gregos. A questão do que

---

24. JOSSA 2004, p. 9-10. Este livro faz parte de uma série de livros sobre as origens cristãs (JOSSA 1997; 1998; 2000a, b, c, d, e; 2001). Cf. aqui 2010a e b, que fazem de Jossa uma figura de destaque no panorama exegético e histórico italiano. Não é escopo destas breves considerações conduzir a uma análise profunda e detalhada do livro de Jossa, que exigiria muitas páginas, visto que o seu estilo é acurado.

significará muito tempo depois, historicamente, *tertium genus* é outra coisa, que aqui não tem importância, porque o que virá depois não explica o que vem antes.

Paulo opõe o estar em Cristo às duas categorias, de judeus e gregos, com as quais a cultura judaica, à qual ele pertence, faz que ele veja o mundo. O estar em Cristo não é uma terceira categoria para ser oposta às outras duas ou para colocar em concorrência política, cultural, social e econômica os judeus e os gregos, mas antes para substituí-las e marginalizá-las, conforme as Igrejas tentaram fazer bem depois e por longo tempo. O estar em Cristo, entretanto, é a suspensão escatológica, é a antecipação escatológica do fim da *contraposição* entre as duas categorias de seres humanos. Não é a criação de uma terceira categoria. Para Paulo, de um ponto de vista – diríamos nós hoje – cultural e étnico, só se pode ser grego ou judeu. Não existe alternativa histórica ou cultural para essas duas entidades.

Recorrer à frase da Carta aos Gálatas na qual Paulo afirma que no passado superava "no *ioudaismos* a maioria dos [seus] concidadãos e compatriotas, zeloso [como era] em resguardar as tradições dos seus pais" (1,14) não ajuda muito. *Ioudaismos* não quer dizer *judaísmo*, se por judaísmo se entende a *religião* dos judeus. E isto por inúmeras razões de caráter histórico e filológico. Em primeiro lugar, o nosso conceito de religião não pode ser aplicado ao século I. Em segundo, os nossos conceitos em "-ismo" são criações conceituais modernas, que muito provavelmente remontam ao século XVII, e não correspondem bem às frequentes criações conceituais do grego antigo e helenístico em *-ismos*. Os substantivos em *-ismos* são muito frequentes em grego e derivam de um verbo em *-azo* ou em *-izo*, o qual, por sua vez, é um verbo construído sobre um substantivo. No caso de *ioudaismos*, o verbo que deriva deste substantivo é *ioudaizô*, que, por sua vez, deriva do substantivo *ioudaios*. Os verbos em *-izo*, como *ioudaizô*, significam principalmente transformar para um determinado sentido uma coisa que antes era estranha a tal sentido. O substantivo em *-ismos* exprime de modo abstrato o conteúdo do ato de transformação significado pelo verbo em *-izo*. Isto quer dizer que o conteúdo do substantivo em *-ismos* não é abstração do substantivo de que deriva o verbo, mas só da ação transformadora expressa pelo verbo. *Ioudaismos* sintetiza, portanto, em um conceito abstrato os conteúdos do judaicizar e não do ser *ioudaios*. Os termos *ioudaizein* e *ioudaismos* parecem correntes no século I e tinham atrás de si uma história de pelo menos duzentos anos[25].

---

25. Analisar, por exemplo: 2 Macabeus 8,1; 14,38; 2,21; 2 Macabeus 4,26; Ester 8,17; JOSEFO, *Bell* 463; PLUTARCO, *Cic.*, 840.

Em 2 *Macabeus* 8,1 vê-se que Judas Macabeu procura entre os membros do próprio *ghenos* (*syngheneis*) aqueles que eram fiéis ao *ioudaismos*. Isto significa que se pode ser *syngheneis* sem aderir ao *ioudaismos*. O *ioudaismos* não é a religião dos judeus, mas o modo de viver e interpretar o ser judeu característico de um grupo de judeus e não de outros[26]. *Ioudaismos* não se opõe à religião dos não judeus, e sim ao modo de viver conduzido por uma classe política: o *hellenismos*. O *hellenismos* não era especificamente uma religião, mas um conjunto de estilos de vida que permeavam a organização social. Creio que *ioudaismos* seja uma das atitudes com as quais alguns grupos de judeus (não todos) reagiram aos modos de vida típicos do *hellenismos*. Parece também que o uso do termo em Paulo esteja dentro dessa contraposição entre modos de vida helenísticos e que continue a ser uma das correntes judaicas do seu tempo. Uma, não todas. Eram judeus mesmo sem compromissar-se com o *ioudaismos*. Isto parece claro na Carta aos Gálatas. Paulo não diz que o judaísmo tinha se distinguido na religião dos judeus, mas sim naquela particular maneira de entender as tradições do povo que tendiam a distingui-lo do ambiente[27]. Proponho aqui um parágrafo de uma pesquisa realizada em conjunto com Adriana Destro (DESTRO, PESCE 2009).

2. Gálatas 2,12-14

"Antes que chegassem certas pessoas do partido de Tiago, ele [Cefas] tomava suas refeições com os pagãos. Mas quando elas chegaram tirou o corpo e manteve-se afastado por receio dos circuncidados. Os outros judeus também fizeram a mesma simulação; até o próprio Barnabé deixou-se envolver por esta duplicidade. Então, ao ver que não procedia direito, de acordo com a verdade do Evangelho, eu disse a Cefas na presença de todos: 'Se você, que é judeu, segue os costumes pagãos e não os judaicos, como pode obrigar os pagãos a seguir costumes judaicos?'" (Gl 2,12-14).

Paulo constata que (antes da vinda daqueles do partido de Tiago) Cefas "tomava as refeições" com os gentios. Ele: a) o acusa de ter "separado" a si mesmo[28]; b) narra que o recriminou publicamente pelo fato de querer obrigar os gentios a "seguir costumes judaicos", embora vivendo ele próprio "etnicamente" e não "judaicamente".

---

26. Cf. BOYARIN 2008; WILLIAMS, 1997; e o importante artigo de MASON 2007.
27. Cf. a frase: *kalos biosasa en to ioudaismos* em CIJ 12 537 (NOY 1995, p. 584), e também *politeusamenos pasan poleiteian kata ton ioudaismon* da inscrição de STOBI (CIJ 12 694).
28. Ele também o acusa de hipocrisia (a exemplo dele, outros também tinham se comportado como hipócritas).

A nós aqui interessa enfocar de que modo Paulo define a realidade da vida da comunidade de Antioquia, com base nas próprias categorias[29], e não verificar se o juízo de Paulo sobre o comportamento de Cefas corresponde efetivamente ao seu comportamento ou se é uma incorreta representação, conforme afirmou recentemente E. P. Sanders[30]. Estas são as categorias usadas por Paulo: "tomar as refeições juntos", "viver etnicamente", "viver judaicamente", "esquivar-se", "separar-se", "judaicizar". A contraposição "viva etnicamente *e não* judaicamente" mostra que para ele trata-se de dois modos de vida, um contrário ao outro, que se excluem mutuamente: se você vive de um modo, não vive de outro. Percebe-se

---

29. Reiteramos que a nossa investigação versa sobre as categorias paulinas e não sobre a historicidade das suas afirmações. O complexo debate realizado logo após o artigo de Dunn, inicialmente publicado em 1983 (cf. DUNN 1990, p. 129-182), do qual participaram J. L. Houlden, D. Cohn-Sherbok, T. Holtz, P. F. Esler e, finalmente, SANDERS 1990, enfrenta, sobretudo, uma problemática histórica, sendo colocado o problema do que efetivamente aconteceu em Antioquia. Prioritariamente, todavia, está a questão do que significaria "viver etnicamente", "viver judaicamente", "judaicizar" dentro do judaísmo e do primeiro cristianismo da época. A nossa preocupação, porém, é antes de tudo compreender o modo com o qual Paulo, na Carta aos Gálatas, classifica a questão que ele tinha enfrentado muitos anos antes. Por esse motivo, não é absolutamente necessário enfrentar aqui muitas das questões levantadas no debate.

30. Sanders analisou a passagem da Carta aos Gálatas que interessa aqui partindo do problema de "o que havia de errado em tomar as refeições em companhia dos gentios, do ponto de vista de Tiago" (SANDERS 1990, p. 169). E exclui toda a seguinte lista de razões: a) que em Antioquia Paulo e os outros judeu-cristãos ousassem infringir as leis alimentares bíblicas sobre os animais impuros, sobre a carne imolada aos deuses, sobre a carne com suspeita de que ainda estivesse com sangue; b) que Tiago pretendesse que tomar as refeições junto com os gentios só fosse lícito se existisse uma total judaicização deles (isto é, somente com judeus circuncidados); c) que Tiago pretendesse que em Antioquia se respeitasse a pureza ritual à mesa segundo o modelo farisaico; d) que Tiago pretendesse que se pudesse comer alimentos apenas se, com relação a eles, tivessem sido respeitadas as leis relativas à coleta do dízimo. O problema que interessava a Tiago, na questão de tomar as refeições junto com os gentios, não era a do alimento em si, mas do próprio fato de estar em companhia dos gentios. Isto, todavia, não era motivado pelo fato de que ele considerasse impuros os gentios. A impureza dos gentios, com efeito, era sustentada somente por algumas correntes de mestres e não incluía a cessação da socialização com eles; por outro lado, o judaísmo da época, em sua grande maioria, não proibia tomar as refeições com os gentios, mas apenas comer os alimentos dos gentios proibidos aos judeus. O problema de Tiago (segundo SANDERS 1990, p. 186-187) era, ao mesmo tempo, de caráter geral e particular. Em geral, ele compartilhava a opinião (difusa em certas partes do judaísmo, conforme Sanders procura demonstrar) dos que achavam que ficar "bem próximo dos gentios e durante muito tempo" era perigoso porque "podia induzir ao contato com a idolatria ou à transgressão de uma das leis bíblicas alimentares". Em particular, ele temia "não que Pedro tivesse violado algum dos preceitos", mas que, pelo fato de estar muito em contato com os pagãos, fosse acusado de "flertar com a idolatria e com aquela comida que a Bíblia chama de abominação". A preocupação particular de Tiago era, em suma, a reputação de Pedro. Isto significa, segundo Sanders, que Pedro não tinha violado nenhuma lei alimentar bíblica e que, portanto, a afirmação de Paulo dirigida a Pedro, "tu vives etnicamente", "era exagerada". "Com frequência Paulo usava uma linguagem extrema e hiperbólica para polarizar uma situação", e isto o levava a exprimir-se como se Pedro tivesse violado leis bíblicas alimentares. Igualmente nada a ver, e não correspondente à realidade, segundo Sanders, é a acusação de Paulo a Pedro de "obrigar os gentios a se judaicizar", porque o contexto não trata disto.

que Paulo se refere a modos de vida pelo acento particular posto no verbo "viver", dirigido à existência, em seus aspectos práticos (particularmente ao comer)[31]. Por "modo de vida" entendemos um complexo de atos e de comportamentos habituais que caracterizam um grupo social, portanto cada um dos seus indivíduos. Paulo, com efeito, caracteriza os dois modos de vida, respectivamente, com os adjetivos "étnico" e "judaico".

Segundo Paulo, não há como esquivar-se da alternativa: ou se vive como os gentios ou no modo judaico. Não há outra possibilidade. Não existe um modo de vida "cristão". A identidade da comunidade dos crentes em Jesus não pode ser construída sem escolher ou um modo de vida judaico ou um modo de vida "étnico". Mais exatamente: se não se vive etnicamente, obriga-se os gentios a viver judaicamente[32].

O problema posto é se com as expressões "viver etnicamente" e "viver judaicamente" Paulo quer definir todos os aspectos dos dois diferentes modos de vida. O contexto onde aparece a diferenciação limita-se ao problema de "comer juntos". Assim, as duas expressões não devem ser tomadas como se quisessem definir a totalidade dos dois modos de vida, mas somente aquele aspecto relativo à comensalidade. Na realidade, Paulo não especifica se o que motivou Cefas à separação foi o respeito às normas judaicas relativas ao *alimento* (animais impuros, carne com sangue, carne de animais imolados aos deuses, vinho dos gentios) ou o próprio fato de comer fisicamente *com* gentios. Paulo só indica que os dois modos de vida se diferenciam no exigir ou não separação referente ao comer juntos (sem especificar os motivos em detalhes). Assim, para Paulo, o "viver judaicamente" parece implicar uma óbvia *separação* dos judeus na comensalidade.

A característica do "viver etnicamente" não é definida explicitamente por Paulo, mas pode ser deduzida, por oposição, a partir da dicotomia paulina "judeus/gentios". Visto que os gentios são todos os não judeus, igualmente o "viver etnicamente" significa simplesmente viver de outra maneira, "não judaica".

---

31. Resulta claro que o conceito de "viver" se refira ao modo de vida pelo verbo usado no versículo 14, *orthopodein*, "reto caminhar", que esclarece como Paulo tem aqui diante de si problemas práticos relativos ao viver religiosamente, e não teóricos; modos de vida e não visões do mundo.

32. A característica do modo de vida judaico pode ser esclarecida a partir da história de Cefas. Ele, com efeito, primeiro "toma as refeições junto" com os gentios, e é isso que permite a Paulo dizer que ele "vive etnicamente e não judaicamente". Cefas, por outro lado, "separa a si mesmo" da comensalidade com os gentios. Portanto, se tomar as refeições junto com os gentios é viver etnicamente, viver judaicamente se caracteriza pelo separar-se ao comer. A análise literária do texto mostra que as expressões que Paulo opõe uma à outra são, de um lado, "com-comer" e, de outro, "separar a si mesmo".

Nesse contexto, "de modo não separado". Podemos deduzir que signifique *viver sem observar aquelas práticas judaicas que conduzem à separação*.

O nosso objetivo é analisar até que ponto ocorre – segundo Paulo – um arrefecimento ou abandono do caráter judaico das comunidades dos discípulos de Jesus em Antioquia. Observe-se, porém, que os dados que emergem da pesquisa histórico-religiosa sobre o judaísmo da Diáspora confirmam que em numerosos aspectos da vida (no teatro, na escola, no comércio) os judeus podiam viver de maneira a não se separar dos gentios[33]. Segundo E. P. Sanders, as leis bíblicas relativas aos animais proibidos eram substancialmente respeitadas. As leis alimentares da Bíblia eram sujeitas "somente a mínimas alterações" (SANDERS 1992, p. 215), tanto que os judeus, em alguns casos, tiveram que pedir a quem administrava os mercados "para que providenciassem alimentos que eles pudessem comer"[34]. Sanders pressupõe que existiam duas tendências judaicas, uma mais rigorosa, que neste caso se manifesta também em Antioquia,

---

33. Sanders declara que "a participação judaica nos principais aspectos da vida urbana dos gentios – teatro, escola e governo civil – é atestada pelas epígrafes", afirmando, todavia, que as atestações são esporádicas, sendo algumas posteriores ao século I (SANDERS 1990, 170-171).

34. Sanders cita aqui dois documentos extraídos de Flávio Josefo, *Antiguidades judaicas*, 14,245 e 259-261: uma carta de um procônsul romano a Mileto e um decreto de Sardes. Embora não se possa saber com exatidão de que alimento se tratava, comprova a atenção dos judeus da Diáspora no respeito às leis alimentares tradicionais. Além disso, Sanders enumera uma série de problemas sobre os quais os judeus da Diáspora demonstravam estar atentos com referência ao respeito a essas mesmas leis. Em primeiro lugar, tratava-se de não comer carne vermelha com suspeita de ter sido cortada de modo a permanecer nela o sangue. O sistema de corte grego previa a expulsão do sangue, mas havia a possibilidade de o sangue não ter sido totalmente retirado. Por outro lado, podia-se suspeitar que os animais tivessem sido estrangulados ou mortos sufocados pelo próprio sangue (SANDERS 1992, p. 216). Um segundo problema era sobre o vinho e o azeite. Sobre o primeiro, podia haver a suspeita de que fosse servido para libação aos deuses; sobre o segundo, que fosse oriundo de oliveiras das propriedades de templos "pagãos" (cf. SANDERS 1992, p. 216; JOSEFO, *Bell*, 2,591; *Vita* 74; *Ant.*, 12,120). Tratando-se de líquidos, particularmente sujeitos a contaminação, também os respectivos vasos constituíam um problema. Sobre o assunto completo cf. mais detalhadamente SANDERS, 1990, p. 274. Um outro se refere ao conteúdo e aos limites do respeito à prescrição bíblica de não comer o vitelo preparado no leite da mãe. Sanders considera que "é bastante provável que muitas pessoas não cozinhassem carne e leite ou queijo tudo junto" (SANDERS 1992, p. 217). No que diz respeito não tanto ao abastecimento dos alimentos, e sim ao comer, Sanders supõe duas principais tendências. A primeira era daqueles que, em relação ao alimento preparado pelos gentios, se abstivessem totalmente de comer ou consumissem apenas vegetais e água. A segunda referia-se aos judeus mais dispostos a participar de cada aspecto da vida comum e pública, no teatro, nos jogos, onde havia momentos em que se faziam tributos às divindades dos gentios (SANDERS 1992, p. 217). Em um ensaio dedicado exatamente à passagem da Carta aos Gálatas que nos interessa aqui, Sanders pressupõe a existência de uma corrente de judeus mais rigorosa que, embora aceitando a comensalidade com os gentios, a princípio sob a condição de que fossem respeitadas as leis alimentares bíblicas, procurava, no entanto, reduzir ao mínimo o intercâmbio social com eles, por temer o contato com a idolatria (SANDERS 1990, p. 186).

e outra mais aberta à comensalidade com os gentios[35]. Isto também vale para a outra categoria de Paulo: judaicizar. "Judaicizar" quer dizer submeter os gentios a um modo de vida judaico, que impõe viver "separados" dos outros gentios[36].

A luta se situa entre duas trajetórias de construção de identidade, as quais, alternadamente, prevalecem uma sobre a outra. Uma caracteriza a identidade das comunidades dos discípulos de Jesus em sentido "étnico", a outra em sentido "judaico". É particularmente importante sublinhar que Paulo não opõe um modo de vida judaico a um modo de vida cristão ou típico dos seguidores de Jesus. A alternativa de identidade está entre duas culturas: judaísmo e helenismo. O problema deve ser colocado no plano das culturas e não no das teologias. As comunidades dos seguidores de Jesus ainda não estão em um processo de desenvolvimento autônomo das comunidades judaicas, não exprimem uma cultura autônoma e nem mesmo representam uma subcultura bem determinada no âmbito do helenismo (como aconteceu com os cristãos do século IV). A construção da identidade passa pela opção de modos de vida identificados culturalmente, ou em sentido étnico, ou em sentido judaico. Deste ponto de vista, se o indivíduo cessa de viver judaicamente não se torna "cristão", como se pensou mais tarde, e sim "étnico".

Paulo, por outro lado, nunca usou o termo "cristão". Cada um dos grupos dos quais os seguidores de Jesus de tendência paulina fazem parte é chamado por ele de "*ekklesia* de Deus", e quem faz parte dela é designado com uma dupla denominação: "os santos" ou "os irmãos"[37].

3. O conceito de novidade

Jossa (2004) insiste sobre o conceito de "novidade" representado por certas concepções e práxis seja de Jesus, seja de Paulo. Limito-me a duas questões de ordem metodológica. A primeira é que o conceito de novidade deve ser bem definido. Na realidade, não há nada de "novo" que não seja tal dentro de um

---

35. Apesar da existência dessas tendências, acreditamos que em Paulo a expressão "viver etnicamente ou judaicamente" implique uma oposição entre gentios e judeus e exclua que Paulo se refira a uma única corrente judaica. Ele está contrapondo, do ponto de vista do preciso tema de "comer juntos", o modo de vida dos "judeus" enquanto tais ao modo de vida dos "gentios" enquanto tais. Para ele, portanto, o separar-se é intrínseco ao modo de vida judaico, embora a separação dos judeus só se refira àqueles aspectos da comensalidade que os afastam da vida dos gentios.

36. No plano da realidade sociológica, não está claro se esse modo de vida é aquele que Paulo observa ser praticado entre os judeus da Diáspora ou se é o do judaísmo farisaico, no qual ele foi criado, e que talvez seja compartilhado pelo grupo de Tiago e que corresponde, pois, ao modelo de vida religiosa de uma corrente rigorosa em vez de a uma práxis de vida judaica difusa na Diáspora.

37. DESTRO, PESCE 1996b. Sobre Paulo não cristão cf. EISENBAUM 2009.

contexto sociocultural específico. A própria compreensão de alguma novidade implica que sejam ativados os mecanismos socioculturais "antigos", que são os únicos a permitir que se perceba essa novidade. A novidade é sempre dialética e nunca é total. Falar de novidade "absoluta", como às vezes se faz[38], evidencia uma certa falta de consciência do problema teórico constituído pela pensabilidade da novidade. Se existisse uma novidade absoluta, não seria nem pensável, nem perceptível. Em segundo lugar, uma novidade ou um conjunto de novidades não produzem sozinhas, de fato, um sistema religioso novo. Para que isto possa ocorrer é necessário que haja ao menos três condições que acima procuramos traçar de modo esquemático.

Quando Jossa escreve que "nenhum grupo judaico jamais pensou em evidenciar as suas especulações, relativas a essas figuras messiânicas celestes, sobre o fundador histórico de sua comunidade. [...] esta característica é encontrada somente nos discípulos de Jesus", podemos concordar ou discordar, mas isto não tem importância alguma na questão do nascimento do cristianismo ou na identificação de um elemento novo, não judaico e sim cristão. Todos os elementos que entram na concepção de que se fala são tipicamente judaicos, e o fato de que os judeus apliquem ao próprio líder judeu certas concepções judaicas os deixa inteiramente inseridos na cultura judaica. Não há nenhum elemento estranho à cultura judaica neste fato. Nisto não consigo encontrar nenhuma novidade cultural. Somente se Jesus e os seus seguidores tivessem introduzido na cultura judaica elementos que não são judaicos poderíamos dizer que estamos diante de uma novidade "cultural". Mas todo o imaginário e a práxis organizacional de Jesus e de Paulo estão dentro da cultura judaica. Com referência ao modo costumeiro de viver e de interpretar as tradições judaicas, dizer que Jesus e Paulo introduziram modos e teses novos significa unicamente dizer que ativaram movimentos judaicos que antes não existiam. Francisco também representa uma notável novidade com relação à religiosidade italiana da época, no entanto não funda um movimento não cristão por causa dessa novidade. Os jesuítas também representam uma notável novidade no século XVI, contudo são católicos. Francisco e Inácio criaram formações novas dentro da sociedade cristã.

Existe, porém, uma segunda questão. Identificar elementos de novidade em Jesus e Paulo, o que é absolutamente óbvio, não significa de fato identificar traços que seriam "cristãos". Há uma diferença radical entre identificar uma novidade relativa ao ambiente de Jesus e de Paulo e sustentar que essa novidade

---

38. JOSSA 2004, p. 78: "um princípio de absoluta novidade nas concepções religiosas do judaísmo da época".

é reencontrada naquele sistema religioso mais tardio que é o cristianismo. Se Jesus possui aspectos diferentes com referência ao seu ambiente judaico, isto não significa que essa diferença seja reencontrada depois no cristianismo sucessivo, porque este é diferente de Jesus e de Paulo. Não se pode colocar entre parênteses a diferença entre Jesus e o cristianismo sucessivo. É exatamente essa distância, essa descontinuidade, que constitui o problema histórico por excelência da história do cristianismo primitivo.

Capítulo II
O tipo de vida de Jesus e o início da teologia "cristã"
De E. Käsemann a D. C. Allison[1]

1. A apocalíptica é mãe da teologia cristã?

1. E. Käsemann, no famoso ensaio de 1960 e num sucessivo de 1962[2], colocava o problema do nascimento da teologia cristã. Segundo ele, devia ser rejeitada a tese de A. Schweitzer que procurava "explicar a história mais antiga dos dogmas a partir da dilação da *parusia*". Para Schweitzer, a continuidade com a visão escatológica de Jesus (que esperava o fim no tempo iminente) teria sido interrompida no cristianismo primitivo quando se começou a prorrogar a *parusia* de Jesus. Para Käsemann, porém, o centro da experiência de Jesus não está na espera do advento iminente do reino de Deus, e sim "na experiência da proximidade de Deus"[3]. João Batista tinha uma pregação apocalíptica, enquanto Jesus não, porque *não* ligava o anúncio a uma dimensão temporal. "Apocalíptica" é, então, a mais antiga teologia cristã que, exatamente por isso, se afasta de Jesus: pelo fato de ser "apocalíptica". Ela, com efeito, interpreta a experiência da Páscoa, isto é, da ressurreição de Jesus, com algumas categorias temporais da escatologia judaica: aplica a Jesus a categoria de Filho do homem (coisa que Jesus não tinha feito) e espera a sua volta, espera a restauração do povo de Israel e, na espera, compreende a si mesma como a comunidade dos últimos tempos,

---
1. Este capítulo reelabora PESCE 2008a.
2. KÄSEMANN 1985a e b; cf. também KÄSEMANN 1963.
3. KÄSEMANN 1985a, p. 100.

o resto santo. A teologia cristã é, pois, filha da apocalíptica judaica, enquanto Jesus não o era.

De fato, a pregação de Jesus, segundo Käsemann, nem pode ser compreendida sob a categoria da "teologia". Conforme ele explica explicitamente, "não se pode propriamente definir a pregação de Jesus como uma teologia".

Alguns aspectos da análise de Käsemann estão claramente ultrapassados: a) Käsemann somente trabalha com textos canônicos do Novo Testamento (embora tenha presente a Didaqué), e isto hoje é historicamente impossível. Não se pode falar sobre o período das primeiras teologias cristãs ignorando o Evangelho de Tomé, a Ascensão de Isaías, Papias, os evangelhos judeu-cristãos e inúmeros outros textos do século II que pressupõem trajetórias enraizadas nas primeiras décadas da história do movimento de Jesus; b) a formação da teologia cristã faz parte do problema mais amplo do nascimento do cristianismo, situado no centro do debate exegético e histórico atual. As hipóteses históricas que considero mais convincentes concebem a figura de Jesus dentro da cultura e da religião judaicas muito mais de quanto considerou Käsemann, que, em vez disso, pensa que Jesus já tivesse operado uma ruptura com o seu ambiente judaico. Em segundo lugar, a pesquisa atual vê o nascimento do cristianismo em um período consideravelmente sucessivo àquele pensado por Käsemann.

O problema central implícito nas teses de Käsemann é, porém, fundamental e ainda bastante atual: o da continuidade ou descontinuidade entre Jesus e a primeira teologia cristã. Para Käsemann, o nascimento da teologia cristã é uma novidade importante em relação a Jesus, que obriga a colocar o problema histórico da descontinuidade entre as primeiras comunidades cristãs e Jesus.

Uma primeira observação necessária é de caráter terminológico. Käsemann define "apocalíptica" como alguma coisa que a pesquisa atual (e também a do seu tempo) não considera apocalíptica. F. García Martínez explicou de maneira convincente que aquilo sobre o qual fala Käsemann não é apocalíptica[4]. D. Allison observou, justificadamente, que hoje não se pode mais falar de apocalíptica como fazia Käsemann porque "a pesquisa até hoje não chegou a um acordo sobre o que se deve entender por apocalíptica"[5]. Já R. Bultmann afirmava que seria melhor falar simplesmente de escatologia judaica[6]. Na realidade, Käsemann entende por "apocalíptica cristã" não simplesmente as várias concepções escatológicas judaicas, mas o fazer depender a fé cristã do fato de que os eventos

---
4. GARCÍA MARTÍNEZ 2007.
5. ALLISON 2008, p. 46.
6. BULTMANN 1964.

escatológicos se verifiquem em momentos temporais determinados. É a ligação inseparável entre uma concepção escatológica e o seu determinado acontecer temporal que Käsemann define como "apocalíptica". O fato de que a pesquisa não reconheça como apocalíptica esta concepção no fundo é secundário. O ponto central da tese de Käsemann, com efeito, não está no uso da palavra "apocalíptica" e sim em três afirmações essenciais: 1. que Jesus não era um teólogo; 2. que a teologia cristã começa após a morte de Jesus, ligada à experiência da Páscoa e da ressurreição de Cristo; 3. que a mãe dessa primeira teologia cristã é a ideia de que a ressurreição de Jesus deva ser interpretada à luz de algumas esperas escatológicas judaicas que teriam acontecido em tempos, ocasiões e pessoas determinados.

2. Reafirmo a minha concordância com Allison quando ele diz que "a pesquisa até hoje não chegou a um acordo sobre o que se deve entender por apocalíptica"[7]. E eu acrescento que o conceito de "apocalíptica" nasceu no final do século XIX e foi moldado sobre o texto do "Apocalipse" de João. Os conceitos nascem, mas por sorte também podem morrer. Creio que seja urgente deixar de falar para sempre de "apocalíptica". De todo modo, caso se queira usar esse termo, será preciso sempre definir o que se entende por ele. Para uma definição são necessárias algumas distinções essenciais em um procedimento científico. No âmbito dos vários judaísmos do século I deve-se sempre distinguir se se quer falar de a) um *gênero literário*, b) de um *grupo* religioso ou comunidade, c) se se pensa em uma *concepção* ou em um "motivo" teológico ou, finalmente, d) se se trata de uma *prática* religiosa. A existência de motivos teológicos ou de concepções que alguns definem como apocalípticos não significa, com efeito, que existissem grupos ou comunidades que poderiam ser definidas como apocalípticas. Vários grupos religiosos podem, de fato, compartilhar algumas ideias e distinguir-se por outras. O fato de que uma prática exista dentro de um grupo religioso não nos autoriza a definir essa prática como característica exclusiva daquele grupo. A oração é uma prática religiosa encontrada em fariseus, batistas e em todas as religiões não judaicas do século I. A prática da "viagem celeste" é amplamente espalhada por inúmeras religiões e grupos religiosos de Roma à Grécia, da terra de Israel ao Oriente Médio antigo: não é uma prática "judaica". Käsemann fala principalmente de concepções teológicas. Penso que as concepções teológicas sejam produtos culturais que podem ser usados em grupos religiosos diferentes e que dificilmente caracterizam sozinhas uma corrente, um grupo social ou uma comunidade. Allison possui o mérito de ter reencontrado

---

7. ALLISON 2008, p. 46.

as concepções escatológicas que alguns consideram apocalípticas também em textos proféticos da Bíblia hebraica, e isto esclarece bem por que se trata de um patrimônio mitológico escatológico amplamente disseminado por vários grupos religiosos judaicos do século I.

3. Segundo Käsemann, no Evangelho de Mateus é esclarecida uma controvérsia "no seio da comunidade mais antiga"[8] entre dois partidos que "se reportam indubitavelmente às ideias que o Pneuma lhes tinha concedido [...]. Pela primeira vez na história da Igreja o Espírito se encontra contraposto ao Espírito"[9]. Uns contestam os outros pelo abandono da Lei; os outros contestam os primeiros pela constituição de autoridades eclesiais que se colocam no lugar de Deus. Para uns, a conversão dos gentios deve ser exclusivamente obra de Deus, portanto a missão deve limitar-se às "ovelhas perdidas da casa de Israel"; para outros, "o Espírito foi doado à comunidade, teve início o fim do mundo e, consequentemente, a missão aos gentios possui o caráter de um sinal escatológico"[10]. Os dois grupos contrapostos são a tendência liberal helenística e o judeu-cristianismo palestino. A sua escatologia é diferente. Têm em comum, todavia, a) o entusiasmo, isto é, a posse do espírito, e b) "o fervor da espera iminente"[11]. Käsemann conclui, então, que "o entusiasmo e a teologia apocalíptica se unem por uma necessidade interior" nessas duas correntes[12]. Para Käsemann, tanto na apocalíptica cristã palestina quanto na versão helenístico-mistérica da fé "o dom do Espírito garante [...] a realidade do evento escatológico"[13].

Nessa tese de Käsemann, o ponto no qual eu concentro a minha atenção se refere sobretudo à função do Espírito.

2. Minha discordância sobre a tese de Käsemann

1. Vejamos agora mais de perto a tese de Käsemann, ao menos no que se refere à teologia "apocalíptica" da primeira comunidade judeu-cristã palestina. Vimos que para Käsemann "apocalíptica" significa principalmente a convicção da proximidade ou do advento do final dos tempos e a crença em todos os fenômenos que devem ocorrer em ligação com o fim. A apocalíptica é a primeira

---

8. KÄSEMANN 1985a, p. 87.
9. KÄSEMANN 1985a, p. 87.
10. KÄSEMANN 1985a, p. 88-89.
11. KÄSEMANN 1985a, p. 89.
12. KÄSEMANN 1985a, p. 92.
13. KÄSEMANN 1985a, p. 123.

forma de teologia cristã, porque é a primeira interpretação da ressurreição de Jesus entendida "como o início da ressurreição geral dos mortos, portanto interpretada em sentido apocalíptico"[14]. Após a Páscoa, os discípulos de Jesus lhe conferem o título de Filho do homem e esperam o seu retorno. Em suma: compreendem a ressurreição de Jesus pensando que ele é o Filho do homem, então esperam o seu retorno como juiz, e lhe atribuem uma função divina (que, com o tempo, conduzirá à definição dogmática de Calcedônia). A ressurreição geral terá início quando o Filho do homem voltar[15]. O período intermediário, a história, é determinado pela função cósmica de Jesus antes do momento final. A comunidade cristã concebe a si mesma como ponto de mediação entre a antiga aliança e a restauração do povo das doze tribos. "Representa na terra a nova aliança escatológica." A presença do Espírito confere uma função de liderança aos profetas, que "guiam as comunidades em função de um direito celeste"[16]. A missão escatológica é a tarefa central da Igreja, e esta a leva a reinterpretar as palavras de Jesus em função de sua missão escatológica pelas "ovelhas perdidas da casa de Israel" (Mt 10,5; 15,24). Forma-se também uma nova relação com a lei[17] devido ao sucesso da pregação entre os gentios, *não* como reflexão sobre a pregação de Jesus. Essa comunidade permanece dentro da "sociedade religiosa judaica". Não se comporta de modo exclusivista, a exemplo dos qumranitas, mas não rompe com a Lei de Moisés. E nisto segue o comportamento histórico de Jesus[18]. Somente os helenistas são rejeitados pela sociedade judaica, porque rompem com a lei e o culto[19].

2. A minha discordância de Käsemann se refere a três pontos: a) não creio que para Jesus o aspecto temporal da iminência do reino de Deus era secundário; b) creio que a teologia não nasceu somente com os grupos de discípulos de Jesus após a sua morte, porque Jesus já interpreta a própria experiência à luz de concepções típicas da sua cultura judaica; ele já havia se identificado com a figura do Filho do homem de Daniel e esperava de Deus a restauração do reino de Israel sobre todos os povos; c) é mérito de Käsemann reconhecer que a função do Espírito e dos profetas era absolutamente central nas primeiras comunidades de seguidores de Jesus após a sua morte; isto, todavia, não constitui uma novidade

---

14. KÄSEMANN 1985a, p. 111.
15. Paulo considera que Jesus é a primícia da ressurreição, e que a ressurreição final acontecerá na sua volta (1Ts 4,16-18), porque nesse meio-tempo Jesus destruirá a morte (1Cor 15,26).
16. KÄSEMANN 1985b, p. 113.
17. KÄSEMANN 1985b, p. 114.
18. KÄSEMANN 1985b, p. 115.
19. KÄSEMANN 1985b, p. 114.

em relação a Jesus. As práticas de contato com o sobrenatural são já típicas em Jesus e constituem um elemento de continuidade entre Jesus e os seus discípulos A continuidade, porém, está na prática e não tanto nos seus conteúdos, conforme esclarecerei melhor adiante.

3. Resposta a Dale C. Allison (2008)

1. Digo de imediato que concordo com Allison (2008) sobre muitas coisas que ele escreveu. Todavia, os meus pontos de vista divergem dos seus, e isto me leva a enxergar aspectos diferentes daqueles que ele enfocou e também a propor uma conclusão divergente.

a) Não enfrentarei, pois, a questão do nascimento da teologia do Novo Testamento porque ele não existia antes do final do século II. Falar de teologia neotestamentária nos séculos I e II é um anacronismo. Nos primeiros duzentos anos, cada grupo de seguidores de Jesus possuía não os quatro evangelhos que depois se tornariam canônicos, mas sim um único evangelho, e este evangelho na maior parte das vezes não era um dos quatro. Muitas comunidades usavam o Evangelho de Tomé, outras o Evangelho de Pedro e outras o Evangelho dos judeus ou dos Nazarenos, e assim por diante. Nenhum dos evangelhos que se tornariam canônicos era considerado mais normativo que os outros. As cartas paulinas eram conhecidas somente por uma parte limitada de grupos e comunidades que, todavia, não liam outras obras que mais tarde seriam "canônicas". Isto também se aplica ao Apocalipse, à Carta aos Hebreus, à Carta de Tiago etc. Na realidade, não sabemos nem que tipo de uso as comunidades faziam desses escritos. Após a morte de Jesus, algumas das comunidades de seus seguidores liam como escritos normativos as sagradas escrituras judaicas e, às vezes, também obras judaicas não canônicas. Reconstruir quais obras escritas eram usadas em cada uma das numerosas comunidades de seguidores de Jesus, no Mediterrâneo e no Oriente Médio antigo dos séculos I e II, seria de extremo interesse para o historiador, mas creio que permanecerá como um desejo insatisfeito.

Sabemos com certeza, porém, que é metodologicamente errado usar somente os escritos do Novo Testamento para reconstruir elementos essenciais da teologia dos primeiros grupos de seguidores de Jesus, como se o Novo Testamento fosse um denominador comum protocristão.

b) Concordo com Allison sobre dois de seus pontos iniciais: 1. "Que os escritos neotestamentários mostram uma notável diversidade. Certos ambientes cristãos primitivos deviam muito à apocalíptica (então definida), enquanto outros possuíam uma orientação bem diferente"; 2. Que "também o singular 'a mãe' é problemático. Os movimentos históricos nunca são o resultado de uma só causa originária".

Nestas duas afirmações Allison parte do reconhecimento da pluralidade que caracteriza o movimento de Jesus desde o início: existem muitas teologias neo-testamentárias e muitas "mães" da teologia cristã. Sobre isto concordo. Allison, porém, após ter reconhecido a pluralidade, volta a falar quase apenas *no singular* de uma teologia cristã, de uma escatologia e de uma única mãe da teologia cristã. Segundo Allison, existiria "um grupo de temas e de expectativas que tinham se desenvolvido e se tornaram populares no judaísmo pós-exílico. Esses temas e expectativas, que geralmente se acreditava tivessem sido profetizados na Bíblia, incluíam: um período de tempo de enormes dificuldades (próximas ou já presentes), o advento ou a intervenção dramática de Deus e/ou de um intermediário "messiânico", a ressurreição dos mortos, o juízo divino sobre a humanidade e a renovação ou a recriação do mundo"[20].

Allison corrige Käsemann afirmando que esse "grupo de temas" não é "apocalíptica" e sim que deve ser definido como "escatologia apocalíptica". Concordo com ele ao deslocar o acento da apocalíptica para a escatologia. No entanto, a expressão "escatologia apocalíptica" não é clara. Parece pressupor que também existia no judaísmo do século I uma escatologia não apocalíptica. Mas ele nunca descreve as outras escatologias não apocalípticas e não cita quais grupos teriam compartilhado essa escatologia diferente. Como já repeti, Allison afirma que "a pesquisa até hoje não chegou a um acordo sobre o que se deve entender por apocalíptica"[21]. Assim, parece-me estranho que ele decida usar o termo "apocalíptica" sem dizer em qual sentido. Allison aceita a teoria de Gröningen? Ou as teses de G. Boccaccini? Ou a classificação morfológica de J. J. Collins?

Não nos diz como as outras escatologias não apocalípticas se tornaram "mães" de várias teologias cristãs. Allison afirma, com efeito, que os quatro elementos da "escatologia apocalíptica" podem ser encontrados no Novo Testamento[22].

---

20. ALLISON 2008, p. 46.
21. ALLISON 2008, p. 46.
22. Os quatro elementos seriam: 1. "O Novo Testamento atesta que muitos dos primeiros seguidores de Jesus acreditavam que a virada escatológica era iminente"; 2. "Os primeiros discípulos geralmente chamavam Jesus de (o) Messias, ou (o) Cristo"; 3. "Os sinóticos, João, os Atos, Paulo, a Carta aos Hebreus e o Apocalipse concordam todos sobre a extrema importância da crença de que Deus tinha ressuscitado Jesus dos mortos [...] e que a sua ressurreição não era concebida, ao menos no início, como

O reconhecimento da pluralidade de teologias judaicas e de teologias cristãs é importante, mas a ele não corresponde um conteúdo determinado. Allison afirma: "Isto não significa que a teologia cristã primitiva possa ser reduzida a um único fator ou que ela tenha uma só causa originária. Nas igrejas havia muita coisa sem ligação alguma com a escatologia apocalíptica, como o acento colocado sobre o amor, e de modo geral não se pode considerar a ética cristã primitiva como um parasita da escatologia"[23]. A este tema, todavia, Allison dedica poucas linhas.

A *reductio ad unum* se manifesta claramente na conclusão de Allison: "a quase onipresença de uma escatologia apocalíptica, em suas várias formas nas fontes cristãs primitivas, certamente deriva de uma origem comum *apocalíptica*[24], que eu acredito esteja em Jesus e seus seguidores"[25]. No final, o termo escatologia foi dispensado e permanece apenas a apocalíptica. No primeiro cristianismo há um ponto de origem apocalíptico, e este ponto é o próprio Jesus. Sobre isso eu discordo, conforme explicarei mais adiante.

Ao contrário de Allison, afirmo que os quatro temas que ele encontra no Novo Testamento e em alguns escritos protocristãos não são tipicamente, ou exclusivamente, apocalípticos. O tema da *ressurreição*, com efeito, não é particularmente apocalíptico. A crença na ressurreição era compartilhada pelos fariseus. No entanto, isto não transforma os fariseus em apocalípticos. Se assim fosse, o termo "apocalíptico" se tornaria tendencialmente sinônimo de "judaico". O tema do *Messias* é comum a numerosos grupos. Também o tema do *final dos tempos* não é somente "apocalíptico", assim como a tendência a ver em certos eventos *o cumprimento* das profecias bíblicas.

Concordo com muitas das afirmações de Allison, mas sob a condição de tirar o adjetivo "apocalíptico" do substantivo "escatologia" e dar maior relevo às várias correntes judaicas e protocristãs em sua diversidade. Em lugar de "escatologia apocalíptica" creio que se deva falar de "escatologia judaica". Por outro lado, a minha impressão é que Allison já se mova convictamente nesse sentido, seja porque em seu artigo inteiro (à exceção do final) ele desloca o acento de

---

um evento isolado durante o desenrolar da história mas, antes, como parte e segmento da ressurreição geral que ora começava"; 4. "A convicção de que a história de Jesus e o nascimento da Igreja eram o cumprimento de profecias da Bíblia hebraica torna provável a hipótese de que muitos dos primeiros cristãos estavam convictos de viver nos 'últimos dias'" (ALLISON 2008, p. 46-48).

23. ALLISON 2008, p. 48.
24. Destaque do autor.
25. ALLISON 2008, p. 51.

"apocalíptica" para "escatologia", seja porque cita sobretudo textos da Bíblia hebraica mais que textos da tradição denominada "apocalíptica".

Nos séculos I e II nem todos os grupos cristãos estavam convencidos do advento do fim. Como se sabe, houve uma grande discussão a respeito. A Segunda Carta aos Tessalonicenses (*2Ts* 2,1-4) exprime um parecer diferente daquele que Paulo afirma em 1 Tessalonicenses 4,15-17, um texto no qual parece ausente o quarto dos "*cluster of themes*" que Allison considera apocalípticos: "a renovação ou a recriação do mundo"[26]. Os ressuscitados vão direto para o céu, a fim de viver para sempre junto ao Senhor, enquanto nada se diz sobre o destino do mundo onde viveram até então. O Evangelho de Marcos atribui a Jesus uma frase segundo a qual nem o Filho sabe quando acontecerá o fim (*Mc* 13,32). Os adversários da Ascensão de Isaías parecem minimizar a espera do fim. O Evangelho de Tomé parece desistoricizar e destemporalizar radicalmemte o conceito de reino de Deus, ao qual o tema do fim está intimamente ligado. O Evangelho de João dá testemunho de uma corrente na qual a contraposição temporal antes/depois é substituída pela oposição espacial cosmológica alto/baixo.

O tema do Messias é um dos mais controversos. Não sabemos se Jesus alguma vez se considerou o Messias. Paulo, é verdade, chama Jesus de *christòs*, messias, mas depois *kyrios* se torna para ele o título cristológico principal. Os seguidores de Jesus se dividiram entre si ao considerar Jesus como profeta (ver a tradição que está por trás da literatura pseudoclementina), como Messias ou como Filho do homem ou Filho de Deus. Não podemos considerar Rabbi Akiba um apocalíptico porque pensava que Bar Kokhbah fosse o messias.

Em seu artigo, Allison não leva em consideração a tese, fundamental para Käsemann, de que a teologia cristã somente nasce depois de Jesus, visto que em Jesus não se pode falar de teologia. Para mim, porém, é prioritário discutir principalmente esse problema. O motivo pelo qual Allison não o discute provavelmente está ligado ao seu ponto de vista, que insiste em diferentes aspectos. Mas no final do artigo Allison parece enfocar mais a continuidade entre teologia cristã e Jesus do que a descontinuidade, e assim discorda de Käsemann.

4. É ainda válida a proposta de E. Käsemann?

1. Para compreender o nascimento das várias teologias dos seguidores de Jesus após a sua morte é necessário possuir uma interpretação da figura histórica de Jesus. A tese inteira de Käsemann, por outro lado, está calcada em sua

---

26. ALLISON 2008, p. 46.

interpretação da figura de Jesus. A minha opinião é que Jesus não era principalmente um teólogo, ou um pensador, ou um escritor, mas um homem religioso, que procurava na prática de vida e nas práticas religiosas realizar aquilo que ele acreditava ser a sua tarefa e o seu dever.

No caso do primeiro cristianismo, creio que a teologia seja a tradução e a reelaboração em conceitos aceitos em um determinado ambiente de uma experiência ou de uma prática religiosa. Não quero entrar aqui na questão se é a prática que *sempre* determina a teoria ou vice-versa. Porque a resposta para a questão depende de casos concretos. Muitas vezes o sistema conceitual determina a prática e induz a realizar determinadas experiências. Isto ocorre quando uma categoria conceitual corresponde a uma categoria institucional forte e largamente aceita. Outras vezes, porém, são a prática e a experiência que determinam a formação de um sistema teórico-conceitual.

No caso de Jesus, estamos diante de uma forte experiência inovadora e de práticas religiosas incomuns, que exerciam em alguns uma forte atração e em outros uma grande rejeição. Trata-se da sua práxis curadora, do seu estilo de vida itinerante, do contraste entre o grupo discipular e as estruturas parentais, da prática do batismo batista, dos atos nas sinagogas e no templo. É este um caso típico em que *a prática e a experiência provocam* uma elaboração teológica.

2. O tipo de vida de Jesus[27] pode ser descrito principalmente conforme abaixo:

a) O primeiro aspecto é constituído pelo abandono da família, do trabalho e de todo bem possuído para exercer uma vida itinerante sem casa. Jesus se desloca continuamente, habita nas casas dos outros, levando consigo nada além do próprio corpo e a sua roupa. Isto inclui um contato sempre e exclusivamente direto com o povo, com qualquer tipo de pessoas, sempre face a face; inclui também a comensalidade como lugar de encontro pessoal.

b) Um segundo elemento é dado por uma série de práticas religiosas: a oração solitária e prolongada; visões, revelações e várias formas de contato extraordinário com o mundo sobrenatural (no batismo, nas tentações, na transfiguração e em Lc 10,18).

c) Um terceiro aspecto é constituído pela atividade taumatúrgica e curadora que parece provir de um poder inerente ao seu corpo.

---

27. Sobre todo este assunto remeto a DESTRO, PESCE 2008a, p. 42-58; cf. também os aprofundamentos teóricos de DESTRO, PESCE 2010b.

As revelações e as visões, de um lado, e o poder (*dynamis*) curador e taumatúrgico que residia no seu corpo (Mc 5,30), de outro, obrigaram Jesus a procurar uma explicação. E é aqui que nasce uma reflexão teológica de Jesus. Ele recorreu a algumas concepções judaicas escatológicas: as do reino de Deus, do perdão dos pecados e do Filho do homem.

Conforme veremos melhor no último capítulo, para Jesus o reino de Deus é o quinto reino previsto pelo livro de Daniel (2,44; 7,27). O reino de Deus é o reino final que Deus fará surgir e que jamais terá fim. É o reino de Israel sobre toda a humanidade. Trata-se de um reino universal e eterno. Na instauração desse reino uma figura especial – o Filho do homem – possui uma função determinante[28]. São numerosas as passagens nos vários evangelhos nas quais se fala do Filho do homem: trinta em Mateus; treze em Marcos; 24 em Lucas; doze em João e uma nos Atos (7,56), e inúmeras aquelas em que Jesus faz referência ao Filho do homem, como se se identificasse com ele ou como se tivesse uma ligação íntima com ele. É difícil esquivar-se da certeza histórica de que Jesus tenha visto nessa misteriosa relação com a figura do Filho do homem o sentido da sua missão, da sua tarefa. Nesta concepção do reino de Deus o centro está na ideia de que após o domínio dos gentios finalmente virá o reino de Israel, que coincide essencialmente com o reino de Deus.

A minha síntese da "teologia" de Jesus certamente é diferente daquela de Allison, bem como das de M. Hengel[29] e F. García Martínez, em suas respectivas críticas a Käsemann. Mas isto é absolutamente secundário. Assim como para mim é secundário definir como sendo apocalíptico ou simplesmente escatológico esse complexo de ideias. Não concordo de fato com Käsemann sobre a ideia de que Jesus não vivesse uma espera iminente do reino de Deus[30]. Sublinho fortemente, portanto, o aspecto escatológico da teologia de Jesus. Todavia, como exponho melhor adiante, nem todos os conceitos da teologia de Jesus são escatológicos ou exclusivamente tais. Até para o conceito de reino de Deus de Jesus convergem pelo menos dois aspectos: o típico da soberania oriental, que estabelece a superioridade da justiça em relação à lei (sobretudo com os indultos dos devedores no início do reino)[31], e aquele do ideal levítico do jubileu[32]. Naturalmente havia uma interpretação escatológica do jubileu ligada ao perdão dos

---

28. O Primeiro Livro de Enoque também apresenta a ideia do reino de Deus e a função real e messiânica do Filho do homem. Sobre as diferenças com Daniel cf. abaixo, Conclusão, nota 5.
29. HENGEL 2002, p. 332-343.
30. Cf. também HENGEL 2002, p. 334.
31. Cf. cap. III, n. 4.
32. Cf. cap. III.

pecados (cf. 11QMelch), mas isto favorece a capacidade de síntese de elementos teológicos diferentes, em vez de uma avaliação unilateral "apocalíptica" de cada elemento[33]. Entretanto, *a origem* dessas ideias teológicas, dessas concepções tradicionais, desses aspectos da mitologia judaica não explica por que Jesus estava convicto da iminência do fim e por que tenha se convencido de ter uma função principal no advento do reino de Deus. A origem dessas ideias não explica nem mesmo por que os discípulos de Jesus após a sua morte continuaram a sua luta sem deixar-se deter pelo seu fracasso.

A minha tese principal é que a explicação do ato de Jesus e do dos seus discípulos não deve ser procurada na sua teologia, mas na sua experiência, da qual as várias teologias nada mais foram senão uma tentativa de explicação.

Sobretudo: o conjunto de ideias que acabei de resumir não explica todos os aspectos da prática de Jesus. A ruptura com a família, com o trabalho, com a propriedade e com a casa, bem como as suas palavras sobre a incompatibilidade entre Deus e "a riqueza e os prazeres do mundo"[34] têm sua raiz em uma visão conflitante das relações humanas e da existência que não está necessariamente ligada à escatologia. A percepção do próprio corpo que Jesus tem, a sua busca pela solidão, que o isola temporariamente das pessoas e dos discípulos (Mc 1,35; 6,46), não possuem uma ligação primordial com a escatologia. Assim também a sua necessidade de ter exclusivamente relações diretas, pessoais com o povo, a sua busca pelo encontro na intimidade das casas, na coparticipação da comensalidade provavelmente têm origem na percepção de que o seu carisma somente podia explicar-se através de uma relação direta, na qual a presença física era insubstituível[35]. A percepção da *dynamis* curadora do seu corpo, que era fundamental em toda a sua experiência, não possui raiz escatológica. No ambiente judaico de Jesus só havia a possibilidade de uma explicação religiosa: o poder curador só podia vir de Deus. Mas esse tipo de explicação "teológica" nada tem de escatológico. Muitos dos ensinamentos de Jesus manifestam uma tendência racional e sapiencial que não é escatológica.

No próprio Jesus existiam, pois, várias explicações "teológicas" da sua experiência e diferentes tendências teológicas, algumas das quais eram escatológicas e outras não. A pluralidade das teologias já existia em Jesus.

---

33. Cf. cap. III.
34. No original "mamona", ref. ao deus siro-fenício da riqueza. N. do E.
35. Adriana Destro desenvolveu esses aspectos in Gesù e il suo corpo, cap. 6 de DESTRO, PESCE 2008a, p. 157-187.

3. Jesus nunca deu importância à teoria e à teologia. Prova disso é o fato de que nunca pediu aos seus interlocutores que aderissem às ideias. Ele pedia, em vez disso, obediência às suas radicais exigências no modo de vida: deixar o trabalho, a família, os bens. Jesus convidava a *praticar* o perdão. Nunca pediu a alguém que *acreditasse em concepções* particulares. É o Evangelho de João que introduz alterações substanciais: omite completamente as exigências radicais de Jesus aos discípulos no modo de vida e introduz formas iniciais de confissão de fé doutrinária abstrata (cf. por exemplo Jo 11,25-26).

Em Jesus a prática tinha claramente a prevalência sobre a teoria teológica. A teoria servia para dar-lhe algumas explicações sobre aquilo que acontecia nele. Ele encontrou a resposta – como eu já disse– no advento do reino de Deus que se manifesta na *dynamis* do seu corpo, e talvez em uma relação misteriosa com a figura mítica do Filho do homem.

O fato principal não é que Jesus acreditava no reino de Deus de Daniel e no Filho do homem de Daniel (portanto, que ele fosse um "apocalíptico"), mas que ele tinha experiências de curador e taumaturgo, e de contato com o sobrenatural, que ele interpretava com base em concepções oriundas da sua cultura. O principal problema não é saber a qual corrente teológica da sua época ele recorreu, e sim qual foi a experiência religiosa concreta que ele viveu.

O fato que comprova que esta é a questão principal é que Jesus ensinou aos seus discípulos *não teorias* teológicas, mas *práticas a ser exercidas*: 1. o já citado abandono de família, trabalho, casa, bens; 2. a oração; 3. como operar curas; 4. como entrar em contato com o sobrenatural; 5. com qual estilo de vida concreto anunciar o reino.

Os principais problemas para compreender o nascimento das várias teologias cristãs, portanto, são: continuidade/descontinuidade com Jesus; o porquê da pluralidade das respostas teológicas; a relação entre práxis e explicação ou compreensão teológica.

4. A questão da continuidade ou descontinuidade entre Jesus e os seus discípulos após a morte não pode ser reduzida a uma simples questão teológica, pelos motivos abaixo.

As primeiras comunidades de discípulos de Jesus não são comunidades de teólogos ou de pensadores, mas comunidades caracterizadas por um estilo de vida e por determinadas práticas religiosas. A oração, as práticas de cura e de taumaturgia e as experiências de contato com o sobrenatural são uma característica essencial das primeiras comunidades dos seguidores de Jesus. Isto constitui uma *continuidade com a práxis histórica de Jesus*.

Käsemann sublinhou bem a absoluta importância da experiência do Espírito nas primeiras comunidades cristãs, a função de autoridade dos profetas e a reelaboração profética das palavras do Jesus histórico. A presença do Espírito *não é uma teoria* teológica, mas sim uma *experiência* religiosa de contato com o sobrenatural, através de êxtases, visões, profecias, além da práxis de cura.

Desse modo, são exatamente essas práticas de possessão pelo Espírito que constituem a continuidade entre a práxis das primeiras comunidades cristãs e a de Jesus[36]. Ao mesmo tempo, porém –e isto é fundamental –, é exatamente essa práxis que faz que os seguidores de Jesus se diferenciem dele e entre si. O típico de toda relação com o sobrenatural por meio do Espírito é que cada qual possui uma relação pessoal direta com o mundo do divino. Jesus encontrava nessa relação a sua legitimidade, e assim também fizeram os profetas protocristãos. Mas o fato de que a sua legitimidade derivasse diretamente de um contato com o divino os levava, necessariamente, a contrapor-se e a diferenciar-se. A práxis comum criava a diversidade teológica[37].

A certa altura, porém, nos grupos de seguidores de Jesus, após a sua morte, nascem as teologias. As cartas de Paulo são cheias de teologia, assim como o Evangelho de João aproximadamente meio século depois. Por quê? A minha resposta é que várias teologias nascem não só pelo inevitável contraste das diferentes inspirações e revelações de cada profeta, mas também porque Jesus não tinha dado instruções sobre muitas questões que necessariamente surgiram após a sua morte e devido a ela.

Convém, todavia, considerar dois fatos. Em primeiro lugar, as concepções escatológicas judaicas de Jesus eram absolutamente vagas. É mais que óbvio que ninguém, nem mesmo Jesus, podia saber exatamente o que ia acontecer no futuro reino de Deus. Trata-se de uma característica constante de cada concepção religiosa e mitológica que se refira a Deus e à sua ação, ao além e ao futuro. Quando Paulo, por exemplo, fala da ressurreição dos corpos (1Cor 15), diz que o corpo ressuscitado é um "corpo espiritual" (*soma pneumatikon*) (1Cor 15,44), uma expressão quase contraditória que esclarece bem como Paulo de fato sabia pouco sobre a realidade da ressurreição, da qual, por outro lado, ninguém pode ter experiência.

---

36. Afirmamos a tese da continuidade na prática em DESTRO, PESCE 2006. Morton Smith já havia indicado essa continuidade.
37. Sustentamos essa opinião em DESTRO, PESCE 2007.

Além disso, Jesus sempre falou muito pouco com os seus discípulos sobre si mesmo e sobre teologia. Eles sabiam muito pouco sobre como Jesus teologicamente interpretava a sua experiência.

O drama da luta de Jesus, conforme exponho na "Conclusão", se situa no fato de que ele foi morto e o reino de Deus sobre todos os povos não aconteceu.

Jesus, como se verá, não deu indicações sobre uma série de problemas, e também por essa razão surgiu o problema do desenvolvimento de várias interpretações teológicas. Um grande espaço se abria para a teologia.

Capítulo III
O Evangelho de João e as fases judaicas do joanismo[1]

1. Reconstruir as fases judaicas do joanismo

O Evangelho de João é certamente o que formula com muita clareza uma cristologia "alta", na qual a qualidade divina é programaticamente atribuída ao *logos* que se faz "carne" desde o Prólogo (1,1-14). No Prólogo, além disso, o *nomos* dado por meio de Moisés é contraposto à *charis* e à *alêtheia* vindas através de Jesus Cristo (1,17). Aos discípulos Jesus promete uma revelação do Espírito que não consiste somente em uma explicação revelada pela Torá, mas em uma verdade completa (14,16-17.26; 16,13). É no Evangelho de João que encontramos uma declaração de Jesus que parece querer remover o fundamento teológico da norma bíblica do repouso sabático (5,17). O templo de Jerusalém é programaticamente substituído por um culto "em espírito e verdade", que não possui nenhuma localização (4,21-24), enquanto as coordenadas espaciais de referência não são determinadas pela centralidade do templo de Jerusalém e pela terra de Israel, mas pela oposição alto/baixo (3,31; cf. 2,32-34; 3,13-14). A circuncisão não parece ser condição de adesão ao grupo, e sim um renascimento do alto, pelo qual nos tornamos "gerados por Deus", "não do sangue nem da vontade da carne, nem da vontade do homem", mas diretamente por Deus (1,12-13). A questão de quem é verdadeiramente filho de Abraão, tão importante

---
[1]. Neologismo utilizado pelo autor; cf. subitem 1 deste capítulo. (N. da T.)

também para Paulo, parece eliminada por João, segundo o qual Jesus é "antes que Abraão fosse" (8,58)[2].

O meu interesse, todavia, é voltado para os anos nos quais os seguidores de Jesus primeiro vivem dentro do judaísmo e depois, lentamente e de diversas maneiras, se desligam: a) das instituições; b) das práticas; c) das concepções e d) dos modos de fundar comunidades (ou entrar nelas) que podem ser definidos como judaicos. É o período que começa imediatamente após a morte de Jesus, aproximadamente nos anos 30, *e que não sabemos quando termina*, mas certamente acaba em tempos diferentes, de acordo com as várias situações religiosas e geográficas. Somente no final desse período, conforme vimos no primeiro capítulo da segunda parte, se pode falar de cristianismo, e então não antes da metade do século II. Só depois é que se formariam uma doutrina normativa reconhecida como tal, pelo menos em alguns pontos, pela maioria das correntes e uma organização comunitária principalmente uniforme, ao menos em determinadas áreas[3].

A última redação do Evangelho de João, a meu ver, em grande parte se exprime segundo categorias culturais judaicas ou de um judaísmo helenizado, mas não pertence ao judaísmo. O fato é que não é nem mesmo um cristianismo, visto que "cristianismo" é uma realidade religiosa sucessiva.

Penso, todavia, como já expus no primeiro capítulo desta segunda parte, que para enfrentar concretamente o problema da transição de uma religião a outra é necessário recorrer ao conceito de sistema religioso: somente quando um movimento – uma corrente ou uma comunidade – se desliga claramente do judaísmo, nos três elementos constitutivos de cada sistema religioso (práticas, concepções, modos de adesão ao grupo) é que ele não é mais "judaico".

Prefiro, pois, chamar o sistema religioso que se exprime no Evangelho de João com um neologismo: "joanismo", adotando o termo que Adriana Destro e eu cunhamos anteriormente[4]. Talvez os membros da comunidade joanina entendessem a si mesmos como "os verdadeiros adoradores" (cf. *Jo* 4,25). Entretanto, não temos certeza se podemos reconstruir a sua autodefinição. Portanto, prefiro usar

---

2. Neste capítulo apresento em vários pontos os estudos realizados com minha esposa, Adriana Destro, a quem devo numerosas intuições que a minha preparação metodológica nunca me teria permitido acessar. Cf. DESTRO, PESCE 2000 (no qual o leitor também encontra a bibliografia joanina aqui utilizada e que transcrevo); cf. também DESTRO, PESCE 2001b.

3. Cf. SIMONETTI 1994, p. 29-45. O fato de que os Atos dos Apóstolos digam que em Antioquia os discípulos de Jesus começaram a ser chamados de *christianoi* (11,26) não significa que então começava o cristianismo, porque aquele termo não designa aquela realidade institucional, doutrinária e de práxis religiosa que entendemos hoje quando falamos de cristianismo, conforme vimos acima.

4. SIMONETTI 1994, passim e p. 137-140.

o termo "joanismo", que esclarece a sua diferença em relação seja ao judaísmo da época, seja ao cristianismo futuro, seja ao judeu-joanismo que o antecedeu.

O Evangelho de João, com efeito, embora tenha se desligado dos sistemas religiosos daqueles que ele chama de "judeus", atesta: a) seja alguns aspectos da passagem de um sistema religioso judaico para um outro, que não o é mais (sem ser "cristão"); b) alguns elementos de como, concretamente, os seguidores de Jesus foram membros da religião judaica, embora pertencendo a comunidades que possuíam uma visão própria do judaísmo. E é desde este ponto de vista que quero falar nestas páginas. Estou convicto, portanto, de que o Evangelho de João nos permite reconstruir algumas fases da história do joanismo que podem esclarecer alguns aspectos das práticas de um dos grupos mais antigos dos seguidores de Jesus.

O Evangelho de João, com efeito, nos permite focar uma série de formas religiosas judaicas que os seguidores de Jesus de tendência joanista compartilhavam e, em segundo lugar, um conjunto de temas (não todos, apenas uma escolha feita pelo redator) em torno dos quais vertia o debate intrajudaico, isto é, entre os judeus de tendência joanista e os judeus de outros grupos. Para colocar em evidência esses dois aspectos é necessário investigar o texto em seus aspectos mais profundos e não limitar-se às afirmações explícitas[5]. A pesquisa sobre o *Evangelho de João* dos últimos trinta anos (assumo como *terminus a quo* o livro de J. L.Martyn History and theology in the fourth Gospel [*História e teologia no quarto evangelho*][6]) com frequência acentuou duas características: a) que ele alude à expulsão do grupo joanino das sinagogas; b) que é típico da sua redação projetar sobre a trajetória de Jesus os problemas oriundos das comunidades joaninas contemporâneas à redação do evangelho ou às várias fases dela. Isto levou a investigar os motivos da expulsão dos joaninos das sinagogas e a procurar reconstruir a dialética interna das comunidades joaninas, sempre com base nas alusões contidas no evangelho[7]. Estes dois aspectos nos põem em contato com características judaicas de um grupo particular de seguidores de Jesus. Tanto Martyn[8] quanto Brown já nos deram reconstruções da história da comunidade joanina de notável interesse. Brown considera, por exemplo, que após a influência samaritana na comunidade joanina foi criada a cristologia tipicamente joanina, a qual, por sua vez, constitui o motivo da expulsão dos joaninos das sinagogas, definidos como "*di-theists*". Por ocasião dessa reviravolta

---

5. Cf. DESTRO, PESCE 2008c, p. 11-14; 2000, p. XII-XIII.
6. MARTYN 1979.
7. Cf. os comentários de BROWN 1991; 1982; além de BROWN 1979; 1984. Cf. também HENGEL 1998.
8. MARTYN 1978, p. 90-121.

teria se gerado um cisma interno às comunidades joaninas, dando lugar a uma tendência docetista, de um lado, e a uma mais parecida com o futuro cristianismo, de outro. Recentemente P. N. Anderson apresentou uma estimulante hipótese calcada no capítulo 6 na qual pretende isolar quatro fases de desenvolvimento da comunidade joanina[9]. Para além da alta pressuposição dessa reconstrução, permanece a certeza de que a evolução existiu, embora não possamos determinar as suas formas com segurança. Ancorando-se em John Painter, Anderson considera metodologicamente correto reconstruir as fases anteriores com base no texto atual, quando este último apresenta o típico mecanismo joanino do mal-entendido. Segundo ele, com efeito, o mal-entendido sempre possui uma função "retórica", no sentido de que "a incapacidade do público de Jesus de compreender os seus atos e as suas palavras [...] deve ter tido como objetivo a correção de determinadas atitudes dos destinatários de João"[10].

2. Aspectos do judaísmo joanino

Pretendo, em primeiro lugar, esclarecer algumas características do judaísmo joanino e da sua evolução para um sistema religioso não judaico que, a meu ver, não foram sublinhadas suficientemente ou pelo menos como eu gostaria de tê-lo feito.

Analisarei a questão de dois pontos de vista: o das formas religiosas judaicas, nas quais, segundo o Evangelho de João, parece desenvolver-se a vida religiosa dos joaninos, e o dos argumentos de atrito e discussão que devem ter ocorrido entre os joaninos e os outros grupos judaicos com os quais eles tinham contato.

Para esse objetivo, convém levar em conta que no Evangelho de João podem ser encontrados principalmente três diferentes momentos da relação entre os seguidores de Jesus de tendência joanina e o judaísmo: a) a relação de Jesus com o judaísmo da sua época; b) a das comunidades joaninas com o judaísmo do seu tempo; c) a do último redator com o judaísmo da sua época.

Procurarei reconstruir alguns aspectos dessa vida intrajudaica do joanismo utilizando as observações redacionais com as quais o redator quer distinguir entre aquilo que Jesus fez e disse e o que os discípulos do seu tempo podem compreender graças à posse do Espírito Santo (cf. 2,17.21-22; 6,6; 6,64; 7,39; 8,27; 10,6; 11,51; 12,6; 12,16; 12,33; 13,7; 13,11; 13,28; 14,26.29; 15,26; 16,13-15; 16,25; 19,28; 19,35; 20,9; 21,19; 21,23). É verdade que a tese teológica do redator é que

---

9. ANDERSON 1997, p. 1-59.
10. ANDERSON 1997, p. 24.

o que Jesus fez e disse tinha um significado que somente quem possui o Espírito pode compreender. Mas para poder obter esse significado espiritual o redator tem de pressupor os atos e as palavras de Jesus que circulavam em seu ambiente, aos quais deve poder aplicar uma interpretação espiritual para afirmar as teorias teológicas que ele considerava verdadeiras. O mecanismo de uma interpretação no Espírito de palavras e ditos de Jesus nos permite saber que, na sua totalidade, eles eram interpretados bem de outra maneira em algumas comunidades de seguidores de Jesus. A redação do evangelho interveio contra tais interpretações, afirmando que aqueles atos e aquelas palavras de Jesus devem ser interpretados, no Espírito, de modo diferente.

Um segundo critério metodológico da reconstrução é utilizar os pressupostos implícitos nas afirmações explícitas da narração, supondo que elas tenham sempre um necessário escopo retórico, que o redator quer atingir implicitamente. Um exemplo desse procedimento está na análise da passagem de João 9,22, na qual se diz que os judeus tinham decidido expulsar da sinagoga todos aqueles que confessassem que Jesus era o Messias.

Finalmente, o procedimento usado é correto metodologicamente porque com a designação de 8,31 ("aos judeus que acreditaram nele") o narrador se referia implicitamente a verdadeiros seguidores de Jesus, os quais, todavia, não aderiam às teses teológicas do redator do evangelho, isto é, eram diferentes dos atuais joaninos.

2.1 Formas religiosas judaicas compartilhadas pelos joaninos

A concepção do tempo social subjacente ao Evangelho de João é determinada pelas festas judaicas. Muito mais que outros evangelhos, o Evangelho de João nos mostra Jesus participando das festas judaicas. Ele vai cinco vezes em peregrinação a Jerusalém por ocasião das mesmas festas. Em dois casos trata-se de *Pesach*, em um de *Sukkot* e em outro de *Chanukkah*. A festa não nomeada poderia ser *Shavuot*. O evangelho também conhece um tempo diferente, determinado pela "hora" de Jesus e pelos ritos nos quais se manifestou uma intervenção fundamental de Deus relativa a Jesus (o batismo e o rito da voz do céu; cf. Jo 1,32-34 e 12,23-33). Entretanto, o tempo de Jesus e do seu movimento ou da comunidade joanina só incide dentro daqueles grupos restritos e não transpõe os seus limites. Não se torna cultura de uma sociedade inteira. Não determina a organização da vida social assim como o redator do evangelho a imagina. Significa que ele imagina Jesus e as comunidades joaninas durante certo período da sua existência totalmente imersos dentro da cultura judaica da terra de Israel. A organização do tempo, com efeito, nunca é um fato puramente natural, mas depende das complexas concepções cosmológicas de uma cultura. O ciclo anual das festas da terra de Israel determina a organização da vida social, exprime e valida uma visão do mundo e renova práticas sociorreligiosas de extrema importância. Os comentadores com frequência sublinharam como o Jesus de João viveu alguns momentos altamente significativos dessas festas, de modo a alterar profundamente o seu significado: o maná citado no contexto do *Pesach* se torna o próprio Jesus como pão da vida (6,35); a água de *Bat hashoebah*, durante a festa de *Sukkot*, se torna "o Espírito que haviam de receber os que acreditassem nele" (7,39).

Na realidade, a representação que João nos oferece da participação de Jesus nas festas judaicas nos transmite muito mais. Em primeiro lugar, o Jesus de João está totalmente imerso na estrutura sociorreligiosa judaica da Terra de Israel. Em segundo lugar, a redação do evangelho supõe, implicitamente, que as comunidades joaninas também continuaram a viver os ritmos das festas judaicas estabelecidas, participando coletivamente dos ritos populares ligados a elas (as peregrinações, com todo o aparato de organização sociorreligiosa que comportavam; as orações; os ritos no templo de Jerusalém e nas sinagogas).

Por isso suponho que o redator do evangelho sabia que algumas comunidades de seguidores de Jesus haviam vivido durante longo tempo dentro dos grandes eventos religiosos judaicos, conferindo a eles um significado diferente daquele que ele considerava correto. Aquelas comunidades possuíam um modo próprio de conciliar a respectiva identidade de judeus e de seguidores de Jesus que não agradava a João.

O primeiro fato a ser observado é que a tradição cristã sucessiva manteve, cristianizando-as, apenas as festas do *Pesach* e de *Shavuot*, mas não as outras. Ora, o Evangelho de João nos mostra que as comunidades joaninas também vivenciaram por longo tempo festas como *Sukkot* e *Chanukkah*, tão estranhas à tradição cristã sucessiva. *Chanukkah* pressupõe uma piedade do templo de Jerusalém ligada também à defesa militar da religião judaica (cf. 1Mc 4,36-61 e 2Mc 10,1-8). *Sukkot* é uma festa nacional, ligada à terra com todos os seus valores simbólicos. Este é um campo de investigação bastante vasto, que não me parece ter sido suficientemente investigado com o objetivo, ao menos, de esclarecer um modo fundamentalmente judaico de viver o seguimento de Jesus. Não é por acaso que se trata de um momento histórico que foi removido da tradição cristã.

O Evangelho de João, em segundo lugar, pressupõe também uma vida sinagogal das comunidades joaninas. Trata-se das passagens que falam do perigo de ser expulso das sinagogas (9,22; 12,42; 16,2) e daquelas nas quais Jesus é descrito ensinando ou pregando na sinagoga (6,59; 18,20). Entretanto, convém considerar também as estruturas arquitetônicas nas quais o redator situa as cenas dos capítulos 13–17, as quais também podem aludir a vários ambientes de uma mesma sinagoga[11]. Sobre este aspecto podem dar uma contribuição as pesquisas de F. Manns[12], que insiste muito sobre a afinidade entre a redação do evangelho e as tradições litúrgicas e teológicas da literatura rabínica, a qual, como se sabe, é aquela que transmitiu parte da antiga vida religiosa sinagogal. Mas, antes de dedicar-se à análise das camadas mais explícitas e superficiais do texto, é necessário levar em conta fatos implícitos. Duas vezes o redator do evangelho nos diz as razões pelas quais os seguidores de Jesus devem ter sido expulsos das sinagogas. Em 9,22 o motivo da expulsão está em reconhecer Jesus como o Messias: "os judeus já tinham decretado que se alguém confessasse que Jesus era o Messias seria expulso da sinagoga". Em 12,42 o motivo para ser expulso é "acreditar nele", porém o contexto mostra que o redator entende como objeto de crer em Jesus uma dignidade superior à do Messias. Igualmente em 16,2. A passagem de 9,22, portanto, está isolada em relação às de 12,42 e 16,2, nas quais o redator supõe a confissão de uma dignidade de Jesus muito superior à messiânica como motivo de expulsão. Por outro lado, os fragmentos de ritos de admissão ao grupo que encontramos em 9,35-39, 11,26-27 e 20,26-29[13] pressupõem que a fé em Jesus pelo adepto consistia em proclamar que Jesus era o Filho do homem, ou que quem crê nele "ainda que morra viverá" (11,25-26), ou que ele é "Senhor e Deus" (20,29). É muito estranho, pois, que o reconhecimento da função de Messias fosse motivo de expulsão das sinagogas. Vários estudiosos, além disso, repetem que os judeu-cristãos reconheciam Jesus como Messias, e que isto não era motivo para serem expulsos das sinagogas. De que modo, então, se deve entender a passagem de 9,22, que, ao contrário, afirma que a razão da expulsão era o reconhecimento da messianidade de Jesus?[14] Uma primeira hipótese poderia ser que o redator quis simplesmente criar um crescendo entre Messias e Filho do homem nos versículos 22 e 35, e talvez com referência às sucessivas confissões de fé de Marta (11,25-26) e Tomé (20,28). Entretanto, isso priva de todo significado retórico a menção ao papel da confissão messiânica. O crescendo teológico só tem significado se

---

11. DESTRO, PESCE 2000, p. 73-74.
12. MANNS 1991.
13. DESTRO, PESCE 2000, p. 22-23.
14. Sobre a questão messiânica cf. ASHTON 1993, p. 238-291; MARCHESELLI 2006, p. 204-246.

é importante em um contexto histórico e com relação a determinados grupos ou a precisas afirmações teológicas. Também se poderia pensar, porém, que o redator quisesse contrapor a fé que os "judeus" atribuíam aos seguidores de Jesus àquela que de fato possuíam. Podia-se também pressupor – é o que quero afirmar aqui – que o redator quisesse contrapor a uma situação corrente nas comunidades joaninas de uma determinada época uma visão teológica, segundo ele, mais correta. De um lado estavam aqueles seguidores de Jesus que pensavam que ele era o Messias, em oposição aos outros judeus que, ao contrário, não estavam de fato convencidos. De outro lado está a opinião teológica do redator, que considera que a crença dos seguidores de Jesus é insuficiente e deva ser fundamentalmente corrigida. Isto é confirmado, por outro lado, também por João 1,41, onde André e o discípulo sem nome dizem "encontramos o Messias". Também aqui o redator quer corrigir esse tipo de crença e adesão a Jesus, o qual é bem mais que Messias, mas sim "o Filho do homem", ao redor do qual "os anjos de Deus sobem e descem" (1,51), conforme o Jesus de João afirma corrigindo Natanael e os outros quatro discípulos. Entretanto, com aquela correção, o redator parece ter em mira os judeus joaninos que consideram que Jesus seja simplesmente o Messias. Que sentido teria propor um crescendo e introduzir uma correção se não existisse a concreta possibilidade de entender equivocadamente a natureza e a função de Jesus?

Se isto for verdade, teremos uma visão bem interessante sobre a vida das comunidades joaninas. Alguns seguidores de Jesus, membros das sinagogas e judeus como os outros, acreditavam que Jesus era o Messias, e o evangelho afirma que esta crença levava os outros judeus a opor-se de um modo tão duro que os expulsavam das sinagogas. Devemos perguntar-nos, todavia, por qual motivo e em que período seria verossímil no judaísmo da terra de Israel pensar em expulsar de uma sinagoga um judeu que pensava que Jesus era o Messias, visto que acreditar que alguém era o Messias não era em si motivo suficiente para uma expulsão. A menos que a frase de João nos transmita um momento em que a história política na terra de Israel era tão grave que a adesão a um Messias morto e politicamente não vitorioso implicasse uma separação dos seguidores de Jesus das expectativas político-messiânicas de outros seus correligionários. Pode-se pensar na revolta iniciada no ano 66. Teremos, assim, a confirmação implícita de um momento particularmente difícil da vida das comunidades joaninas, quando os motivos do conflito com os outros judeus não consistiam em questões de "cristologia alta"; um momento, por outro lado, apagado pelo surgimento de um joanismo ou de diferentes cristianismos.

2.2. Os temas da divergência e da discussão entre judeus seguidores de Jesus e outros judeus

Creio que a redação do evangelho põe em evidência alguns temas de divergência ou de discussão entre os vários grupos judaicos, enquanto deixa de fora alguns que, em outros textos do cristianismo primitivo, ao contrário, estão em destaque. Cito quatro: a) a questão de como deve ocorrer a purificação; b) o problema de como se pode alcançar a própria identidade; c) a natureza do ato de culto a Deus; d) o sábado.

a) A questão de como deve ocorrer a purificação. Sobre este tema temos uma série de passagens. Em 2,6 se diz que durante o banquete de núpcias em Caná havia jarros de pedra para "o *katharismos* dos judeus". Provavelmente, a transformação da água em vinho também alude a uma crítica contra o uso (lavar as mãos antes de comer) que os seguidores de Jesus contestavam, como também indica Marcos 7,2 par. Em 3,25, além disso, fala-se de uma discussão entre os discípulos de João Batista e um judeu sobre "o *katharismos*". Aqui, possivelmente o mecanismo ritual que o Batista praticava a fim de obter a purificação é discutido por quem esperava que ela devesse ocorrer através dos ritos do templo, como o *Yom Kippur*. Finalmente, temos as passagens de 13,10.11 e sobretudo 15,3 em que Jesus afirma que os seus discípulos já "são" puros (*katharoi*) graças à palavra que receberam. Aqui o redator de fato afirma que a purificação é necessária, mas que ela não acontece nem através dos ritos do templo, nem mediante a imersão batismal, e sim por meio da acolhida da palavra de Jesus.

Creio que se possa traçar uma possível evolução histórica. O redator do evangelho parece bem pouco interessado no momento inicial da evolução, isto é, no debate histórico sobre a purificação, que está no centro da instituição do batismo batista. Segundo a versão de Flávio Josefo (*Ant.* XVIII 117), através de seu rito o Batista propunha tanto a remissão dos pecados (e nisto também concordam Mc 1,4 e Lc 3,3) por meio de atos de justiça quanto a purificação (*agneia*) do corpo[15]. O fato de que o rito tinha por finalidade a remissão dos pecados implicava, necessariamente, uma viva discussão sobre a sua legitimidade e sobre a relação com os ritos prescritos do templo, em particular com os do *Yom Kippur*. Por isso, é provável que a discussão da qual fala João 3,25 fosse justamente sobre qual rito (batismo batista ou *Yom Kippur*) pudesse fazer, e como, a purificação. É significativo, todavia, que o redator do evangelho não se detenha a explicar a questão. Para ele, obviamente, o problema já não é mais

---

15. Sobre o batismo do Batista cf. LUPIERI 1988a, p. 27-74; 1988b, p. 31-36.60-61.119-131.

relevante. Ora, isso é surpreendente, porque a participação de Jesus no batismo de João Batista situa Jesus, historicamente, exatamente dentro daquela questão fundamental. Provavelmente, o Jesus histórico tinha, também ele, sérias dúvidas sobre os mecanismos da remissão dos pecados das instituições religiosas oficiais. Mas para o redator do evangelho os termos concretos do debate intrajudaico da época de Jesus não interessam mais. Ele parece ter um interesse teológico bastante secundário pelo modo como Jesus e João Batista viam as coisas e por que rejeitavam certos ritos do templo deste particular ponto de vista. A esta altura, ele já reinterpretou totalmente, à sua maneira, o evento do batismo de Jesus por João Batista. Certamente sabia que o batismo batista tinha a ver com a remissão dos pecados. Mas o seu problema é defender a superioridade da função de Jesus. O Batista, com efeito, proclama imediatamente que Jesus é aquele que "tira o pecado" (Jo 1,29). Não o batismo batista, mas o renascimento joanino tira o pecado. Em suma, não interessa ao redator do evangelho entender por que o Batista e Jesus rejeitavam outros ritos para a remissão dos pecados, mas por que os joaninos de seu tempo deveriam rejeitar tanto o batismo de João quanto outros ritos judaicos relativos ao perdão dos pecados e à respectiva purificação. Por isso, o Jesus de João diz que os seus discípulos foram purificados através de sua palavra. É a palavra criadora, o *logos*, que habita na própria *sarx* de Jesus que purifica. Não há necessidade de ritos de purificação na água. O joanismo possui um rito próprio para o perdão dos pecados (cf. 20,23).

Ao historiador, porém, não escapa a evolução. A redação do evangelho supõe uma primeira fase na qual Jesus e os seus discípulos aderem à teoria batista, pela qual os ritos de *Yom Kippur* do templo não purificam e não tiram os pecados, com a consequente necessidade de um rito alternativo. O evangelho nos diz – só ele, em relação aos sinóticos – que Jesus batizava, e aparece também uma concorrência entre jesuanos e batistas. Isto significa que o autor do evangelho pressupõe, implicitamente, um período batista do movimento de Jesus. Ele menciona porque não pode deixar de fazê-lo. A questão é bastante premente em seus ambientes. O que ele quer esclarecer, porém, é que aquele fato (ou seja, que os seguidores de Jesus tinham praticado o batismo batista), historicamente indubitável para ele e os seus leitores, possui um significado diferente daquele que alguns gostariam de dar-lhe. O autor se apressa a declarar que não Jesus pessoalmente, e sim os discípulos batizavam. É bastante provável que os seguidores joaninos de Jesus no início acreditassem que a água do batismo purificasse o corpo. No rito batismal, com efeito, o Batista exigia uma imersão na água para a purificação do corpo, apesar de a remissão dos pecados já ter ocorrido através de atos de justiça de reparação. Esta concepção, a meu ver, pode ser explicada com base na concepção qumraniana, citada em 1QS (III, 3-9), segundo a qual a expiação acontece por meio do Espírito, mas permanece, todavia, uma contaminação corporal, consequência das iniquidades e transgressões passadas, e que só é removida lentamente, antes, segundo 1QS, só bem lentamente (1QS VI, 20-21)[16]. Essa concepção, que explica as concepções do Batista, e de uma primeira fase da história dos seguidores joaninos de Jesus, parece absolutamente ultrapassada e colocada de lado pelo redator do evangelho, para o qual a purificação ocorre não com ritos de imersão, mas somente através da palavra de Jesus (15,3).

Temos, assim, o testemunho de uma fase do joanismo ou, para ser mais exato, do judaísmo constituído pelos seguidores de Jesus de tendência joanina, na qual a purificação corporal daquela contaminação que se pensa seja a consequência de atos de transgressão é considerada necessária (apesar de o perdão dos pecados não ocorrer por meio da imersão). Tal purificação corporal era considerada necessária e possível mediante um rito de imersão batismal. A confirmação da existência dessa fase, ou pelo menos de sua plausibilidade, poderia vir de Atos 19,1-7, que diz explicitamente que alguns "discípulos" de Éfeso (onde se crê que o joanismo tenha tido a sua base) conheciam um só batismo na água. A concepção expressa pelo Evangelho de João, que podemos definir simplesmente como joanina, continua a afirmar a necessidade da purificação, mas considera que esta só possa ocorrer por meio da acolhida da palavra (*logos* criador) de Jesus.

b) Um segundo tema de divergência e discussão se refere a como alcançar a identidade. Parece-me claro que a própria multiplicidade de movimentos e correntes, que acontece na terra de Israel do século I, manifeste uma crise de identidade. O que significa ser judeu em uma situação de crise caracterizada pelo domínio romano, pela helenização e pela romanização profundas dos costumes e dos ambientes (em particular, das cidades), dos processos de produção e consumo dos bens, pela dificuldade de adequar as concepções e as práxis religiosas tradicionais à nova complexa situação? As respostas diferentes implicavam diferentes formas de vida religiosa, que procuravam construir de modo diferente a identidade das pessoas. A crise da identidade aumenta na metade do século, conforme nos mostra a obra de Flávio Josefo: os grupos se fragmentam; cada indivíduo passa facilmente de um grupo a outro.

A resposta do redator do Evangelho de João para o problema de como cada pessoa (não cada judeu) pode alcançar a sua identidade é que a identidade se alcança pelo renascimento, um renascimento que consiste em nascer diretamente

---

16. DESTRO, PESCE 2001b, p. 212-213.

de Deus, mediante o Espírito Santo de Deus (Jo 3,5-8). A natureza do ser humano, ou a sua identidade, é alcançada por obra de Deus, através de um processo que implica uma transformação essencial da própria origem humana, social e étnica. Ser verdadeiramente homens significa *tornar-se* filhos de Deus, ser gerados por Deus. É necessário um segundo nascimento, um *re*nascimento, portanto.

Com referência a este tema, fica mais difícil localizar uma evolução histórica inserida na redação do evangelho que nos transmita diferentes fases do joanismo. Naturalmente, só a temática do renascimento pelo alto, capaz de fazer que o indivíduo se tornasse gerado por Deus, entrava necessariamente em divergência com o rito da circuncisão, através da qual o judeu obtinha a sua identidade. Esta não é apenas uma dedução lógica, mas parece que realmente tenha ocorrido. Devo a Adriana Destro (que retoma a análise de alguns textos do Levítico feitos por Heilberg e Schwartz) a intuição de que a metáfora da poda, na parábola da videira e os ramos (Jo 15,2), reelabora uma simbologia que tem a ver com a circuncisão. A poda, necessária para dar frutos, alude ao destino do discípulo: também ele deve morrer se quer seguir Jesus (cf. a outra metáfora do grão de trigo em 12,24). A morte, porém, necessária para o renascimento é metaforizada pela imagem da poda, que torna fecundo, assim como o homem só pode tornar-se fecundo se podado/circuncidado. Entretanto, o fenômeno religioso expresso pela metáfora do renascimento também pode ter sido entendido por João com outra metáfora, a da circuncisão, no sentido de que na circuncisão é repensado um elemento, o do corte ou poda. Para ser gerado por Deus é necessário ser podado, circuncidado de modo diferente que o habitual. João 15,2 portanto, é um trecho que pode nos dar o testemunho da formulação de uma das teses religiosas fundamentais do joanismo nos habituais termos religiosos judaicos. Note-se bem, porém, que não se deve pensar que renascimento deve estar em oposição a circuncisão. Era possível manter os dois juntos.

Podemos, então, pressupor uma fase do joanismo na qual circuncisão e renascimento coexistiam e uma na qual se começou a considerá-los inconciliáveis, no sentido de que o renascimento substituía a circuncisão.

c) O tema da natureza do culto é certamente aquele em que mais claramente o redator do evangelho parece estar consciente da grande modificação em relação ao passado que ele está introduzindo. As frases de João 4,21-25 não possuem equivalente no resto da tradição evangélica. Elas aparecem claramente redacionais. Jesus fala para o futuro. O Jesus de João considera que a verdadeira adoração sem templo se realizará em um tempo sucessivo. A expressão "vem a hora, *e já chegou*" indica que o redator pensa ser capaz de sinalizar ao leitor que a hora profetizada por Jesus já se cumpriu. Aqui, podemos sentir um dos aspectos da evolução interna do joanismo. Houve um momento no qual o culto do templo era considerado legítimo pelos seguidores de Jesus de tendência joanina. Só mais adiante é que se chegou à teoria segundo a qual, sendo Deus um espírito por sua natureza, só pode ser adorado em espírito e verdade. Não pretendo aqui procurar os motivos pelos quais o joanismo chegou a elaborar a sua nova concepção da natureza do culto, nem quando isso ocorreu. O meu interesse é mostrar que o evangelho pressupõe uma fase das comunidades dos discípulos de Jesus de tendência joanina na qual os ritos do templo não eram de fato rejeitados. Ao contrário, a sua insistência sobre o tema também pressupõe que será necessário convencer os seus leitores sobre a nova teoria. Aquela fase do joanismo não parece ainda enfraquecida. O fato de que o redator tenha que recorrer à teoria da compreensão no Espírito para conferir às palavras de Jesus o sentido de uma substituição do templo através da presença de Deus em seu corpo (2,12) é um testemunho indireto do fato de que o joanismo judaico considerava o templo como lugar da presença de Deus.

A intuição fundamental do Evangelho de João está em reconduzir o ato de culto a uma presença do espírito de Deus dentro de cada pessoa. Este é o culto em Espírito: o culto a Deus que acontece enquanto o espírito de Deus habita no interior do ser humano. A aspiração profunda do evangelho está em alcançar um contato direto da pessoa com Deus, que pode se realizar no íntimo do ser humano. O Espírito é que torna possível essa comunicação[17]. Não cabe a mim aqui reconstruir nem o longo percurso que vai de Jesus a essas concepções do Evangelho de João, nem quais são os fatores religiosos que permitiram a João formular uma exigência da religiosidade judaica com tons e formas muito próximos da helenística. O que importa aqui é apenas reconhecer que houve uma evolução e que a redação do evangelho mostra aqui e ali algumas fases dela. O emergir dessa teoria é provavelmente uma das principais causas de fratura interna do joanismo. Certamente a destruição do templo deve ter tido um papel fundamental, mas seria um erro pensar que aquele fato, ainda que importante, fosse a única causa. Sabemos que pode haver uma religiosidade do templo mesmo sem templo, conforme demonstra a primeira literatura rabínica, e que em Qumran chegou-se a prescindir do templo mesmo quando ele ainda estava em funcionamento.

d) Outros exemplos poderiam ser acrescentados. O do sábado, em primeiro lugar. O redator do evangelho acrescenta uma justificação teológica radical, desconhecida do restante da primeira tradição cristã: "Meu Pai opera, e eu também opero" (5,17). Se esta frase quer justificar, aos olhos do leitor, através de uma palavra

---

17. DESTRO, PESCE 1995a; 2000, p. 95.

de Jesus, o comportamento dos joaninos dos tempos do redator, que tinham parado de observar o sábado, então estamos diante de um dos sintomas mais importantes, que nos mostra que o joanismo já tinha saído do joanismo judaico. Somente quando as ideias tomam corpo em determinada práxis, de um determinado grupo, é que elas cessam de ser hipóteses e possibilidades abstratas e se transformam em existência histórica. Até aquele momento são apenas pensamentos de alguns. Apenas com a história das ideias não se reconstrói a história dos fenômenos religiosos. A justificação teológica de João 5,17 parece ser destinada a convencer os judeu-joaninos da complacência de uma práxis que ia de encontro ao mais consolidado dos usos judaicos. Também aqui, portanto, é bem provável que exista a evolução de um respeito normal pelo sábado para um tipo de organização comunitária que parece caracterizar-se como um grupo religioso de tendência universalista fora da terra de Israel ou até fora de um ambiente judaico. Mas estamos diante de uma reviravolta fundamental entre joanismo judaico e joanismo.

3. Observações finais

Permitimo-nos fazer uma rápida observação para concluir. Este capítulo deixa completamente de lado dois aspectos que seriam importantes para o nosso tema, isto é, a diversidade de João em relação ao resto da tradição evangélica e o fato de João apresentar uma religiosidade que possui características muito semelhantes a certos aspectos da religiosidade helenístico-romana. Esses dois aspectos permitiriam identificar melhor as várias fases do joanismo. Por exemplo, as exigências radicais de abandono da família, dos bens e do trabalho, tão importantes para o seguimento sinótico, estão absolutamente ausentes em João, onde, por outro lado, adquire um papel positivo o da família de Jesus[18]. Além disso, a insistência no contato direto com Deus, no renascimento e na iniciação estimula João a uma religiosidade helenística ou, talvez melhor, judaico-helenística. No entanto, não podemos aqui enfrentar esses dois campos.

O fato óbvio, que me parece muito minimizado, é que os seguidores de Jesus viam a sua adesão a ele dentro das habituais *formas* religiosas judaicas. Quando falo de formas religiosas penso na oração, na peregrinação, nos ritos diários, nas formas de agregação sociorreligiosa e também nas instituições. A recente pesquisa pôs em destaque exatamente a pluralidade de judaísmos do século I. Deste ponto de vista, criou-se uma polêmica contra a ideia de um judaísmo normativo, no sentido de que em uma situação de acentuado pluralismo não existiria

---

18. DESTRO, PESCE 1995b.

um judaísmo mais judaico que os outros, a ponto de impor-se como normativo. Na realidade, a questão não deve ser colocada nesses termos porque, quando se fala de muitos judaísmos, não se deve pensar simplesmente numa pluralidade de *concepções*. Os fenômenos religiosos não devem ser reduzidos apenas às *ideias*. Para a compreensão dos fenômenos religiosos é necessário um modelo interpretativo mais complexo e articulado. A sociedade religiosa da terra de Israel do século I não é o resultado de um conjunto de correntes de pensamento. A sua estrutura é dada, em primeiro lugar, por *instituições* que, por definição, são comuns a toda uma sociedade. Existem, pois, movimentos ou comunidades religiosos, e eles se diferenciam entre si exatamente e também pelo modo como participam das instituições. Aqueles que negam algumas das principais instituições e não participam delas, são os mais sectários, os mais introvertidos, os que mais se isolam do resto da sociedade ou que, ao contrário, visam a uma radical revolução dessa sociedade. A maioria dos outros movimentos ou comunidades participa, em vez disso, dentro das instituições, procurando transformá-las com base na própria visão das coisas. A rede institucional religiosa da sociedade judaica na terra de Israel não constitui, pois, nem um judaísmo normativo, nem um judaísmo comum, consistente em uma série de *concepções*, mas sim *estruturas organizativas* que cada qual vivia, em certos aspectos, em modos de tempos em tempos diferentes. Todavia, cada movimento ou comunidade também tem as suas próprias formas religiosas, as suas instituições que estão em dialética, não necessariamente oposta, com aquelas da sociedade mais ampla. Assim, por exemplo, um movimento religioso católico de hoje possui as suas estruturas organizativas e institucionais internas, embora participando das situações religiosas católicas gerais (a paróquia, a diocese etc.). É preciso dar-se conta de que entrar em um grupo judaico particular e, portanto, participar dos seus ritos particulares não implicava, *per se*, em sair ou em ser expulso da sociedade religiosa mais ampla, à qual se continuava a pertencer. Para que a saída ou a expulsão acontecesse, eram necessárias determinadas condições. As concepções religiosas são *um* dos fatores da mobilidade religiosa, e se tornam realidade social somente quando se unem a práticas sociais e a modos de organizar comunidades. Quando permanecem como simples ideias podem ser usadas diferentemente pelos vários movimentos, mas não caracterizam uma formação social. Os seguidores de Jesus de tendência joanina viveram nas instituições religiosas gerais e nelas encontraram outros judeus de tendência diferente. É no pano de fundo da participação comum nas instituições que deve ser compreendida a sua relação dialética com o resto da sociedade religiosa judaica, com o resto dos movimentos de então e com as concepções que circulavam mais ou menos de forma indireta.

Capítulo IV
Judeu-cristianismo, um conceito equívoco

1. As recentes pesquisas sobre o judeu-cristianismo

As pesquisas sobre o judeu-cristianismo[1] tiveram no passado o grande mérito de alargar a visão do cristianismo primitivo, atraindo a atenção para fontes e grupos cristãos desprezados pela exegese e pela historiografia, concentradas principalmente nos escritos neotestamentários. Aqueles estudos também contribuíram para esclarecer as origens judaicas do cristianismo, ofuscadas por uma exegese e uma historiografia habituadas a opor o cristianismo nascente seja ao judaísmo, seja às culturas e às religiões greco-romanas (o chamado "paganismo"). J. Daniélou, por exemplo, com base em suas pesquisas, sintetizadas na conhecida obra *La teologia del giudeo-cristianesimo* (*A teologia do judeu-cristianismo*)[2], na primeira parte de sua história do cristianismo antigo (DANIÉLOU, MARROU 1970), conseguiu chegar a reescrever uma história do cristianismo primitivo que não segue o esquema dos *Atos dos Apóstolos*, uma obra que, como se sabe, esclarece apenas alguns aspectos das primeiras décadas cristãs. Apesar disso, convém dizer que a grande maioria dos neotestamentaristas e dos historiadores do cristianismo antigo, durante longo tempo, continuou a ignorar as fontes e os

---

1. Para a primeira pesquisa sobre o cristianismo judaico cf. HORT 1894; HOENNICKE 1908; STRECKER 1934; SCHOEPS 1949; SIMON ²1964; 1965; LONGENECKER 1973; KRAFT 1972; MURRAY 1974; SIMON 1975; MALINA 1976; RIEGEL 1978; MANNS 1979; JERVELL 1980 (sobre este artigo cf. HELLHOLM, MOXNES, SEIMS 1995); GREGO 1982; MURRAY 1982; CIRILLO 1983; BROWN 1983;COLPE 1987.

2. DANIÉLOU, ²1991; 1967.

grupos focados pelos estudiosos do judeu-cristianismo, sem prosseguir na linha indicada, por exemplo, por Daniélou. Assim V. Fusco (1995b), que conserva um enfoque essencialmente dedicado aos escritos canônicos do Novo Testamento e às comunidades que parecem projetar-se por trás deles. As páginas 155-176 são dedicadas a uma clara rejeição de considerar outros escritos (apesar do amplo debate que ele dedica, nas páginas 13-29, à temática do judeu-cristianismo). Trata-se de um livro que valoriza muito pouco os resultados da pesquisa. G. Jossa (1997) minimiza quase totalmente o judeu-cristianismo. Todavia, nestes anos, estamos diante de uma segunda onda de estudos sobre o judeu-cristianismo, conforme demonstra seja uma série de Congressos (em Jerusalém, Turim e aquela organizada pela Associação Bíblica Católica Italiana em 2002)[3], seja um número expressivo de monografias e de artigos[4]. Na última década, porém, foi constatada tanto uma atenção sempre maior ao fenômeno das comunidades denominadas judeu-cristãs, quanto a inclusão cada vez mais frequente dos textos ditos judeu-cristãos na reconstrução da imagem histórica de Jesus e das origens cristãs. A meu ver, o problema fundamental é que o estudo do judeu-cristianismo não pode ser separado da rediscussão radical da história do nascimento do cristianismo de que tratamos anteriormente.

Entre a primeira fase de estudos sobre o judeu-cristianismo e a segunda fase atual existe uma ligação importante. A primeira teve o mérito de suscitar uma vasta quantidade de trabalhos analíticos sobre cada obra e cada fonte, que foram, então, editadas com novos e aprofundados critérios filológicos e históricos, e depois comentadas e relacionadas entre si, produzindo lentamente a necessidade e a proposta de novas visões historiográficas. Um exemplo italiano desse estudo analítico de cada obra é o grupo de pesquisa sobre a Ascensão de Isaías, surgido em 1977 em Bolonha, que produziu cerca de vinte estudos analíticos e, finalmente, organizado por E. Norelli, uma edição e comentário em dois volumes no *Corpus Christianorum*[5]. E. Norelli mostrou, analiticamente, a existência de

---

3. MIMOUNI, JONES 2001; FILORAMO, GIANOTTO 2001.

4. PRITZ 1988; PIXNER 1991; MIMOUNI 1988; 2004; 2006; BLANCHETIÈRE 2001; TAYLOR 1990; 1993; KAESTLI 1996; MANNS 1977; 1979; 1998; o cap. I sobre La Chiesa giudeo-cristiana di Gerusalemme, de PENNA 1999, p. 7-88. Desde que escrevi este ensaio, há pouco menos de dez anos, a bibliografia aumentou. Cf. agora BOYARIN 2004; JACKSON, MCCABE 2007; BECKER, REED 2003; MIMOUNI 2008b. Cf. também PENNA 2011, p. 61-104; SKARSAUNE, HYALVIK 2007; LOUMANEN 2011 (com a última bibliografia atualizada).

5. ACERBI 1980; LEONARDI 1980; NORELLI 1980a e b; M. PESCE, L'uso della Bibbia e il genere letterario dell'Ascensione di Isaia (inédito); ACERBI 1983; BORI 1983; KOSSOVA 1983; NORELLI 1983; PERRONE 1983, PESCE 1983b, p. 13-76; ACERBI 1984; PERRONE 1984; PESCE 1984; ACERBI 1989; NORELLI 1995; BETTIOLO et al. 1995.

tradições pré-sinóticas nesse importante escrito, que nos transmite momentos e concepções de grupos que tiveram importância no cristianismo das origens. Também podemos citar a publicação da nova edição e comentário da Didaqué organizada por Giuseppe Visonà (2000), que restitui a essa obra o valor de um testemunho, independente dos sinóticos, sobre tradições relativas a Jesus e a algumas das primeiras comunidades dos seguidores de Jesus de extrema antiguidade, que Visonà define como judeu-cristãs[6]. Desse novo panorama dos estudos sobre os escritos protocristãos oferece uma acurada introdução o primeiro volume da *Storia della letteratura cristiana antica greca e latina* (*História da literatura cristã antiga grega e latina*), de E. Norelli e C. Moreschini, uma obra de alto nível publicada pela Morcelliana[7]. Estas pesquisas sobre cada texto da área denominada judeu-cristã estimulam uma nova visão, também porque nos últimos anos desenvolveu-se uma nova pesquisa sobre o Jesus histórico que fez reconsiderar a *história* da redação de numerosos escritos protocristãos, esclarecendo, assim, momentos e grupos diferentes, anteriores e independentes dos escritos reunidos hoje no Novo Testamento. Basta citar duas importantes obras de H. Koester e o apêndice-síntese da estratigrafia e classificação dos escritos protocristãos no final de *The historical Jesus* (*O Jesus histórico*) 1991 de J. D. Crossan[8].

2. Relatividade e uso dos conceitos historiográficos

É necessário um esclarecimento sobre a honestidade do conceito de judeu-cristianismo como instrumento historiográfico. Nas décadas passadas, vários especialistas participaram da questão, como J. Taylor, S. C. Mimouni, F. Blanchetière e, antes, F. Manns, L. Cirillo e E. Norelli. Quero afirmar, porém, desde o início, que a utilidade de um esclarecimento dos conceitos historiográficos é apenas funcional para uma melhor utilização das fontes pelo historiador e para uma mais feliz reconstrução da variedade dos fenômenos religiosos. Não há pesquisa histórica e filológica sem definição do objeto da investigação, mas o que conta, todavia, é o sucesso dessa investigação que se reflete sobre aquela definição. De tal modo que mesmo uma pesquisa que parta de conceitos historiográficos inexatos ou inadequados possui validade, na medida em que é capaz de mostrar melhor um texto ou uma corrente. Pode-se deixar de lado o

---

6. M. DEL VERME dedicou vários estudos ao judeu-cristianismo da Didaqué: *Vetera Christianorum* 28 (1991) 253-265; 32 (1995) 293-320; 38 (2001) 5-39.223-245 (para uma bibliografia completa de Del Verme sobre este assunto cf. *Vetera Christianorum* 38 (2001) 232. Sobre a Didaqué e as origens cristãs cf. também VAN DEN SANDT, FLUSSER 2002; DEL VERME 2004.
7. NORELLI, MORESCHINI 1995. Cf. a edição em francês: 2000; em inglês: 2005.
8. KOESTER 1957; 1990; CROSSAN 1992, p. 425-466.

conceito historiográfico impreciso, mas não se deve abandonar o objeto da investigação. Sustento, por exemplo, que é necessário deixar de lado o conceito de judeu-cristianismo para a primeira fase da história do cristianismo, mas apenas para poder valorizar melhor as fontes e as tendências que a pesquisa passada sobre o judeu-cristianismo esclareceu.

Para definir corretamente o judeu-cristianismo são necessárias duas coisas: 1. que o conceito de judeu-cristianismo utilizado seja claro; 2. que o grupo religioso ou o fenômeno religioso que se quer definir seja bem classificado (isto implica uma classificação de fontes históricas exatas). Se nos limitarmos apenas a uma definição conceitual permaneceremos no abstrato, conforme também sublinha Mimouni[9].

Sobre a natureza dos conceitos historiográficos já falei acima, portanto aqui serei breve. Hoje, muito mais que no passado, estamos conscientes de que os conceitos historiográficos – e o conceito de judeu-cristianismo é deste tipo – possuem sempre uma história: nascem, transformam-se e morrem. Os conceitos historiográficos não são realidades naturais, e sim produtos de determinadas tendências culturais. Vivemos hoje em uma época na qual foi iniciada uma sistemática consideração crítica dos conceitos historiográficos usados pelas ciências humanas para definir fenômenos religiosos do passado (basta pensar nos conceitos de rito, sagrado, sacrifício, profetismo, messianismo, apocalíptica etc.). Muitos dos conceitos que usamos para definir realidades pertinentes ao mundo antigo, com efeito, foram forjados nos últimos 150 anos, eram desconhecidos anteriormente. Também o conceito de judeu-cristianismo é recente (cf. TOLAND 1718) e desconhecido na antiguidade cristã[10].

Hoje, por outro lado, existe uma consciência do fato de que os conceitos historiográficos constroem ou, se se preferir, condicionam a delimitação da realidade que se quer definir. Isto já é uma obviedade na ciência da literatura ou na sociologia da literatura. Se definirmos, por exemplo, o conceito de judaísmo de um ponto de vista não étnico, mas cultural, serão judeu-cristãos todos os textos que se exprimem dentro da cultura judaica. Obviamente, para considerar

---

9. "*Il est difficile de retenir les définitions fondées sur un système de doctrines et sur un système de concepts*" (MIMOUNI 1998, p. 68).

10. Sobre a história recente da definição cf. BLANCHETIÈRE 2001, p. 65-90. S. MIMOUNI indica o *Commento a Zaccaria*, III, 14,9, onde Jerônimo escreve: "*Iudaei et christiani iudaizantes [...] ut non iudaei christiani sed christiani iudaei fiant*". Ora, nesta frase Jerônimo quer dizer que é melhor que os judeus se tornem cristãos do que o contrário. Não se pode dizer, portanto, que nela já aparece o conceito de judeu-cristão, porque *iudaei* e *christiani* são aqui categorias distintas, e assim devem permanecer: ou se é *iudaei*, ou se é *christiani*.

que certos textos pertencem à cultura judaica será necessário definir primeiro o que é indispensável e suficiente para que se possa dizer que se está dentro da cultura judaica (É suficiente o monoteísmo? Ou também a observância da Torá? Ou ainda a circuncisão, ou a ideia de ressurreição, o profetismo, certos tipos de experiência religiosa e de ritualismo?). Devemos considerar como judaica a cultura judaico-helenística? É com base em um critério semelhante que J. Daniélou considerava judeu-cristãos todos os escritos que se exprimiam nos termos da *cultura* judaica. Ou será que devíamos considerar judeu-cristãos os escritos e os grupos que se situam dentro não só da cultura judaica, mas do judaísmo como religião e do povo judeu como realidade étnica? E como definiremos "judaísmo" e "povo judeu"?

Segundo uma definição que obteve um sucesso oscilante nos estudos antropológicos, os conceitos podem se distinguir em "êmicos" e "éticos", uma terminologia que nasce da distinção entre "*fon*êmico" e "*fon*ético" e que quer indicar que existem conceitos usados dentro da fonte estudada (os "êmicos") e conceitos usados pelo estudioso que analisa aquela fonte (os "éticos"). Não se pode dispensar os conceitos "éticos". Muitas vezes ainda lemos, da parte de alguns exegetas, a crítica dirigida a cientistas da literatura ou de especialistas de ciências sociais segundo a qual eles aplicam às fontes antigas conceitos que naquelas fontes não existem. Isto é uma ingenuidade epistemológica, visto que não existe estudioso que não aplique às fontes conceitos provenientes de sua cultura. O processo do conhecimento começa exatamente quando, com base em conceitos de nosso tempo, começamos a investigar o passado, e só termina quando os nossos conceitos, que não podemos dispensar, do contrário sairemos de todo possível ato cognoscitivo, se tornam dialéticos e se transformam em contato com os conceitos usados pelas fontes, em um processo dialético sem fim, que nunca pode chegar a uma total adequação do sujeito ao objeto. Essa questão da dialética entre conceitos das ciências atuais e conceitos dos nativos ou dos antigos é amplamente analisada na leitura antropológica[11] e conhecida nos estudos de história das religiões. Para um caso concreto, basta aqui remeter ao vasto debate sobre o conceito de sacrifício[12]. A antropologia nasce e se desenvolve exatamente para conseguir compreender as culturas diferentes da

---

11. Cf. AFFERGAN 1997, p. 44.61. Segundo C. Lévi-Strauss, "modelo do observador e modelo do observado se encontram [...] lá onde as estruturas do espírito humano se defrontam: no inconsciente estrutural" (apud FABIETTI 1999, p. 164). A posição de Affergan é diferente: o processo de conhecimento do outro é sempre um processo dialético pendular entre conceitos do observador e conceitos do observado.

12. Cf. GROTTANELLI 1988a e b; DESTRO, PESCE 2002b.

nossa, e o mundo antigo (do qual o cristianismo é parte integrante) pertence a uma cultura diferente da nossa. "Compreender a alteridade" é uma expressão que resume os dois polos do problema: nós, com a nossa cultura e os nossos conceitos, é que devemos compreender, mas o que devemos compreender com os nossos conceitos extrapola a nossa cultura e pertence a um mundo que usa "outros" conceitos.

O conceito de judeu-cristianismo pressupõe que existam duas realidades religiosas consideradas autônomas: o cristianismo e o judaísmo. Ou seja, pressupõe que existam *o cristianismo* e *o judaísmo*, do contrário não se poderia falar de um cristianismo judaico, seja lá como fosse entendido. Significa que só se pode falar de judeu-cristianismo a partir do momento em que exista o cristianismo.

O grande equívoco do conceito de judeu-cristianismo consiste em supor que o cristianismo, desde os seus primeiros passos com Jesus, é não judaico e que os grupos de judeus que acreditavam em Jesus, embora permanecendo judeus e mantendo a observância da religião judaica, devam ser considerados marginais e secundários. O fato é que a realidade é completamente contrária a essa visão. No início, os grupos dos seguidores de Jesus estavam todos dentro do judaísmo. Marginais e secundários foram, no primeiro surgimento, os grupos de seguidores de Jesus compostos por não judeus, ainda que com o tempo se tornassem a sua imensa e esmagadora maioria. Se quiséssemos manter o conceito claramente anacrônico de judeu-cristãos, deveríamos dizer que até as primeiras décadas do século II quase todos os grupos de seguidores de Jesus foram judeu-cristãos. Paulo teria sido um judeu-cristão, assim como os quatro evangelhos canônicos. Ainda que, quando se usa o termo "judaico", como já afirmei, se deva distinguir entre pertença étnica judaica e compartilhamento a uma cultura judaica.

Se não é correto falar de cristianismo no século I, e se não existe naquele período um cristianismo normativo, o recurso ao conceito de judeu-cristianismo para definir concepções e grupos cristãos do século I se revela essencialmente confessional e anacrônico, isto é, como um instrumento para isolar, dentro das fontes e das realidades históricas denominadas cristãs do século I, correntes e concepções normativas que foram definidas simplesmente como "cristãs" em relação a correntes desviadas ou marginais definidas como "judeu-cristãs". O critério de avaliação será extraído de uma única fonte, ou das correntes (como as cartas de Paulo ou os Atos dos Apóstolos interpretados à luz das teologias sucessivas) ou ainda das categorias cristãs dogmáticas e institucionais sucessivas.

3. Um cristianismo normativo?

Ao contrário de tudo que foi afirmado até aqui, alguns sustentam que existiu um ponto de referência normativo de caráter institucional, teológico, ético e litúrgico desde as origens daquele fenômeno religioso que depois se tornaria cristianismo, e que isto constituía a identidade diferencial do grupo. Não se pode negar, a meu ver, que alguns textos muito antigos, como as cartas autênticas de Paulo, apresentem a pretensão de que o que Paulo sustenta na teoria e na prática não é normativo só porque se baseia na sua autoridade como apóstolo, mas também porque é comum a todos os apóstolos (1Cor 15,2.11; Gl 1,6-9.11-12; 2,2; 1Cor 4,17; 14,33b). Todavia, é o que Paulo pretendia mas outros grupos pós-jesuanos não aceitavam reconhecer, e que outros grupos dentro das Igrejas por ele fundadas contestavam (1Cor 1,10; 4,21; 9,1 ss.; 14,37-38; Gl 1,6-9; 2,12-13; 3,1 ss.; 4,9; 5,7.11; 2Cor 2,5-11.17; 4,13-15; 11,22-23; 12,12). Entretanto, convém sublinhar que, mesmo que tivesse existido aquele ponto de referência normativo, permanece totalmente não resolvida a questão de se esse núcleo pode ou não ser definido como "cristão", no sentido de uma realidade religiosa já autônoma do judaísmo.

Bem mais convincente, a meu ver, é a tese historiográfica dos que sustentam que existiam vários cristianismos e não um só cristianismo normativo. Entretanto, a expressão "cristianismos" no plural, se for mais convincente o plural ficar em lugar do singular, não o é para o substantivo que se continua a usar, porque deixa a questão sem solução: quando é que se pode começar a falar de cristianismo como realidade religiosa autônoma do judaísmo?

O importante é evitar que uma característica e um fato histórico de determinada época sejam projetados no passado. O fato de que certos setores das Igrejas cristãs tenham considerado heréticos, em determinada época, grupos que alguns chamavam de "judeu-cristãos" não significa que houvesse uma norma universalmente aceita entre os seguidores de Jesus dos séculos I e II segundo a qual podiam ser considerados "heréticos".

São fundamentais, aqui, as observações de Blanchetière: "Em relação a que podem ser chamados heterodoxos? Quem decide a questão e com base em quais critérios? Não se corre o risco do anacronismo, isto é, projetar na história das origens uma evolução posterior do dogma?"[13]. Segundo Blanchetière, convém evitar cair no "famoso dilema da anterioridade e da posterioridade do erro com referência à verdade"[14]. Mimouni enfrentou a questão com uma certa amplitu-

---

13. BLANCHETIÈRE 2001, p. 73.
14. BLANCHETIÈRE 2001, p. 73.

de, traçando quatro teses fundamentais: a clássica, segundo a qual a ortodoxia precede a heterodoxia; a de W. Bauer, que afirma o contrário; a de H. E. Turner, de 1954, que vê semelhanças e diferenças entre ortodoxia e heterodoxia; e, finalmente, a de A. Le Boulluec, que propõe falar de "representações heresiológicas", mas que, todavia, de fato retorna à tese da prioridade cronológica da ortodoxia sobre a heterodoxia[15]. Para Mimouni, este enfoque é mais certo "quando se analisam as notícias transmitidas pelos heresiólogos cristãos", e é menos certo quando se estudam os grupos "por dentro"[16]. Parece-me adequado reconhecer que os conceitos de ortodoxia e heterodoxia sejam ambos sucessivos em relação às primeiras origens cristãs, nas quais os vários grupos conviviam sem que existisse uma norma reconhecida universalmente ou pela maioria das Igrejas. Remeto, para exemplificar, ao que escreve P. Lampe a respeito da comunidade de Roma: "Na Roma do século II havia grupos de cristãos que seguiam os ensinamentos valentinianos, marcionitas, carpocracianos, teodosianos, modalísticos, montanistas e quartodecimanos; seguidores de Cerdo; casas-igrejas daquilo que, só bem mais tarde, seria chamado fé "ortodoxa"; um grupo judeu-cristão que ainda observava a Torá; grupos que seguiam uma teologia do Logos, sofisticada demais para cristãos menos instruídos; grupos que acreditavam no milênio e outros que não compartilhavam esta crença"[17].

Em suma, o termo "judeu-cristianismo" pressupõe a existência do cristianismo, o qual, todavia, no sentido que lhe atribuímos hoje, só começa a existir por volta do final do século II. O termo "judeu-cristianismo", portanto, deve ser evitado nos primeiros dois séculos. Neste período, para definir os diferentes grupos de seguidores de Jesus será preciso procurar, em primeiro lugar, a autodefinição de cada um deles, e, em segundo lugar elaborar conceitos historiográficos mais adequados. Do ponto de vista dos múltiplos significados dos termos "judaico", "gentio" e "cristão", o conceito de "judeu-cristianismo" também deve ser rejeitado, porque confronta fatos principalmente religiosos com fatos étnicos, culturais e religiosos. Também a existência de um período intermediário no qual alguns grupos de seguidores de Jesus não eram mais "judaicos", embora não sendo ainda "cristãos", induz a suspeitar do uso do termo "judeu-cristianismo", que supõe categorias historiográficas e teológicas inadequadas para a atual consciência da pesquisa. Finalmente, parece implícita no conceito de "judeu-cristianismo" a aceitação do ponto de vista das Igrejas dos períodos sucessivos aos séculos I e II,

---

15. MIMOUNI 1988, p. 77-82.
16. MIMOUNI 1988, p. 90, n. 1.
17. LAMPE 1995, p. 90.

com todos os riscos inerentes ao pressupor o conceito de cristianismo normativo, os de ortodoxia e heterodoxia e os da distinção entre duas religiões (cristianismo e judaísmo).

Não significa, porém, que devem ser minimizadas as aprofundadas pesquisas do século XX sobre o judeu-cristianismo, porque o simples uso de um conceito não deve ser confundido com o objeto da pesquisa. Aquelas pesquisas nada perdem de seu valor. Pedir para chamar de modo diferente os numerosos grupos que essas pesquisas ajudaram a classificar só valoriza a sua contribuição. Além disso, desde que a substância dos problemas historiográficos seja clara, pode-se continuar a usar os antigos conceitos entre aspas, na expectativa de um renovado consenso historiográfico.

A coisa mais importante, todavia, é que a necessidade de deixar de lado o conceito de "judeu-cristianismo" para alguns grupos seguidores de Jesus do século II implica uma questão muito importante: a definição do que era entendido naquela época por "cristianismo". Conforme veremos no próximo capítulo, Justino, que escreve pouco depois da metade do século II, não possui um nome especial para definir esse grupo de judeus que creem em Jesus, mas não os chama de "cristãos". Isto significa que o termo "cristão" não é capaz de abraçar todos aqueles que acreditam em Jesus Cristo, mas define só um segmento deles. De qualquer modo, sublinha uma divisão em vez de uma união.

Concluo com algumas observações mais gerais. Há conceitos que impedem de enxergar a realidade histórica porque são construídos quando se tinha uma visão daquela realidade que depois foi corrigida. Sem derrubá-los, nunca se poderá ver a realidade tal como ela é. O conceito de "judeu-cristianismo" é um deles, e deve ser deixado de lado. A história do cristianismo primitivo não poderá obter resultados confiáveis se continuar a usar conceitos construídos por uma teologia que pensava que as divisões e os contrastes entre cristianismo e judaísmo existentes na história cristã sucessiva tivessem sido iniciados já com Jesus ou com a primeira geração de seus seguidores após a sua morte. Pensar, hoje, que existiam judeu-cristãos no século I é projetar sobre aquele período uma divisão inexistente. O capítulo seguinte procura mostrar como eram fortes a compenetração, a coabitação, o intercâmbio e também o conflito entre os seguidores de Jesus judeus e não judeus na metade do século II.

Se as coisas estão nesse patamar, para reconstruir a figura de Jesus e a história dos primeiros grupos de seus seguidores é necessário utilizar a Didaqué, o Evangelho dos Hebreus, o dos Nazarenos, o dos Ebionitas, a Ascensão de Isaías, o Evangelho de Tomé, além de também consultar a literatura pseudoclementina em suas camadas mais antigas. Será necessário compreender melhor os laços literários e históricos entre estes textos e os outros textos protocristãos, que nos séculos sucessivos seriam incluídos no Novo Testamento. Os meus estudos sobre o Evangelho de João, por exemplo, me conduziram à convicção de que ele conhecia a Visão de Isaías contida na segunda parte da Ascensão de Isaías[18]. E. Norelli defendeu a adoção de um "novo paradigma" que utilize também os textos apócrifos para a investigação sobre o cristianismo das origens, e começou a usar algumas partes dos evangelhos denominados judeu-cristãos para reconstruir aspectos importantes das experiências religiosas de Jesus[19].

---

18. PESCE 2003c.
19. NORELLI 2008. Cf. também PENNA 2001; AGUIRRE 2010; NODET, TAYLOR 1998, p. 254-266.

Capítulo V
Justino e a desjudaicização da mensagem de Jesus[1]

1. Como se chegou a separar Jesus da realidade judaica da qual fazia parte?

Jesus era um judeu da terra de Israel, e a sua ação e a sua pregação se desenvolveram entre seu povo[2] e dentro das concepções e da mitologia judaicas. Em geral, o cristianismo que se afirma entre os séculos IV e VI (do Concílio de Niceia ao de Calcedônia, do Código de Teodósio ao de Justiniano) é apresentado como uma realidade separada do povo judeu e das suas práticas religiosas. Eusébio de Cesareia escreve em sua *História eclesiástica* (I,4,2): "Não faz muito tempo que brilhou sobre todos os homens a presença de nosso Salvador Jesus Cristo. É, certamente, um novo *ethnos* que surgiu. Um povo que não é pequeno, nem fraco, nem colocado em algum recanto da terra, mas, ao contrário, é o mais numeroso e o mais religioso de todos os *ethnoi*, imperecível e invencível por ter sido sempre sustentado pela ajuda de Deus, e que surgiu repentinamente segundo as inefáveis predições. Este povo é aquele que em toda parte é honrado com o nome de Cristo"[3].

---

1. Este artigo retoma, com alterações e cortes, a intervenção de A. DESTRO, M. PESCE, Justin and the Dejudaization of Jesus'Message, no *Annual Meeting* da Society of Biblical Literature, em novembro de 2008.

2. Jesus resistiu à romanização apelando para aquilo que para ele era o centro de sua cultura: a concepção do reino de Deus (que, muito provavelmente, correspondia ao quinto reino previsto em Dn 2,44; 7,13-14, isto é, um reino do povo de Israel sobre outros povos, que se converteriam ao Deus único, o Deus de Israel). Cf. Conclusão.

3. EUSÈBE DE CÉSARÉE, *Histoire ecclésiastique. Livres I-IV. Texte grec. Traduction et Annotations par Gustave Bardy*, Paris, Cerf, 1952, v. I, p. 18.

O processo que conduz à formação deste tipo de cristianismo eusebiano é muito longo. Nosso interesse é analisar *como se chegou a separar Jesus da realidade judaica da qual fazia parte* e sem a qual ele é incompreensível, e como pôde acontecer que ele tenha sido considerado como base de um sistema religioso que principalmente se autonomiza do povo judeu nas instituições, na composição do grupo social, nas práticas religiosas e nas concepções.

A nossa pergunta, pois, é esta: "O que acontece quando a mitologia de um povo ou de um grupo social é assumida por um outro povo ou por um outro grupo social?". Analisaremos um caso particular: o Diálogo com Trifão, de Justino de Neápolis, na Samaria. Certamente a nossa não será uma resposta, mas somente uma primeira tentativa de enfocá-la.

O contexto histórico-social no qual Justino se situa é o das cidades do Império Romano do século II. As grandes cidades são sobretudo caracterizadas pela convivência de muitos grupos sociais e étnicos, além de por uma multiplicidade de grupos e lugares religiosos: cultos dos mistérios, cultos a Ísis, cultos a Mitra, cultos judaicos, cultos locais e também cultos cristãos[4]. Convém lembrar o que já é aceito pela pesquisa, isto é, que em cidades do século II como Roma, Alexandria, Antioquia, Éfeso e Corinto os cristãos não eram organizados em Igrejas unitárias, mas se apresentavam como grupos diferentes, às vezes divergentes. Não existiam lugares de culto cristão. As reuniões com objetivo cultual ou de ensinamento, ou ainda de proselitismo, aconteciam em casas privadas ou em locais alugados com finalidade particular (ensinamento, ritos batismais). Nessa situação, os grupos cristãos representavam uma realidade de fato, mas não eram instituições reconhecidas pelas leis das cidades ou do Império.

2. Legitimar os cristãos no Império Romano

Como se pode perceber desde as primeiras frases do Diálogo com Trifão, o discurso de Justino é o de uma cultura profundamente alimentada pela tradição literária e filosófica helenística. A cena inicial apresenta uma situação de multiculturalismo: a presença da *Ilíada*, de Homero, na resposta de Justino a Trifão, a filosofia grega simbolizada pelo manto filosófico de Justino, alguns pertencentes à tradição judaica e um "cristão", todos juntos em uma ágora helenística, segundo um conhecido esquema literário[5]. Pressupõe, portanto, como destinatário ideal, um público profundamente inserido nesta cultura. Não sabemos se Justino pensava em

---

4. Cf. FRIESEN 2010; KOESTER 2004; SCHOWALTER 2005.

5. Segundo LIEU 1996, p. 103: Éfeso. Sobre a imagem que Justino tem do judaísmo cf. LIEU 1996, p. 103-106.

um público exclusivamente judeu ou até não judeu de cultura grega. O interlocutor escolhido é Trifão, um judeu bem inserido na cultura filosófica grega. Trifão, com efeito, esteve na Grécia, onde frequentou ambientes filosóficos. Todavia, parece ser observante da Lei mosaica segundo a interpretação dos mestres de uma tradição que talvez seja a tanaíta. Com Trifão estamos diante de uma figura culturalmente compósita, resultante do cruzamento de vários elementos culturais, judaicos e gregos. Para Justino, pois, não parece haver oposição entre uma interpretação palestina da Torá e um judaísmo profundamente embebido de filosofia greco-helenística. Como judeu observante, Trifão vai em busca de filosofia, por isso interpela Justino, que se apresenta como um filósofo. "Trifão, com efeito, identifica de imediato o manto de Justino como a veste de um homem culto" (*Diálogo* I)[6].

Em suma, o ambiente cultural onde Justino se situa com a retórica do *Diálogo* é o de uma cultura helenística na qual estão presentes identidades diferentes dentro de um horizonte (a cidade) de acentuado pluriculturalismo[7].

No estudo *Hellenism and Heresy* Rebecca Lyman aponta Justino como um daqueles "híbridos" do século II inclinados a legitimar a sua particular diversidade religiosa no Império Romano através da comum *paideia* grega. Lyman, assim, afirma que "o híbrido intelectual de Justino refletia a sua tentativa, como cristão e filósofo provinciano, de representar uma verdade universal dentro das tradições culturais do século II"[8]. Concordamos que essa obra de universalização de Justino consiste em assumir o Império como horizonte político e a filosofia grega como discurso universal para todos os grupos[9]. A escolha de Justino é estratégica e permite afirmar o próprio grupo dentro de uma realidade política à qual as pessoas se sentem leais ou à qual não podem deixar de declarar-se leais. Para Justino, é necessário fazer convergir ou reorientar a própria tradição local com base naquela dominante no Império, porque ele se sente leal ao Império.

Mais que Rebecca Lyman, porém, queremos sublinhar que no processo de hibridação da Bíblia hebraica com a tradição filosófica grega o escopo de Justino não é somente legitimar os *christianoi* no Império e na cultura helenístico-romana, mas também isolar, separar e distinguir os seguidores de Jesus das comunidades judaicas. A hibridação intelectual comporta também uma desjudaicização substancial da

---

6. LAMPE 2003, p. 259.
7. "O manto do filósofo, no texto de Justino, não é de fato apenas um argumento literário, assim como não o é em Tertuliano [...]." Opõe-se N. HYLDAHL 1966, *Philosophie und Christentum*, p. 88-112 (LAMPE 2003, p. 259). O manto do filósofo, o *pallium*, foi usado por alguns teólogos cristãos antigos (cf. ibid.). Cf. HUNINK 2005.
8. LYMAN 2003, p. 220.
9. Cf. também LAMPE 2003, p. 257-284.

mensagem de Jesus. Gostaríamos também de sublinhar, mais do que já faz Rebecca Lyman, que esse processo ocorre no contexto de uma luta entre grupos que são também étnicos e não somente entre concepções abstratas. A obra de hibridação de Justino com a cultura grega parte de uma forte identificação de Justino com o próprio grupo étnico, concebido como fortemente distinto do grupo étnico dos judeus.

Toda a argumentação do *Diálogo* se apresenta como uma tentativa de legitimar uma realidade de fato: os "cristãos" que utilizam as Escrituras sagradas tradicionais de um povo particular e marginal (os judeus) e acreditam no judeu Jesus, considerado Messias (um conceito que pertence à cultura judaica).

3. Diferentes tipos de seguidores de Jesus segundo o Diálogo com Trifão

No § 47 do *Diálogo com Trifão* Justino afirma que existem diferentes grupos também entre os seguidores de Jesus:

1. Judeus que: a) creem em Cristo; b) observam a Lei de Moisés e c) "escolhem viver (*syzên*) com os cristãos (*christianoi*) e com os fiéis (*pistoi*)"; d) sem, porém, induzi-los a observar a Lei de Moisés.

2. Judeus que: a) creem em Cristo; b) observam a Lei de Moisés e c) "escolhem não ter comunhão com [os cristãos e os fiéis]" d) ou pretendem que os cristãos observem a Lei de Moisés.

3. Judeus que "amaldiçoam" nas sinagogas (*synagogai*) aqueles que creem em Cristo. É bem provável que estes judeus se opusessem aos judeus, dentro do próprio grupo, que acreditavam que Jesus era o Messias.

4. "Cristãos", isto é, não judeus que: a) creem em Cristo; b) não observam a Lei de Moisés e c) aceitam viver junto com os judeus que são seguidores de Jesus.

5. "Cristãos", isto é, não judeus, que: a) creem em Cristo; b) não observam a Lei de Moisés e c) não querem falar nem comer com os judeus que são seguidores de Jesus.

6. Não judeus que, em um primeiro tempo, se tornam seguidores de Jesus, em seguida, em um segundo tempo, somam à fé em Jesus a observância da Lei de Moisés e, em um terceiro momento, observam a Lei mosaica, mas cessam de crer em Jesus.

Esse trecho do § 47 revela, em primeiro lugar, que nas cidades do século II que Justino conhecia existia *proximidade, entrelaçamento e intercâmbio* grandes entre as várias tendências religiosas, além de uma forte *mobilidade religiosa*. Um testemunho desse entrelaçamento e dessa mobilidade religiosa é o grupo 6. Neste caso, um *não judeu* adere à fé em Jesus Cristo. Sucessivamente, decide observar a Lei judaica. Isto pressupõe que os *não judeus* seguidores de Jesus viviam em profundo entrelaçamento *com os judeus* seguidores de Jesus que observavam integralmente a Lei e que, portanto, viviam dentro das comunidades judaicas da cidade. Em um momento ainda sucessivo, esse não judeu, provavelmente devido às discussões e às críticas presentes nos ambientes judaicos, decide desligar-se da fé em Jesus Cristo e permanecer na Lei de Moisés[10].

O entrelaçamento e a mobilidade religiosa, portanto, provocavam intransigências, polêmicas e conflitos. Nessas polêmicas existem dois polos opostos. De um lado encontramos alguns judeus (grupo 3) que não querem ter nenhuma ligação com os seguidores de Jesus. São o terceiro tipo classificado por Justino, que ele coloca nas sinagogas (*en tais synagogais*). No extremo oposto estão os *não judeus* seguidores de Jesus (grupo 5), que não querem nenhuma ligação com os *judeus* seguidores de Jesus (*mêde koinonein omilias ê estias*). Constituem o grupo 5, e Justino os define como *christianoi*.

É extremamente importante relacionar a definição conceitual ou o *nome* dos grupos com a respectiva *situação urbana*. Os judeus que apresentam a atitude mais excludente são os do grupo 3, que Justino coloca nas sinagogas e considera como "a descendência de Abraão que vive segundo a Lei". São definidos do ponto de vista étnico-genealógico (descendência de Abraão), com base nas práticas de vida (viver segundo a Lei). Também possuem uma colocação urbanística própria e clara: as sinagogas.

Aqueles que vivem uma situação de entrelaçamento e de mobilidade religiosa (grupos 1, 2 e 4) não possuem nem um nome, nem uma colocação urbanística. Justino os define como aqueles "que desejam observar as coisas oriundas de Moisés" e "escolhem viver com os cristãos e os fiéis". Aqui está claro que esses judeus que creem em Jesus não são chamados por Justino de "cristãos", são somente judeus que acreditam em Jesus. Justino diz também "alguns de sua raça (*genos*) que dizem crer nesse Cristo" (*oi apo tou genou tou umeterou pisteuein logontes epi touton ton christon*). Aqueles do grupo oposto (grupo 5), composto por não judeus que não querem ter relações com judeus seguidores de Jesus, são, porém, chamados por Justino de cristãos (*christianoi*). Isto é de extrema importância. Significa que o

---

10. Sobre os lugares de habitação dos primeiros cristãos em Roma cf. LAMPE 2003, p. 19-47.

termo *christianoi* em Justino não indica todos os seguidores de Jesus, mas somente aqueles seguidores de Jesus que *não* são judeus. Na mente e na linguagem de Justino o termo *christianoi* exprime uma relação inclinada à exclusão dos judeus. À luz do esquema de interpretação de Gerd Baumann (1999, p. 138-139) podemos dizer que o termo "cristãos" (*christianoi*) possui um significado processual. Cada vez mais o termo *christianoi* tende a definir *somente* os seguidores de Jesus que não são judeus.

O lugar de reunião dos *christianoi* não é urbanisticamente identificável e não possui um nome distintivo. Na *Passio sancti Justini et socii* (Recensio A 3,1-4, c. 165) o prefeito da cidade de Roma, Rusticus, pergunta a Justino onde se reúnem os cristãos. Justino responde: "Onde quer que seja decidido e seja possível a cada um. Certamente não pensais que seja possível para todos nós nos reunirmos em um só lugar". E Justino prossegue: "Durante todo o tempo que residi em Roma eu habitei nas termas de Mirtino". Os *christianoi* utilizavam vários lugares para as reuniões, que não eram diferentes das habitações normais. Não existe um lugar conhecido e identificado. Isto é, os cristãos não são definidos por uma colocação urbanística definida. Ao contrário, os judeus que creem em Jesus se reuniam ou com os *christianoi* ou nas sinagogas dos judeus.

Em síntese: o único grupo que possui um nome claro e uma colocação urbanística reconhecida e identificada são os judeus. Os *christianoi* possuem um nome, mas não têm lugares de reunião urbanisticamente identificados. Os judeus que creem em Jesus não possuem um nome e não têm lugares de reunião próprios.

Os dois grupos contrapostos que no § 47 do *Diálogo* procuram combater o entrelaçamento entre judeus e não judeus e a mobilidade religiosa de um grupo para o outro parecem estar caracterizados por uma contraposição de tipo étnico: de um lado, não judeus *christianoi* que não querem misturar-se com os judeus; de outro lado, judeus que não querem misturar-se com não judeus. Os motivos que impelem alguns à exclusão são de caráter étnico, e isto é sublinhado pelo fato de que o termo que Justino usa é *genos*. Neste contexto, o termo "cristãos" (*christianoi*) possui cada vez mais a tendência de ser aplicado aos seguidores de Jesus que não são judeus. A definição dos *christianoi* tem em Justino *um aspecto étnico* não judaico bastante determinante. Os *christianoi* são não judeus[11].

No *Diálogo*, o uso que Justino faz do pronome identificador "nós" (*êmeis*) confirma a sua identificação com um grupo étnico. No *Diálogo,* "nós" às vezes indica os gentios como radicalmente distintos dos judeus: nesses casos, Justino se define como um gentio. Isto está implícito nessas afirmações: "nós, todas as

---

11. As nossas reflexões parecem convergir para o que escreve D. Kimber Buell a respeito de *"using ethnic reasoning"* em Justino (KIMBER BUELL 2007).

nações reunidas"; Deus "se compraz com os gentios, os nossos sacrifícios lhe são mais agradáveis que os vossos" (29,1); "nós, que somos conduzidos a Deus por esse Cristo" (11,5). Às vezes, "nós" indica os *christianoi* como não judeus que se diferenciam dos judeus: "não somos circuncidados na carne como os vossos pais e [...] não observamos o sábado como vós" (10,1). Os "cristãos" são por definição não judeus: em *Diálogo* 30,3, falando dos *christianoi*, Justino afirma: "nós, que antigamente adorávamos os demônios".

A operação de distinção dos *christianoi* dos judeus visa a impedir que os *christianoi* sejam um subgrupo dos judeus. Se os *christianoi* fossem um subgrupo dos judeus, o instrumento de integração dos *christianoi* no Império seriam as comunidades judaicas. Por outro lado, Justino também quer impedir que os *christianoi* se integrem sem identidade distinta no Império e na cultura helenístico-romana. Esta nos parece ser uma das razões que o impelem a denunciar todos os grupos que certamente são *christianoi* (isto é, seguidores de Jesus pertencentes à *ethnê* dos gentios), mas se aproximam demais dos costumes religiosos e das tendências filosóficas dos gentios: "há gente que se professa cristã [...], mas pratica os ensinamentos que provêm dos espíritos do erro" (35,2). "Entre eles há alguns chamados marcionitas; outros, valentinianos; outros, basilidianos, outros saturnalianos etc."[12]

4. Quando a mitologia de um povo é assumida por outro povo

Visto que os *christianoi*, dos quais Justino faz parte, são os seguidores de Jesus que possuem uma pertinência étnica e cultural não judaica, torna-se particularmente interessante compreender como esses não judeus assumem algumas concepções típicas da cultura judaica. Consideraremos o conceito de Deus, o conceito de Messias e a utilização alegórica das Escrituras Sagradas judaicas.

O conceito de Deus. O conceito judaico de Deus deve ser entendido dentro da filosofia platônica expressa no *Timeu*. Justino escreve que já na Bíblia hebraica é claro que Jesus Cristo é um segundo (*eteros*) Deus: "Aquele que apareceu a Abraão sob o carvalho de Mamre é Deus, enviado por um outro [Deus], que habita eternamente nos lugares acima dos céus, invisível a todos os seres humanos" (*Diálogo* 56,1). "Vou procurar convencer-te, já que compreendes as Escrituras, [da verdade] sobre aquilo que eu falo, que existe [...] um segundo Deus e Senhor submisso ao criador de todas as coisas" (56,4) (*esti kai legetai theos kai kyrios eteros ypo ton poiêtên tôn olôn*) (cf. 56,11; 55,1; 62,2; e também 65,1.5; 128,4; 129,4). Trata-se de um segundo

---

12. Cf. até o final do § 6.

Deus "numericamente distinto" do primeiro Deus e "de natureza racional" (*ex ôn anamfilektôs pros tina kai arithmô onta eteron logikon uparchonta*) (*Diálogo* 62,2).

Christoph Markschies[13] mostra que Justino interpreta tanto a noção judaica quanto a noção cristã de Deus à luz da doutrina platônica do *Timeu* e da Segunda Carta de (pseudo)Platão (*Ep* 2,312e), na qual Platão parecia falar de uma tríade divina[14]. Numênio de Apameia, baseando-se talvez na Segunda Carta platônica, cita três princípios: "Primeiro Deus, Rei, Segundo Deus e Demiurgo e Terceiro Deus *cosmos*". Apuleio, com explícita evocação à Segunda Carta de Platão, identifica o sumo Deus com o rei platônico. Justino "é o primeiro teólogo cristão que se liga à Segunda Carta de Platão"[15]. Na *Apologia*, Justino "comenta algumas passagens da Segunda Carta" de Platão, e é "o primeiro [cristão] a interpretar a tríade platônica como Trindade"[16]. O "rei de todas as coisas" (*o pantôn basileus*) para Justino é Deus Pai[17]. Markschies sublinha que "a interpretação, em sentido cristão, da enigmática tríade da carta platônica já tinha sido preparada dentro da filosofia platônica, de forma que não surpreende que ele tenha dado essa interpretação. Deveria surpreender, ao contrário, que ele não a tivesse interpretado em sentido cristão"[18].

À luz destas observações de Markschies, parece claro que o diteísmo de Justino é o resultado de sua filosofia platônica. É a tríade platônica, já interpretada pela filosofia médio-platônica como três Deuses, que permite ver Cristo como um segundo Deus distinto do Deus criador de todas as coisas (cf., por exemplo, *Diálogo* 19,9.23.25; *Sl* 110,1 e *Sl* 45,7-8 in *Diálogo* 56,14; *Gn* 1,26-28; 3,22 in *Diálogo* 62,1-3). Aqui está a filosofia platônica que permite dar uma interpretação "cristã" à Bíblia hebraica. Desse modo, a Bíblia hebraica é subtraída da interpretação judaica para tornar-se o texto dos não judeus seguidores de Jesus: os "cristãos". Estamos aqui diante de uma obra de desjudaicização do conceito bíblico de Deus. A operação é conduzida por um não judeu.

O aparente diteísmo de Justino nada mais é senão um modo de pensar platônico, uma interpretação filosófica platônica da Bíblia hebraica. Nisto se revela uma ligação de Justino com os platônicos da época, os quais, independentemente um do outro, raciocinavam desse modo, de Fílon a Apuleio. Justino, portanto, faz parte não só dos grupos cristãos, mas também de grupos platônicos, ou melhor, está ligado a eles, possui uma identidade platônica.

---

13. MARKSCHIES 1991, p. 419-425.
14. Sobre a formação filosófica de Justino cf. LAMPE 2003, p. 257-284.417-425.
15. MARKSCHIES 1991, p. 419.
16. MARKSCHIES 1991, p. 422.
17. MARKSCHIES 1991, p. 423.
18. MARKSCHIES 1991, p. 424.

Subtrair a interpretação correta da Bíblia aos judeus permite aos seguidores de Jesus que não são judeus (os "gentios") não se considerar um subgrupo do povo judeu, mas ser reconhecidos no Império como um grupo diferente, portador de uma verdade universal.

Desjudaicização do conceito de Messias. Não devemos minimizar a desjudaicização que as palavras "Cristo" e "cristão" sofrem em Justino e a ressignificação que aí assumem. Na *Apologia* ele escreve: "Com base no nome do qual somos acusados [*christianoi*], somos os melhores entre os homens [*chrêstotatoi*]" (*Apologia* 4); "somos acusados de ser cristãos (*christianoi*). No entanto, odiar o que é excelente (*chrêston*) não é justo". Aqui o termo "cristão" (*christianoi*) é interpretado não com base no conceito judaico de Messias, mas no conceito grego de *chrêston*. Isto não deve ser considerado um artifício retórico secundário. Algumas décadas antes, o Evangelho de João explicava ao público o significado judaico do termo "Messias": "Encontramos o Messias (que significa "ungido, *christos*)". Em Justino, o conceito judaico de Messias é esvaziado de seu significado étnico e político. Cristo se torna aquele que expulsa os demônios[19]. Justino crê encontrar na Bíblia, por exemplo no Salmo 18,14-15 (LXX), a prova de que "Cristo" significa libertação dos demônios (*Diálogo* 30,2-3): "Suplicamos, nós que cremos nele, que nos proteja dos estrangeiros (*allotriôn*), isto é, dos espíritos maus e enganadores" (Sl 18,14-15 LXX). O Salmo 24,10 demonstra, segundo Justino, que Cristo é o senhor dos demônios (*Diálogo* 85,1): "Ele é o senhor dos poderes". Isto constituiria o fundamento do poder exorcista de Cristo (85,2): "Cada demônio é exorcizado, vencido e submetido em nome daquele que é o Filho de Deus e primogênito de toda criatura". Visto que os deuses dos gentios são demônios, Cristo é aquele que tem poder sobre os demônios e sobre eles (83,4): "a força de sua palavra persuadiu muitos a deixar os demônios a que eles serviam, e a crer, por meio dele, no Deus Onipotente, porque os deuses são demônios" (cf. *Diálogo* 49,8; 78,9; 79,4; 121,3; 131,5).

A utilização das Escrituras Sagradas judaicas. É fato que Justino aplica uma interpretação alegórica da Bíblia, que era já amplamente empregada pelos judeus, pelo menos desde a época de Fílon de Alexandria. Existe, porém, uma diferença radical. Em Fílon a interpretação alegórica serve para integrar os judeus à cultura helenística, enquanto em Justino serve para deslegitimar os judeus e para excluí-los daquele processo que Rebecca Lyman define como "pesquisa de universalismo" típico "de povos particulares, bem como também [...] de filósofos de escola", os

---

19. Cf. G. THEISSEN 2004, p. 47: em Mateus 12,28 "só o reino de Deus derrota Satanás e os seus demônios".

quais procuram "representar a verdade universal dentro das tradições culturais do século II"[20]. Justino assim define as Escrituras Sagradas judaicas: "os vossos [= dos judeus] livros, ou melhor, não vossos, mas nossos. Nós, com efeito, lhes damos crédito; vós, porém, os ledes, mas não compreendeis o seu espírito" (29,2). Justino interpreta alegoricamente todas as passagens da Bíblia, as quais, se fossem literalmente tomadas pelo que dizem, constrangeriam os não judeus, que se tornaram seguidores de Jesus, a ser parte do povo judeu. A circuncisão, por exemplo, interpretada alegoricamente, se torna "a verdadeira circuncisão com a qual fomos circuncidados do erro e da maldade" (41,4), e pode ser aplicada também aos não judeus, sem obrigá-los a abandonar o próprio *ethnos*.

Retomemos o ponto de vista de Rebecca Lyman. Segundo ela, Justino, "ao juntar os textos revelados da tradição judaica e a história da filosofia grega [...], deslocou as categorias culturais mais do que destruiu a sua validade"[21]. Ou seja, Justino teria produzido um deslocamento de categorias de um esquema cultural a outro, com uma nova colocação de fatores culturais, sem produzir a sua despotencialização ou um ato de invalidação.

Neste ponto parece claro que Justino, seguindo as duas propostas interpretativas sugeridas por Baumann (1999, p. 138-139): a) opera uma "reorientação" de tradições separadas, como são a judaica profética e a filosófica grega, e b) reifica a sua identidade de "cristão", uma vez que vive em um *multicultural milieu*. Quer que os cristãos sejam absorvidos pela cultura greco-romana com uma diferença própria reconhecida e, ao mesmo tempo, quer impedir a absorção dos cristãos dentro da cultura judaica. De um lado, deve interpretar em sentido filosófico a tradição judaica e a cristã. De outro, deve mostrar que a tradição judaica, interpretada de modo cristão, é superior à greco-romana. Trata-se de uma estratégia multilateral, característica da realidade multicultural[22].

---

20. LYMAN 2003, p. 215.220.
21. LYMAN 2003, p. 217.
22. Para este capítulo cf. BOYARIN 2001; BRIGGMAN 2009; CHOI 2010; HIGGINS 1967; LIVESEY 2010; NASRALLAH 2005; PRICE 1988; REED 2004; SALZMANN 2009; SMITH 2007; SNYDER 2007.

Conclusão
Jesus, fundador do cristianismo?[1]
Os problemas sobre os quais Jesus não tinha falado

A questão aqui enfrentada é extremamente complexa e apresenta uma variedade de fatores que devem ser todos levados em conta para que se possa dar uma resposta satisfatória. Nestas páginas, a minha tentativa nunca é isolar um só fator entre os muitos envolvidos na questão e apresentar a seu respeito não tanto uma tese, mas sim uma hipótese com o intuito de provocar uma discussão, um conjunto de reações que possam remeter para um plano histórico a questão fundamental, a qual, exatamente por sua extraordinária importância, termina por ser enfrentada explicitamente apenas em casos raros. Uma vez exposta a natureza destas páginas, não se deve buscar nelas uma apresentação das várias hipóteses sustentadas na pesquisa atual, nem indicações bibliográficas exaustivas. O meu objetivo é esclarecer um aspecto da questão que considero mais importante que os outros e, em relação a esse aspecto, propor uma hipótese de solução. Espero que o isolamento unilateral de um só fator possa esclarecer melhor a possibilidade de compreender o problema em sua importância fundamental.

---

1. Uma versão mais breve deste ensaio foi publicada em francês: PESCE 2008b. As monografias sobre Jesus e o nascimento do cristianismo são inúmeras. Aqui cito apenas: SACHOT 1998; MARAVAL, MIMOUNI 2006; AGUIRRE 2010. Cf. também Come è nato Il cristianesimo?, número monográfico da revista *Annali di Storia dell'Esegesi* 21 (2004). Fiz alusão a algumas obras fundamentais dos últimos dez anos em PESCE 2003b; 2005b. Cf. neste livro cap. I, Primeira Parte. Cf. DESTRO, PESCE 2004c.

1. O reino de Deus e a conversão final dos não judeus

Jesus acreditava viver, situar-se e ter uma função em um período imediatamente anterior ao advento do reino de Deus[2]. Pregava "dizendo que: completou-se o tempo, o reino de Deus está próximo; convertei-vos e crede no anúncio" (Mc 1,14). O reino, porém, seria instaurado no futuro pelo próprio Deus, após o juízo final. A grande reviravolta do reino de Deus, portanto, aconteceria depois de uma série de eventos escatológicos anteriores[3]. Jesus não crê que tenha a tarefa de realizar o reino de Deus na terra. Deve apenas ajudar as pessoas a entrar nele. Convida à conversão, chama para uma obediência radical à vontade de Deus, em vista do reino que dentro em breve se realizará[4].

Certamente, Jesus pensa que o poder de Deus já se manifesta nas suas curas milagrosas: "Se expulso os demônios pela virtude do Espírito de Deus, é porque o reino de Deus já veio entre vós" (Mt 12,28). Isto, porém, não anula o fato de que muitas palavras de Jesus pressupõem claramente que o reino é uma realidade futura (Mt 16,19; 18,3-4; 19,23-24.27-28 e muitas outras passagens)[5]. Com frequência procurou-se explicar a oposição afirmando que o reino *já* está presente, porém *ainda não* veio[6]. Antes, foi dito que essa copresença de *já* e *ainda não* é a essência da fé do seguidor de Jesus. Isto, todavia, não resolve de fato o problema. O reino de Deus é uma transformação histórica, social, política e cósmica coletiva. O fato de Deus conceder ou não a Jesus poderes particulares de cura não substitui a instauração do poder de Deus sobre toda a história[7].

Exatamente porque Jesus situa a si mesmo antes do fim, ele não é um fundador de religião, um organizador de sociedade, um legislador. Certamente Jesus, com os seus Doze apóstolos, seria o juiz que presidiria o juízo final: "Na nova geração, quando o Filho do homem se assentar no trono de sua glória, vós, que

---

2. Esta é a primeira hipótese destas páginas.

3. Cf. *supra* cap. 3, e STEGEMANN, 2010, 296-353, fundamental também pela bibliografia.

4. Apesar das numerosas monografias e dos artigos publicados nos últimos cinquenta anos, quero citar que uma excelente representação das várias interpretações da escatologia de Jesus encontra-se in SCHNACKENBURG, 1965. Há livros que nunca declinam, e gostaria de lembrar uma obra que para mim teve um significado particular há quase meio século. Schnackenburg acreditava encontrar uma solução na distinção entre *Herrschaft* e *Reich Gottes*, entre senhoria e reino, e na atribuição a Jesus, sobretudo da função da oferta do perdão, antes do advento do juízo final e do reino,

5. Cf. também a síntese em seis pontos de THEISSEN - MERZ, 1999, 315-318.

6. Sobre o *já* e o *ainda não* do reino de Deus em Jesus cf. THEISSEN - MERZ, 1999, 300-347.

7. A menos que se pense que o reino de Deus consiste no poder que Jesus possui, ou no poder que cada indivíduo tem de reinar sobre o mal em si mesmo (como parece pensar o *Evangelho de Tomé*, 3). Mas, a pregação de Jesus mantém sempre a ideia de uma reviravolta histórica e social radical (cf. as bem-aventuranças, sobretudo na versão de Lucas). O fato de Jesus acreditar que possui um poder taumatúrgico vindo de Deus confirma a sua função de preparador do reino futuro.

me seguistes, vos sentareis também sobre doze tronos para julgardes as doze tribos de Israel" (Mt 19,28). Este fato, porém, só acontecerá no futuro, e o reino de Deus só começará após o juízo universal.

Provavelmente Jesus pensava – como os profetas bíblicos (cf. Is 60; 2,3-4; 25,6-9; 49,22-26; 51,4-5; 55,4-5; 56,3-8; 66,18-22; Zc 8,20-23) – que após o juízo universal teria início o reino de Deus, e que todos os povos (isto é, os não judeus) se converteriam ao único Deus. Deus, só ele, instauraria aquele reino onde todos os povos da terra entrariam graças à sua conversão ao Deus único (sobre isto cf. Lc 13,28-29 e Mt 8,11). Então se tornaria realidade a peregrinação de todos os povos a Jerusalém, e o reino de Deus coincidiria com o reino de Israel (ou vice-versa). Jesus, porém, não se ocuparia da conversão dos não judeus, que era um evento futuro. A sua pregação se limitaria somente "às ovelhas perdidas da casa de Israel", e somente a elas deveriam dirigir-se os Doze (Mt 15,24; 10,6). Antes, eles não deviam percorrer o caminho dos não judeus (os gentios) e nem entrar na cidade dos samaritanos (Mt 10,5)[8].

A razão pela qual Jesus não queria fundar uma nova organização religiosa está exatamente em sua mensagem. A esperança de Jesus não era fundar um novo grupo, e sim que todo Israel fosse salvo e que, sucessivamente, todos os não judeus se convertessem ao Deus vivo e verdadeiro, reunidos no reino de Israel e de Deus[9]. A fundação de um pequeno grupo de seguidores era muito pouco em relação ao plano de uma conversão universal ao único Deus, em uma humanidade radicalmente renovada pelo poder de Deus[10].

2. O quinto reino, Israel, e o Filho do homem

Para Jesus o reino de Deus é o quinto reino previsto pelo livro de Daniel, aquele que virá depois dos quatro reinos dos reis dos povos[11]. Depois do quarto reino, o do ferro, o poder será dado

---

8. Sobre estas passagens cf. DESTRO - PESCE, 2008a, 26-27.94-96. Sobre a hebraicidade de Jesus cf. SANDERS, 1995.

9. Cf. JEREMIAS, 1956.

10. Sobre a frase de Mt 16,16-19 cf. abaixo, itens 7 e 8. De todo modo, não há sequer em Mateus uma identificação entre reino e *ekklèsia*.

11. Esta é a segunda tese/hipótese destas páginas. Com essa hipótese quero estimular a reflexão a tomar uma decisão sobre o tipo de concepção à qual Jesus faz referência quando fala de reino de Deus. Na pesquisa atual e na passada foram apresentadas várias hipóteses (não tenho aqui intenção de relembrar o amplo debate, cito apenas como exemplo de opinião diferente HENGEL, SCHWEMER 1991). Creio que seja mais convincente recorrer ao livro de Daniel porque oferece uma interpretação das relações entre Israel e o domínio territorial dos não judeus. Em *L'uomo Gesù* (*O homem Jesus*) Adriana Destro e eu apresentamos esta hipótese: "Jesus era um judeu que permaneceu estranho às aspirações e

ao povo dos santos do Altíssimo, cujo reino será eterno, e todos os impérios o servirão e lhe obedecerão (Dn 7,27)[12].

Nesta concepção de reino de Deus, o centro está na ideia de que após o domínio dos gentios finalmente virá o reino de Israel, que coincide essencialmente com o de Deus. Segundo esta concepção, outros eventos estão intimamente ligados ao advento do reino de Deus e de Israel:

– o juízo final sobre Israel e sobre toda a humanidade;
– a conversão de todos os povos ao único verdadeiro Deus;
– A intervenção da figura do Filho do homem;
– um reino *terreno* de duração difícil de definir;
– a ressurreição dos corpos de todos os seres humanos do passado.

Na instauração desse quinto reino uma figura especial – o Filho do homem – possui uma função determinante:

Eis, com as nuvens do céu veio alguém como um Filho do homem [...] Seu império é um império eterno que jamais passará, e o seu reino não será destruído (Dn 7,13-14).

Obviamente não se deve pensar que Jesus dependia do livro de Daniel ou do primeiro livro de Enoque de modo servil, como se citasse ou repetisse as teorias que ali encontrava. Convém supor, no entanto, que ele reelaborasse de

---

aos costumes de vida introduzidos pela romanização. Diante do poder cultural de Roma, recorreu ao elemento mais íntimo e mais forte de sua cultura, isto é, à ideia do poder absoluto do Deus judaico e à necessidade de que Deus reinasse tomando posse da terra inteira" (DESTRO, PESCE 2008a).

12. É verdade que no livro de Daniel existem várias concepções de reino de Deus. Daniel 1–6 fala do esquema dos quatro reinos aos quais sucederá um reino de Deus *terreno* (Dn 2,44; cf. Dn 7). Daniel 4,25 parece falar de um reino de Deus de tipo diferente, um reino eterno, superior a qualquer outro reino humano. Finalmente, em 7–12 reaparece o esquema dos quatro reinos seguidos de um quinto reino, eterno, o qual, porém, é atribuído por Deus ao Filho do homem. Daniel oferece, pois, um esquema para interpretar a relação entre os gentios e Israel no qual Deus finalmente tomará posse da terra, e oferece ao judeu a esperança de um domínio universal sem fim. Daniel oferece ao leitor uma visão dos últimos tempos a fim de poder finalmente resolver a oposição do domínio dos gentios sobre Israel (que parece desmentir a verdade do Deus de Israel). Também o primeiro livro de Enoque apresenta uma visão da história final, a ideia do reino de Deus e a função real e/ou messiânica do Filho do homem. Essas ideias, porém, parecem mais dispersas e menos uniformemente unidas em uma clara visão da história universal. Em 1 Enoque 1–36 (chamado Livro dos Vigilantes) fala-se de Deus rei em um período final paradisíaco (9,4; 25,7; 12,3; 25,3-5; 27,3). Ainda em 1 Enoque 84,42-90 Deus é rei da terra, além de todo o universo. Em 1 Enoque 90,20 temos o juízo final de Deus, o trono de Deus na terra de Israel e uma transformação da terra que parece implicar a ressurreição. Cf. também 1 Enoque 93,1-10; 91,12-17. Finalmente, no Livro das Parábolas, o Senhor dos Espíritos entroniza o Filho do homem (68,1; 62,5; cf. 69,29), que possui função de messias, rei, juiz e destruirá todos os reis da terra (46,2-5; 48,2-8; 62–63). Creio que, mais que o Primeiro Livro de Enoque, Daniel oferece um quadro geral para situar as esperanças religiosas de Israel em um contexto público.

forma criativa aquelas ideias. A mesma centralidade absoluta do conceito de reino de Deus, de alguma maneira, poderia ser sua. Em outro lugar levantamos a hipótese de que ele relesse o conceito de reino de Deus à luz da concepção do jubileu levítico, sem esquecer a influência que as ideias da soberania oriental podiam exercer sobre ele[13].

Em todo caso, tanto o livro de Daniel como o Primeiro Livro de Enoque confiavam uma função particular ao Filho do homem no advento ou exercício do reino. Permanece um problema central: compreender a relação que Jesus considerava ter com essa figura.

Conforme já citado, são numerosas as passagens nos vários evangelhos nas quais se fala do Filho do homem (trinta em Mateus; treze em Marcos; 24 em Lucas; doze em João e uma em Atos 7,56). A pesquisa, porém, é incerta se Jesus se identificou com ele ou se pensou que possuía com ele uma relação íntima, ou ainda se foi a reflexão dos seus seguidores, após a sua morte, que introduziu essa relação entre Jesus e a figura do Filho do homem (ou a transformou)[14].

Os evangelhos não nos transmitem muitas palavras de Jesus sobre os vários eventos escatológicos que enumerei como sendo ligados ao advento do reino de Deus. O que Jesus diz sobre o fim geralmente é obscuro (cf. Mc 13,1-37). Ireneu nos transmite algumas palavras de Jesus sobre o reino final terreno, cujos conteúdos são essencialmente a abundância prodigiosa de alimento e uma pacificação universal:

> O Senhor, a propósito desses dias, ensinava e dizia: "Virão dias em que crescerão vinhas, com dez mil videiras cada uma [...]. Assim também um grão de trigo produzirá dez mil espigas [...] e também os outros frutos, sementes e ervas serão igualmente nessas proporções. Todos os animais que se nutrirem desses alimentos tirados da terra serão pacíficos e haverá harmonia entre eles. Eles serão plenamente submissos aos homens" (*Contra as heresias* 5,33,3)[15].

Não foram poucos os seguidores de Jesus que nos primeiros dois séculos compartilharam essa opinião, do Apocalipse (20,3-7; 21,1-4.10.23-27; 22,1-5) a Justino[16]. Todavia, a dificuldade de conciliar os vários eventos e as diferentes concepções escatológicas não deve fazer esquecer o ponto central: o reino de

---

13. Cf. primeira parte, cap. III, n. 4.
14. THEISSEN, MERZ 1999, p. 657-670. À bibliografia aí citada acrescente-se a sucessiva indicada em CASEY 2007; 2010, p. 358-388.
15. PESCE 2004, p. 309-705.
16. Justino crê em um período de "mil anos em uma Jerusalém reconstruída" (*Diálogo com Trifão* 80,5). Cf. BOBICHON 2003, p. 965-968. Também os ebionitas esperavam um reino milenar, bem como um personagem como Cerinto, sobre o qual nos falam vários testemunhos cristãos. Cf. NARDI 1995.

Deus deveria pôr fim ao domínio dos não judeus e dar início ao período no qual todos os povos se converteriam ao único Deus de Israel.

3. Em lugar do reino de Deus veio a morte de Jesus

Os evangelhos de *Marcos*, de *Lucas* e de *Mateus* narram a dificuldade de Jesus de aceitar o destino de sua morte e o conflito entre a própria vontade e os próprios desejos e a vontade de Deus: "seja feita a tua vontade, não a minha" (*Mc* 14,36; Mt 26,39; Lc 22,42) pressupõe um conflito entre os sonhos de Jesus e a decisão de Deus. O drama da vida de Jesus está no fato de que ele foi morto, e o reino de Deus sobre todos os povos, com a respectiva conversão, não aconteceu durante a sua vida. A morte interrompe a série de eventos que deveriam conduzir ao reino de Deus. Jesus sai de cena sem ter visto o advento do reino pregado e sonhado. Em lugar do reino de Deus veio a morte de Jesus.

Os seus discípulos se viram diante do fato de que *Jesus não existia mais* e de que *o reino de Deus ainda não viera*[17]. Isto constituía um enorme problema, porém não determinou o fim do movimento de Jesus. A sua morte, com efeito, não foi vivida por muitos dos seus discípulos como o fim da vivência de Jesus ou como uma simples derrota. Eles se ocuparam com grande empenho na difusão de sua mensagem, ou pelo menos da mensagem que tinha como centro a sua vivência.

Tudo está na combinação desses dois elementos: uma certeza que os impelia a continuar o movimento de Jesus à espera do reino de Deus e o fato de não ter indicações de Jesus sobre ele.

Jesus, de fato, não tinha dado nenhuma indicação sobre pelo menos três problemas[18]:

1. como comportar-se em relação ao problema da conversão dos não judeus;

2. como comportar-se diante do fato de que o reino de Deus não acontecia;

3. como organizar as comunidades de seguidores.

Essa falta de indicações é um dos motivos, não o único, da multiplicidade de respostas e da pluralidade de tendências que imediatamente ocorreram entre os seguidores de Jesus depois da sua morte. O movimento, após a sua morte, desde o início manifestou-se em múltiplas formas. Depois do seu desaparecimento, enfrentar novos problemas levava os discípulos a tomar decisões que antes não se faziam necessárias. Certamente eles podiam consultar a experiência de Jesus,

---

17. Esta é a terceira tese/hipótese destas páginas.
18. Esta é a quarta tese/hipótese destas páginas.

mas agindo assim dariam interpretações geralmente divergentes sobre aquilo que ele havia dito e feito.

4. Três respostas diferentes para a conversão dos não judeus

Se pela própria concepção do reino de Deus universal sobre toda a terra era essencial a conversão dos gentios, de que modo deveria ocorrer essa conversão? Foram duas as respostas principais, uma em oposição à outra.

A primeira propôs que os gentios se convertessem ao judaísmo não apenas no sentido de que deveriam adorar somente o Deus único e verdadeiro, mas também no de que observassem integralmente a lei bíblica (circuncisão incluída; cf. At 15,1.5; Gl 2,12; 6,12).

Uma segunda corrente, representada por Paulo, sustentava uma espécie de judaicização parcial dos não judeus: deviam converter-se à adoração do Deus único, abandonando, assim, os cultos às outras divindades (1Ts 1,9-10; Gl 4,8-9), porém não precisavam tornar-se judeus. À espera do reino, judeus e não judeus deviam conviver e coexistir nos grupos de seguidores de Jesus sem renunciar à sua diferença.

A primeira dessas duas tendências rapidamente tornou-se minoritária. Nunca desapareceu, mas já na metade do século II era numericamente perdedora. A segunda teve breve duração: talvez tenha morrido com a morte de Paulo. O delicado equilíbrio que Paulo propunha entre judeus e não judeus dentro da comunidade era de fato dificilmente sustentável.

Com o tempo, porém, formaram-se comunidades de seguidores de Jesus compostas somente de não judeus. O fato de que se exigia deles apenas uma judaicização parcial, que consistia na adoração do único Deus, sem a observância da Torá, levava à formação de grupos religiosos nos quais todas as concepções judaicas eram interpretadas e vividas com base em uma cultura não judaica. *Havia, assim, uma espécie de "gentilização" do judaísmo.* A unicidade de Deus correspondia a uma ideia central em toda a filosofia grega. O fato de as comunidades de seguidores de Jesus serem constituídas de grupos étnico-culturais não judaicos levava, inevitavelmente, a assumir, reinterpretar e modificar a ética e as concepções judaicas com base na identidade étnico-cultural de cada grupo. Assim, muitas das concepções judaicas foram substancialmente abandonadas ou transformadas. O conceito de reino de Deus como quinto reino, o reino de Israel que sucede o reino dos não judeus, foi transformado em um conceito abstrato de reino de Deus universal. A ideia do Messias foi desjudaicizada até que esse título se tornasse uma sigla sem significado, sendo substituída por um outro título cristológico, o de Filho consubstancial ao Pai.

Aquilo que chamamos de cristianismo não é expressão da primeira resposta (que propunha que os gentios se judaicizassem), que com frequência hoje é chamada "judeu-cristianismo". E nem é resposta da segunda, que deveria ser chamada simplesmente de paulinismo. O cristianismo é somente a terceira forma, aquela que "gentilizou" a mensagem de Jesus, desjudaicizando-a. O cristianismo, portanto, na minha interpretação, é a religião dos grupos étnicos que aderiram a Jesus e assemelharam o seu judaísmo às culturas e às religiões tradicionais não judaicas, ou seja, para exprimir em termos mais corretos: aqueles grupos que eliminaram da mensagem de Jesus os elementos da cultura judaica que para eles não eram significativos ou compreensíveis e os reinterpretaram e recolocaram dentro dos vários sistemas culturais – não judaicos – dos "gentios"[19].

Este tipo de forma ou de grupo de seguidores de Jesus tornou-se majoritário na segunda metade do século II, e os seus membros se autodefiniram como "cristãos". Um momento significativo desse processo encontra-se no *Diálogo com Trifão* de Justino, ao qual é dedicado o capítulo anterior deste livro. Os cristãos da época *não* quiseram definir como "cristãos" os judeus que acreditavam em Jesus, então procuraram excluir, considerando "heréticos", aqueles que não compartilhavam as suas convicções. Entretanto, não se pode pensar que exista uma continuidade absoluta entre os "cristãos" e o movimento de Jesus.

Conforme vimos[20], os Atos dos Apóstolos narram que os seguidores de Jesus em Antioquia (alguns ou todos?) eram chamados de "cristãos" (*christianoi*; cf. 11,26-28 e 1Pd 4,16). Os cristãos do século II, porém, são muito diferentes dos grupos de "cristãos" de Antioquia. Quando os Atos dos Apóstolos falam de "cristãos", é provável que se refiram a um grupo composto por judeus da cidade, do qual talvez também faziam parte não judeus. Os *christianoi* da segunda metade do século II, ao invés, são não judeus, seja pela pertença étnica, seja pela pertença cultural.

Em suma: a ausência de indicações de Jesus sobre a conversão dos não judeus, que, por outro lado, fazia parte da sua imaginação do advento do reino de Deus, também produziu uma corrente de seguidores constituída por uma esmagadora maioria étnica não judaica, que criou uma radical desjudaicização da mensagem de Jesus.

---

19. Esta é a quinta tese/hipótese destas páginas.
20. Cf. acima segunda parte, cap. I, item 4.

Pressuponho aqui que na visão de Jesus o reino de Deus implicava, necessariamente, a conversão dos gentios, isto é, dos não judeus, e que, então, era necessário perguntar-se como fazer para convertê-los, visto que Jesus não tinha deixado indicações. Todavia, não é absolutamente certo que realmente a pregação aos não judeus, que começou bem rapidamente (conforme supõem os dois primeiros capítulos da carta aos Gálatas), fosse sempre motivada pela ideia da conversão final dos gentios, em vista do reino de Deus. O episódio de Atos 10,44-48 parece motivar de modo diferente a necessidade de batizar não judeus.

Seja lá como for, a verdade é que Jesus nunca dirigiu o seu anúncio aos não judeus. Jesus, portanto, nunca levantou a questão que seria enfrentada pelos seus seguidores, que começaram a pregar aos não judeus: o problema de ter primeiro que convencê-los de que as crenças nos deuses deviam ser consideradas "idolatria" e de que era necessário crer no único Deus verdadeiro, o de Israel. Neste tipo de pregação anti-idólatra os pregadores protocristãos não podiam apelar a nenhuma palavra de Jesus, a nenhuma orientação sua ou preceito seu[21]. Em vez disso, tinham à disposição a rica reflexão anti-idólatra judaica da época. Encontramos, não por acaso, concordâncias entre a crítica anti-idólatra do Apocalipse de Abraão (VI-VIII) e aquela da Pregação de Pedro (*Kerygma Petrou*)[22].

Parece-me bastante claro, pois, que a pregação inteira aos não judeus foi um fenômeno complexo que, de certo modo, ocorreu sem uma dependência direta da pregação de Jesus e das suas vontades[23].

5. Por que o reino de Deus não veio?

Diante do fato da não realização do advento do reino de Deus, as respostas foram inúmeras e muito variadas entre si e não puderam recorrer a Jesus[24].

O Apocalipse dá testemunho de uma resposta que mantém a esperança de Jesus no reino de Deus futuro e universal (Ap 11,5). João espera o advento do reino de Deus, que para ele coincide com o reino de Israel (7,4; 21,12), como na visão daniélica do quinto reino. O drama ao qual o livro quer responder se situa no fato de que o reino ainda não veio. Os gentios ainda estão no poder e possuem a força para perseguir e destruir os seguidores de Jesus. O Apocalipse, porém, mantém a fé na crença de que o reino de Deus/de Israel virá. Certamente desde

---

21. Cf. PESCE 1994a.
22. Cf. os fragmentos em BOVON, GEOLTRAIN 1997, p. 12-22; CAMBE 2003.
23. Não é por acaso que Mateus 28,19-20 é uma palavra que Mateus atribui ao Jesus ressuscitado e não à pregação de Jesus. Também Paulo se reporta a uma revelação direta do Jesus elevado ao céu (Gl 2,7).
24. Esta é a sexta tese/hipótese destas páginas.

já os seguidores do cordeiro reinam (1,6; 1,9; 11,15; 12,10), mas trata-se de um reino oculto, celeste, que não se manifesta histórica e socialmente. É necessária, portanto, a guerra final. Os reis gentios da terra inteira se reunirão para a guerra do grande dia de Deus (16,12-16), o qual, finalmente, vencerá. Em seguida, será iniciado o período messiânico de mil anos (20,2), ao qual se seguirá uma última revolta das forças do mal, finalmente totalmente derrotadas (20,7-10).

No Evangelho de Tomé, porém, o reino de Deus não é mais uma realidade histórica, social e cósmica:

> Jesus disse: "Se aqueles que vos guiam disserem: Olhem, o reino está no céu, então os pássaros vos precederão. Se, todavia, vos disserem: ele está no mar, então os peixes vos precederão. Mas o reino está dentro de vós e fora de vós. Quem conhecer a si mesmo o encontrará, então chegareis a saber que sois filhos do Pai vivo" (Tomé 3, Papiro de Oxirrinco 654, 9-21).

Também em Paulo a "nova criação" (2Cor 5,17 e Gl 6,15) é um fato interior relativo apenas a cada pessoa, como nas religiões dos mistérios, embora em Romanos 8,22 pareça uma aspiração cósmica à redenção. Na carta pseudopaulina a Tito a "palingênese", a renovação histórica da qual falava o Jesus de Mateus 19,28, tornou-se apenas um fato puramente interior que se refere a cada indivíduo: consiste na renovação interior por meio do Espírito Santo (Tt 3,5).

Para Jesus, o advento do reino universal de Deus era fundamental, enquanto o tema da ressurreição era secundário. Jesus só fala da ressurreição na discussão com os saduceus: cf. Marcos 12,18-27//Lucas 20,27-33//Mateus 22,23-31. As predições a respeito da própria ressurreição (Mc 8,31; 9,31; 10,34//Mt 16,21; 17,19; 20,19//Lc 9,22; cf. Jo 3,14; 8,27; 12,32.34) poderiam ser secundárias e redacionais, porém o discurso sobre o sinal de Jonas também parece referir-se à ressurreição de Jesus (cf. Lc 11,29-32; Mt 12,39-41; 16,4). Quando Jesus, após a transfiguração, fala de sua ressurreição (Mc 9,9-10), os três discípulos parecem não compreender absolutamente do que se trata. Em todo o pensamento de Jesus o tema da ressurreição não parece ter um papel sistêmico fundamental.

Bem depressa (primeiro em Paulo e depois no Evangelho de João), todavia, o tema da ressurreição prevaleceu sobre o tema do reino de Deus. Em Paulo, o tema do reino de Deus parece bastante secundário (1Ts 2,12; 1Cor 4,20; 6,9-10; 15,24.50; Gl 5,21; Cl 4,11; 2Ts 1,5), enquanto o conceito central, o ponto de Arquimedes de todo o seu pensamento teológico é a ressurreição:

> Eu vos transmiti principalmente o que eu mesmo recebi: que Cristo morreu pelos nossos pecados, segundo as Escrituras; que foi sepultado, e ressuscitou ao terceiro dia, segundo as Escrituras; que apareceu a Cefas, depois aos Doze. Em seguida apareceu, de uma só vez, a mais de quinhentos irmãos, dos quais a maior parte

vive ainda hoje, embora alguns tenham morrido. Depois apareceu a Tiago, depois a todos os apóstolos (1Cor 15,3-7).

Ora, se é pregado que Cristo ressuscitou dos mortos, como é que alguns de vós podem afirmar que não há ressurreição dos mortos? Se não há ressurreição dos mortos, também Cristo não ressuscitou, logo a nossa pregação é inútil e a vossa fé também é inútil. E acontece até que somos falsas testemunhas de Deus, porque testemunhamos, contra Deus, que ele ressuscitou a Cristo, quando, de fato, ele não o ressuscitou, no caso de ser verdade que os mortos não ressuscitam. Porque se os mortos não ressuscitam Cristo também não ressuscitou. E se Cristo não ressuscitou vossa fé é sem valor e ainda estais em vossos pecados (1Cor 15,12-17).

A pergunta a que agora devemos responder então é: Por que é que Jesus fala tão pouco da ressurreição, e com um papel secundário em seu pensamento, enquanto Paulo fala tanto dela e com um papel tão importante?.

O fato é que existe uma diferença radical entre reino de Deus e ressurreição[25]. Jesus pregava o reino de Deus; Paulo, porém, a ressurreição de Cristo. "O reino de Deus está próximo. Convertei-vos e crede no Evangelho", dizia o Jesus do Evangelho de Marcos (1,14). Paulo, porém, anunciava: "Jesus morreu por nossos pecados segundo as Escrituras, e ressuscitou segundo as Escrituras" (1Cor 15,3-5). Jesus anunciava a intervenção de Deus; Paulo, a intervenção de Jesus.

Jesus está todo concentrado em Deus, e a sua intervenção é sobre aquilo que se deve fazer na expectativa da mudança radical que essa intervenção irá provocar. Quando Deus finalmente vier reinar, este mundo (dominado pela injustiça) terá, necessariamente, terminado. Paulo está todo concentrado em Cristo e na salvação que a sua ressurreição já trouxe.

A pregação de Jesus era escatológica porque o advento do reino de Deus traria consigo, intrinsecamente, o fim *deste* mundo. A de Paulo certamente também é escatológica, porque a ressurreição é um evento que se realiza no final deste mundo, porém o fim já veio ou já começou a vir pela ressurreição de Jesus. Paulo, portanto, olha não só para o futuro, mas também para o passado; antes: o seu ponto de força está no passado. A ressurreição de Jesus, com efeito, é o início da ressurreição universal. Se um morto ressuscitou, significa que o tempo da ressurreição universal começou ("Cristo ressuscitou dos mortos, primícias dos que morreram" [1Cor 15,20]): o fim claramente chegou.

O evento da ressurreição final dos mortos era um dos eventos do sistema simbólico conceitual escatológico de grande parte do judaísmo do século I. Está claro, então, que se a ressurreição foi posta antes do advento do reino de Deus

---

25. Esta é a sétima tese/hipótese destas páginas.

ela acabará por ofuscar e suplantar o reino. Em Paulo, por outro lado, Jesus é concebido como "Senhor", *Kyrios*. Um senhor que já domina, embora somente nos céus. Paulo mantém a diferença entre reino de Cristo e reino de Deus (1Cor 15,23-28). Todavia, o domínio do "Senhor Jesus" e de Deus parece ser sobretudo de tipo cósmico: o domínio sobre o poder e especialmente sobre a morte (derrota que acontecerá no final). Em suma, também em Paulo, como no Apocalipse, é mantida a distinção entre um reino de Cristo nos céus, na ausência do reino de Deus na terra, ao qual sucederá o reino total de Deus. Entretanto, diferentemente do Apocalipse, o reino de Deus total e futuro parece ser de caráter celeste (exatamente como os corpos da ressurreição são corpos "celestes" e não "terrestres", segundo Paulo em 1Cor 15,40).

A diferença com Jesus é incalculável. Para Jesus, o perdão dos pecados ocorre através de uma relação trilateral entre Deus que perdoa o ser humano e o ser humano que perdoa o seu próximo: "Perdoai as nossas ofensas assim como nós perdoamos a quem nos tem ofendido" (Mt 6,12). Para Paulo, somente pela ressurreição de Cristo os pecados dos homens são perdoados por Deus. A frase de Paulo não deixa dúvidas: "Se Cristo não ressuscitou é vã a vossa fé, e ainda estais nos vossos pecados" (1Cor 15,17). É como se Paulo nem conhecesse o pai-nosso, do qual, por outro lado, não existem vestígios em seu epistolário. Não é Jesus antes de sua morte que perdoa os pecados (Mc 2,5.10), nem é a relação trilateral entre Deus, eu e o próximo que apaga o pecado (Mt 6,12), e sim a ressurreição de Cristo.

Na realidade, Paulo concebe morte e ressurreição de Jesus como um único e inseparável ato salvífico operado por Deus. A morte opera o apagamento dos pecados (expiação em seu sangue, diz em Rm 3,25), mas, se Deus não tivesse ressuscitado Jesus, a sua morte teria permanecido sem significado. A ressurreição mostra que Deus deu valor àquela morte, e o fato de ter sido ressuscitado por Deus evidencia que a sua morte também é desejada por Deus, e que opera o apagamento dos pecados[26]. Entretanto, como afirma R. Penna, o tema da ressurreição e da justificação, ligado a ela, é tipicamente paulino. Poderia significar que é Paulo quem atribui uma relação inseparável entre morte e ressurreição a ponto de não poder mais isolar a morte, e o seu significado, da ressurreição.

---

26. Cf. PENNA 2004, comentário sobre Romanos 4,24-25 ("sacrificado por nossos pecados e ressuscitado para a nossa justificação"), p. 406-414.

Em João, por outro lado, o escopo fundamental da experiência religiosa não é o reino de Deus, mas o renascimento (cf. Jo 1,12-13)[27]. Também desse modo se perdia a esperança de uma renovação radical da história.

Em suma, o cristianismo é uma religião que marginaliza a espera de Jesus de um reino de Deus histórico e cósmico, e marginaliza também as respostas daqueles seguidores de Jesus que mantinham os aspectos político, histórico e judaico do conceito de reino de Deus. É uma religião pela qual o reino de Deus não é mais conceito, aspiração central e fundamental. É um sistema religioso no qual a espera da realidade iminente se enfraquece e é substituída principalmente pela salvação que já veio com Jesus Cristo, e pela salvação ultraterrena concebida geralmente como um fato que acontece imediatamente após a morte.

Também neste caso Jesus não pode ser considerado o fundador do cristianismo, ainda que o cristianismo mantenha um contato com o conceito de reino de Deus, embora de maneira fortemente espiritualizada e desistoricizada em relação a Jesus e a várias correntes dos seus seguidores (por exemplo, os milenaristas).

6. Por que os seguidores de Jesus não se sentiram derrotados pela morte de Jesus e pelo fato de que o reino de Deus não veio?

Vimos também que apesar da sua morte os seguidores de Jesus não se sentiram derrotados, antes deram vida a uma obra de pregação. Compreender por que os seus discípulos não se dispersaram mas difundiram tenazmente a sua mensagem é de absoluta importância.

A certeza dos discípulos vinha da convicção de que o fim já tinha começado e de que o processo de advento do reino era inevitável? Ou a sua certeza se baseava na convicção de que Jesus tinha ressuscitado, como talvez ocorreu com Paulo e com muitos teólogos protocristãos? Todas as suas certezas se baseavam em Jesus e naquilo que ele tinha dito, feito e predito ou se fundamentavam em convicções que Jesus também compartilhava?

A minha hipótese é: o que ligava os vários grupos de seguidores a Jesus era não só a relação com ele como pessoa, mas sobretudo a relação com um aspecto central da sua mensagem e com um modo de pôr em prática essa mensagem que era absolutamente fundamental. O que ligava os seguidores de Jesus a Jesus não era apenas uma fé nele, mas a fé que ele tinha em Deus. Os seguidores de Jesus mantiveram o ponto fundamental da ação e da pregação de Jesus: a certeza de que Deus iria intervir. Eles aprenderam com Jesus uma forte concentração

---

27. Cf. DESTRO, PESCE 2000, p. 25.94.106-107.

teo-lógica. A continuidade entre os grupos de seguidores de Jesus e Jesus não é principalmente cristológica, e sim *teo-lógica* (conforme se vê, por exemplo, no pai-nosso, todo concentrado em Deus, com total ausência de cristologia)[28].

A certeza, todavia, que Jesus tinha em Deus não era abstrata e teológica: centralizava-se sobretudo na prática religiosa da oração e das experiências de contato sobrenatural com Deus. Provavelmente Jesus foi para os seus discípulos mestre de contato com as forças sobrenaturais: a oração, a visão, o êxtase, a revelação, a viagem celeste, a transmissão da *dynamis* sobrenatural que capacita a realizar curas. A continuidade entre os seguidores de Jesus e o seu mestre, portanto, também foi, e sobretudo, de caráter cultural. Foi uma continuidade na prática cultural do contato com o sobrenatural[29].

7. Como organizar as comunidades de seguidores. As primeiras comunidades: de movimento intersticial a *ekklêsia*[30]

Os seguidores de Jesus, ao menos em determinado ponto, se organizaram em "Igrejas", *ekklêsiai*. A exemplo de toda organização social, também as *ekklêsiai* precisaram de uma organização interna e de sistemas de relação recíproca. Sobre este tema Jesus não tinha deixado nenhuma indicação[31]. O motivo está no fato de que Jesus não quer fundar uma organização religiosa própria, visto que almeja bem mais: a conversão de toda a humanidade, judeus e gentios, ao reino de Deus futuro. O escopo final de Jesus é anunciar o reino de Deus. O seu intuito é levar o reino de Deus para a situação concreta, de trabalho, de família, de relações interpessoais. Jesus não é um líder religioso que pede que se vá a determinado lugar (ou tempo) a fim de encontrá-lo, e sim para ir encontrá-lo em qualquer tempo e qualquer lugar. Quer tornar possível a intervenção de Deus através de um estilo de vida e de situações nas quais foram excluídas e suspensas todas as relações e atividades que tendem a construir uma realidade que impossibilita uma intervenção de Deus.

A estrutura itinerante, voluntária e intersticial nos faz pensar que estamos longe de um nível associativo de tipo institucional. No livro *L'uomo Gesù*, Adriana Destro e eu escrevíamos[32] que Jesus quer dirigir-se a toda a população de Israel

---

28. Esta é a oitava tese/hipótese destas páginas.
29. DESTRO, PESCE 2006.
30. Neste parágrafo repito frases e teorias que não são minhas, mas do trabalho em conjunto com Adriana Destro em DESTRO, PESCE 2008a e no artigo de DESTRO, PESCE 2011.
31. Esta é a nona tese/hipótese destas páginas.
32. DESTRO, PESCE 2008a, p. 94-96.

a fim de prepará-la para entrar no futuro reino de Deus através de uma radical renovação da vida cotidiana das casas. Jesus não tem a intenção de fundar uma associação própria desvinculada dos lugares e das formas sociais (em particular os núcleos domésticos) onde se realiza a vida das pessoas.

Podemos, então, perguntar-nos por que razão o Evangelho de Mateus atribui a Jesus a célebre frase dirigida a Simão Pedro: "Tu és Pedro e sobre esta pedra edificarei a minha igreja (*ekklêsia*)" (Mt 16,18). Esta frase foi utilizada milhares de vezes para afirmar que Jesus queria fundar a Igreja, uma realidade religiosa bem distinta e autônoma. É necessário, porém, em primeiro lugar, entender que grande parte da exegese reconhece que esta frase não é de Jesus, e que foi o autor do Evangelho de Mateus que a atribuiu a ele aproximadamente cinquenta anos após a sua morte. Deve-se atribuir a frase e o breve trecho onde está inserida (Mt 16,16-19) à iniciativa de Mateus (que, aliás, é o único a transcrevê-la)[33]. Dificilmente Jesus teria pronunciado esta frase. Os evangelhos de Marcos, de Lucas e de João citam centenas de frases de Jesus, muitas parábolas e discursos, porém a palavra "igreja" (*ekklêsia*) nunca aparece. O Evangelho de Mateus também cita uma quantidade notável de frases de Jesus e nunca põe em sua boca esta palavra, exceto em dois casos. O primeiro é o supracitado. O segundo é muito mais articulado e eloquente:

> Se teu irmão pecar contra ti, vai procurá-lo e o repreende a sós. Se te escutar, terás ganho teu irmão. Mas, se não te escutar, toma contigo uma ou duas pessoas para que, sob a palavra de duas ou três testemunhas, seja decidida toda a questão. Se também não quiser escutá-las, expõe o caso à Igreja. E, se não quiser escutar nem mesmo a Igreja, considera-o como um pagão e um desprezado cobrador de impostos (Mt 18,15-17).

Nesta segunda passagem Mateus se refere a uma organização comunitária que não existia quando Jesus estava vivo. Imagina uma situação típica da sua época, o último quarto do século I, quando já havia comunidades formadas e mecanismos de comportamento interno. Na época de Mateus, a palavra "igreja" já era muito usada. Aparece abundantemente, com efeito, nos escritos que falam sobre a vida das comunidades dos seguidores de Jesus algumas décadas após a sua morte. Também a encontramos nas cartas atribuídas a Paulo (mais de sessenta vezes). É neste panorama histórico que as várias comunidades começam a colocar o problema da sua legitimidade e da sua ligação com a autoridade de Jesus. É verdade que a passagem Mateus 16,18 é um daqueles textos, não o único, que atribuem a Pedro uma função particular. Todavia, não faltam textos que atribuem

---

33. GNILKA 1991, p. 75-123.

a Tiago e a Tomé funções particulares[34]. Nas décadas sucessivas à morte de Jesus cresceu um debate sobre os seguidores históricos aos quais deveria ser atribuída autoridade, o que significa que faltavam palavras claras de Jesus sobre o assunto.

A visão de Jesus, porém, era muito diferente: ele não pensava na organização de um organismo autônomo próprio, e sim na renovação de todo o povo de Israel à espera da nova realidade que Deus dentro em pouco ia instaurar. Por outro lado, o Evangelho de Mateus põe nos lábios de Jesus um futuro, e não um passado ou um presente. Jesus não diz: sobre esta pedra "edifiquei" a minha *ekklêsia*, nem "edifico" agora, mas "edificarei" (*oikodomêsô*): Mateus, portanto, tinha consciência de que Jesus não tinha construído nenhuma *ekklêsia* durante a sua atividade. Tratava-se de uma perspectiva futura. Esta frase, pois, mesmo que fosse considerada autêntica, mostra que a existência e a construção de uma *ekklêsia* não fazem parte da prática de vida de Jesus, mas somente de uma visão futura dele.

Jesus não funda uma igreja no sentido de que ele não forma um *centro de poder* (normativo e fundador) ao qual são atribuídas as funções de legislar, ordenar, condenar, punir e nem garantir a salvação (também no Evangelho de João é somente o Jesus ressuscitado que atribui aos discípulos o poder de perdoar os pecados). Em Mateus, as frases atribuídas a Jesus sobre as chaves do reino referem-se claramente só ao futuro.

O fato de que ele não funda uma comunidade significa que Jesus não precisa designar funções e tarefas que a estruturem. A sua tarefa não é organizar uma sociedade sobre novas bases.

Também não organiza novas leis de culto. Jesus frequenta as sinagogas e nelas age de modo incomum, mas não cria alternativas para os seus adeptos, nem ocasiões de culto diferentes e novas sinagogas.

Somente quando se formam as primeiras comunidades de seguidores de Jesus, após a sua morte, nascem as *ekklêsiai*, estruturas mais organizadas com base local. Podemos encontrá-las, por exemplo, explicitamente citadas em Paulo e nos Atos dos Apóstolos.

Depois da morte de Jesus, a relação face a face com ele não era mais possível. A relação pessoal com o líder que juntava as pessoas ao redor de si foi substituída pela relação com um culto e uma organização comunitária, a *ekklêsia*, com um corpo de crenças e de práticas. A novidade estrutural consiste no fato de que a relação "bilateral" Jesus/*oikos* é substituída pela relação "trilateral": pregador

---

34. DESTRO, PESCE 2011b e d.

itinerante/*ekklêsia*/*oikos*. É uma terceira forma social, antes inexistente, que aparece em cena: a *ekklêsia*.

Essa *ekklêsia*, todavia, possui uma outra lógica social em relação ao movimento de Jesus. A diferença fundamental entre as Igrejas primitivas e a forma social escolhida por Jesus está na diminuição da relação nos espaços não estruturados (intersticiais) que o movimento de Jesus instaurava com as formas sociais que estruturam a sociedade e, sobretudo, com o *oikos*. Pode-se dizer, em suma, que muda a práxis de vida e muda o entrecruzamento organizacional. A mudança é imediatamente radical, mas se evidencia em sua lógica social apenas gradativamente e em fases.

8. Os diferentes cristianismos buscam em Jesus um fundamento

Neste último capítulo eu me perguntei em qual medida os seguidores de Jesus tiveram de enfrentar problemas que ele não tinha previsto ou sobre os quais não havia dado indicações. Ao responder a essas questões, eles se afastavam, inevitavelmente, daquilo que Jesus tinha dito e feito e tomavam caminhos diferentes entre si. Tem-se assim a impressão de que Jesus pode ser entendido não tanto como fundador, mas como referência dos vários tipos de cristianismo que iam sendo formados. Ele estava sendo colocado na origem de uma multiplicidade de tendências que, todas, de modo diversificado, procuravam agarrar-se a algum aspecto da sua ação e da sua mensagem, no momento em que iam enfrentando sempre novas e variadas situações. Esta é, todavia, apenas uma hipótese, porque será necessário retornar com uma investigação bem mais ampla sobre as questões que neste último capítulo apresentei sob a forma de perguntas, com o objetivo de suscitar uma eventual discussão. Entretanto, também essa investigação não será suficiente para solucionar o problema bem mais complexo do nascimento de diferentes cristianismos do mundo antigo.

Bibliografia

ACERBI, A. La visione di Isaia nelle vicende dottrinali del catarismo lombardo e provenzale. *Cristianesimo nella Storia* 1 (1980) 75-122.

_____. Antonio de Fantis, editores della Visio Isaiae. *Aevum* 57 (1983) 396-415.

_____. *Serra Lignea. Studi sulla fortuna della Visio Isaiae*. Roma, AVE, 1984.

_____. *L'Ascensione di Isaia. Cristologia e profetismo in Siria nei primi decenni del II secolo*. Milano, Vita e Pensiero, 1989 (Studia Patristica Mediolanensia 17).

ADAM, B. *Time and Social Theory*. Cambridge (MA), Polity Press, 1990.

ADINOLFI, F. Elenco di pubblicazioni sul Gesù storico apparse tra il 2007 e il 2010. *Annali di Storia dell'Esegesi* 27 (2010) 228-286.

AFFERGAN, F. *La pluralité des mondes: vers une autre anthropologie*. Paris, Albin Michel, 1997.

AGUIRRE, R. *Del movimiento de Jesús a la Iglesia Cristiana. Ensayo de exégesis sociológica del cristianismo primitivo*. Estella, Verbo Divino, 1998.

_____. (Ed.). *Así empezó el cristianismo*. Estella, Verbo Divino, 2010.

ALLEN, Ch. *The Human Christ: The Search for the Historical Jesus*. Oxford/New York, Lion/Free Press, 1999.

ALLISON, D. C. Apokalyptische Eschatologie und die Anfänge des Christentums. *Zeitschrift für Neues Testament* 22 (12 Jg. 2008) 47-51.

AMSELLE, J.-L. *Logiche meticce. Antropologia dell'identità in Africa e altrove*. Torino, Boringhieri; orig. fr. 1990.

_____. *Connessioni: antropologia dell'universalità delle culture*. Torino, Boringhieri, 2001; orig. fr.: *Branchements. Anthropologie de l'universalité des cultures*. Paris, Flammarion, 2001.

_____. Métissage. In MESURE, S., SAVIDAN, P. *Le dictionnaire des sciences humaines*. Paris, Presses Universitaires de France, 2006, p. 767-769.

AMSELLE, J.-L., M'Bokolo, E. (Éd.). *Au Coeur de l'ethnie. Ethnie, tribalisme et État en Afrique* [1985]. Paris, La Découverte, ²1999; ed. it.: *L'invenzione dell'etnia*. Roma, Meltemi, 2008.

ANDERSON, P. N. *The Sitz im Leben of the Johannine Bread of Life Discourse and its EvoLving Context, in Critical Reading of John 6*. Ed. R. A. Culpepper. Leiden, Brill, 1997.

ARAGIONE, G. La messianità di Gesù nella ricerca giudaica contemporanea. Stato della questione. *Annali Studi Religiosi* 2 (2001) 9-52.

ARAGIONE, G., JUNOD, E., NORELLI, E. (Dir.). *Le Canon du Nouveau Testament*. Genève, Labor et Fidei, 2005.

ARCHAMBAULT, G. et al. *Justin Martyr: Oeuvres complètes*. Paris, Migne, 1994.

ASAD, T. The Construction of Religion as an Anthropological Category. In: LAMBEK, M. (Ed.). *Anthropology of Religion*. Oxford, Blackwell, 2002.

ASHTON, J. *The Religious Experience of Jesus. The 2002-2003 William James Lecture*. Ed. Christine Bower Christine Bower. Harvard, Harvard College, Website of Harvard College, 2005.

_____. *Understanding the Fourth Gospel*. Oxford, Clarendon, 1993.

ASSMANN, J. *Politische Theologie zwischen Ägypten und Israel* [1992]. Carl Friedrich von Siemens Stiftung (Themen LII). München, Privatdruck, ²1995.

_____. Confession in Ancient Egypt. In: DESTRO, PESCE 2004d, p. 2-20

AUNE, D. E. *The Cultic Setting of Realized Eschatology in Early Christianity*. Leiden, Brill, 1972.

_____. *Prophecy in Early Christianity and the Ancient Mediterraneann World*, Exeter, 1983; ed. it.: *La profezia nel primo cristianesimo e il mondo mediterraneo antico*, Brescia, 1996.

BARBAGLIO, G. *L'anno della liberazione. Rifflessione bíblica sull'anno santo*. Brescia, Queriniana, 1974.

BARTH, F. (Ed.). *Ethnic Groups and Boundaries. The Social Organization of Culture Difference*. Bergen/London, Universitetsforlaget/Allen & Unwin, 1969.

BARTH, G. *Der Tod Jesu Christi im Verständnis des Neuen Testaments*. Neukirchen, 1992; ed. it.: *Il significato della morte di Gesù Cristo:* l'interpretazione del Nuovo Testamento. Torino, Claudiana, 1995 (daqui cito).

BAUCKHAM, R. James and Jesus. In: CHILTON, B., NEUSNER, J. (Ed.). *The Brother of Jesus. James the Just and his Mission*. Louisville, 2001, p. 100-135.

BAUMANN, G. *The Multicultural Riddle. Rethinking National, Ethnic, and Religious Identities*. New York/London, Routledge, 1999.

BAZZANA, G. Basileia and Debts Relief. The Debts Forgiveness of the Lord's Prayer in Light of Documentary Papyri. Artigo, publicação em andamento.

BEA, A. La storicità dei Vangeli sinottici. *Civiltà Cattolica* 115, 1 (1964a) 417-436.

_____. Il carattere storico dei Vangeli sinottici come opere ispirate. *Civiltà Cattolica* 115 (1964b) 526-545.

BECKER, A. H., REED, A. Y. (Ed.). *The Ways That Never Parted. Jews and Christians in Late Antiquity and the Early Middle Ages*. Tübingen, Mohr, 2003.

BEILBY, J. K., EDDY, P. R. *The Historical Jesus. Five Views*. London, InterVarsity Press, 2010.

BELL, C. *Ritual Theory, Ritual Praxis*. Oxford, Oxford University Press, 1992.

BELLINZONI, A. J. *The Saying of Jesus in the Writings of Justin Martyr*. Leiden, Brill, 1967 (Suppl. to Novum Testamentum 17).

BERGER, K., NORD, C. *Das Neue Testament und Frühchristliche Schriften. Übersetzt und kommentiert*. Frankfurt/Leipzig, Insel Verlag, 1999.

BERTALOTTO, P. *Il Gesù storico*. Roma, Carocci, 2008.

BERTMAN, S. (Ed.). *The Conflict of Generations in Ancient Greece and Rome*. Amsterdam, BR Grüner, 1976.

BETTIOLO, P. et al. (Ed.). *Ascensio Isaiae*. Turnhout, Brepols, 1995, 2 v. (CCSA 7-8).

BHABHA, H. K. *The Location of Culture*. London, Routdlege, 1994.

_____. *Les lieux de la culture. Une théorie postcoloniale*. Paris, Payot, 2007; orig. americ. 1994.

BLANCHETIÈRE, F. *Enquête sur les racines juives du movement chrétien (30-135)*. Paris, Cerf, 2001.

BLASI, A. J., DUHAIME, J., TURCOTTE, P.-A. (Ed.). *Handbook of Early Christianity. Social Science Approaches*. Walnut Creek, Altamira Press, 2002.

BOBICHON, Ph. *Justin Martyr. Dialogue avec Tryphon. Edition critique, traduction, commentaire. Volume I. Introduction, Texte Grec, Traduction. Volume II. Notes de la traduction, Appendices, Indices*. Fribourg, Academic Press Fribourg, 2003.

BOCCACCINI, G. Gesù ebreo e cristiano. Sviluppi e prospettive della ricerca sul Gesù storico in Italia, dall'Ottocento a oggi. *Henoch* 29 (2007) 105-154.

BOCK, D. L., WEBB, R. L. Introduction to Key Events and Actions in the Life of the Historical Jesus. In: _____ (Ed.). *Key Events in the Life of the Historical Jesus. A Collaborative Exploration of Context and Coherence*. Tübingen, Mohr Siebeck, 2009.

BORI, P. C. L'estasi del profeta: "Ascensio Isaiae" 6 e l'antico profetismo cristiano. *Cristianesimo nella Storia* 1 (1980) 367-389.

_____. L'esperienza profetica nell'Ascensione di Isaia. In: PESCE 1983, p. 133-145; reed. in *L'estasi del profeta ed altri saggi tra ebraismo e cristianesimo dalle origini sino al "Mosè" di Freud*. Bologna, 1989, p. 17-30.

BORING, M. E. The Influence of Christian Prophecy on the Johannine Portrayal of the Paraclete and Jesus. *NTS* 25 (1978) 113-123.

_____. *Sayings of the Risen Jesus. Christian Prophecy in the Synoptic Tradition*. Cambridge, Cambridge University Press, 1982.

BOTHA, P. J. J. Houses in the World of Jesus. *Neotestamentica* 32/1 (1998) 37-74.

BOVON, F. *L'Évangile selon Saint Luc (15,1–19,27)*. Genève, Labor et Fides, 2001.

_____. The Emergence of Christianity. In: LUPIERI, E., PESCE, M. (Ed.). Early Christian Identities – Identità cristiane in formazione. *Annali di Storia dell'Esegesi* 24/1 (2007) 13-29.

_____. *Vangelo di Luca*. Brescia, Paideia, 2007.

BOVON, F., GEOLTRAIN, P. *Écrits apocryphes chrétiens I*. Paris, Gallimard, 1997.

BOYARIN, D. *Dying for God. Martyrdom and the Making of Christianity and Judaism*. Stanford, 1999.

_____. Justin Martyr Invents Judaism. *Church History* 70/3 (2001) 427-461.

_____. *Border Lines. The Partition of Judaeo-Christianity*. Philadelphia, University of Pensylvania Press, 2004.

_____. Apartheid Comparative Religion in the Second Century. Some Theory and a Case Study. *Journal of Medieval and Early Modern Studies* 36/1 (2006a) 3-34.

_____. Semantic Differences, or "Judaism"/"Christianity". In: BECKER, A. H., REED, A. Y. (Ed.). *The Ways That Never Parted. Jews and Christians in Late Antiquity and the Early Middle Ages*. Tübingen, Mohr, 2006b, p. 65-85.

_____. The Christian Invention of Judaism: The Theodosian Empire and the Rabbinic Refusal of Religion. In VRIES, H. de (Ed.). *Religion. Beyond a Concept*. Fordham University Press, 2008, p. 150-177.

BRIGGMAN, A. A. Measuring Justin's Approach to the Spirit. *VChris* 63 (2009) 107-137.

BROER, I. Jesus und das Gesetz. Ammerkungen zur Geschichte des Problems und zur Frage der Sündenvergebung durch den historischen Jesus. In: ——————— (Hg.). *Jesus und das Jüdische Gesetz*. Stuttgart/Berlin/Köln, Kohlhammer Verlag, 1992, p. 61-104.

BROWN, R. E. *The Community of the Beloved Disciple*. New York, Paulist Press, 1979.

_____. *The Epistles of John*. Garden City, Doubleday, 1982.

_____. The Third Epistle of John. In: *The Epistles of John. Translated with Introduction, Notes, and Commentary*. Garden City (N.Y.), Doubleday, 1982b, p. 701-753.

_____. Not Jewish Christianity and Gentile Christianity but Types of Jewish/Gentile Christianity. *Catholic Biblical Quarterly* 45 (1983) 71-93.

_____. *The Churches the Apostles Left Behind*. New York, Paulist Press, 1984.

_____. *Giovanni. Commento al vangelo spirituale*. Assisi, Cittadella, 1991.

BROWN, R. E., MEYER, J. P. *Antioch and Rome*. New York, Paulist Press, 1983.

BROWN, S. *The Origins of Christianity. A Historical Introduction to the New Testament*. New York, Oxford University Press, 1984.

BUDD, Ph. J. *Leviticus*. Grand Rapids, Eerdmans, 1996.

BUELL, D. K. Constructing Early Christian Identities Using Ethnic Reasoning. In: LUPIERI, E., PESCE, M. (Ed.). *Early Christian Identities. Identità cristiane in formazione*. 2007, p. 37-58 (Annali di Storia dell'Esegesi 24/1).

BULTMANN, R. *Ist die Apokalyptik die Mutter der christliche Theologie? Eine Auseinandersetzung mit Ernst Käsemann*. In: *APOPHORETA. Festschrift für E. Haenchenn*. Berlin, Alfred Töpelmann, 1964, p. 64-69 (BZNW 30).

BUONAIUTI, E. *Detti extracanonici di Gesù*. Roma, Libreria di Cultura, 1925.

BURINI, C. *Gli apologeti Greci. Introduzione, traduzione e note*. Roma, Città Nuova, 2000.

BURKE, P. *Storia e teoria sociale*. Bologna, 1995; orig. ingl. Cambridge, 1992.

CAMBE, M. *Kerygma Petri*. Turhout, Brepols, 2003 (Corpus christianorum. Series apocryphorum 15).

CAMERON, R. D. *Sayings Traditions in the Apocryphon of James. A Thesis Presented to the Committee on the Stydy of Religion*. Cambridge (MA), Harvard University Press, 1983.

CANCLINI, N. G. *Culture ibride. Strategie per entrare e uscire dalla modernità*. A cura di Angela Giglia. Milano, Guerini, 1998; orig. esp. 1990.

CARDELLINI, I. *I sacrifici dell'antica alleanza. Tipologie, rituali, celebrazioni*. Cinisello Balsamo, San Paolo, 2001.

CASEY, M. *Jesus of Nazareth. An Independent Historian's Account of his Life and Teaching*. London/New York, T&T Clark, 2010.

CASEY, P. M. *The Solution of the "Son of Man" Problem*. London, T&T Clark, 2007.

CHILTON, B. *The Temple of Jesus. His Sacrifical Program Within a Cultural History of Sacrifice*. University Park, Pensylvania State University Press, 1992.

HILTON, B., NEUSNER, J. (Ed.). *The Brother of Jesus. James the Just and His Mission*. Louisville, John Knox Press, 2002.

CHOI, M. J. What is Christian Orthodoxy According to Justin's Dialogue?. *STJ* 63 (2010) 398-413.

CHUBB, T. *The True Gospel of Jesus Christ Asserted*. London, 1738.

CIMMA, M. R. *Ricerche sulle società di pubblicani*. Milano, Giuffrè, 1981.

CIRILLO, L. Il problema del giudeo-cristianesimo. In: DANIÉLOU, J. *La teologia del giudeo--cristianesimo*. Bologna, Il Mulino, 1983, Introd., p. VII-LXV.

_____. I Vangeli giudeocristiani. In: NORELLI, E. (Ed.). *La Bibbia nell'antichità cristiana I. Da Gesù a Origene*. Bologna, EDB, 1993, p. 275-318.

COHEN, D. *Dictionnaire des racines sémitiques ou attestées dans les langues sémitiques II*. Leuven, Peeters, 1996.

COHEN, S. (Ed.). *The Jewish Family in Antiquity*. Atlanta, Scholars Press, 1993.

COLLINS, R. F. *The Birth of the New Testament. The Origin and Development of the First Christian Generation*. New York, Crossroad, 1993.

COLPE, C. Das deutsche Wort "Judenchristen" und ihm entsprechende historische Sachverhalte. In: *Gilgul*. Hg. S. Shaked, D. Shulman, G. G. Stroumsa. Leiden, Brill, 1987, p. 50-68.

COTHÉNET, E. Prophétisme dans le Nouveau Testament. *DBS* suppl. 8 (1972) 1294-1301.

CRONE, T. *Early Christian Prophecy*. Baltimore, St. Mary's University Press, 1973.

CROSSAN, J. D. *Four Other Gospels: Shadows on the Contours of Canon*. Minneapolis, Wiston, 1985.

_____. *Sayings Parallels: A Workbook for the Jesus Tradition*. Philadelphia, Fortress, 1986.

_____. *The Historical Jesus. The Life of a Mediterranean Jewish Peasant*. San Francisco, Harper, ²1992.

_____. *The Birth of Christianity. Discovering what Happenend in the Years Immediately after the Execution of Jesus*. San Francisco, Harper, 1998.

DANIÉLOU, J. Une vision nouvelle des origines chrétiennes. Le judéo-christianisme. *Études* (1967) 595-608.

_____. *Théologie du judéo-christianisme* [1958]. Tournai/Paris, 1991.

DANIÉLOU, J., MARROU, H. I. *Nuova Storia della Chiesa I:* Dalle origini a S. Gregorio Magno. Torino, Marietti, 1970.

DANKER, F. W. *A Greek-Englishh Lexicon of the New Testament and Other Early Christian Literature.* Chicago/London, University of Chicago, ³2000.

DAUTZENBERG, G. *Urchristliche Prophetie. Ihre Erforschung, ihre Voraussetzungen im Judentum und ihre Struktur im ersten Korintherbrief.* Stuttgart, Kohlhammer, 1975.

DAVIES, S. L. *Jesus the Healer. Possession, Trance and the Origins of Christianity.* London, SCM, 1995.

DEIANA, G. *Il Giorno dell'espiazione. Il kippur nella tradizione biblica.* Bologna, EDB, 1995.

DEL VERME, M. *Didache and Judaism. Jewish Roots of an Ancient Christian-Jewish Work.* New York/London, T&T Clark, 2004.

DEPPE, D. B. *The Sayings of Jesus in the Epistle of James.* Chelsea, Bookcrafters, 1989.

DESCAMPS, A. Réflexions sur la méthode en théologie biblique. In _____. *Jésus et l'Église. Études d'exégèse et de théologie. Préface de Mgr. A. Houssian.* Leuven, Leuven University Press, 1987, p. 1-26 (BETL LXVII).

DESTRO, A. *Villaggio palestinese. Mutamento sociale in territorio occupato da Israele.* Milano, Franco Angeli, 1977.

_____. *In caso di gelosia.* Bologna, Il Mulino, 1989.

_____. The Witness of Times: An Anthropological Reading of Niddah. In: SWYER 1996, p. 124-138.

_____. Pensare la famiglia. Percorsi e problemi. In _____ (Ed.). *Famiglia islamica.* Bologna, Patron, 1998, p. 9-28.

_____. Il dispositivo sacrificale. Strumento della morte e della vita. *Annali di Storia dell'Esegesi* 18 (2001) 7-45.

_____. *Antropologia e religioni.* Brescia, Morcelliana, 2005.

_____ (Ed.). *Antropologia dei flussi globali. Strategia dei mondi minimi*, Roma, Carocci, 2006.

DESTRO, A., PESCE, M. Il rito giudaico di Kippur. Il sangue nel tempio, il peccato nel deserto. In: *Interpretazione e perdono. Atti Del Dodicesimo Colloquio sull'interpretazione (Macerata, 18-19 marzo 1991).* A cura di Giuseppe Galli. Genova, Marietti, 1987, p. 47-73.

_____. Dal texto alla cultura. Antropologia degli scritti protocristiani. *Protestantesimo* 49 (1994) 214-229.

_____. Lo spirito e il mondo vuoto. Prospettive esegetiche e antropologiche su Gv 4,21-24. *Annali di Storia dell'Esegesi* 12 (1995a) 9-32.

_____. Kinship, Discipleship, and Movement. An Anthropological Study of the Gospel of John. *Biblical Interpretation* 3/3 (1995b) 266-284.

_____. La normatività del Levitico: interpretazioni ebraiche e protocristiane. *Annali di Storia dell'Esegesi* 13 (1996a) 15-37.

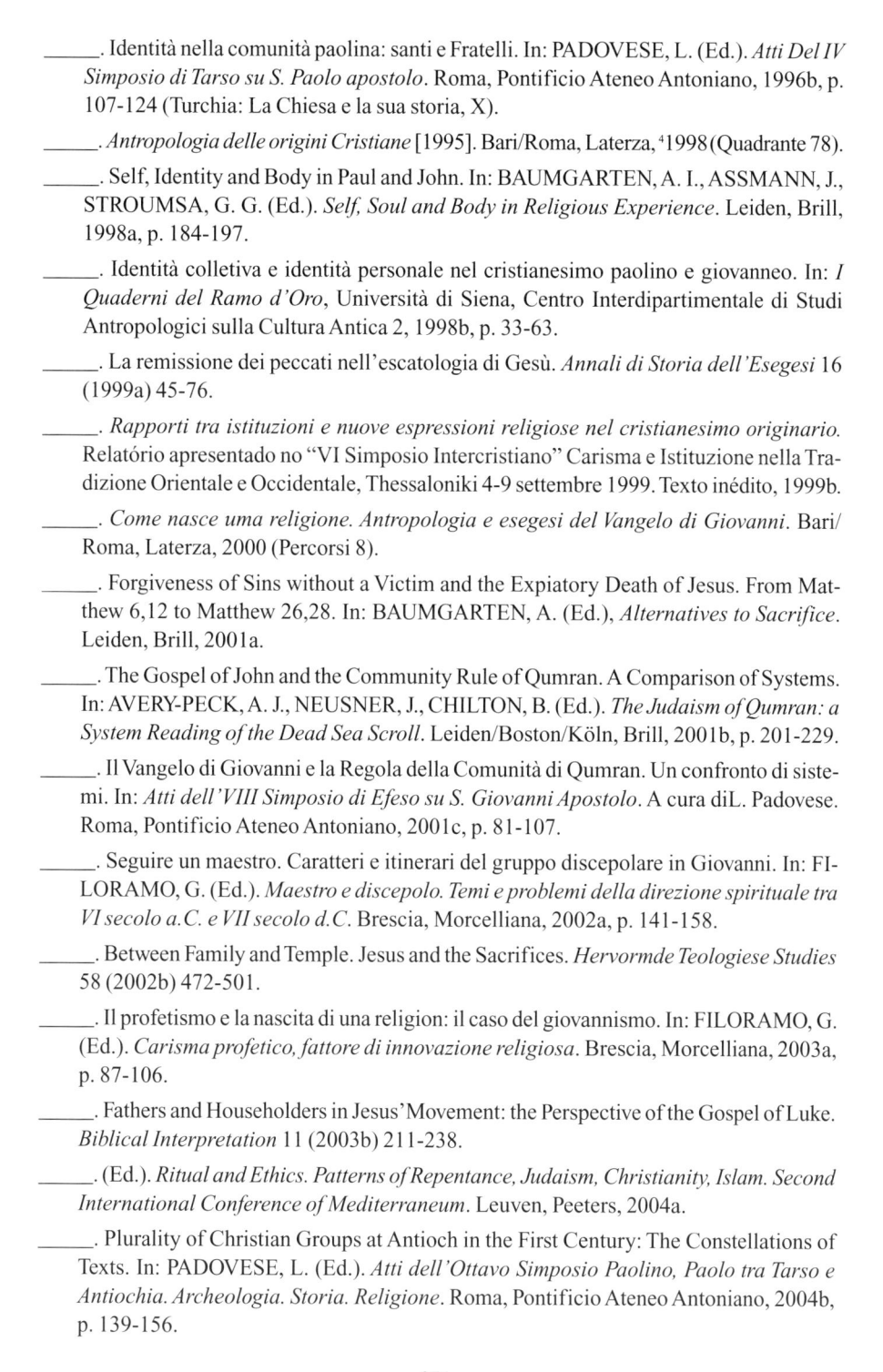

_____. Identità nella comunità paolina: santi e Fratelli. In: PADOVESE, L. (Ed.). *Atti Del IV Simposio di Tarso su S. Paolo apostolo*. Roma, Pontificio Ateneo Antoniano, 1996b, p. 107-124 (Turchia: La Chiesa e la sua storia, X).

_____. *Antropologia delle origini Cristiane* [1995]. Bari/Roma, Laterza, [4]1998 (Quadrante 78).

_____. Self, Identity and Body in Paul and John. In: BAUMGARTEN, A. I., ASSMANN, J., STROUMSA, G. G. (Ed.). *Self, Soul and Body in Religious Experience*. Leiden, Brill, 1998a, p. 184-197.

_____. Identità colletiva e identità personale nel cristianesimo paolino e giovanneo. In: *I Quaderni del Ramo d'Oro*, Università di Siena, Centro Interdipartimentale di Studi Antropologici sulla Cultura Antica 2, 1998b, p. 33-63.

_____. La remissione dei peccati nell'escatologia di Gesù. *Annali di Storia dell'Esegesi* 16 (1999a) 45-76.

_____. *Rapporti tra istituzioni e nuove espressioni religiose nel cristianesimo originario.* Relatório apresentado no "VI Simposio Intercristiano" Carisma e Istituzione nella Tradizione Orientale e Occidentale, Thessaloniki 4-9 settembre 1999. Texto inédito, 1999b.

_____. *Come nasce uma religione. Antropologia e esegesi del Vangelo di Giovanni*. Bari/Roma, Laterza, 2000 (Percorsi 8).

_____. Forgiveness of Sins without a Victim and the Expiatory Death of Jesus. From Matthew 6,12 to Matthew 26,28. In: BAUMGARTEN, A. (Ed.), *Alternatives to Sacrifice*. Leiden, Brill, 2001a.

_____. The Gospel of John and the Community Rule of Qumran. A Comparison of Systems. In: AVERY-PECK, A. J., NEUSNER, J., CHILTON, B. (Ed.). *The Judaism of Qumran: a System Reading of the Dead Sea Scroll*. Leiden/Boston/Köln, Brill, 2001b, p. 201-229.

_____. Il Vangelo di Giovanni e la Regola della Comunità di Qumran. Un confronto di sistemi. In: *Atti dell'VIII Simposio di Efeso su S. Giovanni Apostolo*. A cura di L. Padovese. Roma, Pontificio Ateneo Antoniano, 2001c, p. 81-107.

_____. Seguire un maestro. Caratteri e itinerari del gruppo discepolare in Giovanni. In: FILORAMO, G. (Ed.). *Maestro e discepolo. Temi e problemi della direzione spirituale tra VI secolo a.C. e VII secolo d.C.* Brescia, Morcelliana, 2002a, p. 141-158.

_____. Between Family and Temple. Jesus and the Sacrifices. *Hervormde Teologiese Studies* 58 (2002b) 472-501.

_____. Il profetismo e la nascita di una religion: il caso del giovannismo. In: FILORAMO, G. (Ed.). *Carisma profetico, fattore di innovazione religiosa*. Brescia, Morcelliana, 2003a, p. 87-106.

_____. Fathers and Householders in Jesus' Movement: the Perspective of the Gospel of Luke. *Biblical Interpretation* 11 (2003b) 211-238.

_____. (Ed.). *Ritual and Ethics. Patterns of Repentance, Judaism, Christianity, Islam. Second International Conference of Mediterraneum*. Leuven, Peeters, 2004a.

_____. Plurality of Christian Groups at Antioch in the First Century: The Constellations of Texts. In: PADOVESE, L. (Ed.). *Atti dell'Ottavo Simposio Paolino, Paolo tra Tarso e Antiochia. Archeologia. Storia. Religione*. Roma, Pontificio Ateneo Antoniano, 2004b, p. 139-156.

_____. Come è nato il cristianesimo. In: PESCE, M. (Ed.). *Come è nato il cristianesimo.* 2004c, p. 529-556 (Annali di Storia dell'Esegesi 21).

_____. Repentance as Forgiveness and the Role of Sacrifices in Jesus. In: _____ (Ed.). *Ritual and Ethics. Patterns of Repentance,* New York, 2004d.

_____. The Levitical Sacrifices in Anthropological Perspective. The Case of the Ritual for a Leper (Lev 14,1-32). In: ESLER, Ph. (Ed.). *The Old Testament in its Social Context.* Minneapolis, Ausburg Fortress, 2005, p. 66-77; ed. it.: I sacrifice levitici in prospettiva antropologica. Il caso del ritual per il lebbroso (Lev 14,1-32). In: ESLER, Ph. (Ed.). *Israele Antico e scienze sociali.* Brescia, Paideia, 2005, p. 86-99.

_____. Continuità o discontinuità tra Gesù e i gruppi dei suoi seguaci nelle pratiche culturali di contatto com Il sopranaturale?. In: PADOVESE, L. (Ed.). *Atti del Nono Simposio Paolino, Paolo tra Tarso e Antiochia. Archeologia. Storia. Religione.* Roma, Pontificio Ateneo Antoniano, 2006, p. 21-43; ed. ingl.: ─────. Continuity or Discontinuity Between Jesus and Groups of his Followers? Practices of Contact with the Supernatural. In: GUIJARRO-OPORTO, S. (Ed.). *Los comienzos del cristianismo.*, Universidad Pontificia de Salamanca, 2006, p. 37-58 (Bibliotheca Salmaticensis. Estudios 284) (Bibliotheca Salmaticensis. Estudios 284); ed. rev.: *Annali di Storia dell'Esegesi* 24 (2007) 37-58.

_____. La funzione delle parole. Rivelazioni dopo l'ascensione di Gesù. In: PADOVESE, L. (Ed.). *Atti dell Decimo Simposio Paolino.* Roma, Pontificio Ateneo Antoniano, 2007, p. 159-174.

_____. *L'uomo Gesù. Luoghi, giorni, incontri di una vita.* Milano, Mondadori, 2008a.

_____. *Forme culturali del cristianesimo nascente* [2005]. Brescia, Morcelliana, ²2008b.

_____. *Antropologia delle origini cristiane* [1995]. Bari/Roma, Laterza, ⁴2008c.

_____. L'identité des croyants en Jésus au 1ᵉʳ siècle: Le cas de Paul de Tarse. Inclusion et exclusion. In: BELAYCHE, N., MIMOUNI, S. C. (Éd.). *Entre lignes de partage et territories de passage. Les identities religieuses dans les mondes grec et romain. "Paganismes", "judaïsmes", "christianismes".* Louvain, Peeters, 2009, p. 409-435.

_____. Le parole di Gesù in Paolo. Prospettive antropologiche e storiche, (2010a). In: PADOVESE, L. (Ed.), v. I, Cantalupa (Torino), Effatà, 2009, p. 253-287.

_____. Il libro L'uomo Gesù: il primate della pratica di vita. *Annali di Storia dell'Esegesi* 27/2 (2010b) 215-235.

_____. From Jesus Movement to Christianity. A Model for the Interpretation. The Cohabitation of Jews and Christians. In: POUDERON, B., MIMOUNI, S. C. (Éd.). *Quand l'Église et la Synagogue se sont'elles distinguées?,* Louvain, Peeters, 2011a.

_____. *Inside and outside the Houses. Changes in the role of womens from Jesus Movement to Early Christian churches,* 2011b (em vias de publicação).

_____. Le voyage céleste. Tradition d'un genre ou un schema culturel en context?. In: BELAYCHE, N., DUBOIS, J.-D. (Éd.). *Cohabitations et Contacts.* Paris, Cerf, 2011c (em vias de publicação).

_____. Dal gruppo interstiziale di Gesù alla ekklêsia: mutamenti nel ruolo delle donne. *Annali di Storia dell'Esegesi* 28/1, 2001d.

DETIENNE, M., VERNANT, J.-P. *La cuisine du sacrifice en pays Grec.* Paris, Gallimard, 1979; ed. it.: *La cucina del sacrificio in terra greca.* Torino, Boringhieri, 1982.

DI NOLA, A. *Gesù segreto. Ascesi e rivoluzione sessuale nel cristianesimo nascente*, Roma, Guanda, 1989.

DIETZFELBINGER, C. *Der Abschied des Kommenden. Eine Auslegung der Johanneischen Abschiedsreden*. Tübingen, Mohr, 1997.

DIXON, S. *The Roman Family*. Baltimore/London, Johns Hopkins University Press, 1992.

DORIVAL, G. Un group judéo-chrétien méconnu: les Hébreux. *Apocrypha* 11 (2000) 7-36.

DOUGLAS, M. *Purity and Danger: An Analysis of Pollution and Taboo*. London, Routledge, 1966.

_____. The Forbidden Animals in Leviticus. *Journal for the Study of Old Testament* 59 (1993) 3-23.

_____. Atonement in Leviticus. *Jewish Studies Quarterly* 1 (1993/1994) 109-130.

_____. Sacred Contagion. In: SAWYER, J. (Ed.). *Leviticus*. Sheffield, Sheffield University Press, 1996, p. 86-106.

_____. *Leviticus as Literature*, Oxford/New York, Oxford University Press, 1999.

DULING, D. C. Against Oaths: Crossan Sayings Parallels 59. *Forum* 6 (1990) 133.

_____. The Matthean Brotherhood and Marginal Scribal Leadership. In: ESLER 1995, p. 159-182.

_____. Millenialism. In: ROHRBAUGH, R. (Ed.). *The Social Sciences and New Testament Interpretation*. Peabody, Hendrickson, 1996, p. 183-205.

DUNN, J. D. G. *Baptism in the Holy Spirit*. Philadelphia, Fortress Press, 1970.

_____. *Jesus and the Spirit. A Study of the Religious and Charismatic Experiences of Jesus and the First Christians as Reflected in the New Testament*, London, SCM, 1975.

_____. The Incident at Antioch (Gal 2,11-18). In: *Jesus, Paul and the Law. Studies in Mark and Galatians*. London, SPCK, 1949.

DUNN, J. D. G., McKNIGHT, S. (Ed.). *The Historical Jesus in Recent Research*. Winona Lake, Eisenbrauns, 2005.

DUPONT, J., *Gnosis. La connaissance religieuse dans les épitres de Saint Paul*. Louvain/Paris, Nauwelaerts/Gabalda, 1949.

_____. *Studi sugli Atti degli Apostoli*. Roma, Paoline, ³1975.

_____. A che punto è la ricerca sul Gesù storico. In: *Conoscenza storica di Gesù. Acquisizioni esegetiche e utilizzazioni nelle cristologie contemporanee*. Brescia, Paideia, 1978a (Biblioteca di Cultura Religiosa 32).

_____. *La parabola degli invitati al banchetto. Dagli evangelisti a Gesù*. Brescia, Paideia, 1978b (Testi e Ricerche di Scienze Religiose 14).

_____. *Le tre apocalissi sinottiche. Marco 13. Matteo 24–25. Luca 21*. Bologna, EDB, 1987; orig. fr.: *Les trois apocalypses synoptiques,* Paris, Gabalda, 1985.

_____ (Ed.). *Jésus aux origines de la Christologie. Nouvelle éditions augmentée*. Louvain, Peeters, 1989 (BTL, 40).

EISENBAUM, P. *Paul Was Not a Christian. The Original Message of a Misunderstood Apostle*. San Francisco, Harper One, 2009.

ELLIOTT, J. H. *A Home for the Homeless. A Sociological Exegesis of 1Peter. Its Situation and Strategy* [1981]. Philadelphia, Fortress, 1990.

_____. *Temple versus Household in Luke-Acts: A Contrast in Social Institutions*. In: NEYREY 1991, p. 211-240.

_____. *I Peter: A New Translation With Introduction and Commentary*. New York, Doubleday, 2000 (The Anchor Bible).

ELLIS, E. E. *Prophecy and Hermeneutic in Early Christianity*. Grand Rapids, Eerdmans, 1978.

ERBETTA, M. *Gli apocrifi del Nuovo Testamento I, 1. Vangeli*. Casale Monferrato, Marietti, 1982.

ESLER, Ph. F. *Community and Gospel in Luke-Acts. The Social and Political Motivations of Lucan Theology*. Cambridge, Cambridge University Press, 1987.

_____ (Ed.). *The First Christians in Their Social Worlds. Social-scientific Approaches to New Testament Interpretation*. London/New York, Routledge, 1995.

_____. *The Early Christian World*. London, Routledge, 2000.

EVANS, C. A. *Life of Jesus Research: An Annotated Bibliography*. Leiden, Brill, ²1996.

FABIETTI, U. *Antropologia culturale. L'esperienza e l'interpretazione*. Bari/Roma, Laterza, 1999.

FACCHINI, C. *David Castelli. Ebraismo e scienze delle religioni tra Otto e Novecento*. Brescia, Morcelliana, 2005.

FAGGIN, G. *Agrapha*. Firenze, Fussi, 1957.

FIEDLER, P. *Jesus und die Sünder*. Frankfurt a.M., Peter Lang, 1976 (BBET 3).

FILORAMO, G. La crisi del profetismo nella tradizione Cristiana primitiva. *Humanitas* 51 (1996) 836-853.

_____. Introduzione. In: *Profeti e profezie. Un percorso attraverso culture e religioni*. A cura di E. Comba. Torino, Segnalibro, 2001, p. 7-10.

_____. *Che cos'è la religione: temi, metodi, problemi*. Torino, Einaudi, 2004.

_____. *Veggenti Profeti Gnostici. Identità e conflitti nel cristianesimo antico*. Brescia, Morcelliana, 2005.

FILORAMO, G., GIANOTTO, C. (Ed.). *Verus Israel. Nuove prospettive sul giudeocristianismo. Atti del Colloquio di Torino 4-5 novembre 1999*. Brescia, Paideia, 2001.

FITZMYER, J. A. The Biblical Commission and its Instruction on the Historical Truth of the Gospels. In: _____. *A Christological Cathecism. New Testament Answers,* New York, Ramsey, 1982 (reedição revisada do ensaio de 1965: *The Historical Truth of the Gospels*. New York, Glen Rock); ed. al.: *Die Wahrheit der Evangelien*. Stuttgart, 1965.

_____. *The Acts of the Apostles: A New Testament with Introduction and Commentary*. New York, Doubleday, 1998 (The Anchor Bible).

FLASCH, K. *Prendre Congé de Dilthey. Que serait un néohistorisme en histoire de la philosophie?*. Paris, Les Belles Lettres, 2008 (seguido de *Congé à Dilthey*).

FORBES, M. *Prophecy and Inspired Speech in Early Christianity*. Grand Rapids, Eerdmans, 1987.

FORTES, M. Introduction. In: GOODY, J. (Ed.). *The Developmental Cycle in Domestic Groups*. Cambridge, 1971.

FREY, J. *Die johanneische Eschatologie. Band I. Ihre Probleme im Spiegel der Forschung seit Reimarus*. Tübingen, Mohr, 1997.

_____. *Die johanneische Eschatologie. Band II. Das johanneische Zeitverständnis.* Tübingen, Mohr, 1998.

FREYNE, S. Herodian Economics in Galilee. Searching for a Suitable Model. In: ESLER, Ph. F. (Ed.). *Modelling Early Christianity*. London, Routledge, 1995, p. 23-46.

FRIESEN, S. *Corinth in Context*. Leiden, Brill, 2010.

FUÀ, O. Da Cicerone a Seneca. In: MATTIOLI, U. (Ed.). *Senectus*. Bologna, Patron, 1995, v. II, p. 183-238.

FUSCO, V. Un secolo di metodo storico nell'esegesi cattolica (1893-1993). *Studia Patavina* 41 (1994) 341-398; agora também in SEGALLA, G. (Ed.). *Cento anni di studi biblici (1893-1993)*. Padova, Studia Patavina, 1995.

_____. Gesù e l'apocalittica. I problemi e il metodo. *Ricerche Storico-Bibliche* 7 (1995) 37-60.

_____. *Le prime comunità cristiane. Tradizione e tendenze nel cristianesimo delle origini*. Roma, EDB, 1995b.

_____. Apocalittica ed escatologia nel Nuovo Testamento: tendenze odierne della ricerca. In: CANOBBIO, G., FINI, M. *L'escatologia contemporanea. Problemi e prospettive*. Padova, Messaggero, 1995c.

_____. La quête du Jesus historique. Bilan et perspectives. In: MARGUERAT, D., NORELLI, E., POFFET, J. M. (Éd.). *Nouvelles approaches d'une énigme*. Génève, Labor et Fides, 1997.

GAETA, G. *Il Gesù moderno*. Torino, Einaudi, 2009.

GALBIATI, E. L'istruzione della Commissione Biblica sul valore storico dei Vangeli. *Scuola Cattolica* 92 (1964) 303-310; *Bibbia e Oriente* 6 (1964) 233-245.

_____. L'istruzione sulla verità storica dei Vangeli e l'insegnamento Nei seminari. *Seminarium* 18 (1966) 66-91.

GARCÍA MARTÍNEZ, F. *Testi di Qumran. Traduzione italiana dai testi originali com note di C. Martone*. Brescia, Paideia, 1996.

_____. Is Jewish Apocalypticism the Mother of Christian Theology?. In: *Qumranica Minora I: Qumran Origins and Apocalypticism*. Ed. Eibert J. C. Tigchelaar. Leiden/Boston, Brill, 2007, p. 129-151 (Studies on the Texts of the Desert of Judah 63).

GARDNER, F., WIEDEMANN, T. *The Roman Household: A Sourcebook*. London/New York, Routledge, 1991.

GEERTZ, C. *Interpretazione di culture*. Bologna, Il Mulino, 1998.

GEOLTRAIN, P. (Éd.). *Aux origines du christianisme*. Paris, Gallimard, 2000.

GIANOTTO, C. *MeLchisedek e la sua tipologia. Tradizioni giudaiche, cristiane e gnostiche (sec. II a.C.-III d.C.)*. Brescia, Paideia, 1984a.

_____. La figura di Melchisedek nelle tradizioni giudaica, cristiana e gnostica (sec. II a.C.-III d.C.). *Annali di Storia dell'Esegesi* 1 (1984b) 137-152.

_____. Il millenarismo giudaico. *Annali di Storia dell'Esegesi* 15 (1998) 21-51.

_____. Il Vangelo secondo Tommaso e Il problema storico di Gesù. In: PRINZIVALLI, E. (Ed.). *L'enigma Gesù*. Roma, Carocci, 2008, p. 68-93.

_____. *I vangeli apocrifi*. Bologna, Il Mulino, 2009.

GILLESPIE, T. W. *The First Theologians. A Study in Early Christian Prophecy*. Grand Rapids, Eerdmans, 1994.

GNILKA, J. *Marco*. Assisi, Cittadella, ²1987.

_____. *Il Vangelo di Matteo. Testo greco, traduzione e commento. Parte prima*. Brescia, Paideia, 1990.

_____. *Il Vangelo di Matteo. Testo greco, traduzione e commento. Parte seconda*. Brescia, Paideia, 1991.

_____. *Gesù di Nazareth. Annuncio e storia*. Brescia, Paideia, 1993; orig. al.: *Jesus Von Nazareth. Botschaft und Geschichte,* Freiburg i.B., ²1993.

GOODY, J. *The Development of the Family and Marriage in Europe*. Cambridge, Cambridge University Press, 1983.

_____. *The Oriental, the Ancient, the Primitive. Systems of Marriage and the Family in the Pre-industrial Societies of Eurasia*. Cambridge, Cambridge University Press, 1990.

GRAPPE, C. *D'un temple à l'autre. Pierre et l'Église primitive de Jérusalem*. Paris, PUF, 1992.

_____. *Le Royaume de Dieu. Avant, avec et après Jésus*. Génève, Labor et Fides, 2001.

GRASSO, S. *Matteo*. Milano, Paoline, 2000.

GREGO, I. *I giudeo-cristiani nel IV secolo. Reazione-influssi*. Jerusalem, Franciscan Printing Press, 1982.

GROTTANELLI, C. Aspetti del sacrificio nel mondo Greco e nella Bibbia ebraica. In: _____, PARISE, N. F. (Ed.). *Sacrificio e società nel mondo antico*. Roma/Bari, Laterza, 1988a, p. 123-162.

_____. Uccidere, donare, mangiare. Problematiche attuali del sacrificio antico. In: *Sacrificio e società nel mondo antico*. A cura di C. Grottanelli, N. F. Parise. Bari/Roma, Laterza, 1988b, p. 3-53.

_____. *Il sacrificio*. Bari/Roma, Laterza, 1999.

GUIJARRO, S. La familia en la Galilea del siglo primero. *Estudios Biblicos* 53 (1995) 461-488.

_____. The Family in First-Century Galilee. In: MOXNES (Ed.). *Constructing Early Christian Families*. London, 1997, p. 42-65.

_____. *Fidelidades en conflicto. La ruptura con la familia por causa del discipulado y de la misión en la tradición sinóptica*. Salamanca, Publicaciones Universidad Pontificia, 1998.

_____. *Los cuatro Evangelios*. Salamanca, Sígueme, 2010.

HAMM, D. The Tamid Service in Luke-Acts. The Cultic Background Behind Luke's Theology of Worship. *Catholic Biblical Quarterly* 65 (2003) 215-231.

HANSON, K. C. The Galilean Fishing Economy and the Jesus Tradition. *Biblical Theology Bulletin* 27 (1997) 99-111.

HARLÉ, P., PRALON, D. *Le Lévitique. Traduction du texte grec de la Septante. Introduction et Notes*. Paris, Cerf, 1988.

HARRINGTON, D. J. *The Gospel of Matthew*. Minnesota, Collegeville, 1991.

HARTIN, P. J. *James and the Q Sayings of Jesus*. Sheffield, Sheffield Academic Press, 1991 (Journal for the Study of the New Testament. Supplement Series 47).

HAZARD, P. *La crisi della coscienza europea*. Torino, UTET, 2008.

HEINEMANN, L. *La preghiera giudaica*. Magnano, Qiqaion, 1986.

HELLHOLM, D., MOXNES, H., STEIMS, T. K. (Ed.). *Mighty Minorities? Minorities in Early Christianity. Positions and Strategies. Essays in Honour of Jacob Jervell*. Oslo, Scandinavian University Press, 1995.

HENGEL, M. *La questione giovannea*. Brescia, Paideia, 1998.

_____. *Paulus und Jakobus. Kleine Schriften III*. Tübingen, Mohr Siebeck, 2002.

HENGEL, M., SCHWEMER, A. M. (Hg.). *Königsherrschaft Gottes und himmlischer Kult im Judentum, Urchristentum und in der hellenistischen Welt*. Tübingen, Mohr, 1991.

HESCHEL, S. *Abraham Geiger and the Jewish Jesus*. Chicago, The University of Chicago Press, 1998.

_____. *The Aryan Jesus. Christian Theologians and the Bible in Nazi Germany*. Princeton, Princeton University Press, 2008.

HIGGINS, A. J. B. Jewish Messianic Beliefs in Justin Martyr's Dialogue. *NT* 9 (1967) 299-305.

HILL, D. *New Testament Prophecy*. Atlanta, John Knox Press, 1979.

HILLAR, M. Numenius and Greek Sources of Justin's Theology. Center for Socinian Studies: <www.socinian.org/Numenius2.html>. 2003, p. 1-11.

HOENNICKE, G. *Das Judenchristentum im ersten und zweiten Jahrhundert*. Berlin, Akademie Verlag, 1908.

HOFFMAN, M. *From Rebel to Rabbi. Reclaiming Jesus and the Making of Modern Jewish Culture*. Stanford, Stanford University Press, 2007.

HOLBACH, P. H. D. d'. *Histoire critique de Jésus Christ, ou analyse raisonée des Évangiles*. Amsterdam, 1778.

HOLLANDER, H. W. The Words of Jesus: From Oral Traditions to Written Record in Paul and Q. *Novum Testamentum* 42 (2000) 340-357.

HOLTZ, T. Paul and the Oral Gospel Tradition. In: WANSBROUGH, H. (Ed.). *Jesus and the Oral Gospel Tradition*. Sheffield, Sheffield Academic Press, 1991, p. 380-393(Journal for the Study of the New Testament. Supplement Series 64).

HORBURY, W. Messianism among Jews and Christians in the Second century. In: _____. *Messianism among Jews and Christians. Biblical and Historical Studies*. London, T&T Clarck, 2003, p. 275-288.

HORSLEY, R. A. Popular Prophetic Movements at the Time of Jesus. Their Principal Features and Social Origins. *JSNT* 26 (1986) 3-27.

HORT, F. A. *Judaistic Christianity*. Cambridge, Cambridge University Press, 1894.

HOVENDEN, G. *Speaking in Tongues. The New Testament Evidence in Context*. London/New York, Sheffield Academic, 2002.

HUNINK, V. *Tertullian, De Pallio. A Commentary*. Amsterdam, Gieben, 2005.

HURTADO, L. *One God, One Lord: Early Christian Devotion and Ancient Jewish Monotheism*. Philadelphia, Fortress Press, 1998.

_____. *At the Origins of Christian Worship: The Context and Character of Earlies Christian Devotion (The 1999 Didsbury Lectures)*. Grand Rapids, Eerdmans, 2000.

_____. Homage to the Historical Jesus and Early Christian Devotion. *Journal for the Study of the Historical Jesus* 1/2 (2003) 131-146.

_____. *How on Earth did Jesus Become a God? Historical Questions about Earliest Devotion to Jesus*. Grand Rapids, Eerdmans, 2005.

_____. *Signore Gesù Cristo*. Brescia, Paideia, 2006; orig.: *Lord Jesus Christ: Devotion to Jesus in Earliest Christianity*. Grand Rapids, Eerdmans, 2003.

JACKSON-McCABE, M. (Ed.). *Jewish Christianity Reconsidered:* Rethinking Ancient Groups and Texts. Minneapolis, Fortress Press, 2007.

JEFFORD, C. N. *The Sayings of Jesus in the Teaching of the TweLve Apostles*. Leiden, Brill, 1989.

JENKINGS, Ph. *Jesus Wars. How Four Patriarchs, Three Queens, and Two Emperors decided What Christians Would Believe for the Next 1.500 Years*. London, SPCK, 2010.

JEREMIAS, L. *Jesu Verheissung für die Völker* [Franz Delitzsch-Vorlesungen 1953]. Stuttgart, Kohlhammer, 1956.

_____. *Le parole dell'ultima cena*. Brescia, Paideia, 1973.

_____. *Gli agrapha di Gesù*. Brescia, Paideia, 1975.

_____. Il padrenostro alla luce dell'indagine moderna. In: _____. *Gesù e Il suo annuncio*. Brescia, Paideia, 1993, p. 37-62; orig. al.: *Das Vater-Unser im Lichte der neueren Forschung,* Stuttgart, Kohlhammer, 1976.

JERVELL, J. The Mighty Minority. *Studia Theologica* 34 (1980) 13-38.

JOSSA, G. *Il cristianesimo antico. Dalle origini al concilio di Nicea*. Roma, Carocci, 1997.

_____. *Gesù di Nazareth tra storia e fede*. Roma, Carocci, 1998.

_____. *Dal Messia al Cristo. Le origini della cristologia*. Nova ed. rev. Brescia, Paideia, 2000a.

_____. *Il processo di Gesù*. Brescia, Paideia, 2000b.

_____. *I cristiani e l'Impero Romano. Da Tiberio a Marco Aurelio*. Roma, Carocci, 2000c.

_____. *La verità dei Vangeli*. Roma, Carocci, 2000d.

_____. *Il cristianesimo antico. Dalle origini al concilio di Nicea*. Roma, Carocci, 2000e.

_____. *I Gruppi giudaici ai tempi di Gesù*. Brescia, Paideia, 2001.

_____. *Giudei o cristiani? I seguaci di Gesù in cerca di una própria identità*. Brescia, Paideia, 2004.

_____. *La condanna del Messia*. Brescia, Paideia, 2010a.

_____. *Gesù. Storia di un uomo*. Roma, Carocci, 2010b.

KÄSEMANN, E. Paulus und der Frühkatolizismus. *Zeitschrift für Theologie und Kirche* 60 (1963) 75-89.

_____. Gli inizi della teologia cristiana. In: _____. *Saggi Esegetici*. Introd. Mauro Pesce. Casale Monferrato, Marietti, 1985a, p. 83-105; orig. al.: Die Anfänge christlichen Theologie. *Zeitschrift für Theologie und Kirche* 57 (1960) 162-185.

_____. Sul tema dell'apocalittica cristiana primitiva. In: _____. *Saggi Esegetici*. Introd. Mauro Pesce. Casale Monferrato, Marietti, 1985b, p. 106-132; orig. al.: Zum Thema der urchristlichen Apokalyptik. *Zeitschrift für Theologie und Kirche* 59, 257-284.

_____. Il problema del Gesù storico. In: *Saggi Esegetici*. Introd. Mauro Pesce. Casale Monferrato, Marietti, 1985c, p. 1-33.

KAESTLI, J.-D. Où en est le débat sur le judèo-christianisme?. In: *Le déchirement. Juifs et chrétiens au premier siècle*. Ed. D. Marguerat, Génève, Labor et Fides, 1996, p. 243-272.

_____. L'utilisation de l'Évangile de Thomas dans la recherche actuelle sur les paroles de Jésus. In: MARGUERAT, D., NORELLI, E., POFFET, J.-M. (Éd.). *Jésus de Nazareth. Nouvelles approches d'une énigme*. Génève, Labor et Fides, 1998, p. 373-395 (Le monde de la Bible 38).

KALINOWSKI, M. (Éd.). *Divination et société dans la Chine medieval – Étude des manuscrits de Dunhuang de la Bibliothèque nationale de France et de la British Library*. Paris, Bibliothèque Nationale de France, 2003.

KEENER, C. S. *The Historical Jesus of the Gospels*. Grand Rapids, Eerdmans, 2009.

KILANI, M. *Les cultes du cargo mélanésiens. Mythe et rationalité en anthropologie*. Lausanne, Editions d'En bas, 1983.

_____. *Antropologia. Una introduzione*. Bari, Dedalo, 1994; orig. fr.: *Introduction à l'anthropologie*. Lausanne, Payot, ²1992.

KILEY, M. *Prayer From Alexander to Constantine. A Critical Anthology*. London, Routledge, 1997.

KIMBER BUELL, D. Constructing Early Christian Identities. Using Ethnic Reasoning. *Annali di Storia dell'Esegesi* 24 (2007) 87-101.

KLIJN, A. F. J. The Study of Jewish Christianity. *NTS* 20 (1974) 419-431.

_____. *Jewish-Christian Gospel Tradition*. Leiden, Brill, 1992.

KLOPPENBORG, J. S., WILSON, S. G. (Ed.). *Voluntary Associations in the Graeco-Roman World*. London, Routledge, 1996.

KLOPPENBORG, J. S. *Q Parallels. Synopsis, Critical Notes & Concordances*. Sonoma, Polebridge Press, 1988.

_____. *Excavating Q*. Minneapolis, Fortress Press, 2000.

_____. *The Tenants in the Vineyard*. Tübingen, Mohr, 2006.

KOEHLER, L., BAUMGARTEN, W. et al. *The Hebrew and Aramaic Lexicon of the Old Testament*. Trad. e ed. M. E. J. Richardson (superv.). Leiden, Brill, 1995.

KOESTER, H. *Synoptische Überlieferung bei den apostolischen Vätern*. Berlin, Akademie Verlag, 1957.

_____. *Ancent Christian Gospels. Their History and Development*. Philadelphia, Trinity Press International, 1990.

_____ (Ed.). *Ephesos, Metropolis of Asia*. Cambridge, Harvard Theological Studies, 2004.

_____. *From Jesus to the Gospels. Interpreting the New Testament in Its Context*. Minneapolis, Fortress, 2007.

KOSSOVA, A. Osservazioni sulla tradizione paleolasva della Visione di Isaia: coincidenze e divergenze con la tradizione testuale dell'Ascensione di Isaia. In: *La cultura bulgara nel medioevo baLcanico. Tra Oriente e Occidente Europeo. Atti dell'VIII Congresso Internazionale di Studi sull'Alto Medioevo, Spoleto, 3-6 novembre 1981*. Spolleto, 1983, p. 167-186.

KOTTSIEPER, I. We Have a Little Sister: Aspects of the Brother-Sister Relationship in Ancient Israel. In: VAN HENTEN, J. W., BRENNER, A. (Ed.). *Family and Family Re-*

lations, as Represented in Early Judaism and Early Christianities: Texts and Fictions. Leiden, 2000, p. 49-80.

KRAFT, R. A. In Search of Jewish Christianity and its Theology. Problems of Definition and Methodology. *Recherches de Science Religieuse* 60 (1972) 81-92.

KÜMMEL, W. G. *Il Nuovo Testamento. Storia della ricerca scientifica sul problema neotestamentario*. Bologna, Il Mulino, 1976; reed. Bologna, EDB, 2010.

LABANCA, B. *Gesù Cristo nella letteratura contemporanea straniera e italiana*. Torino, Bocca, 1903.

LAMPE, *An Early Christian Inscription in the Musei Capitolini*. In: HELLHOLM, MOXNES, SEIM 1995, p. 79-92.

—————. *From Paul to Valentinus. Christians at Rome in the First Two Centuries*. Minneapolis, Fortress Press, 2003; orig. al. 1989.

LANG, M. H. de. *De opkomst van de historische en literaire kritiek in de synoptische beschouwing van de evangeliën van CaLvijn (1555) tot Griesbach (1774)*. Leiden, Brill, 1993 (Den Haag Gegevens Koninklijke Bibliotheek).

LAPLANCHE, F. *Entre mythe et religion:* l'exégèse biblique des protestants français au XVIIe siècle. *Foi et Vie* 88 (1989) 3-20.

—————. La marche de la critique biblique d'Erasme à Spinoza. In: *Naissance de la méthode critique. Colloque Du centenaire de l'École biblique et archéologique française de Jérusalem*. Paris, Cerf, 1992.

—————. *La Bible en France entre mythe et critique, XVIe-XIXe siècle*. Paris, Albin Michel, 1994.

LEANZA, S. *Detti extracanonici di Gesù*. Catania, 1987.

LEGASSE, S. *Marco*. Roma, Borla, 2000; orig. fr.: *L'Évangile de Marc*, Paris, 1997.

LENGER, M. T. *Corpus des ordonnances des Ptolémés*. Reedição de ¹1964 (ed. princeps), corrig. e atual. Bruxelles, Academie Royale de Belgique, 1980.

LEONARDI, C. Il texto dell'Ascensione di Isaia nel Vat. Lat. 5750. *Cristianesimo nella Storia* 1 (1980) 59-74.

LEVINE, L. I. (Ed.). *Ancient Synagogues Revealed*. Jerusalem, Israel Exploration Society, 1981.

LEVINE, A. J. *The Social and Ethnic Dimension of Matthean SaLvation History*. New York, Mellen Press, 1988 (Studies in the Bibleand Early Christianity 14).

LEVINE, B. A. *Leviticus Wyqr'*. Philadelphia, Jewish Publication Society, 1989 (The JPS Torah Commentary).

LIEU, J. *Image and Reality. The Jews in the World of the Christians in the Second Century*. Edinburgh, T&T Clark, 1996.

—————. *Neither Jew Nor Greek? Constructing Early Christianity*. Edinburgh, T&T Clark, 2002.

—————. Where did Jews and Christians meet (or part ways)?. In: GUIJARRO, S. (Ed.). *Los comienzos del cristianismo*. Salamanca, 2004a, p. 217-232.

—————. *Christian Identity in the Jewish and Greco-Roman World*. Oxford, Oxford University Press, 2004b.

LIVESEY, N. E. Theological Identity Making: Justin's Use of Circumcision. *JECS* 18 (2010) 51-79.

LOHSE, E. *Der Brief an die Römer*. Göttingen, Vandenhoek und Ruprecht, 2003 (KeK 4. Band. 15. Auflage).

LOYSI, A. *Les Actes des Apôtres*. Paris, Nourry, 1920.

LONGENECKER, R. N. *The Christology of Early Jewish Christianity*. London, SCM Press, 1973.

LOUMANEN, P. *Lost and Found: Recovering Jewish-Christian Sects and Gospels*. Leiden, Brill, 2011.

LÜDEMANN, G. Das Urchristentum I u. II. *Theologische Rundschau* (2000) 65.

LÜHRMANN, D. (com E. SCHLARB). *Fragmente apokryph gewordener Evangelien in griechischer Sprache*. München, Elwert Verlag, 2000.

LUPIERI, E., *La purità impura. Giuseppe Flavio e le purificazioni degli Esseni*, "Henoch" 7, 15-43, 1985.

——————. *Giovanni Battista nelle tradizioni sinottiche*. Brescia, Paideia, 1988a.

——————. *Giovanni Battista fra storia e leggenda*. Brescia, Paideia, 1988b.

LUPIERI, E., PESCE, M. (Ed.). Early Christian Identities – Identità cristiane in formazione. *Annali di Storia dell'Esegesi* 24/1 (2007).

LYMAN, R. Hellenism and Heresy. 2002 NAPS Presidential Address. *Journal of Early Christian Studies* 11/2 (2003) 209-222.

LYONNET, S. *De peccato et redemption II. De vocabulario redemptionis. Editio altera cum Supplemento*. Romae, PIB, 1972.

LYONNET, S., SABOURIN, L. *Sin, Redemption and Sacrifice*. Roma, Pontificio Istituto Biblico, 1970.

MACK, B. L. *Who Wrote the New Testament*. San Francisco, Harper, 1995.

MALHERBE, A. J. The Inhospitality of Diotrephes. In: JERVELL, J., MEEKS, W. A. (Ed.). *God's Christ and His People: Studies in Honor of Nils Alstrup Dahl*. Oslo, Universitetsforlaget, 1977, p. 222-232.

MALINA, B. J. Jewish Christianity or Christian Judaism: Toward a Hypothetical Definition. *Journal of the Study of Judaism in the Persian, Hellenistic and Roman Period* 7 (1976) 46-57.

——————. The Received View and What It Cannot Do: III John and Hospitality. *Semeia* 35 (1985) 171-194.

——————. Mediterranean Sacrifice Dimension of Domestic and Political Religion. *Biblical Theological Bulletin* 26 (1996) 26-44.

——————. *The New Testament World. Insights from Cultural Anthropology. Third Edition Revised and Expanded*. Louisville, John Knox Press, 2001.

MALINA, B. J., ROHRBAUGH, R. L. *Social-Science Commentary on the Synoptic Gospels*. Minneapolis, Fortress Press, 1992.

MANNS, F. *Essais sur le judéo-christianisme*. Jerusalem, Franciscan Printing Press, 1977.

——————. *Bibliographie du judéo-christianisme,* Jerusalem, Franciscan Printing Press, 1979.

―――――. *L'Évangile de Jean à la lumière Du Judaïsme*, Jerusalem, Franciscan Printing Press, 1991.

―――――. *L'Israele di Dio. Sinagoga e Chiesa alle origini cristiane*. Bologna, EDB, 1998.

MARAVAL, P., MIMOUNI, S. C. *Le christianisme: des origines à Constantin*. Paris, PUF, 2006.

MARCHESELLI, M. *"Avete quaLcosa da mangiare?"*. Bologna, EDB, 2006.

MARGUERAT, D., NORELLI, E., PROFFET, J.-M. (Éd.). *Jésus de Nazareth. Nouvelles approches d'une énigme*. Génève, Labor et Fides, 1998.

MARGUERAT, D. *Les Actes des Apôtres (1–12)*. Génève, Labor et Fides, 2007.

MARIN, M. Citazioni bibliche e parabibliche nel De aleatoribus pseudociprianeo. *Annali di Storia dell'Esegesi* 5 (1988) 169-184.

MARKSCHIES, C. Platons König oder Vater Jesu Christi?. In: HENGEL, M., SCHWEMMER, A. M. (Hg.). *Königsherrschaft Gottes und himmlischer Kult*. Tübingen, Mohr, 1991, p. 384-439.

MARTONE, C., (ed.), *Testi di Qumran*, Brescia, Paideia, 1996.

MARTYN, J. L. *The Gospel of John in Christian History:* Essays for Interpreters. New York, Theological Inquiries, 1978.

―――――. *History and Theology in the Fourth Gospel* [1968]. Nashville, Abingdon, 1978.

MASON, S. Jews, Judaeans, Judaizing, Judaism: Problems of Categorization in Ancient History. *Journal for the Study of Judaism* 30 (2007) 457-512.

MAYER, J. *Die Qumran-Essener: Die Texte vom Toten Meer. Band I: Die Texte der Höhlen 1, 3 und 5-11. Band II: Die Texte der Höhle 4*. München, Beck, 1995.

MAZZA, R. "Vale più di tutti gli olocausti e i sacrifici". Considerazioni intorno a Mc 12,33. *Annali di Storia dell'Esegesi* 19/1 (2002) 23-42.

MEEKS, W. A. *La morale dei primi cristiani*. Milano, Vita e Pensiero, 1998.

MERKLEIN, H. *La signoria di Dio nell'annuncio di Gesù*. Brescia, Paideia, 1994; orig. al.: *Jesu Botschaft Von der Gottesherrschaft. Eine Skizze*. Ed. rev. Stuttgart, Katholisches Bibelwerk, ³1989.

MEYER, M. *The Unknown Sayings of Jesus*. San Francisco, Harper, 1998.

MEYERS, E. M. Jesus and His Galilean Context. In: EDWARDS, D. R., Mc-COLLOUGH, C. T. (Ed.). *Archaeology and the Galilee*. Atlanta, Scholars Press, 1997, p. 57-66.

MEYNET, R. *Il Vangelo secondo Luca. Analisi retorica*. Roma, Dehoniane, 1994.

MILGROM, J. *Leviticus 1–16. A New Translation with Introduction and Commentary*. New York, Doubleday, 1991 (The Anchor Bible 3).

MIMOUNI, S. C. Le *Judéo-christianisme ancient. Essais historiques*. Paris, Cerf, 1988; ²1998.

―――――. Le rite du baptême aux Iᵉʳ-IIᵉ siècles. *Annuaire École Pratique des Hautes Études* 107 (1998-1999) 286-288.

―――――. *Les chrétiens d'origine juive dans l'Antiquité*. Paris, Albin Michel, 2004.

―――――. *Les fragments évangeliques judéo-chrétiens apocryphisés: recherché et perspectives*. Paris, J. Gabalda, 2006.

———————. Les origines du christianisme: nouveaux paradigms ou paradigms paradoxaux? Bibliographie sélectionnée et raisonnée. *Revue Biblique* 115/3 (2008a) 360-382.

———————. Le judaïsme à l'époque de la naissance du Christianisme. Quelques remarques et réflexions sur lês recherches actuelles. *Religions et Histoire* 22 (2008b) 28-33.

MIMOUNI, S. C., JONES, F. S. (Éd.). *Le judéo-christianisme dans tous ses états. Actes du Colloque de Jérusalem, 6-10 Juillet 1998*. Paris, Cerf, 2001.

MONSHOUWER, D. The Reading of the Prophet in the Synagogue at Nazareth. *Biblica* 72 (1991) 90-99.

MORALDI, L. *Parole segrete di Gesù*. Milano, Mondadori, 1986.

MOXNES, H. *The Economy of the Kingdom. Social Conflict and Economic Relations in Luke's Gospel*. Philadelphia, Fortress Press, 1988.

———————. Patron-Client Relations and the New Community in Luke-Acts. In: NEYREY, J. H. (Ed.). *The Social World of Luke–Acts. Models for Interpretation*. Peabody, Hendrickson, 1991, p. 241-268.

——————— (Ed.). *Constructing Early Christian Families*. London, Routledge, 1997a.

———————. What is Family? Problems in Constructing Early Christian Families. In: ——————— (Ed.). *Constructing Early Christian Families*. London, Routledge, 1997b, p. 13-41.

———————. *Putting Jesus in His Place*. Louisville, Westminster John Knox, 2003.

MOXNES, H., CROSSLEY, J. G. (Ed.). *Jesus Beyond Nationalism. Constructing the Historical Jesus in a Period of a Cultural Complexity.* London, Equinox, 2009.

MÜLLER, U. *Prophetie und Predigt im Neuen Testament. Formgeschichtliche Untersuchungen zur urchristlichen Prophetie*. Gütersloh, Güterloher Verlagshaus, 1975.

MURRAY, R. Defining Judaeo-Christianity. *The Heithrop Journal* 15 (1974) 303-310.

———————. Jews, *Hebrews and Christians:* Some Needed Distinctions. *Novum Testamentum* 24 (1982) 194-208.

NARDI, C. (Ed.). *Il millenarismo. Testi dei secoli I-II*. Firenze, Nardini, 1995.

NASRALLAH, L. *An Ecstasy of Folly. Prophecy and Authority in Early Christianity*. Cambridge (MA), Harvard Theological Studies, 2003.

———————. Mapping the World: Justin, Tatian, Lucian, and the Second Sophistic. *HTR* 98 (2005) 283-314.

NATHAN, G. *The Family in Late Antiquity. The Rise of Christianity and the Endurance of Tradition*. London, Routledge, 2000.

NEUSNER, J. *The Systemic Analysis of Judaism*. Atlanta, Scholars Press, 1988.

———————. *The Halakhah.A n Encyclopaedia of the Law of Judaism II. Between Israel and God Part B*. Leiden, Brill, 2000 (The Brill Reference Library of Ancient Judaism).

———————. Sacrifice in Rabbinic Judaism. The Presentation of the Atonement-rite of Sacrifice in Tractae Zebahim in the Mishnah, Tosefta, Bavli, and Yerushalmi. *Annali di Storia dell'Esegesi* 18 (2001a) 225-254.

———————. Intersecting Realms of Sanctification. The Slaughter of Animals for Secular Purposes. *Annali di Storia dell'Esegesi* 18 (2001b) 255-280.

NEYREY, J. H. (Ed.). *The Social World of Luke-Acts. Models for Interpretation*. Peabody, Hendrickson, 1991.

NODET, E. *Baptême et resurrection. Le témoignage de Josèphei*. Paris, Cerf, 1999.

NODET, E., TAYLOR, J. *Essai sur les origins du christianisme. Une secte éclatée*. Paris, Cerf, 1998.

NORELLI, E., *Il Martirio di Isaia come "testimonium" antigiudaico?* "Henoch" 2, 37-56, 1980a.

_____. La resurrezione di Gesù nell'Ascensione di Isaia. *Cristianesimo nella Storia* 1 (1980b) 315-365.

_____. Sulla pneumatologia dell'Ascensione di Isaia. In: PESCE 1983, p. 211-274.

_____. *L'Ascensione di Isaia. Studi su un apocrifo al crocevia dei cristianesimi*. Bologna, EDB, 1995 (Origini, Nuova Serie 2).

_____. *Papia di Hierapolis. Esposizione degli oracoli del Signore. I frammenti, Introduzione, texto, traduzione e note*. Milano, Paoline, 2005a (Letture Cristiane del Primo Millenio 36).

_____. Papias de Hierapolis a-t-il utilisé un recueil "canonique" des quatre évangiles?. In: ARAGIONE, G., JUNOD, E., NORELLI, E. (Dir.). *Le Canon du Nouveau Testament. Regards nouveaux sur l'histoire de sa formation*. Génève, Labor et Fides, 2005b, p. 35-85.

_____. Considerazioni di metodo sull'uso delle fonti per la ricostruzione della figura storica di Gesù. In: PRINZIVALLI, E. (Ed.). *L'enigma Gesù. Fonti e metodi della ricerca storica*. Roma, Carocci, 2008, p. 19-67 (Biblioteca di Testi e Studi 457).

_____. Gesù in frammenti. Testi apocrifi di tipo evangelico conservati in modo frammentario. In: GUIDA, A., NORELLI, E. (Ed.). *Un altro Gesù? I vangeli apocrifi, Il Gesù storico e Il cristianesimo delle origini*. Trapani, Il Pozzo di Giacobbe, 2009, p. 39-88 (Oi christianoi 9).

NORELLI, E., MORESCHINI, C. *Storia della letteratura cristiana antica greca e latina I. Da Paolo all'età costantiniana*. Brescia, Morcelliana, 1995; ed. amer.: Peabody, Hendrickson, 2005; ed. fr.: Génève, Labor et Fides, 2000.

NOY, D. *Jewish Inscriptions of Western Europe I. Italy (Excluding the City of Rome), Spain and Gaul*. Cambridge, Cambridge University Press, 1993.

_____. *Jewish Inscriptions of Western Europe II. The City of Rome*. Cambridge, Cambridge University Press, 1995.

OAKMAN, D. E. The Countryside in Luke-Acts. In: NEYREY 1991, p. 151-173.

OSIEK, C., BALCH, D. *Families in the New Testament World. Households and House Churches*. Louisville, John Knox, 1997.

PAGELS, E. *Il Vangelo segreto di Tommaso:* indagine sul libro più scandaloso del cristianesimo delle origini. Milano, Mondadori, 2006.

PARSONS, T. *Le società tradizionali*. Bologna, Il Mulino, 1971.

PENNA, R. Pentimento e conversione nelle lettere di san Paolo: la loro rilevanza soteriologica confrontata con lo sfondo religioso. In: _____ (Ed.). *Vangelo, religioni, cultura. Miscellanea di studi in memoria di mons. P. Rossano*. Cinisello Balsamo, San Paolo, 1993, p. 57-103.

_____. *I ritratti originali di Gesù il Cristo. Inizi e sviluppi della cristologia neotestamentaria. I. Gli inizi*. Cinisello Balsamo, San Paolo, 1996.

_____. *I ritratti originali di Gesù il Cristo. Inizi e sviluppi della cristologia neotestamentaria. II. Gli sviluppi*. Cinisello Balsamo, San Paolo, 1999.

_____. *Lettera ai Romani*. Bologna, EDB, 2004, v. I.

_____. *Paolo e la Chiesa di Roma*. Brescia, Paideia, 2009.

_____. *Le prime comunità Cristiane. Persone, tempi, luoghi, forme, credenze*. Roma, Carocci, 2011.

PERRIN, N. *Rediscovering the Teaching of Jesus*. London, SCM, 1967.

PERRONE, L. Note critiche (e autocritiche) sull'edizione del testo etiopico dell'Ascensione di Isaia. In: PESCE 1983, p. 77-93.

_____. *Ascensione di Isaia. Nuova edizione critica della versione etiopica 'Ergata Isâyeyâs nabiy*. Bologna, 1984.

PESCE, M. Una storia dell'esegesi come istanza critica per la ricerca. In: KÜMMEL, W. G. *Il Nuovo Testamento. Storia della ricerca scientifica sul problema neotestamentario*. Bologna, Il Mulino, 1976, p. VII-XXXV.

_____. Ricostruzione dell'archetipo letterario comune a Mt 22,1-10 e Lc 14,15-24. In: DUPONT, J. (Ed.). *La parabola degli invitati al banchetto*. Brescia, Paideia, 1978, p. 167-236.

_____. *Dio senza mediatori. Una tradizione teologica dal giudaismo al cristianesimo*. Brescia, Paideia, 1979.

_____. L'apostolo di fronte alla crescita pneumatica dei Corinzi (1Cor 12–14). Tentativo di analisi storica della funzione apostolica. *Cristianesimo nella Storia* 3 (1982a) 1-39.

_____. Discepolato gesuano e discepolato rabbinico. Problemi e prospettive della comparazione. *ANRW* II 25/1 (1982b) 351-389.

_____. *Isaia, il Diletto e la chiesa. Visione ed esegesi profetica cristiano-primitiva nell'Ascesione di Isaia. Atti del Convegno di Roma, 9-10 aprile 1981*. A cura di M. Pesce. Brescia, Paideia, 1983a.

_____. Presupposti per l'utilizzazione storica dell'Ascensione di Isaia. Formazione e tradizione del testo; genere letterario, cosmologia angelica. In: PESCE 1983, p. 13-76.

_____. *Il "Martirio" di Isaia non esiste. L'Ascensione di Isaia e le tradizioni giudaiche sull'uccisione del profeta*. Bologna, Baiesi, 1984.

_____. La profezia cristiana come anticipazione del giudizio escatologico in 1Cor 14,24-25. In: *Testimonium Christi. Scritti in onore di Jacques Dupont*. Brescia, Paideia, 1985, p. 379-438; agora in *Le due fasi della predicazione di Paolo. Dall'evangelizzazione alla guida delle comunità*. Bologna, Dehoniane, 1985.

_____. Ricerche recenti sulla dimensione politica della vicenda di Gesù. In: *Conoscenza storica di Gesù. Acquisizioni esegetiche e utilizzazioni nelle cristologie contemporanee*. Brescia, Paideia, p. 33-101 (Biblioteca di cultura religiosa 32).

_____. Paolo interprete di Gesù. "Il messaggio di Paolo" di Ernesto Buonaiuti. In: BUONAIUTI, E. *Il messaggio di Paolo*. Cosenza, Lionello Giordano (reed.), 1988, p. 5-31.

_____. Esegesi storica ed esegesi spirituale nell'ermeneutica bíblica cattolica dal pontificato di Leone XIII a quello di Pio XII. *Annali di Storia dell'Esegesi* 6 (1989) 261-291.

_____. Il rinovvamento biblico. In: *Storia della Chiesa XXIII: I cattolici nel mondo contemporaneo (1922-1958)*. A cura di M. Guasco, E. Guerriero, F. Traniello. Roma, Paoline, 1991, p. 575-610.

_____. *Le due fasi della predicazione di Paolo. Dall'evangelizzazione alla guida della Comunità*. Bologna, EDB, 1994a.

_____. Il rinovvamento biblico. In: *Storia della Chiesa XXV: La Chiesa del Vaticano II (1958-1978)*. A cura di M. Guasco, E. Guerriero, F. Traniello. Cinisello Balsamo, San Paolo, 1994b, parte II, p. 167-216.

_____. Dalla enciclica biblica di Leone XIII "Providentissimus Deus" (1893) a quella di Pio XII "Divino Afflante Spiritu" (1943). In: MARTINI, C. M., GHIBERTI, G., PESCE, M. *Cento anni di cammino biblico*. Milano, Vita e Pensiero, 1995, p. 39-100.

_____. Gesù dopo Gesù. *L'Informazione Bibliografica* 22/1 (jan.-mar. 1996) 29-40.

_____. Religioni e secolarizzazione. In: POMBENI, P. (Ed.). *Introduzione alla storia contemporanea*. Bologna, Il Mulino, 1997, p. 103-117.

_____. L'interpretazione della Bibbia nella Chiesa. L'approccio secondo le scienze umane. In: GHIBERTI, G., MOSETTO, F. (Ed.). *Pontificia Commissione Biblica. L'interpretazione della Bibbia nella Chiesa. Commento a cura di Giuseppe Ghiberti e Francesco Mosetto*. Leumann, Elle Di Ci, 1998, p. 195-221.

_____. La remissione dei peccati nell'escatologia di Gesù. *Annali di Storia dell'Esegesi* 16 (1999) 45-76.

_____. Gesù e il sacrificio giudaico. *Annali di Storia dell'Esegesi* 18 (2001a) 129-168.

_____. I limiti delle teorie dell'unità letteraria del texto. In: FRANCO, E. (Ed.). *Mysterium Regni Ministerium Verbi (Mc 4,11. At 6,4). Scritti in onore di mons. Vittorio Fusco*. Bologna, Edizioni Dehoniane, 2001b, p. 89-107.

_____. *Sul concetto di giudeo-cristianesimo*. Ricerche Storico-Bibliche 15 (2003a) 21-44.

_____. Quando nasce il cristianesimo? Aspetti dell'attuale dibattito storiografico e uso delle fonti. *Annali di Storia dell'Esegesi* 20 (2003b) 39-56.

_____. Isaia disse queste cose perchè vide la sua gloria e parlò di lui (Gv 12,41). Il Vangelo di Giovanni e l'Ascensione di Isaia. *Studia Patavina* 50 (2003c) 649-666.

_____. *Le parole dimenticate di Gesù*. Milano, Fondazione Lorenzo Valla, 2004.

_____. I detti extracanonici di Gesù e la loro rilevanza per la ricerca sul Gesù storico. *Ricerche Storico-Bibliche* 10/2 (2005a) 105-132.

_____. Come studiare la nascita del cristianesimo. Alcuni punti di vista. In: GARRIBA, D., TANZARELLA, S. (Ed.). *Giudei o cristiani? Quando nasce Il cristianesimo?*. Trapani, Il Pozzo di Giacobbe, 2005b, p. 29-51.

_____. *L'ermeneutica biblica di Galileo e le due strade della teologia cristiana*. Roma, Edizioni di Storia e Letteratura, 2005c.

_____. L'inevitabile rapporto tra religioni e potere: prospettive socio-antropologiche. *Ricerche Storico-Bibliche* 18 (2006a) 17-42.

_____. Il Vangelo di Giuda, il Vangelo di Giovanni e gli altri vangeli canonici. *Humanitas* 61/5 (2006b) 924-930.

_____. Die Lebenspraxis Jesu am Anfang seiner Theologie und der Theologie seiner Jünger. *Zeitschrift für Neues Testament* 22 (2008a) 53-62.

_____. Jésus, fondateur du Christianisme?. *Histoire et Religions* (2008b) 34-39.

_____. Per una ricerca storica su Gesù nei secoli XVI-XVIII prima di H.S. Reimarns. *Annali di Storia dell'Esegesi* 28 (2011).

PESCE, M., RESCIO, M. (Ed.). *La trasmissione delle parole di Gesù nei primi tre secoli.* Brescia, Morcelliana, 2011.

PESCH, R. *Il Vangelo di Marco. Texto greco e traduzione. Commento.* Brescia, Paideia, 1980, 2 v.

PÉTER-CONTESSE, R. *Lévitique 1–16.* Génève, Labor et Fides, 1993.

PICK, B. *Paralipomena. Remains of Gospels and Sayings of Christ.* Chicago, Open Court, 1908.

PILCH, J. Visions in Revelation and Alternate Consciousness. A Perspective from Cultural Anthropology. *Listening: Journal of Religion and Culture* 28 (1992) 31-44.

_____. The Transfiguration of Jesus: An experience of Alternate Reality. In: ESLER, Ph. (Ed.). *Modelling Early Christianity: Social-scientific Studies of the New Testament in its Context.* London/New York, Routledge, 1994, p. 47-64.

_____. Altered States of Consciousness: A "Kitbashed" Model. *Biblical Theology Bulletin* 26 (1996) 133-138.

_____. Appearances of the Risen Jesus in Cultural Context: Experiences of Alternate Reality. *Biblical Theology Bulletin* 28 (1998) 52-60.

_____. Altered States of Consciousness Events in the Synoptics. In: MALINA, B. J., STEGEMANN, W., THEISSEN, G. (Ed.). *The Social Setting of Jesus and the Gospels.* Minneapolis, Fortress Press, 2002, p. 103-115.

_____. *Visions and the Healing in the Acts of the Apostles. How the Early Believers Experienced God.* Collegeville, Liturgical Press, 2004.

PITTA, A. *L'anno della liberazione. Il giubileo e le sue istanze bibliche.* Cinisello Balsamo, San Paolo, 1998.

PIXNER, B. *Wege des Messias und Stäten der Urkirche. Jesus und das Judenchristentum im Licht neuer archäologischer Erkenntnisse.* Hg. R. Riesner, Giessen/Basel, Brunnen, 1991.

PLESCIA, J. Patria potestas and the Roman Revolution. In: BERTMAN (Ed.). *The Conflict of Generations in Ancient Greece and Rome.* Amsterdam, BR Grüner, 1976, p. 143-169.

PLISCH, U. K. *Verbogene Worte Jesu. Verworfene Evangelien. Apokryphe Schriften des frühen Christentums.* Berlin, Evangelische Haupt-Bibelgesellschaft, 2000.

POMEROY, S. B. *Families in Classical and Hellenistic Greece: Representations and Realities.* Oxford, Oxford University Press, 1997.

PREUSCHEN, E. *Antilegomena. Die Reste der ausserkanonischen Evangelien und urchristlichen Überlieferungen. Zweite umgearbeitete und erweiterte Auflage.* Giessen, Alfred Töpelmann, 1905.

PRICE, R. M. Hellenization and ogos Doctrine in Justin. *VChrist* 42 (1988) 18-23.

PRICOCO, S., SIMONETTI, M. *La preghiera dei cristiani.* Milano, Fondazione Valla, 2000 (Scrittori Greci e Latini).

PRINZIVALLI, E. (Ed.). *L'enigma Gesù.* Roma, Carocci, 2008.

PRIOR, M. *Jesus the Liberator. Nazareth Liberation Theology (Luke 4,16-30).* Sheffield, Sheffield University Press, 1995.

PRITZ, R. A. *Nazarene Jewish Christianity. From de End of the New Testament Period until its Disappearance in the Fourth Century.* Jerusalem/Leiden, Brill, 1988.

PUECH, E. *La croyance des esséniens en la vie future: immortalité, resurrection, vie éternelle? Histoire d'une croyance dans le Judaïsme ancien*. Paris, Gabalda, 1993, v. I.

_____. Messianisme, eschatology et resurrection dans les manuscrits de la mer Morte. *Revue de Qumran* 18 (1997) 255-298.

REED, A. Y. The Trickery of the Fallen Angels and the Demonic Mimesis of the Divine. *JECS* 13 (2004) 141-171.

REMOTTI, M. *Contro l'identità*. Bari/Roma, Laterza, 1996.

RENAUD, M. *La utopia mestiza. Reflexión sobre sincretismo y multiculturalismo en la cultura latinoamericana*. Université de Poitiers – CNRS, Centre de recherche Latino-Américaines/Archivos, 2007.

RESCH, A. *Der Paolinismus und die Logia Jesu in ihrem gegenseitigen Verhältnis untersucht*. Leipzig, J. C. Hinrichs, 1904.

_____. *Agrapha. Ausserkanonische Schriftfragmente gesammelt und untersucht und in zweiter völlig neu bearbeiteter durch alttestamentliche Agrapha vermehrter Auflage*. Leipzig, J. C. Hinrichs, 1906.

REVENTLOW, H. G. *Bibelautorität und Geist der Moderne*. Göttingen, Vandenhoec & Ruprecht, 1980.

RICCI, C. *Maddalena e le altre*. Napoli, D'Autria, 1990.

RIEGEL, S. K. Jewish Christianity. Definitions and Terminology. *New Testament Studies* 24 (1978) 410-415.

RIGAUX, B. *Saint Paul et ses letters*. Bruges, Desclé de Brouwer, 1962.

RINALDI, G. La cultura cattolica nell'età leonina. Gli studi biblici. In: *Aspetti della cultura cattolica nell'età di Leone XIII*. Roma, Cinque Lune, 1961, p. 649-666.

RINGE, S. H. *The Jubilee Proclamation in the Ministry and Teaching of Jesus: A Tradition Critical Study in the Synoptic Gospels and Acts*. Diss. New York, Union Theological Seminary, 1981.

_____. *Jesus Liberation and Biblical Jubilee: Images for Ethics and Christology*. Philadelphia, Fortress Press, 1985.

RIVIÈRE, C. Approches comparatives du sacrifice. In: BOESPFLUG, F., DUNAND, F. *Le comparatisme en histoire des religions*. Paris, Cerf, 1997, p. 279-288.

ROBERT, L., ROBERT, J. *Claros I. Décrets héllenistiques*. Paris, 1989.

ROBINSON, J. M., HOFFMANN, P., KLOPPENBORG, J. S. (Ed.). *The Critical Edition of Q. Synopsis Including the Gospel of Matthew and Luke, Mark and Thomas with English, German, and French Translations of Q and Thomas*. Minneapolis/Leuven, 2000.

ROHRBAUGH, R. The Pre-industrial City in Luke-Acts: Urban Social Relations. In: NEYREY (ed.) 1991, p. 125-149.

_____. Ethnocentrism and Historical Questions about Jesus. In: MALINA, B. J., STEGEMANN, W., THEISSEN, G. (Ed.). *The Social Setting of Jesus and the Gospels*. Minneapolis, Fortress Press, 2001.

_____. (Ed.). *The Social Sciences and the New Testament Interpretation*, Peabody, Hendrickson, 1996.

ROPES, J. H. *Die Sprüche Jesu die in den kanonischen Evangelien nicht überliefert sind. Eine kritische Bearbeitung des von D. Alfred Resch desammelten Materials.* Leipzig, J. C. Hinrichs, 1896.

SACCHI, P. *L'apocalittica giudaica e la sua storia.* Brescia, Paideia, 1990.

SACHOT, M. *L'invention du Christ. Genèse d'une religion*, Paris, Odile Jacob, 1998; ed. it.: *La predicazione del Cristo. Genesi di una religione.* Torino, Einaudi, 1999.

SALLER, R. P. *Personal Patronage under the Early Empire.* Cambridge, Cambridge University Press, 1982.

_____. Patronage and Friendship in Early Imperial Rome: Drawing the Distinction. In: WALLACE-HADRILL, A. (Ed.). *Patronage in Ancient Society.* London/New York, Routledge, 1990, p. 49-61.

_____. *Patriarchy, Property and Death in the Roman Family.* Cambridge, Cambridge University Press, 1994.

SALVATORELLI, L. From Locke to Reitzenstein: The Historical Investigation of the Origins of Christianity. *Harvard Theological Review* 22 (1929) 263-369; reed. in *Da Locke a Reizenstein.* Cosenza, Lionello Giordano Editore, 1988.

_____. Gli studi di storia del cristianesimo. In: *Cinquant'anni di vita intellettuale italiana (1896-1946). Scritti in onore di B. Croce.* Napoli, 1950, v. II, p. 281-291.

SALZMANN, J. C. Jüdische Messias Vorstellungen in Justin Dialog with Trypho und Johannesevangelium. *ZNW* 100 (2009) 247-268.

SANDERS, E. P. *Jesus and Judaism.* London, SCM, 1985.

_____. *Paolo e il giudaismo palestinese.* Brescia, Paideia, 1986.

_____. *Jewish Law From Jesus to the Mishnah.* London/Philadelphia, SCM Press/Trinity Press International, 1990.

_____. *Judaism. Practice & Belief 63 BCE-66 CE.* London/Philadelphia, SCM Press/Trinity Press International, 1992.

_____. *Gesù e il giudaismo* [1985]. Genova, Marietti, 1995.

_____. *Il giudaismo. Fede e prassi (63 a.C.-66 d.C.).* Brescia, Morcelliana, 1999.

SANDNES, K. O. Equality Within Patriarchal Structures. In: MOXNES (Ed.). *Constructing Early Christian Families.* London, Routledge, 1997, p. 150-165.

SATO, M. *Q und Prophetie.* Tübingen, Mohr, 1988.

SAWYER, J. F. A. (Ed.). *Reading Leviticus. A Conversation with Mary Douglas.* Sheffield, Sheffield University Press, 1996.

SCHMELLER, T. *Brechungen: Urchristliche Wandercharismatiker im Prisma soziologisch orientierter Exegese.* Stuttgart, Katholisches Bibelwerk, 1989 (SBS 136).

SCHNACKENBUG, R. *Gottes Herrschaft und Reich. Eine biblisch-theologische Studie*, Freiburg, Herder [4]1965; ed. it.: *Signoria e regno di Dio.* Bologna, Il Mulino, 1971.

_____. *Das Johannesevangelium. II Teil.* Freiburg, Herder, 1971.

_____. *The Johannine Epistles. Introduction and Commentary.* New York, Crossroad, 1992.

SCHNEEMELCHER, W. *Neutestamentliche Apokryphen I. Evangelien.* Tübingen, Mohr, 1990.

SCHOEPS, H. J. *Theologie und Geschichte des Judenchristentums.* Tübingen, Mohr, 1949.

SCHOWALTER, D. N., FRIESEN, S. J. (Ed.). *Urban Religion in Roman Corinth*. Cambridge, Harvard Theological Studies, 2005.

SCHRAGE, W. *Das Verhältnis des Thomas-Evangeliums zur synoptischen Tradition und zu den koptischen Evangelienübersetzungen. Zugleich ein Beitrag zur gnostischen Synoptikerdeutung*. Berlin, Töpelmann, 1964.

SCHÜSSLER-FIORENZA, E. *Gesù Figlio di Miriam, Profeta della Sofìa. Questioni critiche di cristologia femminista*. Torino, Claudiana, 1996.

SCHWEITZER, A. *Storia della ricerca sulla vita di Gesù*. Brescia, Paideia, 1986; orig. al.: *Geschichte der Leben-Jesu-Forschung*. Tübingen, Mohr, 1906.

SCOPPOLA, P. L'opera di U.Fracassini e di G. Genocchi per Il rinnovamento della cultura biblica in alcune lettere ineditei. In: *Aspetti della cultura cattolica nell'età di Leone XIII*. Roma, Edizioni di Storia e Letteratura, 1961, p. 667-685.

SEGAL, A. F. Heavenly Ascent in Hellenistic Judaism, Early Christianity and their Environment. *ANRW* II 23.2 (1980) 1333-1394.

_____. *Paul and Ecstasy, Society of Biblical Literature 1996 Seminar Papers*. Atlanta, Georgia, Scholars Press, 1996.

SEGALLA, G. Perdono "cristiano" e correzione fraterna nella comunità di "Mateo" (Mt 18,15.17,21-35). In: GALLI, G. (Ed.). *Interpretazione e perdono*. Genova, Marietti, 1992, p. 23-46.

_____. La verità storica dei Vangeli e la terza ricerca su Gesù. *Lateranum* 41 (1995) 195-234.

_____. La terza ricerca su Gesù. Il ritorno al suo ambiente originario. *La Rivista Del Clero Italiano* 3 (1997) 196-215.

_____. *Sulle tracce di Gesù. La terza ricerca*. Assisi, Cittadella, 2006.

_____. *La ricerca del Gesù storico*. Brescia, Queriniana, 2010.

SETZER, C. Resurrection and the Symbolic Construction of Community. In: LUPIERI, E., PESCE, M. (Ed.). *Early Christian Identities – Identità cristiane in formazione*. 2007, p. 77-85 (Annali di Storia dell'Esegesi 24/1).

SHAROT, S. *Messianism, Mysticism, and Magic. A Sociological Analysis of Jewish Religious Movements*. Chapel Hill, The University of North Carolina Press, 1982.

SIEGERT, V. Jésus et Paul: Une relation contestée. In: MARGUERAT, D., NORELLI, E., POFFET, J. M. (Éd.). *Jésus de Nazareth. Nouvelles approches d'une énigme*. Génève, Labor et Fides, 1998, p. 439-457.

SIMON, M. *Verus Israel. Études sur les relations entre chrétiens et juifs dans l'empire romain (135-425)* [1948]. Paris, De Boccard, ²1964.

_____. Problèmes du judéo-christianisme. In: *Aspects du judéo-christianisme. Colloque de Strasbourg 23-25 avril 1964*. Paris, PUF, 1965, p. 1-17.

_____. Réflexions sur le judéo-christianisme. In: *Christianity, Judaism and Other Greco--Roman Cults II*. Leiden, Brill, 1975, p. 53-76.

SIMONETTI, M. *Studi sulla cristologia del II e del III secolo*. Roma, Istituto Patristico Augustinianum, 1993.

_____. *Ortodossia ed eresia fra I e II secolo*. Soveria Manelli, Rubbbettino, 1994.

SKARSAUNE, O., Hvalvik, R. (Ed.). *Jewish Believers in Jesus. The Early Centuries*. Peabody, Hendrickson, 2007.

SMITH, J. Z. *Relating Religion. Essays in the Study of Religion*. Chicago/London, University of Chicago Press, 2004.

SMITH, S. C. Was Justin Martyr an Inclusivist?. *Stone-Campbell Journal* 10 (2007) 193-211.

SNYDER, H. G. Above the Bath of Myrtinus. *HTR* 100 (2007) 335-362.

SOFIA, F. Gerusalemme tra Roma e Parigi: Joseph Salvador e le origini del cristianesimo. *Annali di Storia dell'Esegesi* 21 (2004) 645-662.

STARK, R. *The Rise of Christianity. How the Obscure, Marginal Jesus Movement Became the Dominant Religious Force in the Western World in a Few Centuries*. San Francisco, HarperCollins, 1996.

STEGEMANN, W. The Emergence of Early christianity as a Collective Identity: Pleading for a Shift in the Frame. In: LUPIERI, E., PESCE, M. (Eds). *Early Christian Identities – Identità cristiane in formazione*. 2007, p. 11-123 (Annali di Storia dell'Esegesi 24/1).

_____. *Jesus und seine Zeit*. Stuttgart, Kohlhammer, 2012.

STEGEMANN, E. W., STEGEMANN, W. *Urchristliche Sozialgeschichte. Die Anfänge im Judentum un die Christusgemeinde in der Mediterranen Welt*. Stuttgart, Kohlhammer, 1995; ed. it.: *Storia sociale del cristianesimo primitivo. Gli inizi nel giudaismo e le comunità cristiane nel mondo mediterraneo*, Bologna, 1998.

STOWERS, A. *A Rereading of Romans: Justice, Jews and Gentiles*. New Haven/London, Yale University Press, 1994.

_____. Greek Who Sacrifice and Those Who do Not: Toward an Anthropology of Greek Religion. In: WHITE, L. M., YARBROUGH, O. L. (Ed.). *The Social World of the First Christians. Essays in Honor of W. A. Meeks*. Minneapolis, Fortress Press, 1995, p. 293-333.

_____. Elusive Coherence. Ritual and Rhetoric in 1Corinthians 10-11. In: CASTELLI, E. A., TAUSSIG, H. (Ed.). *Reimagining Christian Origins. A Colloquium Honoring Burton L. Mack*. Pennsylvania, Valley Forge, 1996, p. 68-83.

_____. Does Pauline Christianity Resemble a Hellenistic Philosophy?. In: ENGBERG-PEDERSON, T. (Ed.). *Paul Beyond the Judaism/Hellenism Divide*. Louisville, John Knox Westminster, 2001, p. 81-102.

STRECKER, G. Zum Problem des Judenchristentum. In: *Rechtgläubigkeit und Ketzerei im ältesten Christentum*. Hg. W. Bauer. Tübingen, Mohr, 1934, p. 243-314.

STROKER, W. *Extracanonical Sayings of Jesus*. Atlanta, Scholars Press, 1989 (Society of Biblical Literature. Resources for Biblical Study 18).

STROUMSA, G. *La fin du sacrifice: les mutations religieuses de l'antiquité tardive*. Paris, Odile Jacob, 2005; ed. it.: *La fine del sacrificio: le mutazioni religiose della tarda antichità*. Torino, Einaudi, 2006.

_____. *A New Science: The Discovery of Religion in the Age of Reason*. Cambridge, Harvard University Press, 2010.

TALBERT, Ch. H. (Ed.). *Perspectives on Luke-Acts*. Danville, Association of Baptist Professors of Religion, 1978.

TAMBIAH, S. J. *Rituali e cultura*, Bologna, Il Mulino, 1995; orig. amer.: *Culture, Thought and Social Action. An Anthropological Perspective*. Cambridge, Harvard University Press, 1985.

TAYLOR, J. E. The Phenomenon of Early Jewish Christianity: Reality or Scholarly Invention?. *Vigiliae Christianae* 44 (1990) 313-343.

_____. *Christians and the Holy Places. The Myth of Jewish-Christian Origins*. Oxford, Oxford University Press, 1993.

_____. *John The Baptist Within Second Temple Judaism. A Historical Study*. London, SPCK, 1997.

TAYLOR, J. *D'ou vient le christianisme?*. Paris, Cerf, 2003.

TAYLOR, N. H. The Social Nature of Conversion in the Early Christian World. In: ESLER, Ph. F. (Ed.). *Modelling Early Christianity. Social-scientific Studies of the New Testament in its Context*. London, Routledge, 1995, p. 128-136.

THEISSEN, G., MERZ, A. *Il Gesù storico. Un manual*, Brescia, Queriniana, 1999; orig. al.: *Der historische Jesus: Ein Lehrbuch*. Tübingen, Mohr, 1996; ed. amer.: *The Historical Jesus. A Comprehensive Guide*. Minneapolis, Fortress Press, 1998.

THEISSEN, G. *Studien zur Soziologie des Urchristentums*. Tübingen, Mohr, 1979.

_____. Criteria in Jesus Research and the "Wide Ugly Ditch" of History. In: THEISSEN, G., WINTER, D. *The Quest for the Plausible Jesus. The Question of Criteria*. Louisville/London, Westminster John Knox Press, 2002; orig. al.: *Die Kriterienfrage in der Jesusforschung*. Freiburg (Switzerland)/Göttingen,, Universitätsverlag/Vandenhoec & Ruprecht, 1997.

_____. *La religione dei primi cristiani*. Torino, Claudiana, 2004; orig. al.: *Die Religion der ersten Christen*. Gütersloh, Gütersloher, 2000.

TOLAND, J. *Nazarenus, or Jewish, Gentile, or Mahometan Christianity*. London, 1718.

_____. *Tetradymus*. London, 1720.

TONDELLI, L. Cinquant'anni di studi biblici in Italia. *Scuola Cattolica* 80 (1952) 386-398.

TREVIJANO, R. *Orígenes del cristianismo. El trasfondo judío del cristianismo primitivo*. Salamanca, Publicaciones Universidad Pontificia de Salamanca, 1994.

TROCMÉ, A. *Jesus and the Nonviolent Revolution*. Scottdale, Herald Press, 1973; orig. fr.: *Jésus-Christ et la revolution non violente*. Génève, Labor et Fides, 1961.

TROKI, I. ben A. *Hizuk Emunah or Faith Strengthened* [1951]. Trad. Moses Mocatta. New York, Ktav, 1970.

TURVASI, F. *Giovanni Genocchi e la controversia modernista*. Roma, Storia e Letteratura, 1974.

VAN AARDE, A. *Fatherless in Galilee. Jesus as Child of God*. Harrisbourg, Trinity Press International, 2001.

VAN DEN HOEK, A. Element and Origen as Sources on "Noncanonical" Scriptural Traditions During the Late Second and Earlier Third Cenruries. In: DORIVAL, G., LE BOULLUEC, A. (Ed.). *Origeniana Sexta – Origène et la Bible*. Leuven, Leuven University Press/Uitgeverij Peeters, 1995, p. 93-113.

VAN DEN SANDT, H., FLUSSER, D. *The Didache. Its Jewish Sources and its Place in Early Judaism and Christianity*. Assen, Royal Van Gorcum/Fortress Press, 2002.

VAN HENTEN, J. W., BRENNER, A. (Ed.). *Families and Family Relations as Represented in Early Judaism and Early Christianities: Texts and Fictions*. Leiden, Brill, 2000.

VAN IERSEL, B. *Mark. Reading-Response Commentary*. Sheffield, Sheffield University Press, 1998.

VIAN, G. M. L'escatologia nel giudaismo ellenistico. *Annali di Storia dell'Esegesi* 16 (1998) 21-34.

VISONÀ, G. S. *Giustino. Dialogo com Trifone. Introduzione, traduzione e note*. Torino, Paoline, 1988.

_____. *Didachè. Insegnamento degli Apostoli. Introduzione, texto, traduzione, note.* Milano, Paoline, 2000.

VOUGA, F. *Die Johannesbriefe*. Tübingen, Mohr, 1997 (HNT 15/III).

_____. *Les priemiers pas du Christianisme. Les écrits, les acteurs, les débats,* Génève, 1997; ed. it.: *Il cristianesimo delle origini. Scritti, protagonist, dibattiti*. Torino, Claudiana, 2001.

WACHOB, W. H., JOHNSON, L. T. The Sayings of Jesus in the Letter of James. In: CHILTON, B., EVANS, C. E. (Ed.). *Authenticating the Words of Jesus*. Leiden, Brill, 1999, p. 431-450.

WACHOB, W. H. *The Voice of Jesus in the Social Rhetoric of James*. Cambridge, Cambridge University Press, 2000.

WALLACE-HADRILL, A. Patronage in Roman Society: from Republic to Empire. In: WALLACE-HADRILL, A. (Ed.). *Patronage in Ancient Society*. London/New York, Routledge, 1990a, p. 63-87.

_____. *Patronage in Ancient Society*. London/New York, 1990b.

WALT, L. Rendete a tutti ciò che è dovuto (Rm 13,7). Paolo, Gesù e il tributo a Cesarei. In: PESCE, RESCIO (Ed.), 2011, p. 71-94.

WEISS, J. *La predicazione di Gesù sul Regno di Dio*. Napoli, D'Auria, 1993; orig. al.: *Die Predigt Jesu vom Reiche Gottes. Zweite Auflage.* Göttingen, 1900.

WHITE, L. M. *The Social Origins of Christian Architecture. I. Building God's House in the Roman World: Architectural Adaptation Among Pagans, Jews, and Christians. II. Texts and Monuments for the Christian Domus Ecclesiae in its Environment*. Valley Forge, Trinity Press International/Harvard University Press, 1996-1997.

WILLIAMS, M. H. The Meaning and Function of Ioudaios in Graeco-Roman Inscriptions. *Zeitschrift für Papyrologie und Epigraphik* 116, 249-262.

WONG, E. K. C. The De-radicalization oj Jesus' Ethical Sayings in Romans. *Novum Testamentum* 43, 245-263.

ZAMBARBIERI, A. *Il cattolicesimo tra crisi e rinnovamento. E. Buonaiuti ed E. Rosa nella prima fase della polemica modernista*. Brescia, Morcelliana, 1978.

Índice de nomes

Acerbi, A., 208
Adam, B., 66
Adinolfi, F., 9
Affergan, F., 211
Aguirre, R., 216, 227
Allen, Ch., 27
Allison, D. C., 14, 175, 176, 177, 180-183, 185
Anderson, P. N., 194
Aragione, G., 24, 28
Ashton, J., 197
Assmann, J., 76, 93

Balch, D., 162
Barbaglio, D., 80, 136, 145
Barth, G., 70, 115
Bauckham, R., 10, 58
Bauer, W., 214
Baumann, G., 222, 226
Bazzana, G., 94
Bea, A., 142
Beatrice, P. F., 136, 146, 147

Becker, A. H., 165, 208
Beilby, K., 10
Bell, C., 110
Bertalotto, P., 23
Bettiolo, P., 208, 247
Blanchetière, F., 160, 208, 209, 210, 213, 247
Bloch, M., 32
Bobichon, Ph., 40, 231
Boccaccini, G., 23, 27, 181
Bock, D. L., 11, 20
Bori, P. C., 208
Boring, M. E., 53, 148
Bovon, F., 30, 44, 235
Boyarin, D., 165, 168, 208, 226
Briggman, A. A., 226
Brown, R. E., 193, 207
Budd, Ph. J., 80, 84
Buell, D. K., 222
Bultmann, R., 46, 137, 176
Buonaiuti, E., 25, 45
Buzzetti, C., 136, 145

Cambe, M., 235
Cantimori, D., 21, 32
Cardellini, I., 100
Carr, E., 32
Casey, P. M., 231
Cerfaux, L., 136
Chabod, F., 32
Chilton, B., 114
Choi, M. G., 226
Chubb, Th., 22
Cirillo, L., 207, 209
Cohen, D., 83
Cohn-Sherbok, D., 169
Collins, J. J., 181
Colpe, C., 207
Criscuolo, L., 93
Crossan, J. D., 20, 115, 118, 209
Crossley, J. G., 24

Daniélou, J., 207, 208, 211
Deiana, G., 82, 106

De La Potterie, I., 143
Del Verme, M., 209
Descamps, A., 138
Destro, A., 10, 12, 15, 36-38, 44, 49, 54, 58, 64, 65, 76, 90, 92, 94, 97, 99, 110, 111, 120, 123, 125, 153, 155, 158, 162, 165, 168, 172, 184, 186, 188, 192, 193, 197, 201-204, 211, 217, 227, 229, 230, 239, 240, 242
Detienne, M., 98
Dibelius, M., 46
Di Nola, A., 45
Dossetti, G., 144
Douglas, M., 100
Droysen, C. G., 32
Duling, D. C., 66, 74
Dunn, J. D. G., 10, 27, 34, 169
Dupont, J., 11, 14, 68, 135-150, 158
Eddy, P. R., 10
Eisenbaum, P., 172
Erbetta, M., 45
Esler, Ph. F., 67, 85, 169
Evans, C. A., 23, 27
Fabietti, U., 211
Fabris, R., 136, 145
Facchini, C., 25
Faggin, G., 45
Febvre, L., 52
Filoramo, G., 208
Fitzmyer, J. A., 142
Flusser, D., 209
Frey, J., 65
Friesen, S., 218
Fusco, V., 208

Gaeta, G., 22, 23, 136, 145
Galbiati, E., 142
García Martínez, F., 176, 185
Geoltrain, P., 44, 235
Gianotto, C., 29, 66, 67, 88, 89, 208

Gnilka, J. 30, 66, 71-74, 79, 129, 130, 241
Grasso, S., 144
Greenberg, M., 101
Grego, I., 207
Grottanelli, C., 98, 211

Haran, M., 101
Harlé, P., 83
Harrington, D. J., 71
Hazard, P., 21
Hellholm, D., 207
Hengel, M., 185, 193, 229
Heschel, S., 24
Higgins, A. J. B., 226
Hobbes, Th., 21
Hoennicke, G., 207
Hoffman, M., 23
Hoffmann, P., 128
Holbach, Barone d', 22
Hollander, H. W., 55
Holtz, T., 55, 169
Hort, F. J. A., 207
Houlden, J. L., 169
Hurtado, L., 10

Isaac ben Abraham di Troki, 19

Jackson-McCabe, M., 208
Jaffé, D., 24
Jefford, C. N., 59
Jeremias, J., 44, 45, 71, 73, 79, 86, 114, 229
Jervell, J., 207
Johnson, L. T., 58
Jossa, G., 162, 163, 164, 166, 172, 173, 208
Junod, E., 28

Käsemann, E., 11, 12, 14, 135, 137, 138, 141-143, 148, 159, 175-179, 181, 183, 185, 188

Kaestli, J.-D., 29, 208
Keener, C. S., 10
Kilani, M., 67
Kloppenborg, J. S., 43, 128, 147, 162
Koester, H., 43, 44, 55, 59, 209, 218
Kossova, A., 208
Kraft, R. A., 207
Kümmel, W. G., 23

Labanca, B., 24
Lampe, P., 214, 219, 221, 224
Lang, M. H., 19
Laplanche, F., 21, 24
Le Boulluec, A., 214
Leanza, S., 45, 260
Légasse, S., 118
Lenger, M. T., 93
Leonardi, C., 208
Levine, B. A., 80, 84, 100, 101, 102, 103, 104, 106, 107, 111, 112, 117
Lévi-Strauss, C., 211
Lieu, J., 218
Livesey, N. E., 226
Lohse, E., 55
Longenecker, R. N., 207
Loumanen, P., 208
Lupieri, E., 68, 118, 199
Lyman, R., 219, 220, 225, 226

Malina, B. J., 71, 72, 74, 94, 160, 207
Manns, F., 23, 197, 207, 208, 209
Maraval, P., 227
Marcheselli, M., 197
Markschies, C., 224
Marrou, H. I., 32, 207
Martone, C., 82, 83, 88
Martyn, J. L., 193

Mason, S., 168
Mayer, J., 88
Mazza, R., 132
McKnight, S., 27
Meeks, W. A., 12, 162
Menozzi, D., 22
Merklein, H., 66
Merz, A., 20, 66, 228, 231
Meyer, M., 45
Meynet, R., 86
Milgrom, J., 100, 101, 103-109, 111, 112, 117, 125
Mimouni, S. C., 29, 160, 166, 208, 209, 210, 213, 214, 227
Moreschini, C., 43, 209
Moxnes, H., 11, 24, 207
Murray, R., 207

Nardi, C., 208, 231
Nasrallah, L., 226
Neri, U., 143
Neusner, J., 97, 101, 113, 129
Neyrey, J. H., 77
Nodet, E., 118, 216
Norelli, E., 28, 43, 48, 208, 209, 216
Noy, D., 168

Omodeo, A., 25
Osiek, C., 162

Pagels, E., 29
Painter, J., 194
Parsons, T., 162, 163, 164
Pascal, B., 22
Penna, R., 55, 69, 94, 114, 118, 158, 159, 208, 216, 238
Perrin, N., 143
Perrone, L., 208

Pesce, M., 10-12, 15, 20, 23-26, 28, 29, 31, 36-38, 40, 43, 44, 46, 49, 50, 51, 54, 55, 58, 59, 64, 65, 68, 70, 76, 90, 92, 94, 97, 99, 111, 120, 123, 125, 146, 153, 155, 158, 162, 165, 168, 172, 175, 184, 186, 188, 192, 193, 197, 201, 203, 204, 208, 211, 216, 227, 229, 230, 231, 235, 239, 240, 242, 246, 247, 248, 250, 252, 258, 264-267, 270, 271, 273
Pesch, R., 30
Péter-Contesse, R., 100
Pick, B., 45
Pitta, A., 80, 83, 85, 86, 92
Pixner, B., 208
Preuschen, E., 45
Price, R. M., 226
Prior, M., 85, 87
Pritz, R. A., 208
Puech, E., 88, 89

Reed, A. Y., 165, 208, 226
Reimarus, S. H., 20, 23
Resch, A., 43, 45
Rescio, M., 46, 49, 54
Reventlow, H. G., 21
Ricciotti, G., 25
Riegel, S. K., 207
Robert, J., 94
Robert, L., 94
Robinson, J. M., 27, 128
Rohrbaugh, R. L., 71, 72, 74
Ropes, J. H., 45
Rousseau, J. J., 22
Sachot, M., 27, 37, 141, 158, 164, 227
Salvador, J., 23, 24, 48
Salvatorelli, L., 25, 27
Salzmann, J. C., 226

Sanders, E. P., 10, 64, 99, 112, 113, 114, 119, 169, 171, 229
Saraceno, L., 144
Sawyer, J. F. A., 80
Schnackenburg, R., 66, 71, 228
Schneemelcher, W., 45
Schoeps, H. J., 207
Schowalter, D. N., 218
Schrage, W., 146
Schüssler-Fiorenza, E., 76
Schweitzer, A., 23, 27, 175
Schwemer, A. M., 229
Scoppola P., 24
Segalla, G., 22, 23, 27, 73-76
Seims, T. K., 207
Sharot, S., 67
Siegert, V., 55
Simmel, G., 12
Simon, M., 207
Simonetti, M., 40, 192
Skarsaune, O., 208
Smith, M., 188
Smith, S. C., 226
Snyder, H. G., 226
Sofia, F., 23, 24
Spinoza, B., 21
Stegemann, W., 11, 228
Stowers, S., 97, 98
Strecker, G., 207
Stroker, W,. 45
Stroumsa, G. G., 21, 97

Talmon, Y., 67
Taylor, J., 118, 125, 216
Taylor, J. E., 118, 208, 209
Theissen, G., 11, 12, 20, 34, 36, 66, 118, 225, 228, 231
Toland, J., 22, 210
Turner, H. E. W., 214
Turvasi, F., 24

Vaccari, A., 25
Van den Sandt, H., 209
Van Iersel, B., 118
Vannutelli, P., 25
Vernant, J.-P., 98

Visonà, G., 29, 59, 209

Wachob, W. H., 58
Walt, L., 55, 56
Webb, R. L., 11, 20, 118

Weiss, J., 66, 79, 273
White, L. M., 33, 162
Williams, M. H., 168
Wilson, S. G., 162

Zambarbieri, A., 24

MISTO
Papel produzido
a partir de
fontes responsáveis
FSC® C008008

Edições Loyola

editoração impressão acabamento
rua 1822 nº 341
04216-000 são paulo sp
T 55 11 3385 8500/8501 • 2063 4275
www.loyola.com.br